OEUVRES

DE

WALTER SCOTT.

TOME XXII.

IMPRIMERIE DE E. DUVERGER,
rue de Verneuil, n° 4.

LES FIANCÉS,

OU

LE CONNÉTABLE DE CHESTER,

HISTOIRE DU TEMPS DES CROISADES.

(The Betrothed.)

TRADUCTION

DE M. DEFAUCONPRET,

AVEC DES ÉCLAIRCISSEMENS ET DES NOTES
HISTORIQUES.

PARIS.

FURNE, LIBRAIRE-ÉDITEUR,

QUAI DES AUGUSTINS, N° 39.

M DCCC XXX.

INTRODUCTION

AUX HISTOIRES DU TEMPS DES CROISADES.

MINUTE

De la séance d'une assemblée générale d'actionnaires voulant former une société en commandite, pour composer et publier le genre d'ouvrages connus sous le nom de *Romans de l'auteur de Waverley*, tenue à la taverne de Waterloo, Regent's bridge, à Édimbourg, le 1er juin 1825.

Le lecteur doit avoir remarqué que les divers rapports de ce qui se passa dans cette assemblée furent insérés dans les journaux avec plus d'inexactitude encore qu'à l'ordinaire. Il ne faut pas en attribuer la cause à une délicatesse mal entendue, qui aurait empêché les correspondans des ouvrages périodiques de faire valoir le privilége qu'ils ont de se trouver sans exception partout où quelques individus sont réunis, et de faire connaître au public, par la voie de l'impression, les détails de tout ce qui peut s'y passer de plus secret. On avait pris en cette occasion des moyens inusités et arbitraires pour leur ôter la possibilité d'user d'un droit que leur accordent généralement presque toutes les assemblées politiques ou commerciales, si bien qu'il fallut que notre correspondant fût assez hardi pour se cacher sous le bureau du secrétaire, où il ne fut découvert que lorsque l'assemblée était sur le point de se séparer. Nous dirons avec peine qu'il souffrit personnellement beaucoup des pieds et des poings des honorables membres, et que deux ou trois pages importantes de son manuscrit furent déchirées, ce qui fait que son rapport se termine brusquement. Nous ne pouvons considérer cette conduite que comme excessivement illibérale de la part de gens qui ont eux-mêmes une sorte de relation avec la presse, et même avec la presse périodique, vu la multiplicité fatigante des ouvrages qu'ils mettent au jour. Ils doivent se regarder comme fort heureux que notre correspondant n'ait cherché à se venger que par le ton d'aigreur dont il a assaisonné la relation de leur séance.

(*Extrait d'un journal d'Édimbourg.*)

UNE assemblée des personnes intéressées à la publication des ouvrages célèbres connus sous le nom de *Romans de l'auteur de Waverley* ayant été convoquée par un avis public, elle fut composée de divers personnages avantageusement connus dans la littérature. Il fut d'abord convenu que chaque individu serait désigné par le nom qu'il porte dans les ouvrages en question; après quoi EIDOLON[1] fut unanimement appelé au fauteuil, et Jonathan Oldbuck, de Monkbarns[2], fut prié de remplir les fonctions de secrétaire.

Le président adressa alors la parole à l'assemblée dans les termes suivans :

MESSIEURS,

Je n'ai pas besoin de vous rappeler que nous avons tous le même intérêt dans la propriété des ouvrages précieux qui

---

(1) La personnification ou l'apparition de l'auteur de *Waverley*. — ÉD.
(2) *L'Antiquaire*, du roman de ce nom. — ÉD.

se sont accumulés par suite de nos travaux communs. Tandis que le public dans ses loisirs s'occupe à attribuer à un individu, et puis à un autre, la masse énorme d'ouvrages variés qui sont le fruit des efforts réunis de plusieurs, vous, messieurs, vous savez fort bien que chacun de ceux qui composent cette nombreuse assemblée a déjà eu sa part de l'honneur et du profit de nos succès communs. Supposer qu'une masse si considérable de phrases sensées et de phrases insignifiantes, de sérieux et de plaisanteries, de pathétique et de gaîté, de choses bonnes, mauvaises et médiocres, formant des vingtaines de volumes, puisse être l'ouvrage d'une seule main, quand on connaît la doctrine si bien établie par l'immortel Adam Smith relativement à la division du travail, — voilà ce qui me semble inexplicable de la part de gens si clairvoyans. D'ailleurs ceux qui ont une opinion si étrange ne sont-ils pas assez instruits pour savoir qu'il faut vingt paires de mains pour faire une bagatelle comme une épingle, vingt couples de chiens pour tuer un animal aussi peu redoutable qu'un renard?...

— Holà! holà! s'écria un vigoureux villageois; j'ai dans ma ferme une levrette qui tuerait le plus fin renard du Pomaragaires, avant que vous puissiez seulement dire le mot *Dumpling*[1].

— Qui est cet homme? demanda le président avec un peu de chaleur, à ce qui nous parut.

— Le fils de Dandie Dinmont[2], répondit le campagnard sans se déconcerter. Pardieu! vous vous en souvenez, je crois, car ce n'est pas le plus mauvais de la bande, à ce qu'il me semble. Je suis de société avec lui dans la ferme, voyez-vous, et je puis devenir quelque chose de plus, et prendre une petite part d'actions dans votre manufacture de livres.

— Fort bien, fort bien, répliqua le président; mais silence, je t'en prie, silence. — Messieurs, quand j'ai été ainsi

(1) Sorte de pouding. — ÉD.
(2) Le fermier de *Guy Mannering*. — ÉD.

interrompu, j'étais sur le point de vous exposer l'objet de cette réunion, qui comme la plupart de vous le savent déjà, a été convoquée pour discuter une proposition déposée sur votre bureau, et que j'ai eu l'honneur moi-même de vous soumettre à notre dernière assemblée ; proposition tendant à solliciter du corps législatif un acte du parlement qui nous réunisse en corporation, et donne à l'un de nous *jus standi in judicio*[1], avec plein pouvoir de poursuivre et de faire condamner, de la manière qui y sera énoncée, quiconque usurpera notre privilége exclusif. Dans une lettre que je viens de recevoir de l'ingénieux M. Dousterswivel...[2].

— Je m'oppose à ce qu'on prononce le nom de ce drôle, s'écria Oldbuck avec chaleur ; c'est un véritable escroc.

— Fi ! monsieur Oldbuck, dit le président ; employer de pareils termes en parlant de l'ingénieux inventeur de la machine construite à Groningue, avec brevet d'invention ; machine qui reçoit à une de ses extrémités du chanvre écru, et qui rend à l'autre des chemises garnies de jabots, sans qu'on ait besoin d'employer ni peigne, ni carde, ni navette, ni ciseaux, ni aiguille, ni tisserand, ni couturières ! Il la perfectionne en ce moment par l'addition d'un nouveau mécanisme qui remplira les fonctions de la blanchisseuse. Il est vrai que lorsqu'on en fit l'épreuve devant Son Honneur le bourgmestre, on reconnut que les fers à repasser s'échauffaient au point de devenir rouges. A cette exception près, l'expérience réussit complètement. Il deviendra aussi riche qu'un juif.

— Eh bien ! ajouta monsieur Oldbuck, si le coquin...

— Coquin, monsieur Oldbuck, est une expression très inconvenante, dit le président, et je suis obligé de vous rappeler à l'ordre. M. Dousterswivel est seulement un génie *excentrique*.

— A peu près la même chose qu'en grec, murmura M. Old-

---

(1) Le droit de juger. — Tr.
(2) Le charlatan allemand de *l'Antiquaire*. — Éd.

buck en élevant la voix : mais si ce génie *excentrique* trouve assez d'ouvrage à brûler les chemises des Hollandais, que diable a-t-il à faire ici?

— Il pense, dit le président, qu'au moyen d'un petit mécanisme, et en employant la vapeur, on pourrait économiser une partie du travail de la composition des romans dont il s'agit.

Cette proposition fut suivie d'un murmure de mécontentement, et l'on entendit répéter de toutes parts à voix basse : — Nous y voilà! C'est nous ôter le pain de la bouche! autant fabriquer un prêtre à vapeur! et ce ne fut qu'après plusieurs appels à l'ordre que le président put reprendre la parole.

— A l'ordre! à l'ordre! s'écria-t-il; soutenez votre président. Écoutez! écoutez! écoutez le président!

— Messieurs, continua-t-il, il faut vous dire d'abord que cette opération mécanique ne peut s'appliquer qu'à ces parties de nos narrations qui ne se composent jusqu'à présent que de lieux communs, comme les déclarations d'amour du héros, la description de la personne de l'héroïne, les observations morales de toute espèce, et la distribution convenable de bonheur entre les divers personnages au dénouement. M. Dousterswivel m'a envoyé quelques dessins qui prouvent assez bien qu'en plaçant les expressions et les phrases techniques employées en pareil cas dans une espèce de châssis semblable à celui du sage de Laputa[1], et en les faisant changer de place par un procédé mécanique analogue à celui dont se servent les fabricans de toiles damassées pour varier leurs dessins, il ne peut manquer de se former beaucoup de combinaisons aussi nouvelles qu'heureuses, tandis que l'auteur, fatigué de mettre son cerveau à la torture, trouvera un délassement agréable en employant ses doigts.

— Je ne parle que pour m'instruire, monsieur le prési-

---

(1) Voyez les *Voyages de Gulliver* dans l'île de Laputa. — Ed.

dent, dit le révérend M. Lawrence Templeton[1] ; mais je suis porté à croire que le roman intitulé WALLADMOR[2] est l'ouvrage de Dousterswivel, c'est-à-dire de sa machine à vapeur.

— Fi donc, monsieur Templeton! dit le président; il y a de bonnes choses dans Walladmor, je vous en assure; c'est dommage que l'auteur n'ait rien connu du pays où il a placé la scène.

— Ou qu'il n'ait pas eu l'esprit, comme quelques-uns de nous, dit M. Oldbuck, de la placer dans un pays assez inconnu et assez éloigné pour que personne n'eût pu lui donner un démenti.

— Quant à cela, répondit le président, il faut faire attention que cet ouvrage a été fait pour l'Allemagne, où l'on ne connaît ni les mœurs ni le *crw*[3] du pays de Galles.

— Fasse le ciel qu'on n'en dise pas autant de l'ouvrage que nous allons publier! dit le docteur Dryasdust en montrant quelques volumes placés sur le bureau. Je crains que les mœurs que peignent nos FIANCÉS n'obtiennent pas l'approbation du Cymmerodion. J'aurais désiré qu'on eût compulsé Llhuyd[4], consulté Powel[5], cité l'histoire de Lewis[6], surtout les dissertations préliminaires, afin de donner un poids convenable à l'ouvrage.

— Lui donner du poids! s'écria le capitaine Clutterbuck[7]; sur mon ame, docteur, il est déjà assez lourd.

---

(1) Personnage fictif auquel dans l'origine devait être attribué le roman d'*Ivanhoë*. — Éd.

(2) Ce roman, attribué en Allemagne à sir Walter Scott, a été traduit en français et publié à Paris. — Éd.

(3) Liqueur spiritueuse fort en usage dans le pays de Galles. — Éd.

(4) Llhuyd. Il y a eu deux antiquaires de ce nom. Édouard Llhuyd et Llumphrey. Tous deux ont écrit sur le pays de Galles, mais surtout le second, auteur d'une histoire de Camoëns dont le docteur Powell, cité après, a publié une édition. — Éd.

(5) *Annotationes in itinerarium Cambriæ*, etc. — Éd.

(6) John Lewis, savant antiquaire, etc. — Éd.

(7) L'officier en retraite du village de Melrose. Voyez l'introduction du *Monastère*. — Éd.

INTRODUCTION.

— Adressez-vous au fauteuil[1], dit le président avec un peu d'humeur.

— Eh bien! je m'adresse au fauteuil, répliqua le capitaine Clutterbuck, et je dis que nos Fiancés sont assez lourds pour briser le fauteuil de Jean de Gand, et même Cador Edris[2]. Je dois pourtant ajouter que, d'après mon pauvre jugement, le Talisman marche avec plus de légèreté.

— Il ne m'appartient pas de parler, dit le digne ministre de Saint Ronan[3]; mais je dois pourtant dire qu'après m'être occupé si long-temps du *Siége de Ptolémaïs*, mon ouvrage, tout faible qu'il est, aurait dû être donné au public avant tout autre, du moins sur un sujet semblable.

— Votre siége! ministre, dit monsieur Oldbuck avec un air de souverain mépris; parlerez-vous de votre misérable prose en ma présence, quand mon grand poème historique en vingt chants, accompagné de notes en nombre proportionné, a été remis *ad græcas calendas?*

Le président, qui paraissait souffrir beaucoup pendant cette discussion, prit alors la parole avec un air de dignité et de résolution. — Messieurs, dit-il, cette sorte de discussion est tout-à-fait irrégulière. Une proposition vous a été faite, et je dois y rappeler votre attention. Quant à la priorité de publication, vous devez vous souvenir que cet objet est du ressort du comité de critique, dont les décisions à ce sujet sont sans appel. Je déclare que je quitterai le fauteuil si l'on s'occupe encore d'affaires étrangères au but de cette réunion. Et maintenant, messieurs, que nous sommes rentrés dans l'ordre, je voudrais que quelqu'un de vous parlât sur la question. Il s'agit de savoir si, étant associés pour un commerce d'ouvrages de fiction, en prose et en vers, nous

---

(1) C'est-à-dire au président. (Allusion à l'usage du parlement, qui oblige chaque membre d'adresser ses discours à l'orateur (*speaker*) de la chambre (*le président*), qui est par parenthèse le député qui parle le moins. — Éd.

(2) Hautes montagnes du pays de Galles. — Éd.

(3) M. Cargill, dans les *Eaux de Saint-Ronan*. — Éd.

ne devons pas nous faire incorporer par acte du parlement. Que dites-vous de cette proposition, messieurs? *Vis unita fortior* (la force naît de l'union) est un vieil adage dont la vérité est incontestable.

— *Societas mater discordiarum :* Société, mère de discorde; c'est un brocard ni moins ancien, ni moins véritable, dit Oldbuck, qui semblait déterminé en cette occasion à n'agréer aucune proposition qui aurait l'assentiment du président.

— Allons, Monkbarns, dit le président en prenant un ton aussi insinuant qu'il le pouvait, vous avez fait une étude approfondie des institutions monastiques, et vous savez qu'il faut une réunion de personnes et de talens pour faire quelque chose de recommandable, et obtenir un ascendant convenable sur l'esprit du siècle. *Tres faciunt capitulum ;* il faut trois moines pour faire un chapitre.

— Et neuf tailleurs pour faire un homme, répliqua Oldbuck n'en persistant pas moins dans son esprit d'opposition; cette citation vient aussi à propos que l'autre.

— Allons, allons, dit le président, vous savez que le prince d'Orange dit à M. Seymour : Sans association nous ne sommes qu'une corde de sable.

— Je sais, répondit Oldbuck, qu'il aurait été tout aussi convenable de ne rien laisser percer du vieux levain en cette occasion, quoique vous soyez auteur d'un roman jacobite. Je ne connais plus *le prince d'Orange* après 1688, mais j'ai beaucoup entendu parler de l'immortel Guillaume III.

— Et autant que je puis m'en souvenir, dit monsieur Templeton à Oldbuck en lui parlant à l'oreille, ce fut Seymour qui fit cette remarque au prince, et non le prince à Seymour; mais c'est un échantillon de l'exactitude de notre ami. Il se fie trop à sa mémoire. Le pauvre homme! depuis quelques années, monsieur, il baisse beaucoup; il tombe.

— Il est à terre, répondit Oldbuck; mais que pouvez-vous attendre d'un homme qui est trop engoué de ses ouvrages faits à la hâte et n'ayant qu'un faux brillant, pour demander l'assistance d'hommes érudits et d'un talent solide?

— Point de chuchotemens, point de cabales, point de conversations particulières, messieurs! s'écria l'infortuné président, qui nous rappela l'idée d'un montagnard conducteur de bestiaux, faisant tous ses efforts pour réunir et retenir dans le chemin son bétail noir qui cherche à s'en écarter.

— Je n'ai pas encore entendu, continua-t-il, une seule objection raisonnable à la proposition de solliciter l'acte du parlement dont le projet est sur le bureau. Vous devez savoir que les extrêmes de la société inculte et civilisée sont de nos jours sur le point de se toucher. Du temps des patriarches, un homme était son propre tisserand, son tailleur, son cordonnier, son boucher, etc., etc.; dans le siècle des sociétés en commandite, comme on peut appeler celui dans lequel nous vivons, on peut dire dans un sens qu'un seul individu exerce la même pluralité de métiers. Dans le fait, un homme qui a trempé largement dans ces spéculations peut proportionner ses dépenses à l'augmentation de son revenu, comme l'ingénieuse machine hydraulique, qui plus elle dépense d'eau plus elle en tire; il achète son pain de la compagnie des boulangers; sa crème et son fromage de la compagnie pour la fourniture du lait; et son habit neuf de celle des habillemens; c'est la compagnie pour le gaz qui éclaire sa maison; et il boit une bouteille de vin de plus par le bénéfice de la compagnie pour l'importation du vin. Comme il a lui-même une action dans toutes ces compagnies, ce qui serait pour un autre un acte de pure extravagance contient pour lui l'*odorem lucri*[1], et devient conforme à la prudence. Quand même le prix de l'objet dont il a besoin serait exorbitant, quand même la qualité en serait in-

(1) Le parfum du gain. — Ed.

férieure, puisqu'il est en même temps vendeur et acheteur, s'il est trompé il en profite lui-même. Bien plus, si la société en commandite des entrepreneurs de funérailles veut s'unir à la société de médecine, comme l'avait proposé feu le facétieux docteur G***, sous la raison de la Mort et le Docteur, l'actionnaire pourra trouver le moyen d'assurer à ses héritiers une part raisonnable des frais de sa dernière maladie et de son enterrement. En un mot, les sociétés en commandite sont à la mode en ce siècle, et je crois qu'un acte d'incorporation sera particulièrement utile pour ramener le corps que j'ai l'honneur de présider à cet esprit de subordination qui est si nécessaire pour assurer le succès de toute entreprise où l'on réclame la réunion de la science, du talent et du travail. C'est à regret que je déclare qu'indépendamment de quelques différens qui ont éclaté entre vous, moi-même, depuis quelque temps, je n'ai pas été traité parmi vous avec cette déférence que les circonstances me donnaient droit d'attendre.

— *Hinc illæ lacrymæ!* dit à demi-voix M. Oldbuck.

— Mais, continua le président, je vois que plusieurs membres sont impatiens d'exprimer leur opinion, et je désire ne fermer la bouche à personne. Je prie donc, la place que j'occupe sur ce fauteuil ne me permettant pas de faire une motion ; je prie, dis-je, quelque honorable membre de demander qu'il soit nommé un comité pour réviser le projet de bill déposé sur le bureau, lequel a été régulièrement communiqué à tous ceux qui y ont intérêt, enfin qu'on prenne les mesures nécessaires pour le soumettre au parlement au commencement de la session prochaine.

Un murmure sourd s'éleva dans l'assemblée, et enfin M. Oldbuck se leva de nouveau.

— Il paraît, monsieur, dit-il en s'adressant au président, qu'aucun des honorables membres présens n'est disposé à faire la motion dont vous parlez. Je regrette que parmi tant de personnes douées de plus de talens que je n'en possède, aucune ne se présente pour faire valoir les raisons contraires, et que ce soit moi qui me trouve obligé, comme nous le disons en Écosse, d'attacher le grelot au cou du chat, relativement à laquelle phrase Pitscottie rapporte une excellente plaisanterie du grand comte d'Angus.

Ici quelqu'un dit bas à l'orateur : Ne parlez pas de Pitscottie. Et M. Oldbuck, profitant de l'avis, continua ainsi qu'il suit :

— Mais ce n'est pas ce dont il s'agit. Messieurs, pour abréger, je n'entrerai pas dans la discussion de la thèse qui vient d'être soutenue *ex cathedrá*, comme je puis le dire; et je n'accuserai pas notre digne président d'avoir voulu essayer, *per ambages* et sous prétexte d'un acte du parlement, d'obtenir sur nous une autorité despotique, incompatible avec notre liberté; mais je dirai que les temps sont bien changés dans le parlement. L'année dernière, vous en auriez obtenu sans peine un acte d'incorporation pour une société en commandite qui aurait voulu cribler des cendres; cette année-ci vous n'en obtiendriez pas un pour ramasser des perles. Ainsi donc à quoi bon faire perdre le temps de cette assemblée pour discuter la question de savoir si nous devons ou non nous présenter à une porte que nous savons être fermée et verrouillée, non-seulement pour nous, mais pour toutes les compagnies formées pour l'air et pour le feu, pour la terre et pour l'eau, et que nous avons vues toutes échouer depuis peu?

Ici il s'éleva une clameur générale qui semblait être d'approbation, et l'on pouvait distinguer les mots suivans : — Inutile d'y penser! — De l'argent perdu! — Ne passera jamais à un comité de la chambre! Mais par-dessus ce tumulte on entendait deux individus placés dans deux coins différens de l'appartement, dont les voix claires et fortes se répondaient l'une à l'autre, comme les coups que frappent les deux figures de l'horloge de Saint-Dunstan[1]; et quoique le pré-

(1) Horloge d'Edimbourg. — Éd.

sident, d'un air fort agité, tâchât de leur imposer silence, il ne faisait que couper leurs paroles en syllabes chaque fois qu'il les intérrompait, ce qui avait lieu de la manière suivante.

Première voix. — Le lord chan....
Seconde voix. — Lord Lau....
Le président (*très haut*). — *Scandalum magnum!*
Première voix. — Le lord chance....
Seconde voix. — Lord Lauder....
Le président (*encore plus haut*). — Violation de priviléges!
Première voix. — Le lord chancelier....
Seconde voix. — Lord Lauderdale....
Le président (*criant de toutes ses forces*). — A la barre de la chambre!
Les deux voix ensemble. — Ne consentira jamais un tel bill!

Un assentiment général parut suivre cette déclaration, et il fut exprimé avec autant d'emphase que pouvaient lui en prêter les voix de toute l'assemblée et celles des deux interlocuteurs.

Plusieurs personnes semblant regarder la besogne de ce jour comme terminée, commençaient à prendre leurs cannes et leurs chapeaux pour se retirer, quand le président, qui s'était enfoncé dans son fauteuil avec un air de déplaisir et de mortification, se releva tout à coup et demanda un moment d'attention. Tous s'arrêtèrent, quelques-uns en levant les épaules, comme s'ils se fussent sentis dominés par l'influence de ce qu'on appelle un être insupportable; mais la teneur de son discours excita bientôt une attention sérieuse.

— Je m'aperçois, messieurs, dit-il, que vous ressemblez aux jeunes oiseaux impatiens de quitter le nid de leur mère. Veillez à ce que les plumes de vos ailes soient assez fortes pour vous soutenir; quant à moi, je suis las de porter sur les miennes une troupe d'oisillons ingrats. Mais les paroles sont inutiles. Je n'emploierai plus de ministres aussi faibles

INTRODUCTION.

que vous ; je vous congédierai ; je vous priverai de l'existence que je vous ai donnée; je vous abandonnerai, vous et l'assortiment usé de votre métier ; vos cavernes et vos châteaux ; vos antiques à la moderne et vos modernes à l'antique ; votre confusion des temps, des mœurs et des circonstances ; votre fond et vos accessoires, comme les comédiens appellent leurs décorations et leurs costumes ; je laisserai tous vos expédiens rebattus aux fous qui veulent encore en faire usage. J'édifierai ma renommée de ma propre main, sans appeler à mon aide des boiteux tels que vous, dont je me suis servi

> Pour mon amusement plutôt que par besoin.

J'en appuierai les fondations sur un terrain plus solide que vos sables mouvans ; j'élèverai cet édifice avec des matériaux plus durables que des morceaux de carton peint : en un mot, j'écrirai l'HISTOIRE.

Il y eut un tumulte de surprise au milieu duquel notre correspondant distingua les expressions suivantes : — Du diable si vous le faites ! Vous, mon cher monsieur ; vous ! Le brave homme oublie qu'il est le plus grand menteur qui ait existé depuis le temps de sir John Mandeville [1].

— Il n'en serait pas plus mauvais historien pour cela, dit Oldbuck ; l'histoire, comme vous le savez, est à moitié fiction.

— Je garantirai cette moitié, reprit le premier interlocuteur ; mais quant à la petite portion de vérité qui est indispensable, après tout, Dieu nous protége ! Geoffroi de Monmouth [2] serait un lord Clarendon [3] auprès de lui.

Le tumulte commençant à s'apaiser, on vit plus d'un membre de l'assemblée se toucher le front d'un air expressif, tandis que le capitaine Clutterbuck fredonnait :

> Écoutez vos amis, papa ;
> Ne soyez pas si téméraire ;

---
(1) Le fameux voyageur. — Éd.
(2) Vieux chroniqueur. — Éd.
(3) Auteur de l'*Histoire de la rébellion*. — Éd.

Sans quoi le monde pensera
Que votre sagesse est légère.

— Le monde et vous, messieurs, vous pouvez penser tout ce qu'il vous plaira, dit le président en élevant la voix ; mais j'ai dessein d'écrire le livre le plus merveilleux que le monde ait jamais lu ; un livre dont tous les incidens seront incroyables, et cependant strictement vrais ; un livre qui rappellera le souvenir de faits dont les oreilles de la génération actuelle ont été étourdies, et que nos enfans liront avec une admiration approchant de l'incrédulité. Et ce sera LA VIE DE NAPOLÉON BUONAPARTE PAR L'AUTEUR DE WAVERLEY.

A une telle annonce, chacun tressaillit, chacun se récria. M. Oldbuck, au milieu de ce nouveau tumulte, laissa tomber sa tabatière ; et le tabac d'Écosse qui s'en répandit eut une telle influence sur les organes olfactifs de notre correspondant, caché sous le bureau du secrétaire, que l'effet qui en résulta le fit découvrir, et il fut éconduit d'une manière peu libérale et peu honnête, comme nous l'avons déjà dit, avec cent menaces d'un traitement encore plus sévère contre son nez, ses oreilles, et autres parties de son corps, principalement de la part du capitaine Clutterbuck. Sans se laisser intimider par ces menaces, qu'à la vérité les gens de sa profession sont habitués à braver, notre jeune homme rôda encore quelque temps près de la porte de la taverne ; mais tout ce qu'il put nous apprendre de plus, ce fut qu'environ un quart d'heure après son expulsion, l'assemblée s'était séparée *dans le désordre le plus admirable.*

LES FIANCÉS,

ou

LE CONNÉTABLE DE CHESTER.

(The Betrothed.)

CHAPITRE PREMIER.

> « Or, il y avait alors des guerres sanglantes sur les frontières du pays de Galles. »
> LEWIS.

Les chroniques d'où nous tirons cette histoire assurent que de tout le long espace de temps pendant lequel les princes gallois conservèrent leur indépendance, l'année 1187 fut particulièrement favorable au maintien de la paix entre eux et leurs belliqueux voisins les lords Marchers [1], qui habitaient ces châteaux formidables situés sur les frontières des anciens Bretons, et dont les voyageurs contemplent encore les ruines avec admiration.

[1] Lords des Marches ou frontières. — Éd.

Ce fut à cette époque que Baldwin (Baudouin), archevêque de Cantorbery, accompagné du savant Gérald de Barri, depuis évêque de Saint-David, prêcha la croisade de château en château, de ville en ville, et fit retentir de l'appel aux armes, pour la délivrance du saint sépulcre, les vallées les plus retirées de la Cambrie [1], son pays natal. Il conjurait les chrétiens d'assoupir leurs querelles et de ne plus se faire la guerre entre eux, mais il offrait en même temps à l'esprit belliqueux de son siècle un but général d'ambition en un théâtre de prouesses où la faveur du ciel et une gloire terrestre devaient être la récompense des champions victorieux.

Cet appel était fait pour remuer tous les esprits; et cependant, parmi les milliers de guerriers qu'il engageait à quitter leur pays pour se livrer aux hasards d'une expédition lointaine et dangereuse, les chefs bretons avaient peut-être la meilleure excuse pour se dispenser d'y répondre. Les chevaliers anglo-normands, plus habiles dans la science des armes, faisaient de constantes irruptions sur les frontières du pays de Galles, et en démembraient souvent des portions considérables, sur lesquelles ils construisaient des châteaux-forts pour s'assurer la possession du territoire conquis. Les Bretons se vengeaient à la vérité par des excursions terribles sur les terres de leurs ennemis, mais qui ne suffisaient pas encore à les indemniser des pertes qu'ils avaient essuyées. Semblables aux flots de la haute mer, ils s'avançaient avec bruit et fureur, et portaient partout la dévastation; mais en se retirant ils cédaient insensiblement le terrain à leurs adversaires.

La franche union des princes du pays aurait opposé une forte barrière aux usurpations des étrangers; mais occupés autant de leurs discordes intestines que de leur animosité contre les Normands, ils étaient sans cesse en guerre les uns contre les autres, et l'ennemi commun en retirait tout l'avantage.

(1) Pays de Galles. — Éd.

La croisade promettait quelque chose de nouveau du moins à une nation dont une bouillante ardeur était le trait caractéristique. Un grand nombre de chefs acceptèrent l'invitation, sans songer aux suites qui devaient en résulter pour un pays qu'ils laissaient sans défense. Même les ennemis les plus invétérés des Saxons et des Normands oublièrent leur inimitié contre les usurpateurs d'une partie de leurs domaines pour s'enrôler sous les bannières de la croix.

De ce nombre était Gwenwyn, ou pour mieux dire Gwenwynwen, quoique nous nous proposions de préférer l'abréviation de son nom. Il continuait à exercer un droit de souveraineté précaire sur les parties du Powys-Land non conquises encore par les Mortimer, les Guarine, les Latimer, les Fitz-Alan, et autres nobles normands. Sous divers prétextes, et souvent même sans en chercher d'autres que la franche déclaration de leur force supérieure, ces divers chefs s'étaient approprié des portions considérables de cette principauté, jadis étendue et indépendante, qui lorsque le pays de Galles fut malheureusement divisé entre les trois fils de Roderick Mawr, après le décès de leur père, était tombé en partage au plus jeune, nommé Merwyn. Le courage indomptable et la fière opiniâtreté de Gwenwyn, descendant de ce prince, l'avaient depuis long-temps rendu cher à ce qu'on appelait alors les géans ou les champions du pays de Galles ; et grace au nombre des soldats qui attirés par sa renommée venaient servir sous ses drapeaux, plutôt que par la force naturelle d'une principauté démembrée, il fut en état plus d'une fois de se venger des usurpations des Anglais, en faisant des incursions désastreuses sur leurs propres terres.

Cependant Gwenwyn lui-même, en cette occasion, parut oublier la haine qu'il avait jurée à ses dangereux voisins. La Torche de Pengwern, car on le nommait ainsi parce qu'il avait souvent porté le fer et le feu dans la province de Shrewsbury, paraissait alors brûler aussi paisiblement qu'un flambeau allumé dans le boudoir d'une dame ; et le Loup de Plinlimmon, autre surnom que lui avaient donné les bardes, sommeillait aussi paisiblement que le chien du berger devant le foyer de son maître.

Ce n'était pas seulement l'éloquence de Baudouin et de Gérald qui avait inspiré des idées de paix à un esprit si fier et si impatient du repos. Il est vrai que leurs exhortations y avaient contribué plus que les vassaux de Gwenwyn ne l'avaient cru possible. L'archevêque avait déterminé le chef breton à rompre le pain et à prendre le divertissement de la chasse avec le plus proche et jusqu'alors le plus déterminé de ses ennemis, le vieux chef normand sir Raymond Bérenger, qui quelquefois vainqueur, quelquefois vaincu, mais jamais subjugué, en dépit des attaques multipliées de Gwenwyn, s'était maintenu dans son château de Garde-Douloureuse, sur les frontières du pays de Galles, place que la nature et l'art avaient également fortifiée. Le prince gallois avait trouvé impossible de s'en emparer soit par force, soit par stratagème, et elle l'empêchait de porter plus loin ses incursions, parce qu'il aurait craint de laisser sur ses derrières une garnison qui aurait pu lui couper la retraite.

C'était pour ce motif que Gwenwyn de Powys-Land avait cent fois juré de donner la mort à Raymond Bérenger, et de démolir son château ; mais la politique et la prudence du vieux guerrier, l'expérience qu'il avait acquise dans l'art de la guerre, et les secours qu'il recevait de ses compatriotes plus forts que lui, l'avaient mis en état de braver tous les efforts et la fureur de son voisin. S'il existait donc un homme dans toute l'Angleterre que Gwenwyn détestât plus qu'un autre, c'était Raymond Bérenger ; et cependant le bon archevêque Baudouin vint à bout de déterminer le prince gallois à voir son ancien ennemi comme allié et comme ami pour la cause de la croix. Gwenwyn invita même le vieux chevalier à se rendre dans son palais du pays de Galles, lui donna l'hospitalité pendant huit jours de l'automne, le traita de la manière la plus honorable, le fit asseoir à des banquets somptueux, et lui procura les plaisirs de la chasse.

Pour reconnaître cet accueil hospitalier, Raymond invita à son tour le prince de Powys avec une suite choisie, mais dont le nombre fut fixé, à venir passer les fêtes de Noël à Garde-Douloureuse, que quelques antiquaires ont cherché à identifier avec le château de Colune, sur la rivière du même nom. Mais le laps de temps et quelques difficultés géographiques jettent du doute sur cette conjecture ingénieuse.

Tandis que le Gallois passait le pont-levis, son fidèle barde remarqua qu'il tremblait d'une émotion involontaire; et Cadwallon avait trop d'expérience et connaissait trop bien le caractère de son maître pour ne pas se douter qu'il était violemment tenté de profiter d'une occasion qui paraissait propice pour s'emparer, même en violant la bonne foi, d'une forteresse qui avait été si long-temps le but de ses desseins ambitieux.

Craignant que la lutte qui avait lieu entre la conscience de son maître et sa cupidité ne se terminât d'une manière funeste à sa gloire, le barde fixa l'attention de Gwenwyn en lui disant à demi-voix dans leur dialecte particulier : — Les dents qui mordent le mieux sont celles qu'on ne voit pas. — Et le prince, jetant les yeux autour de lui, s'aperçut que quoiqu'il n'y eût dans la cour que des écuyers et des pages sans armes, les tours et les murailles étaient garnies d'archers et d'hommes d'armes.

Il entra dans la salle du parquet, et il vit pour la première fois Eveline Bérenger, fille unique du châtelain normand, héritière de ses domaines et de sa fortune supposée, n'ayant que seize ans, et la plus belle personne des frontières du pays de Galles. Bien des lances avaient déjà été rompues en l'honneur de ses charmes, et le vaillant Hugues de Lacy, connétable de Chester, un des plus redoutables guerriers de ce temps, avait mis aux pieds d'Eveline le prix que ses prouesses avaient remporté dans un grand tournoi près de cette antique cité. Gwenwyn regardait ces triomphes comme autant de nouvelles recommandations en faveur d'Eveline. Sa beauté frappait tous les yeux : elle était héritière de la forteresse qu'il convoitait si ardemment, et il commença à penser qu'il pourrait s'en assurer la possession par des moyens plus doux que ceux qu'il avait jusque là préférés.

D'une autre part, la haine que les Bretons nourrissaient contre les Saxons et les Normands qui avaient envahi leur pays, ses longues querelles mal assoupies avec ce même Raymond, un souvenir vague que les alliances entre les Gallois et les Anglais avaient rarement eu des suites heureuses, sa persuasion que son projet déplairait à ses vassaux et paraîtrait un abandon du système d'après lequel il avait agi jusqu'alors, l'empêchèrent de faire connaître ses désirs à Raymond ou à sa fille. L'idée d'essuyer un refus ne se présenta pas un instant à son esprit. Il était convaincu qu'il n'avait qu'à parler ; la fille du châtelain normand, dont le rang et le pouvoir n'étaient pas du premier ordre parmi les nobles des frontières, serait ravie et s'estimerait comme très honorée d'une proposition de mariage qui lui serait faite par le souverain de cent montagnes.

A la vérité il y avait une autre objection, qui dans des temps plus rapprochés du nôtre aurait été d'un poids considérable : Gwenwyn était déjà marié. Mais les souverains se marient pour obtenir une postérité; Gwenwyn se comptait au nombre des souverains ; Brengwain ne lui avait pas donné d'enfans ; et il n'était pas à présumer que le pape pousserait les scrupules jusqu'à refuser le divorce à un prince qui avait pris la croix avec tant de zèle, quoique dans le fait ses pensées se dirigeassent vers Garde-Douloureuse plutôt que vers Jérusalem. Et puis, si Raymond était assez scrupuleux pour ne pas trouver bon qu'Eveline occupât pour quelque temps le rang de concubine, ce que les coutumes du pays de Galles permettaient à Gwenwyn d'offrir comme un arrangement provisoire, il n'avait qu'à attendre quelques mois, pendant que l'évêque de Saint-David ou quelque autre intercesseur solliciterait de la cour de Rome son divorce.

Tout en s'occupant de pareilles idées, Gwenwyn resta au château de Raymond Bérenger depuis le jour de Noël jusqu'à celui des Rois. Il endura la présence des nobles normands qui venaient prendre place à la table de leur compatriote, et qui, s'imaginant que leur rang de chevalier les rendait égaux aux plus puissans souverains, faisaient fort peu de cas de la longue suite d'ancêtres du prince gallois. Celui-ci, de son côté, ne les regardait guère que comme une sorte de brigands privilégiés, et c'était avec la plus grande difficulté qu'il pouvait maîtriser la haine qu'il leur portait, et qui était près d'éclater quand il les voyait se livrer à ces exercices de chevalerie dont l'habitude les rendait si formidables à son pays. Enfin les fêtes se terminèrent, et tous les hôtes de Bérenger partirent de son château, qui reprit l'aspect d'une forteresse solitaire et bien défendue.

Cependant, en chassant sur ses montagnes et dans ses vallées, le prince de Powys-Land éprouva que ni tout le gibier qu'il y trouvait, ni le plaisir d'être délivré de la présence des chevaliers normands, qui affectaient de le traiter en égal, ne pouvaient le dédommager de ne plus voir la charmante Eveline suivre la chasse, montée sur son palefroi blanc. En un mot, il n'hésita plus, et il prit pour confident son chapelain, homme prudent et habile. La vanité du chapelain fut flattée de la confiance de son maître, dont les projets lui parurent d'ailleurs pouvoir être de quelque avantage tant pour lui-même que pour son ordre. Il dirigea toutes les mesures à prendre pour obtenir le divorce de Gwenwyn ; tout annonça qu'il ne tarderait pas à être prononcé, et l'infortunée Brengwain fut placée dans un cloître. Peut-être s'y trouva-t-elle plus heureuse que dans la triste retraite où elle avait vécu misérablement depuis que Gwenwyn, n'espérant plus avoir de postérité par elle, la négligeait complètement.

Le père Hugo travailla aussi à gagner les chefs les plus puissans parmi les Gallois, en leur faisant sentir tous les avantages qu'ils retireraient de la possession de Garde-Douloureuse, qui depuis plus d'un siècle couvrait et protégeait une étendue considérable de pays, rendait leurs incursions difficiles et leurs retraites dangereuses, en un mot les empêchait d'avancer jusqu'aux portes de Shrewsbury. Et quant à l'union du prince avec une Normande, le bon père leur donna à entendre que sa chaîne n'en serait pas mieux rivée que celle qui l'avait attaché à Brengwain, et serait aussi facile à rompre.

Ces argumens, joints à d'autres adaptés aux vues et aux désirs de chaque individu, réussirent si bien, qu'au bout de quelques semaines le chapelain fut en état d'annoncer à son maître que le mariage projeté n'éprouverait aucune opposition de la part des plus nobles et des plus puissans de ses chefs. Un bracelet d'or, pesant six onces, récompensa sur-le-champ l'heureuse adresse dont le prêtre avait fait preuve dans cette négociation; et Gwenwyn le chargea de tracer ses propositions sur le papier, ne doutant pas qu'elles ne jetassent dans une extase de joie le château de Garde-Douloureuse, en dépit de tout ce que son nom avait de mélancolique. Ce fut avec quelque difficulté que le bon chapelain obtint du prince gallois qu'il ne serait pas question de son projet de concubinage provisoire, car il jugea sagement qu'Eveline et son père le regarderaient comme un affront. Il présenta l'affaire du divorce comme presque entièrement terminée, et finit sa lettre par quelques réflexions morales parmi lesquelles il glissa une allusion à Vasti, Esther et Assuérus.

Ayant expédié cette lettre par un messager prompt et fidèle, le prince breton se disposa à célébrer solennellement les fêtes de Pâques, qui étaient arrivées pendant le cours de toutes ces négociations.

Pour se concilier l'esprit de ses sujets et de ses vassaux,

Gwenwyn en invita un grand nombre à un festin magnifique à Castell-Coch, c'est-à-dire le Château-Rouge, comme on l'appelait alors, mieux connu ensuite sous le nom de château de Powys, et qui fut, dans un temps moins éloigné de nous, la résidence du duc de Beaufort. La belle architecture de cette noble demeure datait d'une époque beaucoup plus moderne que le siècle de Gwenwyn, dont le palais, au temps où nous parlons, était un bâtiment long, peu élevé, et construit en pierres rouges, ce qui lui avait fait donner le nom qu'il portait alors. Sa situation commandait à tous les environs ; un fossé et une palissade en étaient les plus importantes défenses.

CHAPITRE II.

« Madoc a donné l'ordre, et le son des clairons
« Appelle les guerriers du fond de leurs vallons :
  « Ils descendent de leurs montagnes
« Comme un torrent fougueux inonde les campagnes.
« Mais lorsque, faible enfant de la nécessité,
« La paix vient enchaîner leur intrépidité,
  « Cédant à sa triste influence,
« Les bois et les vallons rentrent dans le silence. »
Poème gallois.

Les fêtes des anciens princes bretons se faisaient remarquer ordinairement par la splendeur grossière et la franchise de l'hospitalité des montagnes. Mais en cette occasion Gwenwyn voulut acheter de la popularité par des profusions extraordinaires ; car il sentait que l'alliance qu'il méditait pouvait être tolérée, mais jamais approuvée par ses sujets et ses alliés.

Un incident qui en lui-même était insignifiant confirma ses appréhensions. Il passait un soir qu'il était presque nuit près de la fenêtre ouverte d'un corps-de-garde où se trouvaient plusieurs de ses meilleurs soldats, chargés de veiller tour à tour aux portes de son palais; il entendit l'un d'eux, Morgan, connu par sa force, son courage et sa férocité, dire à son compagnon qui était assis avec lui près du feu : — Gwenwyn est changé en prêtre ou en femme! Quand a-t-on jamais vu, si ce n'est depuis quelques mois, ses soldats obligés de ronger comme aujourd'hui la chair si près de l'os? — Un peu de patience, lui répondit son camarade; quand il aura épousé la Normande, nous aurons si peu de butin à faire sur ces coquins de Saxons, que nous serons trop heureux d'avaler les os mêmes comme des chiens affamés.

Gwenwyn n'entendit que ce peu de mots de leur conversation, mais c'en était assez pour alarmer son orgueil comme soldat, et exciter son mécontentement comme prince. Il savait que les gens qu'il gouvernait étaient d'un caractère inconstant, qu'un long repos leur était insupportable, qu'ils étaient animés d'une haine violente contre leurs voisins, et il craignait presque les conséquences de l'inaction à laquelle une longue trêve pouvait les réduire. Quoi qu'il en fût, le risque en était encouru, et se surpasser lui-même en splendeur et en générosité lui parut le meilleur moyen de raffermir l'affection chancelante de ses sujets.

Un Normand aurait méprisé la magnificence barbare d'un festin composé de bœufs et de moutons rôtis tout entiers, et de viandes de chèvres et de daims cuites avec la peau de ces animaux; car les Normands, dans leur nourriture, recherchaient la qualité plutôt que la quantité; la délicatesse des mets leur plaisait plus que la profusion, et ils tournaient en ridicule le goût plus grossier des Bretons, quoique ceux-ci montrassent dans leurs banquets encore plus de modération que les Saxons. Le déluge de crw et d'hydromel qui inondait les convives n'aurait pu dédommager les Normands de l'absence d'un breuvage plus précieux et plus recherché, et qu'ils avaient appris à aimer sous un climat plus méridional. Le lait préparé de diverses manières, et qui faisait aussi partie du festin, ne leur aurait pas convenu davantage, quoique dans les occasions ordinaires il suppléât à toute autre nourriture parmi les anciens Bretons dont le pays était riche en pâturages et en bestiaux, mais très pauvre en produits agricoles.

Le banquet fut servi dans une grande salle fort longue et fort peu exhaussée, construite en bois équarri revêtu de lattes. Un grand feu était allumé à chaque extrémité, et la fumée, qui s'échappait avec peine par les crevasses du toit, roulait en nuages sur la tête des convives qui, pour en moins souffrir, étaient assis sur des siéges très bas. Leur extérieur avait quelque chose de sauvage et inspirait presque la terreur, même dans les heures consacrées au plaisir. Le prince avait une taille gigantesque et un regard digne du chef d'un peuple indiscipliné qui ne se plaisait que sur le champ de bataille; les longues moustaches qu'il portait ainsi que la plupart de ses champions ajoutaient à la formidable dignité de sa physionomie.

De même que presque tous les convives, Gwenwyn avait une simple tunique de toile blanche, reste du costume que les Romains avaient introduit dans les provinces de la Grande-Bretagne, et il était distingué des autres par l'*eudorchawg*, ou chaîne d'anneaux entrelacés, dont les tribus celtiques décoraient toujours leurs chefs. Le collier était porté par ceux d'un rang inférieur; chez les uns c'était l'attribut de leur naissance, chez les autres le prix de leurs exploits; mais un bandeau ceignait la tête de Gwenwyn, car il était un des trois princes qui prétendaient au droit de porter le diadème; et des ornemens de même métal, autour de ses bras et au-dessus de la cheville du pied, annonçaient en lui un souverain indépendant.

Deux écuyers, qui mettaient toute leur attention à le servir, étaient derrière lui, et à ses pieds, sur des roseaux en nattes, était assis un *foot-bearer*[1], page dont l'unique fonction était de réchauffer les pieds de son maître dans son sein ou sur ses genoux. Le même droit de souveraineté qui permettait à Gwenwyn de porter un diadème lui donnait encore ce privilége.

Malgré le caractère belliqueux des convives, malgré le danger de voir se réveiller les querelles qui divisaient plusieurs d'entre eux, un très petit nombre ne portaient d'autre armure défensive que le léger bouclier de peau de chèvre qui était suspendu derrière le siége de chacun d'eux. Mais tous étaient bien pourvus d'armes offensives, car l'épée et le sabre à deux tranchans étaient un autre legs que leur avaient fait les Romains. Plusieurs y joignaient un couteau ou un poignard d'un bois très dur, et l'on voyait briller une immense quantité de dards ou de javelines, de piques ou de hallebardes, d'arcs et de flèches, de haches de Danemarck, de crochets de fer et de haches à pointes recourbées du pays de Galles.

Quoiqu'il ne régnât pas beaucoup d'ordre dans ce banquet, et que les convives ne fussent pas retenus par les strictes règles du savoir-vivre qu'imposaient les lois de la chevalerie, la salle du festin de Gwenwyn, grace à douze bardes distingués, promettait des plaisirs dont les plus fiers Normands n'auraient pu jouir aussi pleinement. Il est vrai que ceux-ci avaient leurs ménestrels, hommes versés dans la profession de la poésie, du chant et de la musique ; mais quoique ces arts fussent très honorés, et que ceux qui les exerçaient obtinssent souvent de riches récompenses quand ils étaient doués de talens supérieurs, les ménestrels en général n'étaient que peu estimés, parce que la plupart étaient des vagabonds dissolus, qui n'avaient pris cette profession que par fainéantise, et pour se procurer les moyens de mener une vie errante et dissipée.

(1) Un porte-pieds. — Tr.

Telle a été dans tous les temps la censure à laquelle ont été exposés les hommes qui se consacrent aux amusemens du public. Ceux d'entre eux qui se distinguent par des talens supérieurs sont quelquefois élevés très haut dans la société, tandis que le plus grand nombre végète dans les derniers rangs. Mais il n'en était pas ainsi des bardes du pays de Galles, qui ayant succédé en dignité aux druides, sous lesquels ils avaient originairement formé une confrérie subalterne, jouissaient de beaucoup de priviléges, obtenaient autant de respect que d'estime, et exerçaient une grande influence sur l'esprit de leurs concitoyens. Leur ascendant égalait presque celui des prêtres, et ils avaient même quelque ressemblance avec eux ; car ils ne portaient jamais les armes, ils étaient initiés dans leur ordre avec des cérémonies secrètes et mystiques, et l'on rendait hommage à leur *awen*, c'est-à-dire à leurs inspirations poétiques, comme si elles avaient un caractère divin. Aussi les bardes, revêtus de tant d'importance et d'autorité, étaient assez enclins à se prévaloir de leurs priviléges, et se permettaient même certains caprices.

Telle était peut-être en ce moment l'humeur de Cadwallon qui, comme chef des bardes de Gwenwyn, devait faire résonner de ses chants la salle de banquet du prince. Tous les convives s'y attendaient ; mais ni l'impatience des chefs et des champions assemblés, ni le silence qui remplaça tout à coup le tumulte quand on plaça sa harpe devant lui avec respect, ni les prières et les ordres du prince même, ne purent tirer de lui autre chose qu'un court prélude plusieurs fois interrompu, dont les notes semblaient s'arranger d'elles-mêmes pour former un air très lugubre, et dont les sons parurent s'éteindre peu à peu pour laisser régner de nouveau le silence.

Le prince jeta un regard courroucé sur le barde, qui était trop absorbé dans ses sombres pensées pour lui faire aucune excuse, et même pour remarquer son mécontentement. Il promena encore ses doigts sur les cordes de son instrument d'un air distrait, et parut sur le point de faire entendre des sons pareils à ceux dont ce maître consommé dans son art avait si souvent enchanté ses auditeurs. Mais ce nouvel effort ne lui réussit pas ; il dit que sa main droite était comme paralysée, et il repoussa sa harpe loin de lui.

Un murmure sourd s'éleva dans toute la salle, et Gwenwyn lut dans les regards de ses hôtes qu'ils regardaient le silence de Cadwallon comme de mauvais augure dans cette occasion importante. Il appela à la hâte un jeune barde ambitieux, nommé Caradoc de Menwygent, dont la renommée naissante paraissait devoir bientôt le disputer à l'antique renommée de Cadwallon, et il lui ordonna de chanter quelque chose qui pût mériter les éloges de son souverain et les applaudissemens des convives. Ce jeune ambitieux avait toute l'adresse d'un courtisan : il improvisa un poème dans lequel sous un nom emprunté il traça un portrait d'Éveline Béranger si poétique et si séduisant, que Gwenwyn en fut ravi ; et tandis que tous ceux qui avaient vu l'original étaient frappés de la ressemblance, les yeux du prince annonçaient son admiration pour le poète et sa préférence pour la beauté sujet de ses chants. Les figures dont abonde la poésie celtique suffisaient à peine à l'enthousiame du jeune barde, qui prenait un essor plus élevé à mesure qu'il s'apercevait de l'impression qu'il faisait sur ses auditeurs, et qui mêlait les éloges du prince à ceux de la belle Normande.

— De même qu'un lion ne peut être conduit que par la main d'une jeune et belle vierge, disait-il, ainsi un chef gallois ne peut reconnaître d'autre empire que celui de la femme la plus aimable et la plus vertueuse de son sexe. Qui demande au soleil de midi dans quelle partie du monde il est né ? Qui demandera à des charmes comme les siens dans quel pays ils ont été créés ?

Enthousiastes pour le plaisir comme pour la guerre, et doués d'une imagination vive qui répondait à l'instant même aux appels de leurs poètes, les chefs bretons firent entendre un concert d'acclamations et d'applaudissemens; et les chants du barde contribuèrent plus que les graves argumens du père Hugo à faire voir de bon œil l'alliance projetée du prince.

Gwenwyn lui-même, dans un transport d'ivresse, s'empressa de détacher les bracelets d'or qu'il portait, les donna au barde dont les chants venaient de produire un effet si désirable, et lui dit, en jetant un regard sur Cadwallon qui gardait le silence d'un air sombre : — La harpe silencieuse n'a jamais eu de cordes d'or.

— Prince, répondit le barde dont l'orgueil égalait au moins celui de Gwenwyn lui-même, vous changez le sens du proverbe de Taliessin : — C'est la harpe flatteuse qui ne manque jamais de cordes d'or.

Gwenwyn, se tournant vers lui d'un air sévère, allait lui répondre avec courroux, quand le retour soudain de Jorworth, le messager qu'il avait envoyé à Raymond Bérenger, détourna son attention. Cet envoyé montagnard avait les jambes nues et les pieds garnis de sandales de peau de chèvre. Un manteau semblable couvrait ses épaules, et il tenait en main une courte javeline. La poussière dont il était souillé et la sueur qui tombait de son front prouvaient le zèle avec lequel il s'était acquitté de sa mission.

— Eh bien! lui demanda Gwenwyn avec empressement, quelles nouvelles de Garde-Douloureuse, Jorworth ap Jevan?

— Je les porte dans mon sein, répondit le fils de Jevan; et il remit au prince avec beaucoup de respect un paquet enveloppé de soie, et fermé d'un sceau représentant un cygne, ancienne devise de la maison de Bérenger. Ne sachant ni lire ni écrire, Gwenwyn, avec la hâte de l'impatience, remit la lettre à Cadwallon, qui lui servait ordinairement de secrétaire quand son chapelain était absent, comme cela arrivait en ce moment. Cadwallon, ayant jeté un coup d'œil sur la lettre, dit en peu de mots : — Je ne sais pas lire le latin. Malheur au Normand qui écrit à un prince de Powys en une autre langue que celle des Bretons ; et heureux était le temps où l'on n'en parlait pas d'autre depuis Tintadgel[1] jusqu'à Cairleoil[2].

Gwenwyn ne lui répondit qu'en lui lançant un regard de courroux.

— Où est le père Hugo ? s'écria-t-il avec impatience.

— A l'église, répondit un de ses hommes d'armes ; c'est aujourd'hui la fête de saint.....

— Quand ce serait celle de saint David[3], répliqua Gwenwyn, et quand il tiendrait le ciboire entre ses mains, il faut qu'il vienne ici à l'instant.

Le chef de ses Henchmans[4] sortit aussitôt pour aller le chercher. Pendant ce temps Gwenwyn regardait la lettre qui contenait le secret de sa destinée, mais qu'il ne pouvait lire sans interprète, d'un air qui annonçait tant d'inquiétude et d'impatience que Caradoc, glorieux du succès qu'il avait déjà obtenu, fit entendre encore quelques notes pour tâcher de distraire les pensées de son maître pendant cet intervalle pénible. Un air vif et léger, touché par une main qui semblait hésiter, comme si la voix soumise d'un inférieur eût craint d'interrompre les méditations du chef, accompagna une ou deux stances applicables au sujet.

— Qu'importe, ô parchemin que la soie enveloppe, disait-il en apostrophant la lettre placée sur la table devant le prince, — qu'importe que tu parles la langue de l'étranger ? Le chant du coucou est-il harmonieux ? Et pourtant il nous

---

(1) Bourg du comté de Cornouailles. — Éd.

(2) Appelé aussi *Carleon* ; ville située dans le comté de Monmouth, sur la rivière d'Usk, à cent cinquante-cinq milles de Londres. Son nom signifie la forteresse d'Iléon, ancien roi breton. Carleon jouissait jadis d'une grande importance, et était le siége métropolitain du camp de Galles, avant que l'évêque saint David le transférât à *Menavia* ou *Saint-David*. — Éd.

(3) Patron du pays de Galles. — Éd.

(4) Gardes-du-corps. — Éd.

annonce le printemps et les fleurs naissantes. Si ton langage est celui que parle le prêtre portant l'étole, n'est-ce pas le même qui unit les cœurs et les mains au pied de l'autel? Si tu tardes à répandre sur nous tes trésors, les plaisirs ne sont-ils pas plus doux quand le prix en est rehaussé par l'attente? Que serait la chasse, si le daim tombait à nos pieds à l'instant où il est débusqué? Quel prix mettrait-on à l'amour de la jeune vierge, si une sage retenue ne lui imposait un délai avant de l'accorder? —

Le chant du barde fut interrompu par l'arrivée du prêtre qui, empressé d'obéir aux ordres de son maître impatient, n'avait même pas pris le temps d'ôter l'étole qu'il portait en célébrant l'office divin; et un certain nombre de chefs pensèrent que ce n'était pas un heureux présage qu'un prêtre en habits sacerdotaux parût dans une réunion consacrée au plaisir, et où retentissaient des chants profanes.

Le père Hugo ouvrit la lettre du baron normand, et surpris de ce qu'il y voyait, il leva les yeux en silence.

— Lisez donc! s'écria l'impétueux Gwenwyn.

— Si vous le trouviez bon, répondit le chapelain plus prudent, il serait plus convenable de la lire devant une assemblée moins nombreuse.

— Lisez-la tout haut! répéta le prince d'un ton encore plus décidé; il n'y a personne ici qui ne respecte son prince, et qui ne mérite sa confiance. Lisez tout haut, dis-je; et par saint David! si Raymond le Normand a osé.....

Il n'acheva pas sa phrase, et s'enfonçant dans son fauteuil, il prit une attitude de profonde attention. Mais il était facile à tous ses convives de remplir la réticence que sa prudence avait laissée dans son exclamation.

Le chapelain lut alors ce qui suit, mais d'une voix basse et mal assurée :

— Raymond Bérenger, noble chevalier normand, sénéchal de Garde-Douloureuse, à Gwenwyn, prince de Powys. Que la paix soit entre eux! Salut et santé.

Votre lettre, par laquelle vous demandez la main de notre fille Eveline Bérenger, a été fidèlement remise entre nos mains par votre serviteur Jorworth ap Jevan ; et nous vous remercions cordialement des bonnes dispositions que vous y témoignez pour nous et pour les nôtres. Mais prenant en considération la différence de sang et de lignage, ainsi que les causes de querelles qui se sont souvent élevées en cas semblables, nous jugeons plus convenable de donner à notre fille un époux de notre nation. Ce n'est nullement que nous méprisions votre alliance ; nous n'avons en vue que votre bien, le nôtre et celui de nos vassaux à tous deux, qui n'en seront que plus à l'abri de toutes nos querelles. C'est pour ces motifs que nous ne tenterons pas de resserrer plus qu'il ne le convient les nœuds de notre intimité. Les moutons et les chèvres paissent tranquillement les mêmes pâturages, mais ils ne mêlent ni leur sang ni leur race. D'ailleurs notre fille Eveline a été recherchée en mariage par un noble et puissant seigneur des frontières, Hugues de Lacy, connétable de Chester, et nous avons déjà fait une réponse favorable à cette honorable demande. Il nous est donc impossible de vous accorder la vôtre. Sur tout autre point vous nous trouverez toujours disposé à vous être agréable, ce dont nous prenons à témoin Dieu, Notre-Dame et sainte Marie-Magdeleine de Quatford, à la garde de qui nous vous recommandons cordialement.

— Écrit par notre ordre, en notre château de Garde-Douloureuse, sur les frontières du pays de Galles, par le révérend prêtre Aldrovand, moine noir du monastère de Wenlock ; et nous y avons apposé notre sceau la veille de la fête du bienheureux martyr saint Alphège, à qui honneur et gloire. —

La voix commençait à manquer au père Hugo, et le parchemin s'agitait dans sa main, quand il arriva à la fin de cette épître ; car il savait parfaitement qu'une insulte bien moins sensible que le mot de cette lettre le moins offensant pour

Gwenvyn eût suffi pour faire bouillir dans ses veines jusqu'à la dernière goutte de son sang breton. Ce qu'il prévoyait ne manqua pas d'arriver. Le prince avait par degrés quitté l'attitude tranquille qu'il avait prise pour écouter la lecture de la missive, et dès qu'elle fut terminée, se levant brusquement, semblable à un lion relancé dans sa tanière, il repoussa si rudement son jeune porte-pieds, qu'il le fit rouler à quelque distance sur le plancher.

— Prêtre, s'écria-t-il, as-tu lu fidèlement ce maudit écrit? Si tu y as ajouté, si tu en as retranché un seul mot, une seule lettre, je traiterai si bien tes yeux que tu ne liras plus une seule ligne de ta vie!

Le moine savait fort bien que le caractère sacerdotal n'était pas toujours respecté par les irascibles Gallois, et il répondit en tremblant : — Par le serment de mon ordre! puissant prince, je vous en ai fait la lecture mot pour mot, lettre pour lettre.

Il s'ensuivit un moment de silence; car la fureur de Gwenwyn, en recevant un affront auquel il était si loin de s'attendre en présence de tous ses *Uckelwyr*, c'est-à-dire ses nobles chefs, semblait trop violente pour qu'il pût l'exprimer par des paroles. Tout à coup on entendit sortir quelques sons de la harpe jusqu'alors muette de Cadwallon. Le prince jeta d'abord sur lui un regard de mécontentement; mais quand il le vit courbé sur sa harpe avec un air d'inspiration, et en tirant avec un art sans égal les sons les plus savans et les plus sublimes, il écouta au lieu de parler, et Cadwallon sembla absorber, au lieu du prince, l'attention de l'assemblée; tous les yeux se fixèrent sur lui et toutes les oreilles l'écoutèrent, comme si ses chants eussent été des oracles.

— Point d'alliance avec l'étranger! s'écria le barde. Vortigern épousa une étrangère, et ce fut le premier malheur de la Grande-Bretagne; l'épée fut suspendue sur la tête de ses nobles, la foudre gronda sur ses palais. Point d'alliance avec le Saxon servile ! le cerf libre et majestueux ne prend pas pour épouse la génisse qui a courbé la tête sous le joug. Point d'alliance avec l'avide Normand ! le noble limier ne va pas chercher sa compagne dans une troupe de loups dévorans. Depuis quand a-t-on vu les Cymry, les descendans de Brutus, les vrais enfans du sol breton, dépouillés de leurs droits légitimes, pillés, opprimés, insultés jusque dans leurs dernières retraites? N'est-ce pas depuis qu'ils ont tendu la main à l'étranger, et pressé contre leur sein la fille du Saxon ! Lequel des deux craint-on, du ruisseau desséché pendant l'été, ou du torrent débordé pendant l'hiver? une jeune fille sourit en passant l'un à pied sec; mais un cheval barbe et son cavalier frémissent de crainte quand ils vont traverser le second. Homme de Mathraval et de Powys, que le torrent débordé soit Gwenwyn, fils de Cyverliock; et que la première de ses vagues soit le panache du prince ! —

Toutes idées de paix, idées qui en elles-mêmes étaient étrangères aux cœurs des belliqueux Bretons, se dissipèrent devant les chants de Cadwallon, comme la poussière devant un ouragan; et toute l'assemblée, d'une voix unanime, appela la guerre à grands cris. Le prince ne parla point; mais jetant autour de lui un regard de fierté, il étendit les bras, comme s'il eût donné le signal de l'attaque.

Si le père Hugo l'eût osé, il eût rappelé à Gwenwyn que la croix qu'il portait sur l'épaule avait consacré ses bras à une guerre sainte, et lui défendait de combattre des chrétiens. Mais cette tâche était dangereuse et au-dessus du courage du bon prêtre; il sortit sans bruit du château pour regagner la solitude de son cloître. Caradoc, dont le court instant de popularité était déjà passé, se retira aussi d'un air confus et humilié, non sans jeter un regard d'indignation sur son rival triomphant, qui avait si judicieusement réservé ses talens pour l'instant où il pourrait les déployer en chantant la guerre, chant qui était celui que son auditoire entendait toujours avec le plus de plaisir.

Les chefs reprirent leurs places, non plus pour se livrer aux plaisirs du festin, mais pour convenir à la hâte, comme c'était l'usage de ces guerriers dont tous les mouvemens étaient subits, du point sur lequel ils réuniraient leurs forces composées en pareilles occasions de tout ce qui était en état de porter les armes; car tous les Gallois étaient soldats, à l'exception des prêtres et des bardes. Ils réglèrent aussi l'ordre de leur marche sur les frontières, où ils se proposaient de prouver par un ravage général combien ils ressentaient l'insulte faite à leur prince.

CHAPITRE III.

« Le sable de ma vie est compté grain par grain,
« Et mes jours en ces lieux doivent trouver leur fin. »
SHAKSPEARE. *Henry IV*, acte I, scène IV.

Lorsque Raymond Bérenger eut congédié l'envoyé du prince de Powys, il s'attendit aux suites de son refus, mais sans en éprouver de terreur. Il envoya des messagers à ceux de ses vassaux qui tenaient leurs fiefs sous la servitude de *Cornage*, et les fit avertir d'être aux aguets, afin qu'il pût avoir connaissance sans aucun délai de l'approche des ennemis. Ces vassaux occupaient les nombreuses tours qui, comme autant de nids de faucon, avaient été construites dans les positions les plus avantageuses pour défendre la frontière; et en cas de quelque incursion des Gallois, ils étaient obligés d'en donner avis en sonnant du cor : ces sons, répétés de tour en tour et de poste en poste, étaient le signal d'alarme pour la défense générale. Mais quoique Raymond, d'après le caractère inconstant et emporté de ses voisins, jugeât ces précautions indispensables pour soutenir sa réputation militaire, il était loin de croire que le danger fût imminent ; car les préparatifs des Gallois, quoique plus considérables que de coutume, avaient été aussi secrets que leur résolution avait été prompte.

Ce fut dès le second matin après la fête mémorable donnée à Castell-Coch que la tempête éclata sur les frontières des Normands. D'abord un seul son de cor prolongé annonça qu'on voyait l'ennemi s'avancer ; et bientôt le signal d'alarme partit de toutes les tours et de tous les châteaux qui bordaient la frontière du Shropshire, où chaque habitation était une forteresse. Des feux furent allumés sur tous les lieux élevés ; les cloches sonnèrent dans toutes les églises des villes et des villages, et l'appel général aux armes annonçait un péril plus sérieux qu'aucun de ceux auxquels avait été exposé jusqu'alors un pays si rarement tranquille.

Au milieu de cette alarme générale, Raymond Bérenger, après avoir passé en revue le petit nombre de ses braves soldats et de ses vassaux, et après avoir pris tous les moyens qui étaient en son pouvoir pour connaître les forces et les mouvemens de l'ennemi, monta enfin sur la grande tour du château pour reconnaître lui-même les environs. Des nuages de fumée interceptaient déjà les regards, et annonçaient l'approche et les ravages des Bretons. Il y fut bientôt joint par son écuyer favori, à qui l'œil morne de son maître causa quelque surprise ; car il ne l'avait jamais vu plus brillant qu'à l'instant d'une bataille. L'écuyer tenait en main le casque du baron, qui n'avait plus qu'à le placer sur sa tête pour être armé de pied en cap.

— Denis Morolt, dit le vieux chevalier, tous nos vassaux et nos feudataires sont-ils arrivés ?

— Tous, noble seigneur, à l'exception des Flamands.

— Les paresseux ! Pourquoi tardent-ils ainsi ? C'est une

mauvaise politique que de permettre à des gens si indolens de s'établir sur les frontières. Ils sont, comme leurs chevaux, plus propres à traîner la charrue qu'à rien faire qui exige du feu et de l'ardeur.

— Et pourtant, avec votre permission, je dirai que quelquefois on peut en tirer de bons services. Ce Wilkin Flammock est en état de frapper comme les marteaux de son moulin à foulon.

— Oui, je le crois, et il se battra quand il ne pourra faire autrement, Morolt; car il n'a aucun goût pour les armes, et il est aussi lent et aussi entêté qu'une mule.

— Et c'est pourquoi on a raison de le placer, lui et ses compatriotes, en face des Gallois. Leur caractère rétif et opiniâtre peut tenir en échec l'humeur versatile et impétueuse de nos dangereux voisins, comme les rochers forcent les vagues de la mer à se briser contre leur base inébranlable. Écoutez! j'entends les pas de Wilkin Flammock, qui monte l'escalier de la tour aussi lentement qu'un moine allant aux matines.

Effectivement, on distinguait le bruit d'une marche pesante, et bientôt on vit paraître le Flamand à la porte qui conduisait sur la plate-forme de la tour. Wilkin Flammock portait une armure brillante, nettoyée avec un soin qui prouvait l'extrême propreté de sa nation, et dont la pesanteur et l'épaisseur étaient peu ordinaires. Mais contre l'usage des Normands, elle était tout unie, et l'on n'y voyait ni dorures ni aucun ornement. L'armet, ou bassinet, n'avait pas de visière, et laissait apercevoir un large visage dont les traits inflexibles exprimaient une inaltérable impassibilité. Il tenait en main une lourde massue.

— Vous voilà donc, messire Flamand! dit le châtelain. Il me semble que vous ne vous êtes guère pressé pour venir au rendez-vous?

— Sauf votre bon plaisir, répondit le Flamand, nous

avons été obligés d'attendre que nous eussions chargé sur nos charriots nos draps et nos autres bagages.

— Sur vos charriots! Et combien en avez-vous donc amené?

— Six, noble seigneur.

— Et combien d'hommes les ont accompagnés?

— Douze, vaillant seigneur.

— Quoi! seulement deux hommes par charriot! A quoi bon vous être encombrés ainsi?

— Sauf votre bon plaisir, encore une fois, noble seigneur, ce n'est que le prix que mes camarades et moi nous attachons à nos marchandises qui nous porte à les défendre de notre corps. Si nous avions été obligés de laisser nos draps à la merci de ces pillards, je n'aurais pas vu grande nécessité à venir ici pour leur fournir l'occasion d'ajouter le meurtre au vol. Je vous réponds que je ne me serais arrêté qu'à Glocester.

Le chevalier regarda l'artisan flamand, car telle était la qualité de Wilkin Flammock, avec un tel mélange de surprise et de mépris, que l'indignation n'y pouvait trouver place.

— Voici, lui dit-il, la première fois que j'entends un être portant de la barbe au menton avouer ouvertement qu'il est un lâche.

— Et ce n'est pas cela que je veux vous faire entendre, répondit Flammock avec le plus grand sang-froid. Je suis toujours disposé à me battre pour défendre ma vie et ma fortune, et puisque je viens ici, où l'une et l'autre sont exposées, c'est une preuve que je ne crains pas. Mais cela n'empêche pas qu'une peau entière ne vaille mieux qu'une peau percée.

— Eh bien! bats-toi à ta manière, pourvu que tu te battes bien avec ces membres épais, mais vigoureux : il paraît qu'aucun de nous ne manquera d'occupation. As-tu vu quelque chose de cette canaille galloise? La bannière de Gwenwyn est-elle déployée?

— Oui, oui, j'ai vu flotter en l'air le dragon blanc, et je ne pouvais manquer de le reconnaître, car il a été brodé dans mon atelier.

Raymond prit un air si sérieux en apprenant cette nouvelle, que Denis Morolt ne voulant pas que le Flamand s'en aperçût, crut devoir détourner son attention.

— Je puis te promettre, dit-il à Flammock, que lorsque le connétable de Chester nous aura joints avec ses lances, tu verras ton fameux ouvrage, le dragon blanc, s'envoler plus vite que n'a jamais volé ta navette.

— Il faut qu'il s'envole avant que le connétable arrive, Denis Morolt, dit Bérenger, sans quoi il s'envolera en triomphe par-dessus nos cadavres.

— Au nom de Dieu et de la sainte Vierge! s'écria Morolt, que voulez-vous dire, sire chevalier? J'espère que vous n'avez pas dessein de livrer le combat aux Gallois avant l'arrivée du connétable?

Il se tut un instant; mais comprenant fort bien le regard ferme et mélancolique que son maître jeta sur lui pour toute réponse à sa question, il répéta d'un ton plus vif et plus pressant : — Vous ne pouvez avoir un tel dessein; vous ne pouvez exiger que nous quittions ce château que nous avons si souvent défendu contre eux pour nous mettre en campagne deux cents contre des milliers. Pensez-y bien, mon cher maître; et qu'une témérité qui ne convient pas à votre âge ne ternisse pas la réputation de prudence et de science militaire que vous avez si noblement acquise.

— Je ne vous reprocherai pas de blâmer mon projet, Denis, répondit le chevalier normand; car je sais que vous le faites par affection pour moi et pour les miens. Mais il faut que cela soit, il faut que nous combattions les Gallois sous trois heures, ou que le nom de Raymond Bérenger soit rayé de la généalogie de sa maison.

— Et nous les combattrons, mon noble maître, nous les combattrons; ne craignez pas que Denis Morolt vous donne de lâches conseils quand il s'agit de se battre. Mais nous les combattrons sous les murs du château, tandis que l'honnête Wilkin Flammock sera aux créneaux avec ses bons archers pour protéger nos flancs et tâcher de suppléer à la différence du nombre.

— Non, Denis, non; c'est en rase campagne qu'il faut que nous les combattions, ou ton maître ne doit plus être compté parmi les féaux chevaliers. Apprends que lorsque j'ai reçu chez moi ce rusé sauvage aux fêtes de Noël, et tandis que le vin circulait sur la table, Gwenwyn fit l'éloge des fortifications de ce château, de manière à me donner à entendre que ce n'était qu'à ces avantages que j'étais redevable de n'avoir pas été défait et captif dans nos anciennes guerres. J'aurais mieux fait de garder le silence; car pourquoi avoir tenu des discours présomptueux qui me forcent à un acte que je ne puis regarder moi-même que comme une folle témérité? Cependant je lui répondis : — Si quelque prince du Cymry se présente jamais en ennemi devant Garde-Douloureuse, qu'il plante sa bannière dans la plaine située entre le pont et le château, et je donne ma parole de chevalier, j'engage ma foi comme chrétien, que Raymond Bérenger l'attaquera comme jamais Gallois n'a attaqué, quelle que puisse être la différence du nombre.

Denis resta muet et immobile en apprenant une promesse si téméraire et si fatale; mais il n'était pas assez casuiste pour dégager son maître des suites de sa confiance imprudente. Il n'en fut pas de même de Wilkin Flammock. Il regarda le chevalier avec surprise; et malgré le respect qu'il avait pour lui, peu s'en fallut qu'il ne se mît à rire, quoique ses traits ne fussent guère habitués à cette expression de gaîté.

— Et voilà tout? dit-il. Si Votre Seigneurie s'était engagée à payer cent florins à un Juif ou à un Lombard, sans contredit vous devriez faire ce paiement le jour convenu, ou perdre votre gage ; mais à coup sûr une promesse de se battre peut se tenir un jour aussi bien qu'un autre ; et le meilleur jour pour cela, c'est le jour où celui qui l'a faite se trouve le plus fort. Après tout, que signifie une promesse faite le verre à la main ?

— Elle signifie tout autant qu'une promesse faite en toute autre circonstance, répondit Bérenger. Celui qui a promis n'échappe pas au péché de trahir sa parole, sous prétexte qu'il l'a donnée sous l'influence de l'ivresse et de la présomption.

— Quant au péché, répliqua Denis, si c'en est un de ne pas faire un tel acte de témérité, je suis sûr que l'abbé de Glastonbury vous en absoudrait pour un florin.

— Et qui effacera la honte dont je me serai couvert ? demanda Bérenger. Comment oserai-je me montrer devant des chevaliers, si la crainte d'un Gallois et de ses sauvages à demi nus m'empêche de relever mon gage de bataille ? Non, Denis Morolt, qu'il n'en soit plus question ; nous les combattrons aujourd'hui dans cette plaine, quel qu'en puisse être le résultat.

— Il peut se faire que Gwenwyn ait oublié cette promesse, dit Flammock, et qu'il ne vienne pas en réclamer l'exécution à l'endroit désigné ; car nous avons entendu dire que vos vins de France ont monté furieusement au cerveau du Gallois.

— Il m'en a encore parlé le lendemain du jour où elle a été faite, répondit le châtelain ; croyez bien qu'il n'oubliera pas une promesse qui lui donne une chance pour m'écarter à jamais de son chemin.

Comme Bérenger parlait encore, ils remarquèrent que des nuages de poussière qu'on avait vus sur différens points se rapprochaient de l'autre côté de la rivière, vers un ancien pont qui conduisait dans la plaine désignée pour le théâtre du combat. Ils ne se perdirent pas en conjectures. Il était évident que Gwenwyn, rappelant à lui tous les détachemens qui avaient commis des dévastations partielles, réunissait toutes ses forces dans le dessein de passer le pont.

—Courons leur disputer le passage, s'écria Denis Morolt. L'avantage que nous aurons en défendant le pont rétablira une sorte d'égalité. Votre parole vous oblige à prendre la plaine pour champ de bataille ; mais elle ne vous défend pas de profiter de votre avantage pour disputer le passage du pont. Nos hommes, nos chevaux, tout est prêt ; que les archers marchent seulement sur nos flancs, et je réponds du succès sur ma vie.

—Quand je lui ai promis de le rencontrer dans cette plaine, Denis, j'ai voulu dire que je lui donnais l'avantage de l'égalité du terrain. C'est ainsi que je l'entendais, et il l'a entendu de même. A quoi bon tenir ma promesse selon la lettre, si je la viole quant à l'esprit? Nous ne sortirons pas du château avant que le dernier de ces Gallois ait traversé le pont, et alors...

—Nous marcherons à la mort. Que Dieu nous pardonne nos péchés! Mais...

—Mais quoi? tu voudrais parler, et tu n'oses.

—Ma jeune maîtresse, votre fille, Lady Eveline...

—Je l'ai informée de mes intentions. Elle restera dans le château, où je laisserai quelques vétérans d'élite et vous, Denis, pour les commander. Dans vingt-quatre heures il arrivera des secours, et le siége sera levé. Nous avons défendu la place plus long-temps, et avec une plus faible garnison. Alors, Denis, vous la conduirez chez sa tante, l'abbesse des Bénédictines, vous la placerez honorablement et sûrement entre ses mains, et ma sœur veillera à la destinée future de ma fille comme sa sagesse le lui inspirera.

—Moi vous laisser dans une pareille crise! s'écria Denis Morolt en pleurant ; moi m'enfermer dans des murailles, quand mon maître va livrer sa dernière bataille ! moi devenir l'écuyer d'une femme, quoique cette femme soit lady Eveline, quand mon maître sera mort sur son bouclier!

Sire Raymond Bérenger, est-ce pour cela que je vous ai si souvent couvert de votre armure?

Les larmes tombaient des yeux du vieux guerrier avec autant d'abondance que celles qu'une jeune fille verse pour son amant. Raymond, lui prenant la main avec bonté, lui dit d'un ton affectueux:—Ne crois pas, mon bon et vieux serviteur, que s'il y avait de l'honneur à gagner je voulusse t'éloigner de ma personne. Mais ce combat est un acte de présomption et de témérité auquel je suis tenu par mon destin ou par ma folie. Je meurs pour sauver mon nom du déshonneur; mais, hélas! il faut que je laisse ma mémoire entachée du reproche d'imprudence.

—Eh bien! qu'il me soit permis de partager votre imprudence, mon cher maître, s'écria vivement Denis Morolt; un pauvre écuyer n'a pas besoin de passer pour être plus prudent que son maître. Ma valeur a été remarquée dans maints combats où j'ai partagé vos périls et votre gloire; ne me refusez pas le droit de partager aussi le blâme que votre témérité peut encourir. Qu'on ne dise pas de vous:— Son entreprise était si téméraire qu'il ne permit pas même à son vieil écuyer d'y prendre part. Je suis une partie de vous-même; vous vous rendez coupable de meurtre envers tous ceux qui vous suivront, si vous ne me permettez pas de vous accompagner.

—Denis, répondit Bérenger, vous me faites sentir plus amèrement que jamais la folie que j'ai commise. Je vous accorderais la grace que vous me demandez, quelque fatale qu'elle pût être à vous-même; mais ma fille...

— Sire chevalier, dit Flammock qui avait écouté ce dialogue avec moins d'apathie que de coutume, je n'ai pas dessein de quitter le château aujourd'hui; et si vous voulez vous fier à moi pour faire tout ce que peut un honnête homme pour protéger lady Eveline, je vous promets...

—Comment, drôle! s'écria Raymond; vous n'avez pas dessein de quitter le château! Et qui vous donne le droit d'avoir dessein de faire une chose ou de ne pas la faire avant que je vous aie fait connaître mon bon plaisir?

—Je serais bien fâché de me trouver en opposition avec vous, sire châtelain, répondit l'imperturbable Flamand, mais je tiens, à titre de redevance féodale, certains moulins à foulon et terres en dépendant sur les frontières, et je suis obligé d'amener douze hommes, à votre première réquisition, pour la défense du château de Garde-Douloureuse. Me voici prêt à m'acquitter de ce devoir; mais si vous m'ordonnez d'en sortir, de laisser ce château sans défense et d'aller risquer ma vie dans un combat qui, comme vous le reconnaissez vous-même, n'offre aucune chance de salut, je dois vous dire que la tenure de mon fief ne m'oblige pas à vous obéir.

—Vil artisan! s'écria Morolt en mettant la main sur son poignard et en jetant sur Flammock un regard menaçant.

Mais la voix et la main de son maître le retinrent.— Garde-toi bien de le toucher, Morolt, lui dit-il, et ne le blâme pas. Il a le sentiment du devoir, quoiqu'il n'en soit pas pénétré de la même manière que nous. Ses compagnons et lui combattront mieux derrière des murailles qu'en rase campagne. Ces Flamands d'ailleurs connaissent par expérience, et d'après ce qu'ils ont vu dans leur pays, tout ce qui a rapport à l'attaque et à la défense des villes fortifiées et des citadelles; ils savent mieux que personne manœuvrer les mangonneaux et les autres machines de guerre. J'ai dans le château quelques autres soldats du même pays; mon dessein est de les y laisser, et je crois qu'ils obéiront à Flammock plus volontiers qu'à tout autre que toi. Qu'en penses-tu? Tu ne voudrais pas, par un point d'honneur mal entendu ou par une affection aveugle pour moi, confier à des mains suspectes la garde de cette place importante et la sûreté d'Eveline?

— Noble seigneur, s'écria Denis aussi transporté de joie que s'il eût obtenu quelque avantage important, Wilkin

Flammock n'est qu'un serf flamand ; mais je dois dire qu'il est aussi ferme et aussi fidèle que qui que ce soit de vos serviteurs, et d'ailleurs il connaît trop bien ses intérêts pour ne pas sentir qu'il y a plus à gagner à défendre un château comme celui-ci, qu'à le rendre à des étrangers qui pourraient offrir de belles conditions de capitulation, mais qui probablement ne les exécuteraient pas.

— Ma résolution est donc prise, dit Raymond Bérenger ; tu viendras avec moi, Denis, et il restera au château. Wilkin Flammock, dit-il en s'adressant au Flamand d'un ton solennel, je ne te parlerai pas le langage de la chevalerie, car tu ne le connais pas ; mais si tu es un honnête homme, un vrai chrétien, je te conjure de bien défendre ce château. Qu'aucune promesse de l'ennemi ne te fasse accepter une lâche capitulation! qu'aucune menace ne te détermine à te rendre! Des secours arriveront très promptement ; si tu remplis tes devoirs envers moi et envers ma fille, Hugues de Lacy te récompensera généreusement ; si tu y manques, il te punira sévèrement.

— Sire chevalier, répondit Flammock, je suis charmé de vous voir accorder tant de confiance à un simple artisan. Quant aux Gallois, je suis né dans un pays où nous sommes forcés, et forcés tous les ans à lutter contre la mer ; et celui qui peut opposer une digue aux flots en courroux ne craint pas la fureur d'une foule indisciplinée. Votre fille me sera aussi chère que la mienne, et vous pouvez partir dans cette confiance, si toutefois vous ne préférez pas en homme plus sage fermer la porte, lever le pont-levis, baisser la herse, placer sur les murailles vos archers et les miens, et faire voir à ces drôles que vous n'êtes pas aussi fou qu'ils le pensent.

— Cela ne peut être, mon brave homme, dit le chevalier. J'entends la voix de ma fille, ajouta-t-il précipitamment ; je ne voudrais pas la revoir au moment de m'en séparer peut-être pour toujours. Je te confie à la garde du ciel, honnête Flamand. — Suis-moi, Denis Morolt.

Le vieux châtelain descendit du donjon par l'escalier de la tourelle du sud, tandis qu'Eveline y montait par celui de la tourelle de l'est, pour se jeter encore une fois aux pieds de son père. Elle était accompagnée du père Aldrovand, chapelain de sire Raymond, d'un vieux piqueur presque invalide, dont les services plus actifs autrefois sur le champ de bataille et à la chasse se bornaient alors à la surintendance générale du chenil et aux soins particuliers qu'il donnait aux chiens favoris du chevalier; avec elle était aussi Rose Flammock, fille de Wilkin, jeune Flamande aux yeux bleus, à la taille arrondie, vermeille, timide comme une perdrix, et à qui il avait été permis depuis quelque temps de rester près de la noble héritière normande, dans cette situation mal définie qui tient le milieu entre l'humble condition de demoiselle de compagnie et l'état plus humble encore de domesticité.

Eveline courut à la plate-forme, les cheveux épars et les yeux baignés de larmes, et demanda vivement à Wilkin où était son père.

Le Flamand la salua gauchement, et essaya de lui répondre; mais la voix sembla lui manquer. Il tourna le dos à Eveline sans cérémonie, et ne faisant aucune attention aux questions du chapelain et du piqueur, il dit à la hâte à sa fille en sa propre langue : — Tout va mal, Roschen[1], tout va mal. Veillez sur la pauvre fille; *der alter herr ist verruckt*[2].

Sans en dire davantage il descendit précipitamment, courut à l'office, et rugit comme un lion en appelant le souverain de ces régions par les noms de *Kammerer*, *Kellermaster*, etc., appel auquel le vieux Reynold, ancien écuyer normand, ne répondit que lorsque le Flamand se rappela heureusement le titre anglais de sommelier. En entendant le nom légitime de la place qu'il occupait, et qui était comme la clé de la cave, le vieillard parut aussitôt avec sa casaque

---

(1) Ma petite rose. — Ed.
(2) Le vieux seigneur a perdu la tête. — Ed.

grise, ses bas roulés sur ses genoux, un trousseau de grosses clés suspendu par une chaîne d'argent à une ceinture de cuir; et attendu le danger des circonstances, il avait jugé à propos d'attacher de l'autre côté, afin de rétablir l'équilibre, un énorme sabre qui semblait trop lourd pour que son bras affaibli par l'âge pût en soutenir le poids.

— Que me voulez-vous, maître Flammock? lui dit-il, ou plutôt quels ordres avez-vous à me donner, puisque c'est le bon plaisir de mon maître que je vous obéisse pour un temps?

— Il ne me faut qu'un verre de vin, mon cher *Kellermaster*, mon cher sommelier, veux-je dire.

— Je suis bien aise que vous vous rappeliez le titre de ma charge, dit Reynold avec le ton de ressentiment secret d'un domestique un peu gâté, qui se trouve presque offensé d'être obligé de recevoir des ordres d'un étranger.

— Donnez-moi un flacon de vin du Rhin, si vous m'aimez, dit Wilkin; j'ai le cœur sec et serré, et je sens qu'il faut que je boive du meilleur.

— Vous ne manquerez pas de vin, répondit le sommelier, si le vin peut vous donner le courage qui vous manque peut-être.

A ces mots le vieux Reynold descendit dans les caveaux dont il était gardien, et en rapporta un flacon d'argent qui pouvait contenir deux pintes. — Voilà du vin tel que vous en avez rarement goûté, lui dit-il, et il s'apprêtait à lui en verser un verre.

— Le flacon, l'ami Reynold, donnez-moi le flacon, dit Flammock; j'aime à boire à longue haleine quand j'ai sur les bras une affaire importante. Il saisit le flacon, en avala une gorgée préparatoire, comme pour juger de la qualité du liquide; puis faisant au sommelier un signe d'approbation, il remit dans sa bouche le goulot du flacon; et par un mouvement graduel, il en releva le fond en ligne perpendiculaire, pour ne le rendre au sommelier qu'après en avoir vidé jusqu'à la dernière goutte.

— Ce vin a un bouquet, *herr Keller-master*, lui dit-il en reprenant haleine, et un peu fatigué d'avoir retenu si long-temps sa respiration ; mais que le ciel vous pardonne de croire que ce soit le meilleur que j'aie jamais bu! Vous ne connaissez guère les caves d'Ypres et de Gand.

— Et je m'en soucie fort peu. Les nobles normands préfèrent les vins généreux, légers et cordiaux de France et de Gascogne, aux breuvages acides du Rhin et du Necker.

— Tout cela est affaire de goût, Reynold. Mais, dites-moi, y a-t-il beaucoup de ce vin dans la cave?

— Il me semblait qu'il ne plaisait pas à votre palais délicat.

— Un instant, mon cher ami. Ne vous ai-je pas dit qu'il avait du bouquet? Je puis en avoir bu de meilleur ; mais faute de meilleur, celui-ci est fort bon. Je vous demande encore si vous en avez beaucoup.

— Un tonneau tout entier. Je viens de le mettre en perce pour vous.

— Fort bien! Prenez une bonne mesure chrétienne de deux pintes, faites monter ce tonneau dans l'office, et qu'on en serve à chaque soldat de ce château un flacon pareil à celui que je viens de vider. Je sens que ce vin m'a fait du bien. Le cœur me manquait tout à l'heure en voyant s'élever de mes moulins à foulon une noire et épaisse fumée. Oui, qu'on donne à chaque soldat une bonne mesure de deux pintes de ce vin : on ne peut défendre un château quand on a le gosier sec.

— Je dois faire tout ce que vous m'ordonnerez, maître Wilkin Flammock ; mais faites attention, je vous prie, que tous les hommes ne se ressemblent pas. Ce qui ne fait qu'échauffer le cœur d'un Flamand mettra en feu le cerveau d'un Normand ; et ce qui encouragera vos compatriotes à défendre le château fera tomber les nôtres du haut des murailles.

— Eh bien! vous devez connaître mieux que moi vos compatriotes; donnez-leur tel vin que vous voudrez, et en telle quantité que vous le jugerez à propos. Mais que chaque Flamand ait ses deux pintes de vin du Rhin bien mesurées. Et ces coquins d'Anglais! on nous en a laissé un certain nombre dans le château; que leur donnerez-vous?

Le vieux sommelier se gratta le front et réfléchit un instant.

— Il y aura une étrange dévastation dans nos caves, dit-il, et pourtant je ne puis nier que l'urgence du cas ne justifie la dépense. Quant aux Anglais, c'est une race de métis, comme vous le savez; ils ont beaucoup de l'humeur sombre de vos Flamands, et quelque chose du sang bouillant de ces Gallois furieux. Des vins légers sont pour eux comme de l'eau; des vins forts en font des enragés. Que penseriez-vous de l'ale? c'est une liqueur stimulante, fortifiante, qui échauffe le cœur sans porter à la tête.

— De l'ale! hum! Votre ale est-elle bonne, sire sommelier? est-ce de la double ale?

— Doutez-vous de mon savoir-faire, maître Flammock? mars et octobre m'ont vu régulièrement la fabriquer avec la meilleure orge du Shropshire. Vous allez en juger.

Il remplit à un grand tonneau qui était dans un coin de l'office le flacon que Wilkin venait de vider, et le Flamand le mit à sec aussi promptement que le premier.

— Le liquide est bon, maître sommelier, lui dit-il, fort et bon, en vérité. Ces coquins d'Anglais se battront comme des diables quand ils en auront bu. Donnez-leur-en avec leur bœuf et leur pain bis. Et maintenant que je vous ai taillé de la besogne, maître Reynold, il est temps que je m'occupe de la mienne.

Wilkin Flammock sortit de l'office, et sans que sa tête et son bon sens se ressentissent en rien de la bière et du vin qu'il venait de boire, sans se laisser troubler par les bruits qui couraient sur ce qui se passait hors du château, il fit sa ronde sur les murailles, passa en revue sa petite garnison, assigna à chacun son poste, réservant à ses concitoyens le maniement de l'arbalète et la manœuvre des machines de guerre que les fiers Normands avaient inventées, dont les ignorans Anglais, ou pour mieux dire les Anglo-Saxons d'alors, ne comprenaient pas l'usage, mais dont ses compatriotes plus adroits savaient se servir avec beaucoup de dextérité.

Le mécontentement qu'avaient éprouvé les Normands et les Anglais en se voyant placés temporairement sous les ordres d'un Flamand se calma peu à peu quand ils le virent déployer des connaissances militaires, et ce mécontentement céda enfin au sentiment intime du danger qui augmentait de moment en moment.

CHAPITRE IV.

« Au-delà de ce pont, jeté sur ce ruisseau,
« On verra se livrer de sanglantes batailles.
« Là, bien des chevaliers auront leurs funérailles,
« Et comme leurs coursiers trouveront leur tombeau. »
Prophéties de Thomas le Rimeur.

La fille de Raymond Bérenger restait sur la plate-forme de la plus haute tour de Garde-Douloureuse, sans paraître vouloir céder aux exhortations du chapelain qui l'engageait à aller attendre en priant dans la chapelle le résultat du combat. Il s'aperçut enfin que l'inquiétude et la crainte mettaient Éveline hors d'état d'entendre ses avis ou de les comprendre ; et s'asseyant près d'elle, tandis que Rose Flammock et le vieux piqueur restaient debout de l'autre côté, il tâcha de lui donner des consolations dont il aurait peut-être eu besoin lui-même.

— Ce n'est qu'une sortie que va faire votre noble père, lui dit-il, et quoiqu'elle puisse en apparence l'exposer à de grands risques, qui a jamais mis en doute l'expérience militaire de sire Raymond Bérenger? Il renferme dans son sein le secret de ses projets, et je crois qu'il n'aurait pas fait la sortie qu'il projette s'il n'avait pas su que le noble comte d'Arondel, ou le puissant connétable de Chester, était sur le point d'arriver.

— En êtes-vous bien assuré, mon bon père? demanda Eveline. Ma chère Rose, et Raoul, regardez du côté de l'est; apercevez-vous des bannières au milieu de ces nuages de poussière? Ecoutez! n'entendez-vous pas de ce côté le son des trompettes?

— Hélas! ma chère maîtresse, répondit Raoul, on entendrait à peine le tonnerre du ciel, au milieu des hurlemens de ces loups gallois.

Eveline tourna elle-même les yeux de ce côté tandis qu'il parlait ainsi, et jetant un regard vers le pont, elle y vit un spectacle effrayant.

La rivière qui baigne trois côtés de l'éminence sur laquelle le château était situé s'en écarte à l'ouest en décrivant une ligne courbe, et la colline se termine par une grande plaine si bien nivelée qu'il est facile de voir qu'elle doit son origine à des alluvions. Plus loin, à l'extrémité de cette plaine et sur les bords de la rivière, étaient les moulins à foulon et les manufactures des Flamands, d'où l'on voyait alors sortir des tourbillons de flammes. Le pont, composé d'arches très élevées et inégales, était situé à environ un demi-mille du château, au centre de la plaine. La rivière coulait dans un lit rocailleux et si profond qu'il était toujours difficile et souvent impossible de la traverser à gué, circonstance très avantageuse pour la garnison du château, à qui plusieurs fois il avait coûté bien du sang pour défendre le passage du pont, qu'une délicatesse scrupuleuse engageait Raymond Bérenger à laisser libre en ce moment. Les Gallois saisirent cette occasion avec cet empressement qu'on montre ordinairement à profiter d'un avantage inattendu. On les voyait se presser sur les arches élevées du pont, tandis que d'autres troupes qui arrivaient successivement de différens points et sans obstacle formaient ensuite leur ligne de bataille sur l'autre rive, en face du château.

D'abord le père Aldrovand suivit leurs mouvemens sans inquiétude, et même avec le sourire ironique d'un homme qui voit l'ennemi prêt à tomber dans le piége qui lui est tendu par une tactique supérieure. Raymond Bérenger avait rangé son petit corps de cavalerie et d'infanterie sur la rampe de la colline qui séparait le château de la rivière, et qui allait en montant du côté de la forteresse ; et il paraissait évident au dominicain, à qui le séjour qu'il avait fait dans un cloître n'avait pas fait oublier son ancienne expérience militaire, que le dessein du chevalier était d'attaquer l'ennemi en désordre quand un certain nombre aurait traversé la rivière, et que les autres seraient encore sur l'autre rive, occupés de la manœuvre longue et périlleuse de passer le pont. Mais lorsqu'il vit qu'on laissait arriver librement des corps considérables de ces Gallois à manteaux blancs, et qu'on souffrait qu'ils formassent leurs rangs suivant leur grossière tactique, la physionomie du moine changea d'expression, l'inquiétude s'y peignit, et quoiqu'il tâchât encore de rassurer la fille tremblante de Bérenger, il eut besoin de toute sa résignation pour lutter contre son ancienne ardeur militaire.

— Patience, ma fille, lui dit-il ; ne perdez pas espérance, dans quelques instans vous verrez nos soldats mettre en déroute ces barbares ; encore une minute, et vos yeux les verront dispersés comme la poussière. Saint George ! c'est à présent ou jamais qu'ils doivent faire retentir ton nom dans les airs !

Tout en parlant ainsi, le moine faisait passer rapidement entre ses doigts les grains de son chapelet ; mais il marmottait ses prières avec un air d'impatience militaire. Il ne pouvait concevoir pourquoi on permettait à chaque troupe de montagnards qui arrivait successivement de passer le défilé difficile formé par le pont, et de s'étendre dans la plaine sur l'autre rive, tandis que la cavalerie anglaise ou pour mieux dire anglo-normande restait stationnaire, sans mettre même la lance en arrêt. Il n'y avait plus, pensait-il, qu'une seule espérance, une seule manière d'expliquer raisonnablement cette inaction inconcevable, cet abandon volontaire de l'avantage qu'offrait le local, quand celui du nombre était tellement en faveur de l'ennemi; c'était de supposer, comme il le faisait, que les secours que sire Raymond attendait du connétable de Chester et d'autres seigneurs des frontières étaient à très peu de distance, et qu'on souffrait que les Gallois passassent la rivière sans obstacle, afin que leur retraite fût plus efficacement coupée et leur déroute plus signalée.

Tout en cherchant à se livrer à cet espoir, le père Aldrovand sentait pourtant le découragement se glisser dans son cœur; car en regardant tour à tour vers tous les points par où les secours attendus devaient arriver, il ne voyait ni n'entendait rien qui en annonçât l'approche. Dans une situation d'esprit plus voisine du désespoir que de la confiance, le vieillard continua alternativement à prier, à regarder, et à adresser quelques paroles de consolation en phrases entrecoupées à Eveline, jusqu'à ce que des cris de triomphe partant des rangs des Gallois, et qui retentirent depuis la rivière jusqu'au château, l'eussent averti que les derniers Bretons avaient passé le pont, et que leur armée formidable était rangée en bataille sur la rive voisine du château.

A ces cris aigus et effrayans poussés par tous les Gallois avec l'énergie qu'inspirent la soif des combats, la haine, et l'espérance de la victoire, répondirent enfin les sons des trompettes normandes, premier signe de mouvement qu'ait encore donné Raymond Bérenger. Mais elles avaient beau sonner, qu'étaient leurs fanfares en comparaison des clameurs qui partaient des rangs ennemis? c'était le sifflet du nautonnier au milieu des mugissemens de la tempête.

A l'instant où ce son guerrier se fit entendre, Bérenger donna ordre à ses archers de décocher leurs flèches, et à ses hommes d'armes d'avancer sous une grêle de traits, de javelines et de pierres que lançaient les Gallois contre leurs ennemis couverts d'airain.

Les vétérans de Raymond, animés par le souvenir de leurs victoires, pleins de confiance dans les talens de leur chef, et ne se laissant pas décourager par l'immense inégalité du nombre, chargèrent l'armée galloise avec la valeur dont ils avaient donné tant de preuves. C'était un beau spectacle que de voir cette petite troupe de cavaliers courir à la charge, leurs panaches flottant sur leurs casques, leurs lances en avant à six pieds de la tête de leurs coursiers, leurs boucliers suspendus à leur cou afin que leur main gauche eût la liberté de diriger leur monture, présentant un front impénétrable, et s'avançant avec une impétuosité toujours croissante.

Une telle attaque pouvait intimider des hommes presque nus, car tels étaient les Gallois auprès des Normands couverts de cottes de mailles; mais elle n'inspira pas la terreur aux anciens Bretons qui se vantaient depuis long-temps d'exposer leur poitrine découverte, sans autre armure que leur tunique blanche, aux lances et aux épées des hommes d'armes, avec autant de confiance que s'ils eussent été invulnérables. Il leur fut pourtant impossible de résister au premier choc, qui rompit leurs rangs, quelque serrés qu'ils fussent, et qui porta les chevaux bardés en fer au centre de leur armée, à peu de distance de la fatale bannière à laquelle Raymond Bérenger, fidèle à sa promesse imprudente, avait laissé en cette journée l'avantage du terrain. Mais ils cédèrent aux Normands comme les vagues cèdent au majestueux navire, pour en assaillir les flancs et se réunir derrière sa poupe. Poussant des cris sauvages et horribles, ils entourèrent Raymond Bérenger et sa troupe dévouée, et il s'ensuivit une scène de carnage.

Les plus vaillans guerriers du pays de Galles avaient joint en cette occasion l'étendard de Gwenwyn. Les flèches des Gallois de Gwentland, presque aussi habiles que les archers normands, pleuvaient sur les casques des hommes d'armes, et les javelines de ceux de Dehenbarth, garnies d'un acier renommé par l'excellence de sa trempe, frappaient leurs cuirasses et les traversaient quelquefois.

Ce fut en vain que le petit nombre d'archers appartenant à la faible armée de Raymond, hommes qui pour la plupart possédaient des fiefs à la charge de service militaire, épuisèrent leurs carquois en lançant leurs flèches sur le front étendu que leur offrait l'armée galloise. Il est probable que chacune d'elles portait la mort à un ennemi; mais pour secourir efficacement la cavalerie, alors complètement enveloppée de toutes parts, il aurait fallu que chaque flèche ôtât la vie à vingt Gallois. Cependant ceux-ci, irrités de cette décharge continuelle, y répondaient par des volées de traits décochés par leurs archers dont le nombre balançait l'infériorité, et qui étaient soutenus par des corps nombreux armés de frondes et de javelines; de sorte que les archers normands qui avaient plus d'une fois essayé de descendre de la position élevée qu'ils occupaient pour dégager Raymond et sa cavalerie en faisant une diversion, étaient alors tellement occupés à se défendre qu'ils ne pouvaient plus songer à effectuer un pareil mouvement.

Cependant ce brave chevalier, qui dès le commencement n'avait espéré qu'une mort honorable, multipliait ses efforts pour la rendre éclatante en entraînant dans sa perte celle du prince gallois, auteur de la guerre. Il évita soigneusement d'épuiser ses forces en faisant tomber indifféremment ses coups sur tout ce qui se présentait; mais faisant pénétrer son cheval à travers les flots d'ennemis qui se pressaient autour de lui, et laissant à ses compagnons le soin de combattre cette foule obscure, il poussa son cri de guerre et marcha droit vers la bannière de Gwenwyn, près de laquelle ce prince avait pris sa place, remplissant en même temps les devoirs d'habile général et de vaillant soldat.

La connaissance que Raymond avait acquise du caractère des Gallois, sujets aux impulsions soudaines de toutes les passions, le portait à espérer qu'une attaque dirigée avec succès sur ce point et suivie de la mort ou de la prise de ce prince et de la chute de son étendard pourrait inspirer une frayeur panique qui changerait la face presque désespérée des affaires. Il encouragea donc ses compagnons par sa voix et par son exemple. Mais Gwenwyn, entouré des plus nobles et des plus vaillans de ses champions, fit une défense non moins opiniâtre. Ceux des Bretons qui se trouvaient blessés et renversés n'en résistaient pas moins, et s'attachant aux pieds des chevaux normands, ils les empêchaient d'avancer, tandis que leurs compagnons cherchaient avec leurs piques le défaut des cuirasses des hommes d'armes, et s'efforçaient de les renverser de cheval, soit par la force de leur bras, soit en se servant de ces crochets d'airain et de ces haches à fer recourbé, armes particulières aux habitans du pays de Galles. Malheur à ceux qui étaient démontés par l'un ou l'autre de ces moyens! car ils étaient bientôt percés par les longs couteaux pointus des Gallois, et ils n'obtenaient merci que lorsque le premier coup qui leur était porté était mortel.

Le combat en était à ce point et avait duré plus d'une demi-heure, quand Bérenger étant parvenu à deux longueurs de pique de la bannière du Dragon-Blanc, lui et Gwenwyn se trouvèrent assez près l'un de l'autre pour pouvoir se défier mutuellement.

— Tourne-toi par ici, loup de Plinlimmon, s'écria Bérenger, et expose-toi, si tu l'oses, à un coup de la bonne épée d'un chevalier! Raymond Bérenger te méprise toi et ta bannière!

— Vil Normand! répliqua Gwenwyn en brandissant autour de sa tête une massue d'une pesanteur prodigieuse et déjà ensanglantée, ton casque ne protégera pas ta langue menteuse, et je la ferai servir aujourd'hui de pâture aux corbeaux.

Raymond ne répondit rien, mais chercha de nouveau à pénétrer jusqu'au prince qui s'avançait vers lui. Mais avant qu'ils fussent à portée de pouvoir se servir de leurs armes l'un contre l'autre, un champion gallois, se dévouant comme les Romains qui avaient à combattre les éléphans de Pyrrhus, et voyant que l'armure qui couvrait le cheval de Bérenger résistait aux coups de pique multipliés qu'il lui portait, se glissa sous le noble animal, et lui enfonça son long couteau dans le ventre. Le coursier se cabra, tomba sur-le-champ, écrasa sous son poids le Breton qui l'avait blessé, et renversa son cavalier. Les liens du casque du chevalier se brisèrent dans sa chute; le casque roula à quelques pas de lui, et laissa ses nobles traits et ses cheveux gris à découvert. Raymond Bérenger fit plus d'un effort pour se relever; mais avant qu'il eût pu y réussir, il reçut le coup de la mort de la main de Gwenwyn, qui n'hésita pas à massacrer d'un coup de massue un ennemi renversé.

Pendant toute cette affaire sanglante le cheval de Denis Morolt avait suivi pas à pas celui du chevalier normand, et l'écuyer avait frappé autant de coups que le maître.

On aurait dit qu'une seule volonté faisait mouvoir leurs deux corps. Denis Morolt ménageait ou déployait ses forces en imitant l'exemple que sire Raymond lui donnait, et il était à son côté quand il le vit faire le dernier effort qui devait lui coûter la vie. Dans ce fatal moment où Bérenger s'élança sur le chef gallois, le brave Morolt se fraya un chemin vers la bannière du Dragon-Blanc, et la saisissant avec force, il en disputa la possession à un Breton d'une taille gigantesque. Mais, quoique engagé dans une lutte mortelle, Morolt ne perdait pas son maître de vue, et lorsqu'il le vit tomber, une sorte de sympathie le priva en même temps de toutes ses forces, et le champion gallois n'eut plus de peine à le mettre au nombre des morts.

La victoire de Gwenwyn était alors complète. Après avoir perdu leur chef, le reste des cavaliers de Bérenger aurait volontiers pris la fuite ou mis bas les armes. Mais la fuite leur était impossible, enveloppés de toutes parts comme ils l'étaient, et dans les guerres barbares que les Gallois faisaient sur les frontières, ils ne savaient ce que c'était que d'accorder quartier aux vaincus. Quelques hommes d'armes furent assez heureux pour se dégager, et sans même essayer de rentrer au château, se dispersèrent de différens côtés. Ils allèrent porter parmi les habitans des frontières la terreur dont ils étaient frappés, en leur annonçant la perte de la bataille et la mort de l'illustre Raymond Bérenger.

Les archers du chevalier mort n'avaient pas pris une part si active au combat qui avait été livré par la cavalerie, et ils étaient encore sur la hauteur où ils avaient été placés. Ils devinrent alors à leur tour le seul objet de l'attaque des ennemis. Mais quand ils virent la foule victorieuse fondre sur eux en poussant des cris qui ressemblaient au mugissement des vagues en courroux, ils abandonnèrent la position qu'ils avaient courageusement défendue jusqu'alors, et commencèrent à battre en retraite vers le château en aussi bon ordre qu'ils le purent, seul moyen de sauver leur vie. Les plus agiles de leurs ennemis cherchèrent à les couper, en se jetant dans un chemin creux qui conduisait au château; mais le sang-froid des archers anglais accoutumés à braver les dangers les plus pressans ne les abandonna pas en cette occasion; les uns, armés de glaives, délogèrent les Gallois du chemin qu'ils avaient occupé; les autres s'étant formés en plusieurs divisions, tantôt faisaient volte-face pour repousser les ennemis qui les poursuivaient, tantôt continuaient leur retraite ; en un mot ils tinrent tête aux Gallois avec tant de courage, qu'ils avancèrent insensiblement vers le château en faisant avec l'ennemi un échange perpétuel de traits qui faisait couler beaucoup de sang de part et d'autre.

Enfin, ayant laissé derrière eux plus des deux tiers de leurs braves compagnons, ils arrivèrent à un point qui était commandé par les machines de guerre placées sur les murailles de Garde-Douloureuse, et où, par conséquent ils se trouvaient un peu moins en danger. Une volée de grosses pierres et de traits à tête carrée d'une dimension et d'un poids énormes arrêta efficacement la poursuite, et les chefs gallois ramenèrent leurs forces sur le champ de bataille, où leurs concitoyens, poussant des cris de joie et de triomphe, s'occupaient à enlever les dépouilles des vaincus. Quelques-uns, excités par un esprit de haine et de vengeance, allaient même jusqu'à mutiler les corps des Normands morts ou expirans. Les hurlemens épouvantables qui accompagnaient cette œuvre de férocité firent frémir d'horreur la faible garnison de Garde-Douloureuse, et lui inspirèrent en même temps la résolution de défendre la forteresse jusqu'à la dernière extrémité plutôt que d'avoir recours à la merci d'un ennemi si barbare.

CHAPITRE V.

> « Dans son château le chevalier rentra;
> « Le premier mur fit peu de résistance
> « Et l'ennemi bientôt s'en empara.
> « Mais le second fit meilleure défense. »
> Percy. *Recueil d'anciennes poésies.*

Le malheureux résultat de la bataille fut bientôt connu des spectateurs inquiets qui se trouvaient sur la plate-forme de la grande tour de Garde-Douloureuse, nom que ce château ne méritait que trop de porter en cette journée. Ce fut avec difficulté que le père Aldrovand maîtrisa son émotion pour chercher à calmer celle d'Éveline, et pour contenir les lamentations des femmes, des enfans et des vieillards dont les parens venaient de succomber dans cette affaire désastreuse. Ces malheureux étaient venus chercher leur sûreté dans le château, et ils étaient montés les uns sur la tour, les autres sur les murailles, d'où le père Aldrovand trouva assez difficile de les faire descendre, car il savait que la présence de ces infortunés au désespoir sur des murs qui ne devaient présenter à la vue que des défenseurs intrépides ne pouvait que redoubler l'ardeur de l'ennemi. Il fit donc sentir à Éveline la nécessité de donner l'exemple à ces êtres inconsolables, en se retirant elle-même.

Conservant, ou du moins cherchant à conserver même dans son extrême douleur ce sang-froid qu'exigeaient les mœurs du temps, car la chevalerie avait son stoïcisme aussi bien que la philosophie, Eveline répondit d'une voix qu'elle aurait voulu rendre ferme, mais qui était tremblante en dépit d'elle-même :

— Oui, mon père, vous avez raison ; il n'y a plus rien qui puisse fixer les yeux d'une femme. La gloire des armes et l'honneur ont succombé quand ce panache blanc a touché la terre sanglante. Venez, mes filles, venez; il n'y a plus rien à voir ici pour nous. Allons à l'église, le tournoi est fini.

Il y avait quelque chose de hagard dans ses yeux; quand elle se leva comme quelqu'un qui aurait voulu conduire une procession, elle chancela, et elle serait tombée si le chapelain ne l'eût soutenue. Se couvrant la tête de sa mante comme si elle eût rougi de l'excès d'une douleur qu'elle ne pouvait réprimer, et que n'annonçaient que trop ses gémissemens et ses sanglots, elle dit au père Aldrovand de la conduire où bon lui semblerait.

— Notre or s'est changé en cuivre, lui dit-il, notre argent en poussière, notre sagesse en folie. Telle a été la volonté de celui qui confond les desseins du sage, et qui arrête le bras du puissant. A la chapelle, ma fille, à la chapelle ; prions Dieu et les saints de jeter sur nous un regard favorable, et de sauver le reste du troupeau de la fureur des loups dévorans.

Tout en parlant ainsi, il conduisit Eveline à la chapelle du château, en la soutenant pour l'aider à marcher ; car elle était en ce moment presque incapable d'agir et de réfléchir. Là, agenouillée devant l'autel, elle prit du moins l'attitude de la dévotion ; mais malgré les prières que sa bouche prononçait machinalement, ses pensées étaient sur le champ de bataille, près du corps de son malheureux père. Les autres affligés prirent comme elle une attitude religieuse, et eurent comme elle des distractions. Ils savaient que la plus grande partie de la garnison du château avait été sacrifiée dans la sortie imprudente de Raymond Bérenger, et cette idée ajoutait à leurs regrets le sentiment de la crainte personnelle, augmentée encore par les actes de cruauté auxquels se portait souvent l'ennemi qui, dit-on, dans le feu de la victoire ne faisait grace ni à l'âge ni au sexe.

Le moine prit avec eux le ton d'autorité que son caractère lui permettait. Il leur ordonna de cesser des plaintes et des lamentations inutiles, et les ayant amenés, du moins à ce qu'il crut, à une situation d'esprit plus conforme à leur position, il les quitta pour aller satisfaire sa curiosité et calmer ses propres inquiétudes, en s'assurant par lui-même de l'état de défense du château. Il trouva sur les murs extérieurs Wilkin Flammock qui, ayant rempli les devoirs d'un bon et habile capitaine en manœuvrant son artillerie de manière à repousser, comme nous l'avons déjà vu, la garde avancée des ennemis, s'occupait alors à mesurer de sa propre main des rations de vin qui ne pouvaient l'exposer au reproche de parcimonie.

— Mon bon Wilkin, lui dit le père, aie soin de mettre de la modération dans cette affaire. Tu dois savoir que le vin, comme le feu et l'eau, est un excellent serviteur, mais un fort mauvais maître.

— Il se passera long-temps avant que ses vapeurs pénètrent l'épais cerveau de mes concitoyens, répondit Flammock. Notre courage flamand ressemble à nos chevaux flamands : ils ne vont qu'autant qu'ils sentent l'éperon, et il nous faut du vin pour enflammer notre valeur. Mais croyez-moi, mon père, l'étoffe dont nous sommes faits est d'un bon teint qui ne passe pas au blanchissage. D'ailleurs, quand je donnerais à ces drôles un peu trop à boire, je n'aurais peut-être pas grand tort, puisqu'il est vraisemblable qu'ils n'auront pas trop à manger.

— Que voulez-vous dire ? s'écria le père Aldrovand en faisant un geste d'alarme ; je me flatte que grace à tous les saints le château est bien avitaillé.

— Pas aussi bien que votre couvent, mon bon père, répondit Wilkin avec un sang-froid imperturbable. Vous avez eu à Noël, comme vous le savez, des fêtes trop joyeuses pour en espérer de semblables à Pâques. Ces chiens gallois sont venus dévorer une partie de vos provisions, et maintenant il est probable qu'ils entreront dans le château, parce qu'on n'en trouve plus.

— Quelle folie! s'écria le moine; j'ai entendu hier soir le bon sire Raymond, à qui Dieu fasse paix, donner des ordres pour qu'on allât chercher des vivres ce matin dans tous les environs.

— Sans doute, répliqua Flammock; mais les Gallois nous ont donné aujourd'hui trop de fil à retordre pour qu'on pût l'exécuter, et l'on n'a pu faire en ce moment ce qui aurait dû être fait il y a des semaines et des mois. Notre défunt seigneur, s'il est défunt, était de ces gens qui comptent toujours sur leur épée, et voilà ce qui en est résulté : si l'on veut que je combatte, parlez-moi d'une arbalète et d'un château bien avitaillé! Vous pâlissez, mon père! buvez ce verre de vin pour vous ranimer.

Le moine repoussa doucement le verre que Wilkin le pressait d'accepter. — Il ne nous reste donc de ressource que dans les prières? dit-il.

— C'est la vérité, mon père, répondit l'impassible Flamand, priez donc tant qu'il vous plaira; quant à moi, je me contenterai de jeûner; ce qu'il faudra bien faire, bon gré mal gré.

En ce moment on entendit à quelque distance le son d'un cor.

— Veillez à la porte et à la herse, s'écria Flammock. Eh bien! Neil Hansen, quelles nouvelles?

— Un député des Gallois est à Mili-Hill, dit Neil Hansen, tout juste à portée de nos arbalètes. Il tient un drapeau blanc à la main, et demande à entrer au château.

— Sur ta vie! s'écria Wilkin, ne le laisse pas entrer avant que nous soyons prêts à le recevoir. Fais pointer un mangonneau contre lui, et écrase-le sous une grêle de pierres, s'il bouge de l'endroit où il se trouve avant que nous ayons tout préparé pour sa réception. Maintenant, Neil, ajouta-t-il en se servant de sa langue naturelle, il faut se donner du mouvement. Ramasse toutes les piques, toutes les javelines qui se trouvent dans le château ; qu'on les porte sur les murailles, et qu'on en passe le fer à travers tous les créneaux. Coupe quelques morceaux de vieille tapisserie en guise de bannières, et fais-les arborer sur toutes les tours. Sois prêt, dès que j'en donnerai le signal, à faire battre les tambours et sonner les trompettes, s'il nous en reste quelques-unes ; sinon, qu'on prenne des cornets à bouquin, tout ce qui peut faire du bruit. Mais surtout, Neil Hansen, ne manque pas d'aller au magasin d'armes avec quatre ou cinq de tes camarades, et couvrez-vous de cottes de mailles, nos armures des Pays-Bas ne leur en imposent pas autant. Alors vous banderez les yeux au Gallois, et vous le ferez entrer. Vous aurez soin de tenir la tête haute, et de ne pas dire un mot. Laissez-moi le soin de traiter avec l'envoyé ; seulement prends garde qu'il n'y ait point de Normand parmi nous.

Le moine, qui dans ses pèlerinages avait acquis quelque connaissance de la langue flamande, fut sur le point de faire un geste de surprise en entendant la dernière partie des instructions que Wilkin venait de donner ; mais il réprima ce premier mouvement, quoique cette circonstance lui parût suspecte, et qu'il fût un peu étonné de la promptitude et de la dextérité que montrait l'artisan flamand en donnant des ordres si conformes aux règles de la guerre et à celles d'une sage politique.

Wilkin de son côté n'était pas bien certain que le moine n'eût pas entendu et compris mieux qu'il ne l'aurait voulu les instructions qu'il venait de donner. Pour écarter les soupçons qu'il pouvait avoir conçus, il lui répéta en anglais la plus grande partie de ce qu'il avait dit en flamand à Neil Hansen, et lui demanda ensuite : — Comment trouvez-vous mes précautions, mon père ?

— Excellentes, répondit le père Aldrovand ; telles que vous auriez pu les prendre si vous aviez toute votre vie manié les armes au lieu de la navette.

— Épargnez-nous vos plaisanteries, mon père. Je sais fort bien que vous autres Anglais vous pensez que les Flamands n'ont dans la tête que du bœuf bouilli et des choux ; vous voyez pourtant qu'il peut sortir quelque chose de bon de la cervelle d'un homme qui fait jouer la navette.

— Vous avez raison, maître Wilkin Flammock. Mais quelle réponse comptez-vous faire à la sommation du prince gallois ?

— Dites-moi d'abord, révérend père, ce que dira cette sommation.

— Vous serez sommé de rendre le château à l'instant. Que répondrez-vous ?

— Je répondrai non, à moins d'une bonne capitulation.

— Comment, sire Flammock, osez-vous parler, dans la même phrase, de capitulation et du château de Garde-Douloureuse ?

— Je ne le rendrai pas, si je puis faire mieux ; mais Votre Révérence veut-elle que j'attende jusqu'à ce que la garnison agite la question de savoir quelle chair est meilleure à mettre sur le gril, celle d'un gros chapelain ou celle d'un Flamand bien gras ?

— Vous ne pouvez parler ainsi sérieusement, Wilkin. D'ailleurs nous devons être secourus sous vingt-quatre heures au plus tard ; sir Raymond en était certain.

— Sire Raymond s'est trompé ce matin en plus d'une chose.

— Écoute-moi, flandrin, s'écria le moine, à qui sa retraite dans un cloître n'avait pas fait perdre tout-à-fait ses anciennes mœurs militaires, je te conseille de marcher droit dans cette affaire, si tu fais quelque cas de ta vie ; car malgré le carnage qui a eu lieu ce matin, il reste encore ici assez d'Anglais pour te jeter toi et tes grenouilles flamandes dans les fossés du château, s'ils avaient lieu de croire que tu médites la moindre trahison contre lady Éveline et contre une forteresse dont la garde t'a été confiée.

— Que Votre Révérence ne se laisse pas émouvoir par des craintes puériles et inutiles. Au surplus, je suis le gouverneur de ce château par ordre de celui qui en était le maître, et je ferai tout ce que je jugerai convenable pour le bien du service.

— Et moi, dit le moine d'un air chagrin, je suis serviteur du pape, chapelain de ce château, ayant le pouvoir de lier et de délier. Je crains que tu ne sois pas bon chrétien, Wilkin Flammock, et que tu ne sois entiché de l'hérésie des montagnards. Tu as refusé de prendre la croix; tu as aujourd'hui déjeuné, bu de l'ale et du vin, avant d'avoir entendu la messe; tu ne mérites pas de confiance, et je ne t'accorderai pas la mienne. Je demande à assister à ta conférence avec le Gallois.

— Impossible, mon père, répondit Flammock avec le sourire et l'air impassible qu'il conservait dans toutes les circonstances, quelque importantes qu'elles pussent être.
— Il est vrai que j'ai mes raisons pour ne pas aller quant à présent tout-à-fait jusqu'aux portes de Jéricho, et il est heureux que j'aie ces raisons, sans quoi je ne serais pas ici pour défendre celles de Garde-Douloureuse. Il est également vrai que je puis avoir été obligé quelquefois de visiter mes moulins à foulon avant que le zèle du chapelain l'eût éveillé pour monter à l'autel, et que mon estomac me défend de travailler avant d'avoir déjeuné. Mais j'ai payé tribut pour toutes ces fautes, mon père, je l'ai payé à Votre Révérence elle-même; et puisqu'il vous plaît de vous souvenir si bien de ma confession, il me semble que vous ne devriez pas oublier la pénitence que vous m'avez imposée et l'absolution que j'ai reçue.

Le moine, en faisant allusion aux secrets du confessionnal, avait fait un pas au-delà de ce que lui permettaient les règles de son ordre et de l'église. Il fut comme interdit de la réponse du Flamand, et voyant que le reproche d'hérésie ne l'avait pas intimidé, il se borna à lui dire avec quelque confusion :

— Vous refusez donc de m'admettre à votre entrevue avec le Gallois?

— Révérend père, il n'y sera question que d'affaires séculières. S'il y survenait quelque chose qui concernât la religion, je vous ferais appeler sur-le-champ.

— J'y assisterai en dépit de toi, bœuf de Flandre que tu es ! murmura le père Aldrovand, mais d'un ton à n'être entendu de personne. Et tournant le dos à Flammock, il descendit des murailles.

Quelques minutes après, Wilkin ayant vu que tout avait été préparé pour donner une idée imposante d'une force qui n'existait pas, se rendit dans une petite salle de garde située entre les deux murailles, où il arriva escorté de six de ses compatriotes portant des armures normandes qu'ils avaient trouvées dans la salle d'armes. Leur grande taille, leur embonpoint, leur air de vigueur et leur immobilité leur donnait l'air de trophées d'armes de quelque siècle passé plutôt que de soldats vivans. Entouré de ces personnages muets, dans une petite chambre voûtée qui admettait à peine le jour, Flammock reçut l'envoyé gallois qui y fut amené, les yeux bandés, entre deux Flamands; mais on avait eu soin de les lui bander assez négligemment pour qu'il pût entrevoir tous les préparatifs qu'on avait faits sur les murailles, et dont le principal but était de lui en imposer. Dans ce dessein on faisait entendre de temps en temps au dehors tantôt un cliquetis d'armes, tantôt des voix qui semblaient celles d'officiers faisant leur ronde ; enfin on prenait tous les moyens pour persuader que la plus grande activité régnait dans ce château, qu'il y restait une garnison nombreuse, et qu'on y faisait toutes les dispositions nécessaires pour bien se défendre en cas d'attaque.

Lorsqu'on eut détaché le bandeau qui couvrait les yeux de Jorworth (car le même Gallois qui était venu quelque temps auparavant faire des propositions d'alliance de la part de Gwenwyn était alors porteur de la sommation), il regarda autour de lui d'un air hautain, et demanda à qui il devait faire part des ordres de son maître Gwenwyn, fils de Cyvelioc, prince de Powys.

— Il faudra, répondit Flammock avec son air d'indifférence ordinaire, que Son Altesse se contente de traiter avec Wilkin Flammock, propriétaire des moulins à foulon, et substitut du gouverneur de Garde-Douloureuse.

— Toi, substitut du gouverneur ! s'écria Jorworth ; toi, vil artisan de Flandre ! impossible ! Quoiqu'ils soient tombés bien bas, des Anglais ne peuvent s'être abaissés au point de te reconnaître pour commandant. Ces gens-là me paraissent Anglais, et c'est à eux que je délivrerai mon message.

— Comme il vous plaira, répliqua Flammock ; mais s'ils vous répondent autrement que par signes, je vous permets de m'appeler *schelm*[1].

— Cela est-il vrai ? demanda l'envoyé en regardant les compagnons de Flammock, qu'il prenait pour des hommes d'armes ; en êtes-vous réellement réduits là ? Quoique vous soyez les enfans de brigands étrangers, je croyais qu'étant nés sur le sol de la Grande-Bretagne vous auriez trop d'orgueil pour porter le joug d'un misérable artisan. Si vous n'avez pas de courage, ne devriez-vous pas avoir de la prudence ? Ne connaissez-vous pas le proverbe : Malheur à qui se fie à un étranger ! Toujours muets ! répondez-moi par des paroles ou par des gestes. Le reconnaissez-vous réellement pour votre chef?

Les hommes d'armes supposés répondirent unanimement à cette question par un signe de tête affirmatif, et reprirent ensuite leur immobilité.

Le Gallois, avec la pénétration naturelle à ses concitoyens,

(1) Terme d'opprobre, *infâme*. — Éd.

soupçonna qu'il y avait dans tout cela quelque chose qu'il ne pouvait pas bien comprendre. Se disposant donc à se tenir sur ses gardes il continua ainsi qu'il suit :

— Quoi qu'il en soit, peu m'importe qui entendra le message de mon souverain, puisqu'il accorde pardon et merci aux habitans du *Castel an Carrig*[1] (que vous avez appelé Garde-Douloureuse, pour couvrir votre usurpation par ce changement de nom). Sous la condition que vous rendrez au prince de Powys ledit château, toutes ses dépendances, les armes qui s'y trouvent, et la personne d'Eveline Bérenger, il vous sera permis à tous d'en sortir sans être inquiétés, et vous aurez des saufs-conduits pour aller où il vous plaira, au-delà des frontières du Cymry.

— Et si nous n'obéissons pas à cette sommation? dit l'imperturbable Wilkin Flammock.

— En ce cas, vous aurez le même sort que votre dernier chef, Raymond Bérenger, répondit Jorworth, les yeux étincelans de férocité. — Toutes les têtes qui sont ici tomberont sur l'échafaud, et leurs corps serviront de pâture aux corbeaux. Il y a long-temps qu'ils n'ont eu un pareil banquet de lourdauds Flamands et de misérables Saxons.

— Ami Jorworth, répliqua Wilkin, si tu n'as pas d'autre message, tu peux répondre à ton maître de ma part que des hommes prudens ne confient pas aux autres une sûreté qu'ils peuvent devoir à leurs propres œuvres. Nous avons des murailles aussi hautes que solides, des fossés profonds, des munitions et des vivres en abondance, des arcs, des arbalètes et des machines de guerre. Nous garderons donc ce château, dans la confiance que ce château nous gardera jusqu'à ce qu'il nous arrive du secours.

— Ne risquez pas votre vie sur un tel espoir, dit l'émissaire gallois, qui commença alors à parler en flamand, car il connaissait cette langue et il la parlait couramment, ayant eu des relations fréquentes avec des Flamands établis dans

(1) Le château de la Montagne. — Éd.

le Pembroke-Shire ; il s'en servait alors, parce qu'il désirait que les hommes d'armes prétendus, qu'il supposait Anglais, n'entendissent pas ce qu'il voulait dire à Flammock. — Écoutez-moi, mon bon Flamand, continua-t-il, ne savez-vous pas que celui sur qui vous comptez, le connétable de Lacy, a fait vœu de ne pas porter les armes avant d'avoir été à la Terre-Sainte ? Lui et les autres seigneurs des frontières sont déjà en marche pour aller joindre les croisés. Que vous reviendra-t-il de nous donner la peine et l'embarras de vous assiéger, quand vous n'avez à espérer aucun secours ?

— Eh! que m'importe que vous ayez de la peine et de l'embarras? demanda Wilkin, parlant aussi son propre langage, et regardant le Gallois fixement, mais sans donner aucune expression à des traits qui d'ailleurs étaient assez réguliers, et qui n'offraient qu'un mélange remarquable d'insouciance et de simplicité. — Que me reviendra-t-il de vous donner moins de peine et d'embarras?

— Allons, l'ami Flammock, ne fais pas semblant d'avoir moins d'intelligence que la nature ne t'en a donné. La vallée est ténébreuse, mais un rayon de soleil peut en éclairer un côté. Tous tes efforts ne peuvent empêcher que ce château ne tombe entre nos mains ; mais tu peux en accélérer le moment.

Il se rapprocha de Wilkin, baissa la voix, prit un ton insinuant, et ajouta : — Jamais Flamand n'a autant gagné en levant une herse et en baissant un pont-levis que tu peux le faire en ce moment si tu le veux.

— Tout ce que je sais, c'est que pour avoir baissé la herse et levé le pont-levis de ce château il m'en coûte tout ce que je possédais.

— Tu en seras amplement dédommagé, Flammock ; la libéralité de Gwenwyn est comme la pluie d'été.

— Mes moulins et mes manufactures ont été ce matin la proie des flammes.

— Tu recevras en place mille marcs d'argent.

Mais le Flamand, ayant l'air de ne pas l'entendre, continua le catalogue de ses pertes.

— On a ravagé mes terres; on m'a enlevé vingt belles vaches; on m'a...

— On t'en rendra soixante, et on les choisira parmi les plus belles de toutes celles qui font partie du butin.

— Mais ma fille, mais lady Eveline, dit Wilkin, dont la voix monotone subit un léger changement qui semblait annoncer qu'il commençait à balancer! — Vous êtes des vainqueurs cruels, et...

— Nous sommes terribles pour ceux qui résistent, mais non pour ceux qui méritent notre clémence par leur soumission. Gwenwyn oubliera les injures qu'il a reçues de Raymond; il élèvera sa fille au plus grand honneur parmi les filles du Cymry. Quant à la tienne, forme un souhait pour elle, et il sera rempli au-delà de ton attente. Nous comprenons-nous à présent?

— Je te comprends du moins.

— Et je crois que je te comprends aussi, dit Jorworth, fixant ses yeux bleus pleins de feu et de vivacité sur les traits moins expressifs du Flamand, comme un écolier plein d'ardeur qui cherche à découvrir quelque sens mystérieux et caché dans un passage dont l'interprétation ne paraît lui offrir aucune obscurité.

— Tu crois que tu me comprends, dit Wilkin; mais voici la difficulté. Lequel de nous aura confiance en l'autre?

— Oses-tu me le demander? Est-ce à toi ou à tes pareils d'oser douter des promesses du prince de Powys?

— Il ne m'en fait que par ta bouche, mon bon Jorworth, et je sais parfaitement que tu es du nombre de ces gens qui ne manquent jamais d'arriver à leur but quand il ne leur en coûte que de belles paroles.

— Flamand! je te jure sur ma foi de chrétien, sur l'ame de mon père, sur l'honneur de ma mère, sur la croix noire de...

— Halte là, mon brave Jorworth, tu entasses trop de sermens les uns sur les autres pour que tu en fasses grand cas. Ce qu'on engage si légèrement, il arrive souvent qu'on ne le juge pas digne d'être dégagé. Quelque chose dans la main pour gage du reste de tes promesses vaudrait mieux pour moi que tous les sermens du monde.

— Rustre méfiant! oses-tu douter de ma parole?

— Pas du tout, mais j'en croirai plus volontiers tes actions.

— Venons-en au point, Flammock; que demandes-tu de moi?

— Je voudrais d'abord voir de mes propres yeux les mille marcs dont tu parles. Ensuite je réfléchirai sur tes propositions.

— Vil brocanteur! crois-tu donc que le prince de Powys ait des sacs d'argent comme les marchands de ton pays de trafiquans? il amasse des trésors par ses conquêtes, comme la trombe pompe l'eau; mais c'est pour les distribuer entre ses vassaux, comme cette colonne de vapeur restitue à la terre et à l'océan toutes les eaux dont elle se compose. La somme que je t'ai promise est encore à ramasser dans les caisses des Saxons. Le coffre-fort de Bérenger fournira son contingent.

— Il me semble que je pourrais l'y prendre moi-même, puisque je suis maître au château, et vous en épargner la peine.

— Oui, mais ce serait aux dépens d'une corde et d'un nœud coulant, soit que les Gallois prennent la place, soit qu'elle soit secourue par les Normands; car les premiers voudraient avoir leur butin tout entier, et les autres ne te pardonneraient pas d'avoir mis la main sur le trésor de leur compatriote.

— Je n'en disconviens pas. Mais si j'étais disposé à me fier à toi quant à l'argent, pourquoi ne pas me rendre mes vaches? Elles sont entre vos mains, et à votre disposition.

Si vous ne voulez rien m'accorder d'avance, que puis-je espérer de vous ensuite ?

— Je t'accorderai bien volontiers tout ce qui sera raisonnable et possible, répondit le Gallois non moins méfiant ; mais à quoi te servira d'avoir tes vaches dans cette place forte ? Elles se trouveront bien mieux de paître sur la plaine.

— Sur ma foi ! je crois que tu as raison ; elles ne feraient que nous causer de l'embarras ici, vu la grande quantité de bestiaux que nous y avons déjà pour l'approvisionnement du château. Et cependant, en y réfléchissant mieux, nous avons assez de fourrage pour en nourrir un bien plus grand nombre : or, mes vaches sont d'une race particulière, que j'ai fait venir des riches pâturages de la Flandre, et je voudrais qu'elles me fussent rendues avant que vos haches galloises leur aient entamé le cuir.

— Tu les auras ce soir cuir et cornes. Ce ne sont que de faibles arrhes d'une récompense bien plus ample.

— J'en remercie votre munificence. Je suis un homme tout simple, et tout mon désir est de recouvrer ce que j'ai perdu.

— Et tu seras prêt à nous livrer le château ?

— Chut ! chut ! nous parlerons de cela demain. J'y réfléchirai. Si ces Anglais et ces Normands soupçonnaient un tel projet, nous ne nous en tirerions pas les mains nettes. Il faut que je les disperse avant de m'entretenir avec plus de détail sur cet objet. Maintenant, levez-vous subitement, allez-vous-en, et ayez l'air d'être mécontent du résultat de notre conversation.

— Je voudrais pourtant savoir quelque chose de plus positif.

— Impossible ! impossible ! ne voyez-vous pas déjà ce grand coquin qui commence à manier son poignard ? Partez vite ; ayez l'air en colère, et n'oubliez pas les vaches.

— Je ne les oublierai pas, dit Jorworth ; mais si tu nous manques de parole....!

A ces mots il partit en faisant à Wilkin un geste de menace, tant pour lui inspirer de la crainte réellement que pour suivre son avis. Flammock lui répondit en anglais, comme s'il eût voulu que tous ceux qui étaient avec lui entendissent ce qu'il allait lui dire.

— Faites tout ce qu'il vous plaira, sire Gallois. Je suis un homme loyal, je méprise vos menaces; je ne rendrai pas le château; je le défendrai, à votre honte et à celle de votre maître. — Qu'on lui bande les yeux! Qu'on le reconduise en sûreté hors des fortifications! Le premier Gallois qui osera se présenter devant la porte de Garde-Douloureuse sera traité un peu plus sévèrement.

On banda les yeux à Jorworth et on l'emmena. Comme Wilkin Flammock allait sortir lui-même de la petite salle où cette entrevue venait d'avoir lieu, un des prétendus hommes d'armes qui y avaient assisté s'approcha de lui par-derrière, et lui dit à l'oreille en anglais : — Tu es un traître, Flamand, et tu mourras de la mort d'un traître!

Flammock se retourna en tressaillant. Il aurait voulu questionner cet homme, mais il avait déjà disparu. Il fut déconcerté par cette circonstance, car il vit qu'un témoin suspect avait entendu sa conversation avec Jorworth, et que ses projets étaient connus ou soupçonnés par quelqu'un qui n'avait pas sa confiance, et qui pouvait le contrecarrer. Il ne tarda pas à apprendre la vérité.

CHAPITRE VI.

> « Ah ! ne l'accusez pas de cette perfidie !
> « Il en est innocent, j'en réponds sur ma vie. »
> *Ancienne comédie.*

La fille du malheureux Raymond Bérenger, en descendant de la plate-forme d'où elle avait contemplé avec effroi le champ de bataille, éprouvait ce chagrin déchirant bien naturel à une fille qui venait de voir périr un père chéri et respecté. Mais sa situation dans le monde et les principes de chevalerie dans lesquels elle avait été élevée ne lui permettaient pas de s'abandonner long-temps à une inutile douleur. En élevant au rang de princesses ou plutôt de déesses les jeunes et aimables filles des nobles, l'esprit du temps exigeait d'elles en retour un caractère et une conduite souvent contraires aux sentimens purement humains. Les héroïnes ressemblaient fréquemment à des portraits placés sous un jour artificiel qui fait ressortir les objets sur lesquels il luit, mais dont l'éclat factice comparé avec celui du jour naturel semble éblouissant et exagéré.

L'orpheline de Garde-Douloureuse, la fille d'une race de héros qui se vantait de descendre de Thor, de Balder, d'Odin et d'autres guerriers du Nord placés ensuite au rang des dieux, elle dont la beauté était célébrée par cent ménestrels, dont les yeux étaient l'étoile polaire de la moitié des belliqueux chevaliers des frontières du pays de Galles, n'avait pas le droit de pleurer son père comme une jeune villageoise. Jeune comme elle l'était, et quelque horrible que fût l'événement dont elle venait d'être témoin, il ne pouvait produire sur elle le même effet qu'il aurait produit sur une jeune fille dont les yeux n'auraient pas été accoutumés aux divertissemens guerriers et souvent sanglans de la chevalerie, qui n'aurait pas résidé dans un château où la guerre et la mort étaient les sujets les plus ordinaires de conversation. On n'aurait pu réclamer enfin cette espèce de stoïcisme de la part d'une femme dont l'imagination n'aurait pas été familiarisée avec des scènes de carnage, et qui n'eût pas été habituée dès son jeune âge à estimer la mort des guerriers *sous le bouclier* comme plus honorable et plus désirable que celle qui s'approche à pas lents pour mettre fin sans gloire aux jours prolongés d'une vieillesse épuisée et inutile. Eveline tout en pleurant son père sentit son cœur s'exalter quand elle se rappela qu'il était mort au milieu de tout l'éclat de sa gloire, et sur les cadavres amoncelés des ennemis immolés par son glaive; ou si elle pensait aux embarras de sa situation, c'était avec la détermination de défendre sa liberté et de venger son père par tous les moyens que le ciel avait laissés en son pouvoir.

Elle n'oublia pas d'appeler la religion à son aide, et suivant l'usage du temps et la doctrine de l'église romaine, elle s'efforça de se rendre le ciel favorable par des vœux et par des prières. Dans un petit oratoire communiquant avec la chapelle, au-dessus d'un autel devant lequel une lampe brûlait nuit et jour, était un petit tableau représentant la sainte Vierge, et l'objet d'une vénération toute particulière dans la famille de Bérenger. Un de ses ancêtres l'avait apporté de la Terre-Sainte, où il avait été en pèlerinage. C'était une peinture grecque du temps du Bas-Empire, assez semblable à celles qui dans les pays catholiques sont souvent attribuées à l'évangéliste saint Luc. L'oratoire où était ce tableau jouissait d'une réputation de sainteté peu commune. On supposait même que des miracles s'y étaient opérés ; et Eveline, en l'ornant chaque jour de guirlandes de fleurs et en accompagnant cette offrande des prières les plus ferventes, s'était mise sous la protection spéciale de Notre-Dame de Garde-Douloureuse, car tel était le nom qu'on avait donné à ce tableau.

Se dérobant à la compagnie de ses femmes, elle alla seule et en secret déposer ses chagrins aux pieds de l'image de sa protectrice. Elle supplia celle qui était la pureté même de défendre sa liberté et son honneur, et invoqua sa vengeance contre le chef farouche et sauvage qui avait tranché les jours de son père et qui assiégeait alors sa place de sûreté. Non-seulement elle fit vœu de donner une étendue de terre considérable à l'image de la protectrice dont elle implorait l'assistance, mais encore, malgré le tremblement de ses lèvres et une rébellion secrète de son cœur contre cette promesse solennelle, elle prononça même le serment d'accorder à quelque chevalier que ce fût, envoyé par Notre-Dame de Garde-Douloureuse pour la délivrer, telle faveur qu'il lui demanderait honorablement, fût-ce même le don de sa main de vierge au pied de l'autel. Ayant appris à croire par les assurances de maints chevaliers que ce don était la plus haute faveur que le ciel pût accorder, elle pensa qu'elle acquittait une dette de reconnaissance en se mettant à la disposition de la pure et bienheureuse protectrice en qui elle plaçait toute sa confiance. Peut-être se cachait-il secrètement sous cette dévotion quelques espérances terrestres qu'elle s'avouait à peine à elle-même, et qui lui rendaient moins pénible le sacrifice qu'elle faisait. Cet espoir flatteur pouvait lui insinuer tout bas que la vierge Marie, la meilleure et la plus bienveillante des protectrices, userait avec indulgence du pouvoir sans bornes qu'elle venait de lui donner sur elle, et que le champion que favoriserait la sainte Vierge serait un chevalier à qui son humble servante pourrait accorder volontiers une si grande faveur.

Mais si son cœur concevait une telle espérance (car un peu d'intérêt personnel se mêle souvent à nos émotions les plus nobles et les plus pures), elle s'y glissait à l'insu d'Eveline, qui dans la plénitude de sa foi fixait sur l'image de la sainte des yeux exprimant les plus vives supplications et la plus humble confiance. Quelques larmes mouillaient ses paupières malgré elle ; peut-être en ce moment elle était plus belle encore qu'elle ne l'avait paru quand elle avait été choisie pour présenter le prix au vainqueur d'un tournoi dans les lices de Chester.

Qui pourrait donc être surpris que dans un moment où sa sensibilité était excitée au plus haut degré et où elle était religieusement prosternée devant un être capable, croyait-elle, non-seulement de la protéger mais encore de l'assurer de cette protection par un signe visible, Eveline crût voir l'image si révérée faire un geste de la tête pour accepter son vœu ? Tandis qu'elle contemplait le tableau avec enthousiasme, l'expression de l'image créée par le pinceau grossier d'un artiste byzantin sembla changer tout à coup ; ses yeux parurent s'animer et répondre à ses ferventes prières par un regard de compassion ; Eveline crut voir un sourire d'une douceur inexprimable ; et il lui sembla même que la tête s'était inclinée.

Saisie d'un respectueux étonnement en voyant des signes dont sa foi ne lui permettait pas de mettre en doute la réalité, Eveline croisa les bras sur son sein et se prosterna le visage contre terre pour écouter les communications du ciel.

Mais le miracle n'alla pas si loin ; elle n'entendit aucune voix, aucun son, et quand après avoir jeté autour d'elle un coup d'œil à la dérobée elle leva les yeux sur l'image de la Vierge, ses traits lui parurent tels que le peintre les avait tracés, tels qu'elle les avait vus jusqu'alors, mais peut-être avec une expression auguste et gracieuse qu'elle n'y avait jamais remarquée. Pleine d'une religieuse crainte, mais consolée et fortifiée par sa vision, Eveline répéta plusieurs fois les prières qu'elle crut devoir être les plus agréables à sa bienfaitrice, et se levant enfin elle se retira avec respect comme si elle eût quitté la présence d'un souverain, et rentra dans la chapelle.

Là deux femmes étaient encore agenouillées devant les saints que les murailles et les niches présentaient à leur vénération; mais les autres individus qui étaient venus leur porter les vœux de la terreur avaient trop de vives inquiétudes pour faire de longues prières, et s'étaient dispersés dans le château, les uns pour apprendre des nouvelles de ce qui se passait au dehors, et les autres pour chercher à obtenir quelques rafraîchissemens, ou du moins pour se procurer un abri où leur famille pût goûter quelque repos.

Inclinant la tête, et prononçant une prière à voix basse devant l'image de chaque saint près duquel elle passait, car la présence du danger ajoute toujours à la dévotion, Eveline s'avançait vers la porte de la chapelle, quand un homme d'armes, ou du moins un homme qui en portait l'armure, y entra précipitamment, et appela lady Eveline d'une voix plus haute que ne l'eût permis la sainteté de ce lieu dans un cas moins critique. Encore absorbée par les sentimens religieux qui venaient de remplir son cœur, elle s'apprêtait à réprimander cette indiscrétion militaire, quand cet homme s'approcha d'elle, et lui dit à la hâte d'un ton inquiet : — Ma fille, nous sommes trahis! Malgré la cotte de maille qui le couvrait, et quoique tout son extérieur fût celui d'un soldat, Eveline reconnut la voix du père Aldrovand, qui détacha son casque au même instant.

— Que signifie cela, mon père? lui dit-elle; avez-vous oublié cette confiance en Dieu que vous aviez coutume de recommander? Avez-vous dessein d'employer contre nos ennemis d'autres armes que celles de votre ordre?

— Cela peut m'arriver avant qu'il soit long-temps, répondit le père Aldrovand ; j'étais soldat avant d'être moine.

Mais en ce moment, si je me suis couvert de cette armure, c'était pour découvrir la trahison, et non pour résister à la force. Ah! ma chère fille! que de dangers nous environnent! Des ennemis au dehors, des traîtres au dedans; ce perfide Flamand, Wilkin Flammock, est en traité pour la reddition du château.

— Qui ose parler ainsi ? s'écria une femme voilée, à genoux dans un coin retiré de la chapelle, mais qui se levant précipitamment, vint se placer hardiment entre Eveline et le moine.

— Retirez-vous, jeune impertinente, dit le père Aldrovand, surpris de cette interruption audacieuse ; l'affaire dont nous parlons ne vous concerne pas.

— Elle me concerne plus que personne, répondit-elle; et rejetant son voile en arrière, elle découvrit les traits de Rose Flammock, fille de Wilkin. Ses yeux étincelans de colère et sa vive rougeur formaient un contraste singulier avec son teint blanc et ses traits presque enfantins; car sa figure et sa taille étaient celles d'une jeune fille à peine sortie de l'enfance ; et ses manières, ordinairement douces et timides, annonçaient en ce moment l'emportement et l'audace. — Quand on souille l'honneur de mon père du reproche de trahison, ajouta-t-elle, cela ne me concerne-t-il pas? quand on trouble la source, cela ne concerne-t-il pas le ruisseau ? Je vous dis que je veux connaître l'auteur de cette calomnie.

— Jeune fille, dit Eveline, réprimez ce courroux inutile. Le père Aldrovand ne peut avoir intention de calomnier votre père; il est possible qu'il ait été trompé par un faux rapport.

— Aussi vrai que je suis un prêtre indigne, s'écria le moine, je parle d'après le rapport de mes propres oreilles. Sur le serment que j'ai prêté en entrant dans mon ordre, je déclare que j'ai entendu Wilkin Flammock traiter avec le député gallois des conditions auxquelles il livrerait le château. A l'aide de ce casque et de cette cotte de mailles, je me suis introduit dans la salle où se tenait la conférence, et où le traître croyait qu'il ne se trouvait pas une oreille anglaise. Ils parlaient flamand pour plus de sûreté ; mais je connais ce jargon depuis long-temps.

— Le flamand n'est pas un jargon, s'écria la jeune fille courroucée, que son impétuosité porta à repousser d'abord la dernière injure. Ce n'est pas un jargon comme votre anglais bigarré, moitié normand, moitié saxon. C'est une noble langue gothique, que parlaient les guerriers qui résistèrent aux Césars romains, quand les Anglais courbaient la tête sous leur joug. Et quant à ce qu'il vient de dire de Wilkin Flammock, continua-t-elle avec un peu plus d'ordre dans ses idées à mesure qu'elle parlait, n'en croyez rien, ma chère maîtresse, et de même que vous prisez l'honneur de votre noble père, fiez-vous à l'honnêteté du mien comme aux quatre évangélistes.

Elle parlait ainsi d'un ton suppliant, et sa voix était entrecoupée de sanglots, comme si son cœur allait se briser.

Eveline voulut tenter de la calmer. — Rose, lui dit-elle, dans un temps aussi malheureux, le soupçon s'attache sur l'homme qui mérite le moins d'y être exposé, et des malentendus peuvent s'élever entre les meilleurs amis. Écoutons ce que le bon père peut avoir à alléguer contre Flammock ; vous ne devez pas douter que je n'écoute également ensuite la défense de votre père. Vous aviez coutume d'être docile et raisonnable.

— Je ne saurais être ni tranquille ni raisonnable dans une pareille affaire, s'écria Rose, dont l'indignation redoublait à chaque instant ; et il est fort mal à vous d'écouter les calomnies de ce révérend masque, qui n'est ni vrai prêtre ni vrai soldat. Mais je vais chercher quelqu'un qui le regardera en face, qu'il porte un casque ou un capuchon.

A ces mots elle sortit à la hâte de la chapelle, et le moine, après quelques circonlocutions pédantesques, informa Eveline de tout ce qui s'était passé entre Wilkin et Jorworth, et finit par lui proposer de réunir le petit nombre d'Anglais qui se trouvaient au château, et de se mettre en possession de la grande tour carrée, bâtiment situé au centre de tous les châteaux gothiques à l'époque de la conquête des Normands. Il était possible de s'y défendre encore avec succès, même quand l'ennemi était maître du reste de la place.

— Mon père, dit Eveline, forte de la confiance que sa vision lui avait inspirée, ce conseil serait bon à suivre à la dernière extrémité; mais en ce moment agir ainsi, ce serait risquer de faire naître le mal même que nous craignons, en semant la division et la méfiance dans notre faible garnison. J'ai une ferme confiance, mon père, et ce n'est pas sans de bonnes raisons, en notre bienheureuse Dame de Garde-Douloureuse. Je compte sur sa protection pour nous venger de nos barbares ennemis, et nous tirer de notre situation dangereuse; je vous prends à témoin du vœu que j'ai fait de ne rien refuser au chevalier que Notre-Dame emploiera à notre délivrance, me demandât-il l'héritage de mon père ou la main de sa fille.

— *Ave, Maria! ave, regina cœli!* dit le prêtre; vous ne pouviez placer votre confiance sur un roc dont la base fût plus solide. Mais, ma fille, continua-t-il après cette exclamation, n'avez-vous jamais appris qu'il a existé un traité pour votre main entre votre honorable père dont nous avons été si cruellement privés (Dieu fasse paix à son ame!) et la noble maison de Lacy?

— J'en ai entendu dire quelque chose, répondit Eveline en baissant les yeux et avec une légère rougeur; mais je me suis mise à la disposition de Notre-Dame de Secours et de Consolation.

Elle finissait à peine ces mots, quand Rose rentra dans la chapelle avec autant de précipitation qu'elle en était sortie, tenant par la main son père, dont la démarche indolente, quoique ferme, formait le plus frappant contraste avec la vivacité des mouvemens de sa fille et son air animé. Rose et son père auraient pu rappeler au spectateur un de ces anciens monumens sur lesquels un petit chérubin, d'une taille peu proportionnée à sa tâche, est représenté comme enlevant vers l'empyrée le corps d'un mortel dont le poids et l'embonpoint paraissent devoir rendre infructueux les efforts bienveillans de son guide ailé.

— Roschen, mon enfant, qu'avez-vous donc? dit le Flamand en cédant à la violence de sa fille avec un sourire paternel qui avait plus d'expression que le sourire insignifiant qu'on voyait presque toujours sur ses lèvres.

— Voici mon père! dit la jeune fille impatiente. Qu'on l'accuse de trahison maintenant, si on le peut ou si on l'ose! Voici Wilkin Flammock, fils de Diéterick, marchand mercier d'Anvers. Que ceux qui le calomniaient en son absence l'accusent maintenant en face!

— Parlez, père Aldrovand, dit Eveline. Je suis encore bien jeune pour remplir les devoirs de dame châtelaine, et le ciel me les a imposés dans un moment bien fatal; mais avec l'aide de Dieu et de Notre-Dame, nous écouterons votre accusation avec impartialité, et nous la jugerons avec justice.

— Ce Wilkin Flammock que voici, dit le moine, quelque endurci qu'il soit dans le crime, n'osera nier que je ne l'aie entendu de mes propres oreilles traiter des conditions de la reddition du château.

— Frappez-le, mon père! s'écria Rose avec indignation; frappez-le tandis qu'il est déguisé! S'il est défendu de toucher le froc du moine, il est permis de frapper la cotte de mailles du soldat. Frappez-le, vous dis-je, ou du moins dites-lui qu'il ment par la gorge.

— Paix, Roschen, tu es folle, dit son père en fronçant le sourcil. Il y a plus de vérité que de bon sens dans ce moine, et je voudrais que ses oreilles eussent été bien loin quand il a entendu ce qui ne le regardait pas.

Rose changea de visage en entendant son père avouer ouvertement la trahison dont il était accusé, et dont elle l'avait cru incapable. Elle laissa échapper la main qu'elle lui avait prise pour l'amener dans la chapelle; son visage pâlit, comme si le sang qui lui avait donné des couleurs si vives quelques instans auparavant l'avait abandonné pour se retirer vers son cœur.

Eveline regarda le coupable avec un air de douceur, de chagrin et de dignité. — Wilkin, lui dit-elle, je n'aurais jamais pu le croire. Quoi! le jour même de la mort de ton bienfaiteur, tu trahis la confiance qu'il t'avait accordée, et tu marchandes avec ses meurtriers les conditions auxquelles tu leur livreras ce château! Mais je ne te ferai pas de reproches. Je te retire ma confiance dont tu n'étais pas digne, et j'ordonne que tu sois gardé dans la tour de l'ouest jusqu'à ce qu'il plaise à Dieu de nous envoyer du secours. Alors mon amitié pour ta fille me fera peut-être oublier ton crime, et t'épargnera un autre châtiment. — Soumettez-vous sur-le-champ à mes ordres!

— Oui! oui! oui! s'écria Rose, pressant ces trois monosyllabes l'un sur l'autre avec autant de vitesse qu'elle put les articuler; partons! Rendons-nous dans le plus noir des cachots! les ténèbres nous conviennent mieux que la lumière.

Le moine, voyant que Flammock ne faisait pas un mouvement pour obéir au mandat d'arrêt qui venait d'être prononcé contre lui, s'avança d'une manière plus convenable à son ancienne profession ou à son déguisement actuel qu'à son ministère spirituel, et lui dit : — Wilkin Flammock, je t'arrête pour cause de trahison avouée envers ta dame suzeraine, et il étendit le bras pour lui appuyer la main sur l'épaule; mais le Flamand, faisant un pas en arrière, le repoussa par un geste menaçant et déterminé :

— Vous êtes fou, dit-il avec sang-froid. Vous autres Anglais, vous devenez fous tous tant que vous êtes, quand la lune est dans son plein, et ma pauvre fille a gagné votre maladie. Milady, votre honorable père m'a confié le commandement de ce château; je l'exercerai de la manière que je jugerai la plus utile pour tous ceux qui l'habitent, et comme vous êtes mineure, vous ne pouvez m'en priver à votre bon plaisir. Père Aldrovand, un moine ne peut légalement mettre à exécution un mandat d'arrêt. Roschen, tenez-vous en repos, et essuyez-vous les yeux. Vous êtes folle!

— Oui, je le suis, s'écria Rose en essuyant ses larmes, et en reprenant toute la confiante vivacité de son caractère. Oui, je suis folle et plus que folle, puisque j'ai pu douter un instant de l'intégrité de mon père. Fiez-vous à lui, ma chère maîtresse; il est fidèle, avec toute sa froideur; il est bon, quoiqu'il ne sache pas faire de beaux discours. S'il était coupable de trahison, je me chargerais de l'en punir, car je me précipiterais du haut de la grande tour dans le fossé, et il perdrait sa fille pour avoir trahi sa maîtresse.

— Tout cela est du délire! s'écria le moine; qui peut se fier à un traître avouant sa trahison? A moi, Anglais et Normands! au secours! Venez au secours de votre maîtresse! Préparez vos arcs, vos arbalètes, vos...

— Réservez votre haleine pour votre prochaine homélie, révérend père, dit Flammock; ou du moins criez en bon flamand, puisque vous connaissez cette langue; car ceux qui peuvent vous entendre d'ici ne répondront à aucune autre.

Il s'approcha alors d'Eveline avec un air d'intérêt dont il était difficile de deviner la sincérité, et la saluant avec autant de politesse qu'il lui était possible d'en montrer, il lui souhaita le bonsoir, en l'assurant qu'il ferait pour le mieux.

Le moine allait encore s'emporter contre lui; mais Eveline, plus prudente, lui dit de modérer son zèle. J'espère encore, ajouta-t-elle, que cet homme n'a que de bonnes intentions...

— Que ces paroles fassent descendre sur vous la bénédiction du ciel, ma chère maîtresse! s'écria vivement Rose en lui baisant la main.

— Mais si malheureusement il chancelle dans son devoir, continua Eveline, ce n'est point par des reproches que nous l'y affermirons. Père Aldrovand, ayez l'œil sur les préparatifs de défense, et veillez à ce qu'on ne néglige aucun des moyens qui nous restent pour résister à nos ennemis.

— Ne craignez rien, ma chère fille, répondit le moine; il est encore parmi nous quelques cœurs anglais. Nous tuerons et nous mangerons les Flamands avant de rendre le château.

— Cette nourriture serait aussi dangereuse que la chair d'ours, mon père, s'écria Rose avec amertume, irritée de nouveau en entendant le moine soupçonner et insulter ses compatriotes.

Ils se séparèrent, — les deux jeunes personnes pour aller se livrer en secret à leurs craintes et à leurs chagrins, ou pour les calmer par des exercices de dévotion; — le moine pour tâcher de découvrir les intentions véritables de Wilkin Flammock, et chercher à déjouer la trahison. Cependant, malgré toute la clairvoyance de ses yeux guidés par le soupçon, il ne vit rien qui pût ajouter à ses inquiétudes, si ce n'est que le Flamand, avec beaucoup d'habileté militaire, avait confié à ses compatriotes la garde des postes les plus importans du château, ce qui rendait difficile et dangereux de le priver de l'autorité qu'il exerçait. Les devoirs pieux de l'office du soir obligèrent enfin le prêtre à descendre des murailles, mais ce fut en se promettant de s'y trouver le lendemain à la pointe du jour.

CHAPITRE VII.

> « Du soleil les tristes rayons
> « Des murs du château-fort doraient chaque volute ;
> « Et les tours et les bastions
> « Semblaient, en tressaillant, en présager la chute. »
> *Ancienne ballade.*

Fidèle à sa résolution, et disant son chapelet chemin faisant pour ne pas perdre de temps, le père Aldrovand commença sa ronde dans le château dès que le premier rayon de l'aurore parut sur l'horizon. Un instinct naturel le porta d'abord à visiter les étables où l'on plaçait ordinairement les bestiaux destinés à la consommation du château, et qui auraient dû en être remplies si le château eût été bien approvisionné pour un siége. Quelle fut sa surprise en voyant une vingtaine de belles vaches dans une étable qu'il avait vue vide la veille! Une d'entre elles avait déjà été abattue, et deux Flamands qui en cette occasion remplissaient les fonctions de bouchers en dépeçaient la chair pour la remettre au cuisinier. Le bon père aurait volontiers crié au miracle, mais il retint l'exclamation prête à lui échapper dans le transport de sa joie, et se borna à rendre graces à Notre-Dame de Garde-Douloureuse.

— Qui peut craindre de manquer de provisions maintenant? dit-il; qui peut parler de se rendre? Voilà de quoi nous maintenir jusqu'à l'arrivée de Hugues de Lacy, quand il devrait partir de Chypre pour venir à notre secours. J'avais résolu de jeûner ce matin, tant par dévotion que pour ménager les vivres ; mais il ne faut pas mépriser les bienfaits que nous accordent les saints. Sire cuisinier, faites-moi griller quelques tranches de cette chair, et dites au panetier de me préparer un *manchet*[1], et au sommelier une bouteille de vin : je prendrai mon déjeuner en courant, quand j'aurai visité les murailles du côté de l'occident.

C'était le point le plus faible du château de Garde-Douloureuse, et le bon père y trouva Wilkin Flammock occupé à prendre les mesures les plus sages pour le mettre en état de défense. Il l'aborda avec courtoisie, le félicita sur les approvisionnemens qui étaient arrivés pendant la nuit, et lui demanda comment on avait été assez heureux pour pouvoir y faire entrer ces bestiaux malgré les assiégeans. Wilkin saisit la première occasion de l'interrompre.

— Nous en parlerons une autre fois, révérend père, lui dit-il ; mais en ce moment et avant qu'il soit question d'aucune autre chose, je voudrais vous consulter sur une affaire qui inquiète ma conscience et qui intéresse mes affaires temporelles.

— Parlez, mon fils, parlez, répondit le père Aldrovand, espérant que cet entretien pourrait le conduire à connaître les véritables intentions de Wilkin. Ah ! une conscience timorée est un joyau sans prix ! celui qui ne l'écoute pas quand elle lui dit : — Verse tes doutes dans l'oreille d'un prêtre, — verra un jour ses cris étouffés par des torrens de feu et de soufre. Tu as toujours eu la conscience timorée, mon fils Wilkin, quoique tu aies l'écorce rude et grossière.

— Eh bien donc, mon père, dit Flammock, il faut que vous sachiez que j'ai pris quelques arrangemens avec mon voisin Jean Vanwelt, relativement à ma fille, et qu'il m'a compté un certain nombre de *guilders*[2], à condition que je la lui donnerais en mariage.

---

(1) Espèce de petit pain fait de la plus pure farine. — Éd.
(2) Pièces d'or. — Éd.

— Bah! bah! bah! s'écria le moine trompé dans son attente; cette affaire n'est pas pressée; ce n'est pas le moment de parler de mariage, quand nous sommes peut-être sur le point d'être tous tués.

— Écoutez-moi jusqu'au bout, révérend père; ce point de conscience a plus de rapport que vous ne pensez à l'affaire en question. Il est bon que vous sachiez que je n'ai nulle envie de donner Rose audit Vanwelt, qui est vieux et mal portant; et je voudrais savoir de vous si je puis en conscience retirer mon consentement.

— Il est vrai que Rose est une fort jolie fille, quoique un peu vive. Oui, je crois que vous pouvez en toute sûreté de conscience retirer votre consentement, pourvu que vous rendiez les guilders, bien entendu.

— Oui, mais c'est là que le bât me blesse, bon père. Si je rends cet argent, je me trouve réduit à la misère la plus profonde. Les Gallois ont détruit tout ce que je possédais, et cette poignée de guilders est tout ce qui me reste pour tâcher de me frayer un nouveau chemin dans le monde.

— Et cependant, mon fils, il faut rendre l'argent ou tenir votre promesse; car que dit le texte saint? *Quis habitavit in tabernaculo? quis requiescet in monte sancto?* c'est-à-dire, Qui habitera dans le tabernacle? qui montera sur la montagne sainte? Faites attention à la réponse : *Qui jurat proximo, et non decipit.* C'est celui qui tient la parole qu'il a donnée à son prochain. Croyez-moi, mon fils, que l'amour d'un vil lucre ne vous fasse pas manquer à votre promesse. Il vaut mieux avoir l'estomac vide et le ventre affamé avec une bonne conscience, que de se bien nourrir de manque de foi et d'iniquité. Voyez notre feu maître, puisse son ame être dans le séjour de la paix! il a préféré périr dans un combat inégal, en vrai chevalier, plutôt que de devoir la vie à un parjure, quoique ce ne fût que le verre à la main qu'il eût fait une promesse inconsidérée au prince gallois.

— Hélas! voilà précisément ce que je craignais, mon bon

père! Il faut donc que nous ouvrions les portes du château à Gwenwyn ou que je rende au Gallois Jorworth les bestiaux que j'ai eu l'adresse de me procurer pour approvisionner le château et nous donner le moyen de le défendre.

— Comment? quoi? que veux-tu dire? s'écria le moine fort surpris; je parle de Rose Flammock, de guilders et de Jean Van..... Van diable, n'importe son nom, et tu viens y mêler des châteaux, des bestiaux et je ne sais quoi encore!

— Sauf votre bon plaisir, révérend père, je vous parlais en parabole. Le château est ma fille, dont je vous ai dit que j'avais promis la main; le Gallois Jorworth est mon voisin Jean Vanwelt; et les bestiaux sont les guilders que je vous ai dit avoir reçus, car il me les a envoyés d'avance comme un à-compte sur la récompense qu'il m'a promise.

— Parabole! s'écria le moine rougissant de colère du tour qui lui avait été joué; est-ce qu'un homme de ta sorte doit s'aviser de parler en parabole? Mais je te pardonne, oui, je te pardonne.

— Ainsi donc, d'après votre avis il faut que j'ouvre les portes du château au Gallois ou que je lui rende les bestiaux?

— Rends plutôt ton ame à Satan! répliqua le père Aldrovand.

— Je crains que ce ne doive être l'alternative; car comme vous le disiez tout à l'heure, l'exemple de feu notre honorable maître...

— L'exemple d'un honorable fou! s'écria le moine; mais s'interrompant tout à coup il ajouta : — Que Notre-Dame protége son serviteur! l'astuce de ce cerveau belge me fait oublier ce que je dois dire.

— Et puis le texte que Votre Révérence vient de me citer....

— Le texte! As-tu la présomption de vouloir interpréter un texte? Ne sais-tu pas qu'il est écrit que la lettre tue et que l'esprit vivifie? Tu es comme un malade qui, allant trouver un médecin, lui cache la moitié des symptômes du mal dont il est attaqué. Je te dis, fou de Flamand, que le texte parle des promesses faites à des chrétiens ; mais il y a dans la rubrique une exception spéciale à l'égard de celles qui sont faites à des Gallois.

En entendant ce commentaire, Flammock ouvrit sa large bouche comme prêt à rire aux éclats. Un mouvement sympathique en fit faire autant au père Aldrovand, et il ajouta :

— Allons, allons, je vois ce que c'est ; tu as voulu te venger des soupçons que j'avais conçus sur ta fidélité, et je dois convenir que ta vengeance a été assez ingénieuse. Mais pourquoi ne m'avoir pas mis dans le secret ? C'est ta méfiance qui est cause que j'ai eu des doutes sur ta bonne foi.

— Quoi ! était-il possible que je songeasse à impliquer Votre Révérence dans une affaire où il s'agissait d'un peu de fourberie ? Dieu m'a fait la grace de me donner un peu plus de bon sens. Écoutez ! j'entends le cor de Jorworth à la porte.

— Il en sonne comme un bouvier qui rappelle ses vaches, dit le père Aldrovand avec mépris.

— Le bon plaisir de Votre Révérence n'est donc pas que je lui rende son bétail ? demanda le Flamand.

— Je vais te dire ce qu'il lui faut. Fais monter sur les murs un tonneau d'eau bouillante, et jette-la-lui sur la tête, de manière à faire tomber le poil de la peau de chèvre qui le couvre. Tu y tremperas d'abord le bout du doigt pour voir si l'eau est assez chaude : c'est la pénitence que je t'impose pour le tour que tu m'as joué.

Flammock lui répondit par un regard d'intelligence, et ils se rendirent ensemble à la porte extérieure du château où Jorworth était arrivé seul. Se plaçant devant le guichet, mais sans l'ouvrir, et lui parlant à travers une étroite ouverture pratiquée à cet effet, Vilkin demanda au Gallois quelle affaire l'amenait.

— Je viens prendre possession du château conformément à tes promesses.

— Oui-dà? Et tu viens seul pour une telle besogne?

— Non, sur ma foi, j'ai une soixantaine d'hommes là-bas derrière ces buissons.

— Eh bien! je te conseille de les emmener promptement avant que nos archers fassent pleuvoir sur eux une grêle de flèches.

— Comment! scélérat! n'as-tu pas dessein de tenir ta parole!

— Je ne t'en ai donné aucune; je t'ai seulement dit que je réfléchirais à tes propositions. J'y ai réfléchi; je les ai communiquées à mon père spirituel qui est à mon côté, et il m'a défendu de les accepter.

— Et comptes-tu garder les bestiaux que j'ai eu la simplicité de t'envoyer, me fiant à ta bonne foi?

— Je l'excommunie et je le livre à Satan, s'écria le moine dont l'impatience ne put attendre la réponse tardive du flegmatique Flamand, s'il en rend cuir, poil ou corne à des Philistins incirconcis, tel que toi et ton maître.

— Fort bien, messire prêtre, répliqua Jorworth d'un ton courroucé; mais fais-y bien attention, et ne compte pas sur ton froc pour te servir de rançon! Quand Gwenwyn aura pris ce château qui ne protégera pas bien long-temps d'infâmes traîtres comme vous, je vous ferai coudre tous deux dans la peau d'une de ces vaches pour lesquelles ton pénitent est parjure, et je vous ferai porter dans un endroit où vous n'aurez pour compagnons que les aigles et les loups.

— Tu accompliras ta volonté quand tu pourras, répondit le Flamand sans s'émouvoir.

— Traître de Gallois! s'écria en même temps le moine plus irascible, nous te défions à ta barbe. J'espère voir les chiens ronger tes os avant le jour dont tu parles avec tant d'arrogance.

Pour toute réponse Jorworth fit brandir sa javeline, et la lança avec autant de force que de dextérité contre le guichet. Elle passa à travers l'étroite ouverture en sifflant aux oreilles du moine et du Flamand, mais heureusement sans les atteindre. Le premier recula en tressaillant; le second se retourna pour regarder la javeline dont le fer s'était enfoncé dans la porte de la salle de garde où il avait reçu Jorworth la veille, et il dit avec le plus grand sang-froid : — Bien visé, mais bien manqué.

Dès l'instant qu'il eut lancé son dard, Jorworth se hâta de courir à l'embuscade, et il donna à ses compagnons le signal et l'exemple d'une prompte retraite. Le père Aldrovand les aurait volontiers fait suivre par une volée de flèches; mais Flammock lui fit observer que les munitions étaient trop précieuses pour les prodiguer ainsi contre quelques fuyards. Peut-être se souvint-il qu'ils ne s'étaient exposés à recevoir un tel salut que d'après l'espèce d'assurance qu'il avait donnée à Jorworth.

Quand le bruit de la retraite précipitée des Gallois eut cessé de se faire entendre, il y succéda un silence profond, parfaitement d'accord avec le calme et la fraîcheur de cette heure de la matinée.

— Cela ne durera pas long-temps, dit Wilkin avec un ton sérieux et prophétique qui alla au cœur du bon père.

— Non, cela ne durera pas, cela ne peut durer, répondit Aldrovand; nous devons nous attendre à une vive attaque. Je ne m'en inquiéterais guère si le nombre de nos ennemis n'était pas si considérable et celui de nos soldats si petit. Nos murs ont une grande étendue, et l'obstination de ces monstres incarnés est presque égale à leur fureur. Mais nous ferons de notre mieux. Je vais trouver lady Eveline; il faut qu'elle se montre sur les murailles. Elle est plus belle qu'il ne convient à un homme qui porte mon habit de le remarquer, et elle a quelque chose de l'esprit élevé de son père. Sa vue et ses discours inspireront un double courage à chacun de nos soldats à l'heure du danger.

— Cela est possible, dit Flammock. Et moi, je vais leur faire servir le bon déjeuner que j'ai donné ordre d'apprêter. Il donnera plus de force à mes Flamands que ne le ferait la vue des onze mille vierges rangées en bataille; puissent-elles intercéder pour nous!

CHAPITRE VIII.

« De leur seigneur héréditaire
« Ce fut alors que levant la bannière,
« Ils obéirent à la voix
« Du commandant dirigeant leurs exploits.
« Quel était ce chef? Une femme,
« Miracle de son sexe, et dont la noble ardeur
« Embrasait d'une égale flamme
« Le dernier des vassaux du malheureux seigneur. »
WILLIAM STEWART ROSE.

LE disque du soleil paraissait à peine au-dessus de l'horizon, quand Eveline Bérenger, suivant l'avis du père Aldrovand, fit sa ronde sur les murailles du château assiégé pour animer d'un nouveau courage le cœur des braves, et inspirer l'espoir et la confiance aux esprits plus timides. Elle portait un riche collier et de superbes bracelets, ornemens qui indiquaient son rang et sa naissance. Sa tunique, suivant l'usage du temps, était assujétie autour de sa taille svelte par une ceinture brodée en pierres précieuses et attachée par une grande boucle d'or. D'un côté de sa ceinture était suspendue une espèce de poche ou de bourse brodée à l'aiguille, et de l'autre on voyait un petit poignard d'un travail admirable. Une mante noire qu'elle avait choisie comme emblême de sa mauvaise fortune flottait négligemment autour d'elle, et le capuchon en était placé sur sa tête de manière à voiler à demi ses beaux traits sans les cacher. Ses yeux avaient perdu le feu d'enthousiasme qu'y avait allumé sa vision supposée ; mais ils conservaient un caractère de mélancolie, de douceur et de résolution. En s'adressant aux soldats elle employa tour à tour les ordres et les prières, tantôt implorant leur protection, tantôt leur demandant le juste tribut de leur allégeance.

La garnison, selon les règles de l'art militaire, était divisée en petites bandes sur les points les plus exposés et sur ceux d'où l'on pouvait le plus facilement inquiéter l'ennemi lors d'une attaque. C'était cette séparation inévitable des forces du château en petits détachemens qui faisait sentir le désavantage de la grande étendue des murs comparée au nombre de leurs défenseurs ; et quoique Wilkin Flammock eût imaginé divers moyens pour dissimuler à l'ennemi son infériorité à cet égard, il ne pouvait la déguiser à ses propres soldats, qui jetaient de tristes regards sur des fortifications où il ne se trouvait que quelques sentinelles çà et là, tandis que s'ils portaient les yeux sur le fatal champ de bataille, ils y voyaient les corps de ceux qui auraient dû être leurs compagnons en cette heure de péril.

La présence d'Eveline contribua beaucoup à tirer la garnison de cet état de découragement. Elle alla de poste en poste et d'une tour à l'autre, comme un rayon de lumière qui, passant sur une vallée plongée dans l'obscurité, en dore successivement tous les points. La douleur et la crainte sont des sentimens qui prêtent quelquefois de l'éloquence. En s'adressant aux soldats de diverses nations qui composaient sa petite garnison, elle fit entendre à chacun d'eux le langage qui lui convenait. Elle parla aux Anglais, comme aux enfans du sol ; aux Flamands, comme à des hommes à qui l'hospitalité avait accordé les droits de citoyen ; aux Normands, comme aux descendans de cette race victorieuse de héros que leur épée avait rendus maîtres et souverains de tous les pays où ils en avaient essayé la trempe. C'était à eux qu'elle parlait le langage de la chevalerie, d'après les principes de laquelle le Normand le plus obscur affectait de diriger toutes ses actions, tandis qu'elle rappelait aux Anglais leur franchise et leur bonne foi, aux Flamands la destruction de leurs propriétés et la perte des fruits d'une honorable industrie. Enfin elle recommandait à tous la confiance en Dieu et en Notre-Dame de Garde-Douloureuse, et elle se hasardait à les assurer que des troupes nombreuses et souvent victorieuses étaient déjà en marche pour les secourir.

— Les vaillans champions de la croix, disait-elle, voudront-ils quitter leur pays natal quand le vent porte à leurs oreilles les gémissemens des veuves et des orphelins? ce serait changer leur pieux projet en un péché mortel, et déroger à la renommée qu'ils se sont si noblement acquise. Oui, combattez avec courage, et peut-être avant que le soleil se plonge dans le sein des mers de l'occident vous le verrez briller sur les troupes belliqueuses de Chester et de Shrewsbury. N'avez-vous pas toujours vu les Gallois prendre la fuite quand ils entendent le son de leurs trompettes, et qu'ils voient leurs bannières flotter au gré du vent? Combattez vaillamment; le château est bien fortifié, nous ne manquons pas de munitions, vos cœurs sont pleins de bravoure, vos bras sont robustes. Combattez donc au nom de tout ce qu'il y a de plus saint, combattez pour vous, pour vos épouses, pour vos enfans, pour vos propriétés, et combattez aussi pour une orpheline qui n'a en ce moment d'autres défenseurs que ceux qu'un sentiment de compassion et le souvenir de son père peuvent lui susciter.

De tels discours produisaient une vive impression sur ceux à qui ils étaient adressés, et que l'habitude avait déjà endurcis contre tous les dangers. Les Normands, animés par leurs idées chevaleresques, juraient de mourir jusqu'au dernier avant d'abandonner leurs postes. Les Anglo-Saxons s'écriaient que ce serait une honte de livrer aux loups gallois un agneau comme Eveline, tant qu'ils pourraient lui faire un boulevard de leurs corps; une étincelle de l'enthousiasme général s'insinua même dans le cœur des froids Flamands. Ils se faisaient l'un à l'autre l'éloge de la beauté de la jeune châtelaine, et se communiquaient en peu de mots leur ferme résolution de la défendre de tout leur pouvoir.

Rose Flammock, qui avec deux femmes attachées au service de sa maîtresse l'accompagnait dans sa ronde autour du château, semblait avoir retrouvé son caractère naturel de retenue et de timidité, oublié un moment la veille quand elle avait appris de quels soupçons le prêtre flétrissait son père. Elle suivait Eveline pas à pas, quoiqu'à une distance respectueuse, et écoutait ce qu'elle disait de temps en temps avec l'air d'admiration d'un enfant docile, tandis que ses yeux humides exprimaient éloquemment qu'elle sentait toute l'étendue du danger, et qu'elle comprenait toute la force des discours de sa maîtresse. Il y eut pourtant un moment où les yeux de la jeune Rose brillèrent d'un nouveau feu; sa démarche annonça plus de confiance, et ses regards prirent plus de hardiesse. Ce fut quand elle approcha de l'endroit où son père, après avoir donné ses ordres sur tous les points en commandant habile, s'acquittait des fonctions d'ingénieur en faisant établir un énorme mangonneau, machine de guerre dont on se servait alors pour lancer de grosses pierres, sur un endroit qui commandait l'entrée d'une poterne conduisant du château dans la plaine du côté de l'ouest, et où l'on devait naturellement présumer qu'aurait lieu l'attaque la plus sérieuse. Flammock s'était débarrassé de son armure, qu'il avait jetée près de lui, en la couvrant de sa grande casaque pour la préserver de la rosée du matin; et restant en justaucorps de cuir, les bras nus jusqu'au coude et la main armée d'un lourd marteau, il donnait lui-même l'exemple aux ouvriers travaillant sous ses ordres.

Les caractères lents, mais fermes, sont ordinairement

ceux qui éprouvent le plus de honte et d'embarras quand ils manquent aux petites convenances de la société. Wilkin Flammock avait écouté la veille, presque avec insensibilité, l'accusation de trahison portée contre lui ; mais il rougit et fut saisi de confusion en reprenant à la hâte sa casaque pour cacher aux yeux d'Eveline le négligé dans lequel elle l'avait surprise. Il n'en fut pas de même de sa fille. Fière de l'ardeur de son père, elle regarda sa maîtresse avec un air de triomphe qui semblait dire : — C'est ce fidèle serviteur qu'on osait soupçonner de trahison !

Le cœur d'Eveline lui faisait le même reproche, et empressée de prouver au Flamand que ses doutes n'avaient été que momentanés, elle lui offrait une bague d'un grand prix :

— Faible réparation, lui dit-elle, d'un soupçon occasionné par un malentendu.

— Je n'en ai pas besoin, milady, répondit Flammock avec son air d'insouciance ordinaire, à moins qu'il ne me soit permis d'en disposer en faveur de Rose, car je crois qu'elle a été fort tourmentée par ce qui m'inquiétait fort peu. Et pourquoi m'en serais-je inquiété ?

— Disposez-en comme il vous plaira, dit Eveline ; votre fidélité est encore plus précieuse que la pierre enchâssée dans cette bague.

Jetant ensuite un coup d'œil sur la plaine qui s'étendait entre le château et la rivière, elle fit remarquer combien il régnait de calme et de silence dans un lieu qui avait offert la veille une scène de tumulte et de carnage.

— Cela ne durera pas long-temps, répondit Flammock ; nous entendrons bientôt assez de bruit, et plus près de nos oreilles qu'hier.

— De quel côté sont campés les ennemis ? demanda Eveline ; je n'aperçois ni tentes ni pavillons.

— Ils ne s'en servent pas, répliqua Wilkin ; le ciel leur a refusé la grace de savoir fabriquer de la toile pour en faire. Les voilà couchés sur les deux rives de la rivière, n'étant couverts que de leurs manteaux blancs. Croirait-on qu'une armée de brigands et de coupe-jarrets, pût ressembler ainsi au plus bel objet qu'on puisse voir dans la nature, à des toiles étendues sur un pré pour y blanchir? Mais écoutez ! écoutez ! les guêpes commencent à bourdonner ; elles feront bientôt jouer leurs aiguillons.

Effectivement, on entendait dans l'armée galloise un bruit sourd semblable au bourdonnement

D'une ruche alarmée et qu'un danger réveille.

Effrayée de ce murmure qui de moment en moment devenait plus menaçant, Rose saisit le bras de son père, et lui dit à demi-voix d'un air de terreur : — C'est comme le bruit que faisaient les vagues la nuit qui précéda la grande inondation.

— Et il annonce un temps trop rude pour des femmes, répliqua Flammock. Retirez-vous dans votre appartement, lady Eveline, si tel est votre bon plaisir. Allez-vous-en aussi, Roschen, et que le ciel vous protége toutes deux! vous ne feriez ici que nuire à la besogne.

Sentant qu'elle avait fait tout ce qu'elle devait, tout ce qu'elle pouvait faire, et craignant que le frisson involontaire qu'elle éprouvait ne devînt contagieux, Eveline suivit le conseil de son vassal, et reprit à pas lents le chemin de son appartement, tournant souvent la tête en arrière pour jeter un regard sur les Gallois en armes, dont les premiers bataillons avançaient déjà comme les flots de la marée montante.

Le prince de Powys avait donné des preuves de science militaire en adoptant un plan d'attaque qui convenait à l'esprit impétueux de ses soldats, et qui devait en même temps jeter l'alarme sur tous les points parmi ses ennemis peu nombreux.

Les trois côtés du château défendus par la rivière furent entourés par des corps considérables de troupes galloises qui avaient ordre de se borner à inquiéter la garnison par des décharges de flèches, à moins qu'il ne se présentât quelque occasion favorable pour une attaque. Mais les principales troupes de Gwenwyn, divisées en trois colonnes, s'avançaient le long de la plaine vers la façade du château exposée à l'occident, et menaçaient d'un assaut les murailles qui de ce côté n'étaient pas protégées par la rivière. Le premier de ces corps formidables était entièrement composé d'archers, qui s'étendirent en face de la forteresse assiégée, profitant habilement de tous les buissons et de toutes les hauteurs pour se tenir à couvert. De là ils commencèrent à bander leurs arcs, et firent pleuvoir une grêle de traits sur les murailles et les fortifications. Ils éprouvèrent pourtant plus de pertes qu'ils n'en firent essuyer aux assiégés en général à l'abri de leurs flèches, et qui voyaient mieux les ennemis contre lesquels ils décochaient les leurs. Cependant, sous le couvert de cette décharge continuelle, les deux autres corps de Bretons essayaient d'emporter d'assaut les défenses extérieures du château. Ils avaient des haches pour abattre les palissades qu'on nommait alors barrières, des fagots pour combler le fossé, des torches pour incendier tout ce qui était combustible, et surtout des échelles pour escalader les murailles.

Ces deux détachemens se précipitèrent vers le point d'attaque avec une fureur incroyable, en dépit de la défense la plus opiniâtre, et de la perte que leur faisaient souffrir les traits de toute espèce lancés par la garnison. Ils continuèrent cet assaut pendant près d'une heure, recevant à chaque instant des renforts qui faisaient plus que remplir les vides de leurs rangs. Quand ils furent enfin forcés d'y renoncer, ils adoptèrent un nouveau genre d'attaque encore plus embarrassant pour les assiégés. Un corps nombreux dirigeant tous ses efforts sur un des points les plus exposés, ceux qui le défendaient étaient obligés d'appeler à leur secours une partie de leurs compagnons qui gardaient les autres postes, et quand les assiégeans en voyaient un qui ne paraissait pas avoir un nombre suffisant de défenseurs, ils y envoyaient des troupes fraîches pour l'attaquer.

La garnison de Garde-Douloureuse ressemblait donc au voyageur tourmenté par un essaim de guêpes, lorsqu'à peine parvenu à les chasser d'un côté il en est assailli de l'autre, et désespéré par la hardiesse et la multiplicité de leurs attaques. La poterne étant un des points les plus exposés, le père Aldrovand, à qui son inquiétude ne permettait pas de quitter les murailles, et qui, autant que le lui permettait son habit, prenait de temps en temps une part active à la défense de la place, se hâta de s'en approcher, comme étant l'endroit le plus en danger.

Il y trouva Flammock, comme un second Ajax, couvert de sang et de poussière, manœuvrant de ses propres mains le grand mangonneau qu'il avait aidé lui-même à préparer avant le lever du soleil, sans oublier pour cela d'avoir les yeux ouverts sur tout ce qui se passait sur les autres points.

— Que penses-tu de la besogne de cette journée? lui demanda le moine à demi-voix.

— A quoi bon en parler, mon père? répondit Wilkin; vous n'êtes pas soldat, et je n'ai pas le temps de jaser.

— Eh bien! reprends haleine un moment, dit Aldrovand en retroussant les manches de son froc, et pendant ce temps je tâcherai de tenir ta place. Cependant, que Notre-Dame ait pitié de moi; car je ne connais rien à ces étranges machines, pas même leurs noms. Mais notre règle nous ordonne le travail, et par conséquent il ne peut y avoir aucun mal à tourner ainsi cette manivelle, à placer cette poutre garnie de fer devant cette corde (mouvement qu'il exécutait tout en parlant); et je ne connais aucun saint canon qui me défende d'ajuster ainsi ce levier et de toucher ce ressort.

L'énorme poutre partit avec un long sifflement, et elle avait été si bien pointée, qu'elle abattit un des principaux chefs des Gallois dans l'instant où Gwenwyn lui donnait quelques ordres importans.

— Bien ajusté, mangonneau! Bien frappé, carreau! s'écria le moine incapable de retenir l'expression de sa joie, et donnant dans son triomphe les noms techniques à la machine de guerre et à la poutre qu'elle venait de lancer.

— Et bien pointé, révérend père, ajouta Wilkin Flammock. Je vois que vous en savez plus long que votre bréviaire.

— Ne t'en mets pas en peine; mais à présent que tu vois que je suis en état de manœuvrer tes machines, et que ces coquins ont l'air un peu déconcerté, dis-moi donc ce que tu penses de notre situation.

— Elle pourrait être pire. Mais il nous faut un prompt secours, car les corps de nos hommes sont de chair et non d'acier. Il est terrible de n'avoir qu'un soldat par quatre aunes de murailles; nos ennemis ne l'ignorent pas; ils nous taillent de la besogne, et il peut se faire que nous soyons enfin écrasés par le nombre.

Un nouvel assaut interrompit leur conversation, et l'activité de l'ennemi ne leur laissa guère de repos avant le coucher du soleil. Gwenwyn réitéra ses menaces d'attaques sur différens points; livra deux ou trois assauts formidables à droite et à gauche de la poterne, et laissa à peine aux assiégés le temps de respirer et de prendre quelques rafraîchissemens. Cependant les Gallois payèrent cher leur audace, et quoique rien ne pût surpasser la bravoure avec laquelle ils se présentèrent plusieurs fois, cependant on put remarquer que leurs efforts étaient moins animés dans la soirée; il est probable que Gwenwyn, voyant la perte considérable qu'il avait faite et craignant que le découragement ne se mît parmi ses soldats, ne fut pas plus fâché que la garnison épuisée de Garde-Douloureuse quand la nuit vint interrompre le combat.

Cependant tout était encore joie et triomphe dans le

camp, ou pour mieux dire dans le bivouac des Gallois, car le souvenir de la victoire signalée de la veille leur faisait oublier la perte qu'ils venaient d'éprouver. Les sentinelles qui veillaient sur les murailles du château entendaient les cris d'allégresse, les chants joyeux, le son des harpes qui semblaient célébrer d'avance la prise de la forteresse.

Le soleil était couché depuis quelque temps; les ténèbres s'épaississaient, la nuit était couronnée d'un firmament pur et sans nuage où l'on voyait briller mille diamans auxquels une gelée printanière donnait un nouvel éclat, quoique la reine plus pâle des planètes ne fût que dans son premier quartier. Les fatigues de la garnison s'accroissaient considérablement par la nécessité d'entretenir sur tous les points une surveillance exacte, ce qui devenait très pénible, vu le petit nombre de ceux qui la composaient. L'urgence était telle que ceux qui n'avaient été que légèrement blessés dans la journée étaient obligés de faire leur faction à leur tour malgré leurs blessures.

Le père Aldrovand et Wilkin Flammock entre qui la meilleure intelligence régnait alors firent ensemble une ronde sur les murailles à minuit, exhortant les sentinelles à la vigilance, et reconnaissant de leurs propres yeux l'état de la forteresse. Dans le cours de cette ronde, et comme ils montaient sur une plate-forme élevée par des escaliers étroits et inégaux contre lesquels le moine murmurait tout bas, au lieu de l'armure noire de la sentinelle flamande qui y avait été placée, ils aperçurent deux corps blancs dont la vue sembla frapper Wilkin de plus de consternation qu'il n'en avait montré pendant les événemens hasardeux de la journée précédente.

— Mon père, dit-il en se tournant vers Aldrovand, songez à votre métier. *Es spuct*, il y a ici des esprits.

Le bon père n'avait pas appris, depuis qu'il était prêtre, à braver l'ennemi incorporel qu'il avait redouté quand il était soldat plus que tout antagoniste mortel. Cependant il commença à prononcer en tremblant l'exorcisme de l'Église : *Conjuro vos omnes, spiritus maligni, magni, atque parvi*[1]; mais il fut interrompu par la voix d'Eveline, qui s'écria :— Est-ce vous, père Aldrovand?

Très rassurés tous deux en voyant qu'ils n'avaient pas affaire à des esprits, Wilkin Flammock et le chapelain s'avancèrent à la hâte sur la plate-forme, où ils trouvèrent Eveline et sa fidèle Rose, la première tenant en main une demi-pique, comme une sentinelle en faction.

— Comment, ma fille! dit le moine, par quel hasard vous trouvez-vous ici et armée? Qu'est devenue la sentinelle, ce chien paresseux, ce Flamand qui devait garder ce poste?

— N'est-il pas possible, mon père, que ce ne soit ni un chien paresseux, ni un Flamand? dit Rose, qui prenait toujours feu à la moindre réflexion qui semblait un sarcasme contre sa nation; il me semble que j'ai entendu dire qu'il se trouve de pareils chiens parmi les Anglais.

— Paix, Roschen! lui dit son père; vous êtes trop hardie pour une jeune fille. Encore une fois, où est Peterkin Vorst, qui devait garder ce poste?

— Ne le blâmez pas d'une faute que j'ai commise, dit Eveline, montrant l'endroit où la sentinelle flamande était étendue profondément endormie. Il était accablé de fatigue, il avait combattu toute la journée, et en le voyant assoupi lorsque je suis venue ici comme un esprit errant et agité qui ne peut goûter ni sommeil ni repos, je n'ai pas voulu troubler une tranquillité à laquelle je portais envie. Comme il avait combattu pour moi tout le jour, j'ai cru que je pouvais veiller pour lui une heure ou deux; et ayant pris son arme, je voulais rester ici jusqu'à ce qu'on vînt le relever, ou qu'il s'éveillât.

— Je vais l'éveiller de la bonne manière, le misérable *schelm!* s'écria Wilkin Flammock; et il salua le dormeur

---

[1] Je vous conjure tous, esprits malins, grands et petits.

de deux grands coups de pied, qui retentirent sur la cuirasse du garde. La sentinelle s'éveilla en sursaut, se leva promptement, et fut saisie d'une telle alarme qu'elle fut sur le point de la communiquer aux soldats des postes voisins, en criant que les Gallois étaient sur les murailles. Mais à l'instant où sa large bouche s'ouvrait pour répandre une terreur panique, le père Aldrovand la lui couvrit de la main et lui étouffa la voix.

— Paix! s'écria-t-il, paix! descends, et va trouver le sous-bailli, car tu mérites la mort, d'après toutes les règles de la guerre. Mais lève les yeux, Varlet, et vois qui a sauvé de la corde ton indigne cou en faisant ta faction pour toi, tandis que tu étais à rêver de chair de porc et de pots de bière.

Peterkin Vorst, quoiqu'à peine éveillé, sentait parfaitement le tort qu'il avait eu et le danger qu'il courait. Il se retira donc sans répliquer, après avoir salué gauchement Eveline et ceux qui avaient troublé son repos avec si peu de cérémonie.

— Il mériterait d'être jeté dans le fossé pieds et poings liés, dit Wilkin. Mais que voulez-vous, milady? Mes compatriotes ne peuvent vivre sans repos et sans sommeil. Et il s'abandonna lui-même à un bâillement prolongé.

— Vous avez raison, mon bon Wilkin, dit Éveline; prenez donc vous-même quelque repos, et fiez-vous à moi pour veiller ici, du moins jusqu'à ce qu'on relève la garde. Je ne pourrais dormir, quand même je le voudrais; et si je le pouvais, je ne le voudrais pas.

— Grand merci, milady, répondit Flammock; et dans le fait, comme c'est ici un point central et que la ronde doit y passer dans une heure au plus tard, je vais tâcher de fermer les yeux quelques instants, car mes paupières sont aussi pesantes que des écluses.

— Mon père! mon père! s'écria Rose, mécontente de voir l'auteur de ses jours manquer ainsi au cérémonial et au décorum ; pensez donc en présence de qui vous vous trouvez !

— Sans doute, sans doute, Flammock, dit le père Aldrovand ; ce n'est pas en présence d'une jeune fille, d'une noble Normande, qu'on doit songer à ôter son chapeau et à mettre son bonnet de nuit.

— Laissez faire, père Aldrovand, dit Éveline, qui en tout autre moment aurait souri de la promptitude avec laquelle Wilkin Flammock s'enveloppa dans son grand manteau, s'étendit sur un banc de pierre, et donna les preuves les moins équivoques d'un sommeil profond avant que le moine eût fini de parler.

— Les formes extérieures de déférence et de respect, continua-t-elle, conviennent aux temps de paix et de tranquillité ; mais dans l'instant du danger la chambre à coucher du soldat est partout où il peut trouver du loisir pour une heure de repos, sa salle à manger partout où il peut obtenir de la nourriture. Asseyez-vous près de Rose et de moi, mon père, et donnez-nous quelques saintes leçons qui puissent hâter le cours de ces heures de fatigue et de calamité.

Le père obéit ; mais quoiqu'il désirât donner des consolations à Éveline, sa science théologique et son jugement ne suggérèrent rien de mieux à son esprit que de réciter les sept psaumes de la pénitence. Il continua cette tâche quelque temps ; mais bientôt la fatigue l'emporta, et se rendant coupable du même manque de décorum qu'il avait reproché à Wilkin, il s'endormit au milieu du sixième psaume.

CHAPITRE IX.

« Nuit de malheur ! dit-elle en soupirant ;
« Nuit de chagrin et de fâcheux présage !
« Si le présent me paraît déchirant,
« L'avenir peut l'être bien davantage. »
SIR GILBERT ELLIOT.

La fatigue avait épuisé les forces de Wilkin Flammock et du père Aldrovand ; mais les deux jeunes filles restèrent les yeux fixés tantôt sur la campagne qui était ensevelie dans les ténèbres, tantôt sur les astres qui l'éclairaient imparfaitement, comme si elles avaient pu lire les événemens que le lendemain devait amener. C'était une scène douce et mélancolique. Les arbres, les champs, la plaine, les montagnes étaient devant elles sous une lumière douteuse qui permettait à peine de les distinguer ; tandis que plus loin la rivière, que les arbres et ses bords élevés cachaient presque partout, réfléchissait en deux ou trois endroits la clarté des étoiles et la pâle lueur du croissant de la lune. On n'entendait que le murmure des eaux ; et de temps en temps le son aigu d'une harpe qui, interrompant le silence de la nuit à plus d'un mille de distance, annonçait que quelques Gallois prolongeaient encore leur amusement favori. Ce son presque sauvage, et qui n'était entendu que par intervalles, semblait la voix d'un esprit passant entre le ciel et la terre, tel qu'un présage funeste : cette voix annonçait à Eveline la guerre, les malheurs, la captivité et la mort. Le silence solennel de la nuit était aussi parfois interrompu par les pas mesurés de quelques sentinelles en faction, et les cris des hiboux qui semblaient déplorer la chute prochaine des tourelles dont ils faisaient depuis long-temps leur habitation.

Ce calme de toute la nature attristait la malheureuse Eveline; il éveillait dans son cœur un sentiment plus profond de ses malheurs, et une crainte des horreurs que pouvait réserver l'avenir, plus vive encore que celle qu'elle avait éprouvée pendant le tumulte et la confusion du jour précédent, et au milieu du sang qui avait été répandu. Alternativement elle se levait et s'asseyait, se promenait en long et en large sur la plate-forme, restait fixée comme une statue au même endroit pendant plusieurs minutes, comme si elle eût voulu essayer de se distraire, en changeant sans cesse d'attitude, du chagrin et de l'inquiétude qui la dévoraient.

Enfin, jetant un regard sur le moine et le Flamand qui dormaient paisiblement derrière les créneaux, elle ne put garder plus long-temps le silence.

— Les hommes sont bien heureux, ma chère Rose, dit-elle; leurs inquiétudes sont écartées par des travaux pénibles, ou noyées dans l'état d'insensibilité qui y succède. Ils peuvent recevoir des blessures, rencontrer la mort; mais nous, nous sentons dans l'esprit une angoisse bien plus cruelle que toutes les douleurs du corps; et quand nous sommes en proie au sentiment cruel de nos malheurs présens et la crainte d'un avenir encore plus à redouter, nous subissons une angoisse bien plus amère que celle qui termine tout d'un coup nos douleurs.

— Ne cédez pas ainsi à votre accablement, ma chère maîtresse, répondit Rose; soyez plutôt ce que vous étiez hier, prenant soin des blessés, des vieillards, de tout le monde, excepté de vous-même; exposant même votre vie à la grêle de flèches des Gallois, afin d'encourager les autres par votre exemple; tandis que moi..... quelle honte! je ne pouvais que trembler, pleurer, sangloter, et j'avais besoin de tout le peu d'esprit que je possède pour ne pas pousser des cris sauvages comme ces farouches Gallois, ou ne pas gémir ou me plaindre comme ceux de nos défenseurs qui tombaient autour de nous.

— Hélas, Rose! répliqua sa maîtresse, vous pouvez vous livrer à toutes vos craintes, et les porter même presque jusqu'au désespoir. Cependant vous avez un père qui combat pour vous, qui veille sur vous; mais moi, mon bon père, mon père noble et chéri repose sur le champ de bataille, et tout ce qui me reste à faire est d'agir de manière à ne pas déshonorer sa mémoire. Mais ce moment du moins m'appartient, et je puis le consacrer à penser à lui et à le pleurer.

A ces mots, accablée par le chagrin qu'elle avait si longtemps contenu, elle se laissa tomber sur le banc intérieur qui bordait le parapet crénelé de la plate-forme, et se disant : — Je l'ai perdu pour toujours! elle s'abandonna à toute son affliction. Sa main saisit, sans qu'elle y songeât, l'arme qu'elle avait prise au soldat, et lui servit en même temps pour appuyer son front, tandis que les larmes, qui la soulageaient alors pour la première fois, coulaient en abondance de ses yeux. Rose craignit presque qu'elle ne pût résister à l'excès de sa douleur. La pitié et l'affection lui suggérèrent sur-le-champ ce qu'elle avait de mieux à faire dans la situation où se trouvait sa maîtresse. Sans chercher à arrêter dans sa course ce torrent d'affliction, elle s'assit à côté d'Eveline, et s'emparant de la main qui tombait sans mouvement à son côté, elle la pressa tour à tour sur ses lèvres, sur son cœur, sur son front; tantôt la couvrant de baisers, tantôt l'arrosant de larmes avec toutes les marques de l'attachement le plus humble et le plus sincère, elle attendit le moment où sa maîtresse serait plus calme pour lui offrir son faible tribut de consolations, observant pendant tout ce temps un si profond silence et restant dans une telle immobilité que la pâle lumière de la lune, en tombant sur ces deux jeunes filles, semblait éclairer un groupe funéraire, ouvrage du ciseau de quelque sculpteur habile. A quelque distance d'elles, la cuirasse brillante de Wilkin Flammock et le froc noir du père Aldrovand, qui dormaient encore sur la pierre, pouvaient représenter les corps de ceux dont les deux principales figures du groupe pleuraient la perte.

Après quelques minutes d'une angoisse cruelle, la douleur d'Eveline parut prendre un caractère tranquille. Ses sanglots convulsifs firent place à des soupirs profonds, et quoique ses larmes coulassent toujours, elles paraissaient avoir moins d'amertume. La bonne Rose, voulant profiter de ces symptômes favorables, essaya doucement de lui enlever la demi-pique qu'elle tenait en main. — Permettez que je sois sentinelle à mon tour, lui dit-elle ; je crierai du moins plus fort que vous si quelque danger nous menace. Elle se hasarda à lui baiser la joue en parlant ainsi, et entoura son cou de ses bras ; mais une caresse muette de sa maîtresse touchée de ses soins fut la seule réponse qu'elle en obtint. Elles restèrent quelque temps en silence dans la même attitude : Eveline, comme un jeune et grand peuplier ; Rose, qui tenait sa maîtresse entre ses bras, comme le chèvrefeuille qui l'entoure de ses rameaux.

Enfin Rose sentit tout à coup sa jeune maîtresse frissonner, et Eveline, lui saisissant le bras, lui demanda : N'entendez-vous rien?

— Non, rien que des cris des hiboux, répondit Rose d'un air craintif.

— J'ai entendu un bruit éloigné ; j'ai cru l'entendre du moins, écoutez ! je l'entends encore, regardez au-dessus du parapet, Rose, tandis que je vais éveiller mon chapelain et votre père.

— Ma chère maîtresse, je n'oserais. Que peut être ce bruit, qui n'est entendu que par une seule personne? Vous vous êtes trompée ; c'est le murmure des eaux de la rivière.

— Je ne voudrais pas alarmer le château sans nécessité, dit Eveline en hésitant, ni même troubler sans de bonnes raisons le sommeil dont votre père a besoin. — Mais écoutez, je l'entends encore! c'est un bruit bien plus fort que celui des eaux; il est lent et mesuré, et il s'y mêle un tintement comme si des serruriers ou des armuriers battaient dans le lointain sur leurs enclumes.

Rose monta sur le banc de pierre, et rejetant en arrière les tresses de ses beaux cheveux, elle plaça une main derrière son oreille pour mieux entendre ce bruit éloigné. — Je l'entends! s'écria-t-elle, et il augmente sensiblement. Vite, éveillez-les pour l'amour du ciel! éveillez-les sans perdre un instant!

Eveline poussa les dormeurs avec le manche de sa demi-pique, et tandis qu'ils se levaient à la hâte elle leur dit à demi-voix mais avec force: — Aux armes! voilà les Gallois!

— Quoi? qui? où sont-ils? s'écria Wilkin Flammock.

— Écoutez, et vous entendrez le bruit qu'ils font en s'armant.

— Ce bruit n'existe que dans votre imagination, milady, répondit l'épais Flamand, dont les sens étaient aussi apathiques que son caractère; je voudrais ne pas m'être endormi, puisque je devais être si tôt éveillé.

— Mais écoutez, mon bon Flammock; ce bruit d'armures vient du nord-est.

— Les Gallois ne sont pas de ce côté, et d'ailleurs ils ne portent pas d'armures.

— Je l'entends! s'écria le père Aldrovand, qui écoutait avec attention depuis qu'il était éveillé.

— Louange à saint Benoît! Notre-Dame de Garde-Douloureuse protége ses serviteurs comme elle le fait toujours! C'est une marche de cavalerie; c'est un bruit d'armures; c'est la cavalerie des frontières qui vient à notre secours, *Kyrie Eleison!*

— Je commence aussi à entendre quelque chose, dit

Flammock, un bruit sourd qui ressemble à celui que faisait la mer quand elle entra dans le magasin de mon voisin Klinkerman, et qu'elle faisait danser ses pots d'étain et de cuivre les uns contre les autres. Cependant, révérend père, ce serait une fâcheuse méprise que de prendre des ennemis pour des amis, et je crois que le plus prudent est d'éveiller toute la garnison.

— Qu'est-ce que tu me parles de pots d'étain et de cuivre ? Crois-tu que j'aie été vingt ans écuyer du comte Etienne Mauleverer sans être en état de connaître le bruit de la marche d'une troupe de cavalerie et le cliquetis des armures ? Au surplus fais garnir les murailles, cela ne peut nuire ; mais fais ranger les plus braves dans la cour ; nous pourrons les aider par une sortie.

— Ce qui n'aura pas lieu de mon consentement, murmura le Flamand. Allons ! montons aux murailles, si vous le voulez, et sans perdre de temps ; mais enjoignez le plus grand silence à vos Anglais et à vos Normands, sire prêtre, de peur que leurs cris de joie n'éveillent les Gallois et ne les mettent en garde contre la visite qu'ils vont peut-être recevoir.

Le moine mit un doigt sur ses lèvres en signe d'intelligence, et ils allèrent chacun de leur côté éveiller les défenseurs du château, qu'on entendit bientôt de toutes parts courir aux postes qui leur avaient été assignés la veille sur les murailles, mais avec d'autres dispositions que lorsqu'ils les avaient quittés. Comme on prit les plus grandes précautions pour empêcher le moindre bruit, les murs se trouvèrent garnis de soldats silencieux ; et la garnison osant à peine respirer attendait avec impatience l'arrivée des troupes qui venaient au secours du château.

On ne pouvait plus se méprendre sur le bruit qui interrompait le silence de la nuit. On ne pouvait le confondre avec celui d'une grande rivière ou du tonnerre grondant sourdement dans le lointain. On distinguait le cliquetis perçant des armes et la marche des chevaux. La longue continuité des sons qu'on entendait, et l'étendue de terrain d'où ils semblaient partir, annonçaient que plusieurs corps considérables de cavalerie étaient en marche. Tout à coup ce bruit cessa comme si la terre eût dévoré ces escadrons armés, ou qu'elle fût devenue inhabile à retentir du bruit de leur marche. Les défenseurs de Garde-Douloureuse en conclurent que leurs amis avaient fait une halte soudaine, soit pour reprendre haleine, soit pour reconnaître la position de l'ennemi, soit pour régler l'ordre de l'attaque. Cette pause ne fut que momentanée.

Les Bretons si alertes à surprendre leurs ennemis s'exposaient quelquefois aussi à être surpris eux-mêmes. Leurs soldats étaient indisciplinés, et ils négligeaient souvent le devoir de patience des sentinelles. D'ailleurs leurs fourrageurs et leurs voltigeurs, qui avaient parcouru la veille tous les environs, avaient rapporté au camp des nouvelles qui y avaient inspiré une fatale securité. On n'avait donc pris aucune mesure pour le garder, et l'on avait même négligé l'importante précaution militaire d'établir des avant-postes et d'envoyer des patrouilles à quelque distance du principal corps d'armée. La cavalerie, malgré le bruit qui accompagnait la marche, arriva très près du camp des Gallois sans y avoir excité la moindre alarme. Mais tandis que les chefs disposaient leurs forces en colonnes séparées pour commencer l'attaque, un tumulte épouvantable et toujours croissant qui s'éleva parmi les Bretons leur annonça qu'ils avaient reconnu le danger qu'ils couraient. Les cris aigus et discordans qu'ils poussaient en appelant leurs soldats sous la bannière de leurs chefs respectifs, retentissaient au loin ; mais ces cris de ralliement se changèrent bientôt en cris d'horreur et de consternation, quand une cavalerie pesamment armée surprit leur camp sans défense.

Cependant malgré des circonstances si contraires, les descendans des anciens Bretons ne renoncèrent pas à leur défense et ne perdirent pas leur privilége héréditaire d'être appelés les plus braves des hommes. Les cris qu'ils poussaient en défiant leurs ennemis et en leur résistant se faisaient entendre au-dessus des gémissemens des blessés, des clameurs de leurs adversaires triomphans et du tumulte de cette bataille nocturne. Ce ne fut que lorsque la lumière du matin commença à paraître que le massacre et le désarroi des troupes de Gwenwyn furent complets, et que la voix de la victoire, « — terrible comme le bruit d'un tremblement de terre, — » s'éleva vers le ciel.

Les assiégés, si l'on pouvait encore leur donner ce nom, portant du haut de leurs tours leurs regards vers la plaine, n'y virent plus que des vaincus en déroute et des vainqueurs qui les poursuivaient avec acharnement. Raymond Bérenger avait permis aux Gallois de passer le pont, et de s'établir sur l'autre rive de la rivière en toute sécurité, comme ils le pensaient; mais cette circonstance ne servit alors qu'à rendre leur défaite plus fatale. Ce pont, seul passage où ils pussent traverser la rivière, fut bientôt encombré de fuyards; ils s'y heurtaient et s'écrasaient les uns les autres, tandis que le fer victorieux des Normands massacrait les moins avancés. Un grand nombre de Bretons se jetèrent dans la rivière, dans l'espoir de la passer à la nage; mais à l'exception de quelques-uns doués d'une force et d'une activité extraordinaires et excellens nageurs, ils périrent dans cette tentative entraînés par un courant rapide ou brisés contre les rochers. D'autres plus heureux échappèrent en allant chercher plus loin des gués obscurs et ignorés. La plupart se dispersèrent en petites bandes; quelques-uns même poussés par le désespoir, prirent la fuite vers le château, comme si la forteresse qui leur avait résisté quand ils étaient vainqueurs avait pu être un asile pour les vaincus. D'autres couraient çà et là dans la plaine sans but déterminé, et ne cherchant qu'à échapper un instant aux dangers.

Cependant les Normands divisés en petits détachemens les poursuivaient de toutes parts et n'avaient plus que la peine de les massacrer. Signal de ralliement pour les vainqueurs, la bannière de Hugues de Lacy flottait sur une petite élévation où Gwenwyn peu de temps auparavant avait déployé la sienne. Il y restait lui-même avec une force respectable de cavalerie et d'infanterie que ne laissait pas éloigner l'expérience du baron.

Le reste de l'armée normande, comme nous l'avons déjà dit, poursuivait les fuyards en poussant des cris de joie et de vengeance; et des tours du château on entendait répéter partout : — Saint Edouard! saint Denis! frappez! tuez! point de quartier aux loups gallois! songez à Raymond Bérenger.

Les soldats placés sur les murailles de Garde-Douloureuse poussaient les mêmes cris de victoire et de vengeance, et vidaient leurs carquois en tirant sur les fuyards qui osaient s'approcher de la forteresse. Ils auraient voulu en sortir pour prendre une part plus active au carnage; mais la communication étant alors ouverte avec le connétable de Chester, Wilkin Flammock se considérait ainsi que sa garnison comme étant sous les ordres de ce chef renommé, et il refusa d'écouter les représentations réitérées du père Aldrovand, qui malgré son caractère sacerdotal se serait volontiers chargé de commander la sortie qu'il proposait.

Enfin cette scène sanglante parut se terminer. Les trompettes sonnèrent la retraite, les chevaliers s'arrêtèrent sur divers points de la plaine pour rassembler les combattans sous leurs bannières respectives, et les ramener ensuite vers le grand étendard de leur chef, autour duquel toute l'armée devait se rallier, comme les nuages qui s'accumulent autour du soleil couchant; comparaison qu'on peut faire naître surtout des traits de vive lumière jaillissant des armures bien polies de ces escadrons.

On cessa donc bientôt de voir des détachemens de cavalerie parcourir la plaine qui n'était plus occupée que par les cadavres des Gallois. Les escadrons que l'ardeur de la poursuite avait entraînés à une plus grande distance revinrent bientôt, chassant devant eux ou traînant à leur suite des troupes de malheureux captifs à qui ils avaient accordé quartier après avoir assouvi leur soif de sang.

Ce fut alors que, désirant attirer l'attention de ses libérateurs, Wilkin Flammock ordonna qu'on déployât toutes les bannières du château, et que tous ceux qui avaient si bravement combattu poussassent des acclamations générales. L'armée d'Hugues de Lacy leur répondit par des cris de joie; et ces cris retentirent si loin, que ceux des fuyards gallois qui étaient déjà à quelque distance de ce désastreux champ de bataille, et qui s'étaient arrêtés pour reprendre haleine, prirent de nouveau la fuite, frappés d'une nouvelle épouvante.

Un instant après ce salut réciproque, un cavalier, se détachant seul de l'armée du connétable, s'avança vers Garde-Douloureuse; et même à cette distance on pouvait remarquer en lui une grace et une dextérité peu communes. Le pont-levis fut baissé à l'instant pour lui ouvrir l'entrée du château, tandis que Flammock et le père Aldrovand, qui, autant qu'il le pouvait, s'associait à tous les actes d'autorité du Flamand, venaient y recevoir l'envoyé de leur libérateur.

Ils le trouvèrent qui descendait de son cheval noir, couvert de sang et d'écume, et dont les flancs palpitaient encore par suite des fatigues qu'il avait essuyées depuis vingt-quatre heures. Et cependant, répondant à la main caressante du jeune cavalier, il courbait le cou avec grace, secouait son caparaçon d'acier, et hennissait comme pour témoigner son ardeur inépuisable et son amour des combats. L'œil d'aigle du jeune homme donnait les mêmes signes d'un courage infatigable, quoiqu'il fût aisé de reconnaître qu'il ne s'était pas ménagé sur le champ de bataille. Son casque étant suspendu à l'arçon de sa selle, on pouvait voir son visage animé et ses beaux cheveux châtains bouclés. Il portait le poids de son armure, simple mais massive, avec tant d'aisance qu'on l'aurait prise pour une parure plutôt que pour un fardeau. Un manteau garni de fourrure ne lui aurait pas donné plus de graces que le lourd haubert qui semblait se prêter à tous ses mouvemens. Cependant il était si jeune, que le duvet qui couvrait sa lèvre supérieure annonçait à peine l'âge viril.

Les femmes qui s'étaient rendues dans la cour pour voir l'envoyé de leur libérateur ne purent s'empêcher de mêler des éloges de sa beauté au tribut de reconnaissance qu'elles devaient à sa valeur; et une dame ayant encore bonne mine, quoique de moyen âge, et qu'on remarquait à un bas écarlate bien tiré sur une jambe bien prise, et à une coiffe d'une blancheur éclatante, se distingua par-dessus toutes les autres en fendant la foule pour approcher de plus près du jeune guerrier, dont elle augmenta la rougeur en criant à haute voix que Notre-Dame de Garde-Douloureuse avait choisi un ange dans le sanctuaire pour leur envoyer la nouvelle de leur rédemption; discours qui fit secouer la tête au père Aldrovand, mais que les autres femmes accueillirent avec des acclamations si bruyantes, qu'elles furent embarrassantes pour la modestie du jeune cavalier.

— Taisez-vous! silence! s'écria Wilkin Flammock. Ne savez-vous donc pas, vous autres femmes, ce que c'est que le respect? N'avez-vous jamais vu un jeune cavalier, pour vous attrouper ainsi autour de lui, comme les mouches couvrent un gâteau de miel? Retirez-vous, vous dis-je, et laissez-nous entendre les ordres que nous envoie le noble connétable de Lacy.

— Mon message, répondit le jeune homme, est pour la noble demoiselle Eveline Bérenger, si je puis être jugé digne de l'honneur de paraître en sa présence.

— Si vous en êtes jugé digne, noble seigneur! s'écria la dame qui avait déjà témoigné son admiration d'une manière si énergique; je puis répondre que vous en êtes digne, et digne aussi de toute autre faveur qu'une noble châtelaine puisse vous accorder.

— Retiens ta langue, bavarde! s'écria le père Aldrovand, pendant que Wilkin Flammock disait en même temps : Prenez garde au *cucking-stool*[1], dame Gillian! Et il se mit à côté du jeune cavalier pour lui montrer le chemin qu'il devait suivre.

— Ayez bien soin de mon bon coursier, dit le jeune homme à un écuyer, en lui remettant la bride; ce qui le débarrassa d'une partie de son cortége de femmes, la plupart s'étant mises à caresser le cheval et à l'admirer presque autant que le cavalier. Quelques-unes même, dans l'enthousiasme de leur joie, allèrent presque jusqu'à en baiser les étriers et le caparaçon.

Mais dame Gillian ne partagea pas les nouveaux transports de ses compagnes. Elle continua à répéter le mot *cucking-stool* jusqu'à ce que le Flamand ne pût plus l'entendre, et alors elle mit plus d'énergie dans ses exclamations. — Et pourquoi le *cucking-stool*, sir Wilkin Tartine? Vous voudriez sans doute fermer une bouche anglaise avec une nappe de damas de Flandre! Vraiment, je vous le conseille, mon cousin le tisserand! mais pourquoi le *cucking-stool*, s'il vous plaît? Est-ce parce que ma maîtresse est bien faite, et que le jeune cavalier est un homme de bonne mine, sauf sa barbe qui pourra bien encore pousser? N'avons-nous pas des yeux pour voir, une langue pour parler?

— En vérité, dame Gillian, dit la nourrice d'Eveline qui était près d'elle, on ne vous rendrait pas justice si l'on en doutait. Mais en ce moment fermez votre bouche, ne fût-ce que par respect pour votre sexe.

— Que voulez-vous dire, mistress Margery? répliqua l'incorrigible Gillian. Vous êtes donc bien fière parce que vous avez bercé notre jeune maîtresse sur vos genoux, il y a plus de quinze ans? Permettez-moi de vous apprendre, Margery

---

[1] Machine dont on se servait pour punir les femmes bavardes et querelleuses. C'était une espèce de siége de bois sur lequel on les liait, après quoi on les plongeait dans l'eau. — Éd.

la prude, que le chat trouvera toujours le chemin de la crème, quand même on la mettrait sur les genoux d'une abbesse.

— Allons, rentrez, ma femme, s'écria son mari le vieux piqueur, qui était las de voir sa virago se donner ainsi en spectacle; rentrez, ou je vous ferai sentir ma lanière. Le chapelain et Wilkin Flammock ne savent que penser de votre impudence.

— Vraiment! répondit Gillian. Et ce n'est pas assez de deux fous, sans que votre grave caboche vienne faire le troisième?

Cette réplique excita un éclat de rire général aux dépens du vieux piqueur. Et prenant sa femme sous le bras, il se retira prudemment avec elle sans essayer de continuer une guerre de langue dans laquelle elle montrait une supériorité si prononcée.

L'esprit humain change si facilement d'humeur, surtout dans les classes inférieures, que cette petite querelle conjugale fit naître la gaîté parmi ceux qui venaient de courir le plus grand danger, et qui, quelques heures auparavant, se livraient presqu'au désespoir.

CHAPITRE X.

« Dans le cercueil on le plaça,
« Non sans pleurer; et six grands drôles
« L'ayant chargé sur leurs épaules,
« Vers la chapelle on s'avança. »
Le Moine gris.

PENDANT ce temps-là le jeune chevalier, Damien de Lacy avait obtenu l'audience qu'il avait fait demander à Eveline Bérenger. Elle le reçut dans la grande salle du château, assise sous un dais, ayant derrière elle Rose et ses autres femmes. La première avait seule la permission de s'asseoir sur un tabouret en présence de sa maîtresse, tant les dames normandes de qualité maintenaient strictement les droits de leur rang sur tout ce qui les entourait.

Le jeune homme fut introduit par le chapelain et l'artisan flamand, le caractère spirituel de l'un et la confiance que Raymond Bérenger avait témoignée à l'autre les autorisant à assister à cette entrevue. Eveline rougit involontairement en faisant deux pas en avant pour recevoir le jeune et bel envoyé, et sa timidité parut contagieuse, car ce fut avec quelque confusion que Damien remplit le cérémonial de baiser la main qu'elle lui présenta en signe de bienvenue. Eveline se trouva obligée de parler la première.

— Nous nous avançons aussi loin qu'il nous est permis de le faire, dit-elle, pour offrir nos remerciemens au messager qui vient nous annoncer que nous sommes en sûreté. Si nous ne nous trompons pas, c'est au noble Damien de Lacy que nous adressons la parole.

— Au plus humble de vos serviteurs, répondit Damien, prenant avec quelque difficulté le ton de courtoisie qui convenait à sa mission et à son caractère ;—et il s'approche de vous de la part de son oncle, Hugues de Lacy, connétable de Chester.

— Notre noble libérateur n'honorera-t-il pas lui-même de sa présence l'humble demeure qu'il a sauvée?

— Mon noble parent est maintenant soldat de Dieu, et il a fait vœu qu'aucun toit ne couvrirait sa tête avant qu'il se soit embarqué pour la Terre-Sainte. Mais il vous félicite par ma voix de la défaite de vos sauvages ennemis, et vous envoie ces preuves que le compagnon et l'ami de votre noble père n'a pas laissé long-temps sa mort sans vengeance.

A ces mots il mit aux pieds d'Eveline les bracelets d'or et l'*eudorchawg*, ou chaîne d'anneaux d'or entrelacés, insignes du prince gallois,

— Gwenwyn a donc succombé? dit Eveline en frissonnant; car la nature combattait en elle le sentiment de la vengeance satisfaite, en voyant que ces trophées étaient teints de sang ; le meurtrier de mon père n'existe donc plus?

— La lance de mon parent a percé le prince breton, tandis qu'il s'efforçait de rallier ses soldats. Il est mort en jetant un regard de rage sur l'arme qui lui avait traversé le corps de part en part. Réunissant tout ce qui lui restait de force, il a voulu porter à son vainqueur un coup de sa massue, qui heureusement ne l'a pas atteint.

— Le ciel est juste. Puisse-t-il pardonner les péchés de cet homme de sang, puisqu'il a subi une telle mort! J'ai encore une question à vous faire. Les restes de mon père.....

Eveline ne put achever, et Damien s'empressa de lui répondre.

— Dans une heure ils vous seront rendus, lui dit-il avec une douce compassion pour les chagrins d'une si jeune et si belle orpheline. On faisait, lorsque j'ai quitté l'armée, les préparatifs que le temps permettait pour transporter ce qui reste du noble Bérenger. Nous l'avons trouvé au milieu d'un monument composé des ennemis qu'il avait immolés, et que son épée lui avait érigé. Le vœu de mon oncle ne lui permet pas d'entrer dans votre château, mais avec votre permission et si tel est votre plaisir, je le représenterai à la cérémonie des obsèques, comme il m'en a chargé.

— Mon brave et noble père, dit Eveline faisant un effort pour retenir ses larmes, ne peut être mieux honoré que par les regrets de nos braves et nobles défenseurs. Elle voulait en dire davantage; mais la voix lui manqua, et elle fut obligée de se retirer un peu brusquement, pour pouvoir se livrer sans contrainte à sa douleur et se préparer à la célébration des funérailles avec tout le cérémonial que les circonstances permettaient. Damien en la voyant partir la salua avec autant de respect que si elle eût été une divinité; et remontant à cheval, il retourna à l'armée de son oncle, qui avait établi son camp à la hâte sur le champ de bataille.

Le soleil était alors à son midi, et la plaine offrait le spectacle d'un mouvement différent du silence et de la solitude de la nuit précédente, comme aussi du tumulte et de la fureur qui avait régné pendant le combat de la matinée. La nouvelle de la victoire remportée par Hugues de Lacy s'était répandue de toutes parts. Plusieurs habitans des environs, qui avaient fui pour se soustraire à la rage du loup de Plinlimmon, regagnaient déjà leurs habitations désolées. Ces misérables vagabonds des deux sexes qui se trouvent toujours en grand nombre dans tout pays exposé à être souvent le théâtre de la guerre, arrivaient en foule, attirés soit par la curiosité, soit par l'espoir du butin. Le Juif et le Lombard, méprisant toujours le danger quand ils avaient une chance de profit, commençaient déjà leur trafic avec les hommes d'armes victorieux, et leur donnaient des liqueurs fortes ou des marchandises en échange des ornemens d'or qu'avaient portés les Gallois vaincus. D'autres servaient d'intermédiaires entre les captifs bretons et ceux qui les avaient faits prisonniers, et quand ils avaient confiance en la solvabilité et en la bonne foi des premiers, ils se portaient leur caution, ou même payaient comptant sur leur acquit la somme fixée pour leur rançon. D'autres encore plus nombreux achetaient les captifs qui n'avaient pas le moyen de se racheter eux-mêmes sur-le-champ.

Pour que l'argent gagné ainsi par le soldat ne l'encombrât pas trop long-temps et n'amortît pas son ardeur pour de nouvelles entreprises, les moyens ordinaires de dissiper le butin qu'il avait fait lui étaient déjà présentés. Des troupes de courtisanes, de baladins, de jongleurs, de ménestrels et de bouffons de toute espèce avaient suivi l'armée pendant sa marche nocturne, et comptant sur la renommée militaire du célèbre Hugues de Lacy, avaient fait halte sans crainte à quelque distance, pour attendre que la bataille fût livrée et gagnée. Ils s'approchèrent alors en groupes joyeux pour féliciter les vainqueurs. Tandis qu'ils chantaient, dansaient, buvaient sur le champ de bataille ensanglanté, des villageois requis à cet effet ouvraient de larges tranchées pour ensevelir les morts ; des chirurgiens donnaient des soins aux blessés ; des prêtres et des moines les confessaient ; des soldats emportaient les corps des officiers les plus distingués qui avaient succombé ; des paysans déploraient la ruine de leurs récoltes, le pillage ou l'incendie de leurs habitations ; et des veuves et des orphelins cherchaient à découvrir les restes d'un époux et d'un père au milieu des cadavres dont la terre était jonchée. C'était ainsi que la douleur mêlait ses plaintes les plus touchantes à des cris de triomphe et à des clameurs de bacchanales, et la plaine de Garde-Douloureuse formait un singulier pendant au labyrinthe varié de la vie humaine [1], où le plaisir et le chagrin sont si étrangement mêlés, et où la joie et la gaîté sont si souvent voisines de l'affliction et de la mort.

Vers midi le silence succéda à tous ces différens bruits, et l'attention de ceux qui se réjouissaient comme de ceux qui pleuraient fut également détournée de leurs plaisirs et de leurs chagrins par le son bruyant et lugubre de six trompettes annonçant la triste cérémonie des obsèques du vaillant Raymond Bérenger. Douze moines noirs, venus d'un couvent voisin, sortirent deux à deux d'une tente élevée à la hâte pour y déposer le corps du défunt. A leur tête marchait leur abbé, qui portait une grande croix d'or, et qui entonna le sublime chant catholique *Miserere mei, Domine*. Venait ensuite un corps choisi d'hommes d'armes, portant leurs lances la pointe tournée vers la terre. Les plus vaillans chevaliers de la suite du connétable, qui, comme tous les grands de cette époque, avaient une maison formée presque sur le modèle de celles des rois, suivaient le corps porté sur des lances, et le connétable de Chester lui-même, seul, armé de pied en cap, mais la tête nue, les précédait, con-

---

(1) Allusion à un tableau fort connu. — Ed.

duisant le deuil. Un autre corps d'hommes d'armes, d'écuyers et de pages de noble naissance terminait le cortége, qui marchait à pas lents, tandis que les trompettes répondaient de temps en temps au chant mélancolique des moines par des accens non moins lugubres.

Le cours du plaisir fut donc arrêté, et celui de l'affliction fut même suspendu un moment par le spectacle des derniers honneurs rendus à celui qui avait été pendant sa vie le père et le protecteur de ses vassaux.

Le cortége funèbre traversa lentement la plaine, qui depuis quelques heures avait été le théâtre d'événemens si variés, et il s'arrêta devant la porte extérieure des barricades du château, tandis que les trompettes faisant entendre des sons solennels et prolongés, semblaient inviter la forteresse à recevoir les restes de son vaillant maître. Le cor de la sentinelle de la porte y répondit, le pont-levis fut abaissé, la herse se leva, et le père Aldrovand parut sous le passage voûté, revêtu de ses habits sacerdotaux. A quelques pas derrière lui était la noble orpheline en grand deuil, avec Rose à côté d'elle, et suivie de toutes les femmes attachées à son service.

Le connétable de Chester s'arrêta devant la porte extérieure, et montrant la croix en drap blanc qu'il portait sur l'épaule gauche, il salua son neveu Damien, et lui délégua le soin de suivre les restes de Raymond Bérenger à la chapelle du château. Les soldats d'Hugues de Lacy, dont la plus grande partie avaient fait le même vœu que lui, s'arrêtèrent également, tandis que la cloche de la chapelle annonçait que la cérémonie funèbre allait commencer.

Le cortége tourna quelque temps dans ces passages étroits, ménagés avec art pour pouvoir gêner la marche de l'ennemi qui aurait réussi à forcer la première porte, et arriva enfin dans la grande cour, où la plupart des habitans de la forteresse et de ceux qui y avaient cherché un asile dans ces circonstances malheureuses s'étaient réunis pour rendre les derniers devoirs à leur ancien maître. Parmi eux étaient mêlés quelques individus de différentes classes que la curiosité ou l'espoir de recevoir les vivres qu'il était d'usage de distribuer en pareille occasion avait amenés près de la porte, et qui en employant les prières ou quelques autres argumens, avaient obtenu la permission d'entrer dans le château.

Le corps du défunt fut déposé devant la porte de la chapelle, dont l'ancienne façade gothique formait un des côtés de cette cour; et les prêtres commencèrent à réciter des prières auxquelles les spectateurs étaient supposés se joindre dévotement d'intention.

Ce fut pendant cet intervalle qu'un homme, à qui sa barbe taillée en pointe, sa ceinture brodée et son chapeau de feutre gris à haute forme donnaient l'air d'un marchand lombard s'adressa à dame Margery, nourrice d'Eveline, à demi-voix et avec un accent étranger.

— Je suis un marchand étranger, ma bonne sœur, lui dit-il, et je suis venu ici dans l'espoir d'y faire quelque profit. Voudriez-vous me dire si je puis espérer de trouver quelques pratiques au château?

— Vous êtes venu à la maleheure, sire étranger, répondit Margery. Vous devez voir vous-même que ce château est un lieu de deuil, et non une place pour débiter des marchandises.

— Les temps de deuil ne sont pas toujours défavorables à tous les commerces, répliqua l'étranger en s'approchant encore plus près de dame Margery, et en baissant la voix de manière à prendre un ton confidentiel. J'ai des écharpes de soie noire de Perse, des parures de jais, qu'une princesse pourrait porter pour le deuil d'un monarque; des voiles de Chypre, tels que l'Orient n'en envoie pas souvent; d'excellent drap noir pour faire des tentures; en un mot, tout ce que l'usage et la mode peuvent exiger pour exprimer le chagrin et le respect; et je sais comment marquer ma reconnaissance à ceux qui me procurent des pratiques. Pensez-y, bonne dame; il vous faut ici de pareilles marchandises; les miennes sont aussi bonnes que celles d'un autre, et je les donne à aussi bon marché. Je reconnaîtrai vos services par le don d'une belle robe ou d'une bourse de cinq florins, à votre choix.

— Je vous engage, l'ami, dit dame Margery, à prendre un moment plus convenable pour faire l'éloge de vos marchandises. Vous ne faites attention ni au temps ni au lieu. Si vous m'importunez davantage, je vous recommanderai à des gens qui vous feront voir l'autre côté de la porte du château. Je ne sais pourquoi on y laisse entrer des colporteurs un jour comme celui-ci. Je crois qu'ils songeraient à faire quelque marché pour y gagner au pied du lit de leur mère, fût-elle à l'agonie. Et en finissant ces mots Margery se détourna avec un air de mépris.

Tandis qu'on le rejetait avec dédain d'un côté, le marchand sentit qu'on tirait son habit de l'autre, avec un mouvement doux qui semblait un signe d'intelligence. Se retournant à ce signal, il vit une dame dont la coiffe noire était placée avec affectation, de manière à donner une apparence de gravité solennelle à des traits naturellement vifs et qui devaient avoir été séduisans quand elle était jeune, puisqu'on pouvait encore les voir avec plaisir aujourd'hui que la dame avait une quarantaine d'années. Elle fit un signe au marchand, en appuyant un doigt sur sa lèvre inférieure, pour lui recommander le silence et la discrétion. Se retirant alors de la foule, elle alla se placer derrière un arc-boutant de la chapelle, comme si elle eût voulu éviter d'être serrée dans la foule qui se presserait probablement pour y entrer quand on y aurait porté le corps du défunt, déposé encore devant la porte. Le marchand ne manqua pas de suivre son exemple, et il fut bientôt à côté de sa nouvelle connaissance. Elle ne lui donna pas le temps de lui faire ses propositions, mais elle entama sur-le-champ elle-même la conversation.

— J'ai entendu ce que vous venez de dire à dame Margery, à Margery la prude, comme je l'appelle, c'est-à-dire j'en ai entendu assez pour deviner le reste, car j'ai un œil dans ma tête, je vous le promets.

— Dites que vous en avez deux, ma jolie dame, et aussi brillans que des gouttes de rosée par une matinée de mai.

— Oh! vous dites cela parce que je viens de pleurer, répondit Gillian aux bas écarlates, car c'était elle qui parlait ainsi, et à coup sûr ce n'est pas sans raison, car notre maître était toujours un bon maître pour moi, et il me prenait quelquefois sous le menton en m'appelant la gentille Gillian de Croydon. Non pas que le brave homme fût jamais incivil, car il me mettait toujours ensuite une belle pièce d'argent dans la main. Ah! quel ami j'ai perdu! et cependant il m'a causé plus d'un moment d'humeur, sans en avoir l'intention ; car le vieux Raoul est aigre comme du vinaigre, et il y avait des jours où il n'était bon qu'à rester dans son chenil à cause de cela. Mais comme je le lui disais, il ne m'appartenait pas de faire une malhonnêteté à un si bon maître et à un si puissant baron, parce qu'il me prenait le menton, me donnait un baiser, ou quelque bagatelle de la sorte.

— Il n'est pas étonnant que vous regrettiez un pareil maître.

— Non sans doute, cela ne l'est pas. Mais ensuite qu'allons-nous devenir? Il est vraisemblable que notre jeune maîtresse va aller chez sa tante, ou qu'elle épousera un de ces De Lacy dont on parle tant ; enfin que d'une manière ou d'autre, elle quittera le château ; et alors il est probable que le vieux Raoul et moi on nous enverra paître avec les vieux coursiers de sir Raymond. Dieu sait qu'on ferait aussi bien de le pendre comme les chiens édentés, car ils sont sans jambes comme sans dents, et il n'est bon sur la terre à rien que je sache.

— Votre maîtresse est sans doute cette jeune dame en

mante noire, qui vient de vouloir se jeter sur le corps du défunt?

— Elle-même, et elle a de bonnes raisons pour le regretter. Elle pourra chercher long-temps avant de trouver un pareil père.

— Je vois que vous êtes une femme de bon sens, dame Gillian. Et ce jeune homme qui la soutient est sans doute son futur?

— Elle a grand besoin de quelqu'un qui la soutienne; et j'en peux dire autant de moi, car qu'ai-je à attendre du pauvre vieux Raoul?

— Mais que dit-on du mariage de votre jeune maîtresse?

— Tout ce qu'on en sait, c'est qu'il en a été question entre notre feu maître et le connétable de Chester, qui est arrivé tout juste ce matin pour empêcher que nous n'ayons le cou coupé par les Gallois, et Dieu sait quoi encore; mais il est question d'un mariage, c'est une chose certaine; et bien des gens pensent que le mari qui lui est destiné c'est ce Damien, comme on l'appelle, ce jeune homme sans barbe; car quoique le connétable en ait une, elle est un peu trop grise pour celle d'un nouveau marié. D'ailleurs il part pour la Terre-Sainte, où devraient aller tous les vieux guerriers, et je voudrais qu'il y emmenât Raoul avec lui; mais tout cela n'a rien de commun avec ce que vous disiez relativement à vos marchandises de deuil. C'est une triste vérité que notre pauvre maître est mort; mais qu'en résulte-t-il? vous connaissez le vieux proverbe:

> Qu'on l'enterre aujourd'hui, qu'on l'enterre demain,
> Il nous faut des habits, de la bière et du pain.

Et quant à vos marchandises, je suis en état de vous donner un coup de main tout aussi bien que Margery la prude, pourvu que vous vous y preniez de la bonne façon; car si je ne suis pas si avant dans les bonnes graces de la maîtresse, je fais de l'intendant tout ce que je veux.

— Prenez ceci à compte de notre marché, ma jolie dame Gillian; et quand mes charriots seront arrivés, je vous donnerai de plus amples preuves de ma reconnaissance, si vous me faites obtenir le débit de mes marchandises. Mais comment pourrai-je rentrer dans le château? car vous avez tant d'intelligence que je voudrais vous consulter avant de commencer mon trafic.

— Si les sentinelles sont anglaises, vous n'avez qu'à demander dame Gillian, et il n'y en a pas une qui ne vous ouvre la porte; car nous autres Anglais nous nous soutenons tous, ne fût-ce que par pique contre les Normands. Si ce sont des Normands, vous demanderez le vieux Raoul, en disant que vous venez lui proposer des chiens ou des faucons à acheter; et une fois entré, je vous réponds que je trouverai moyen de vous parler. Si ce sont des Flamands, dites seulement que vous êtes marchand, et ils vous laisseront entrer par amour pour le commerce.

Le marchand la quitta après lui avoir fait de nouveaux remerciemens, et se mêla parmi les spectateurs, tandis qu'elle se félicitait d'avoir gagné deux florins en se livrant à son goût pour le bavardage, ce qui lui avait coûté cher en d'autres occasions.

Le triste son de la cloche de la chapelle cessa de se faire entendre dès que les restes du noble Bérenger eurent été déposés dans la sépulture où son père reposait déjà. Les guerriers qui étaient venus de l'armée de De Lacy pour assister aux funérailles se rendirent dans une salle du château où on leur offrit, suivant l'usage, des rafraîchissemens auxquels ils firent honneur sans sortir des bornes de la tempérance. Damien De Lacy, se mettant ensuite à leur tête, les reconduisit au camp du connétable en bon ordre et d'un pas lent, comme ils étaient venus.

Les moines restèrent au château pour offrir au ciel des prières pour le défunt et pour les hommes d'armes qui avaient succombé autour de lui. Les corps avaient été tellement défigurés et mutilés par les Gallois pendant et après le combat, qu'il était impossible de distinguer un individu de l'autre; sans quoi le fidèle Denis Morolt aurait obtenu, comme il le méritait, l'honneur d'une sépulture particulière.

CHAPITRE XI.

> « Ces mets qu'ont vu servir de tristes funérailles
> » Vont-ils donc devenir un festin d'accordailles? »
> SHAKSPEARE. *Hamlet.*

Les cérémonies religieuses qui suivirent les funérailles de Raymond Bérenger durèrent six jours sans interruption. Pendant tout ce temps on distribua aux frais de lady Eveline des aumônes aux pauvres, et des secours à tous ceux qui avaient éprouvé des pertes par suite de l'incursion des Gallois. On servit aussi suivant l'usage un banquet funéraire en l'honneur du défunt; mais la jeune orpheline et la plupart des femmes à son service observèrent un jeûne sévère, ce qui paraissait aux Normands une manière plus convenable de montrer leur respect pour les morts que de boire et de manger avec excès, comme c'était la coutume des Saxons et des Flamands en semblable occasion.

Cependant le connétable De Lacy conservait un corps de troupes considérable, campé à peu de distance des murailles de Garde-Douloureuse, afin de pouvoir protéger ce château si les Gallois s'avisaient de vouloir l'attaquer de nouveau. Du reste, il profitait de sa victoire pour jeter la terreur parmi eux en faisant dans leur pays diverses incursions qui étaient marquées par des ravages presque aussi épouvantables que ceux qu'ils commettaient eux-mêmes. Aux maux qui résultent d'une défaite et d'une invasion se joignaient pour les Bretons ceux qui sont la suite de la discorde; car deux parens éloignés de Gwenwyn se disputaient le trône qu'il avait occupé, et en cette occasion, comme en beaucoup d'autres, les Gallois avaient autant à souffrir de leurs dissensions intérieures que de l'épée des Normands. En de pareilles circonstances, un politique aussi habile, un guerrier aussi expérimenté que le célèbre De Lacy, ne pouvait manquer de négocier une paix qui, en privant Powys-Land d'une partie de ses frontières et de quelques positions importantes où il avait dessein de faire construire de nouveaux châteaux-forts, mît la forteresse de Garde-Douloureuse plus à l'abri qu'elle ne l'avait été jusqu'alors de toute attaque subite de la part de ses voisins inquiets et turbulens. Il eut soin aussi de rétablir chez eux les habitans qui avaient fui de leur domicile, et de mettre le domaine qui appartenait alors à une orpheline sans protection dans un aussi bon état de défense que le permettait sa situation sur une frontière ennemie.

Tandis qu'il employait le court intervalle de temps dont nous venons de parler à s'occuper des intérêts de la fille de Raymond Bérenger, Hugues de Lacy ne chercha pas à troubler sa douleur filiale par une entrevue personnelle. Il se bornait à lui envoyer son neveu tous les matins pour lui présenter ses devoirs dans les termes pompeux usités alors, et pour lui rendre compte de tout ce qu'il faisait relativement à ses affaires. Pénétrée de reconnaissance pour les services importans que lui avait rendus le connétable, et qu'il lui rendait encore, elle recevait toujours Damien, qui allait retrouver son oncle, chargé des remerciemens de l'orpheline et de son assentiment à tout ce que De Lacy lui faisait proposer.

Mais lorsque ces premiers jours de deuil rigide se furent écoulés, Damien lui dit de la part de son parent que le traité avec les Gallois étant conclu, et tout se trouvant arrangé dans les environs aussi bien que les circonstances pouvaient le permettre, le connétable de Chester se proposait de retourner chez lui, afin d'y continuer ses préparatifs pour le voyage de la Terre-Sainte, que la nécessité de la venger de ses ennemis avait interrompus.

— Mais avant de s'éloigner de nous, dit Eveline avec l'élan de reconnaissance que les services qui lui avaient été rendus méritaient si bien, le noble connétable ne recevra-t-il pas les remerciemens personnels de celle qui était si près de sa perte quand il a pris si courageusement sa défense?

— C'est précisément à ce sujet que je suis chargé de vous parler, répondit Damien; mais mon noble parent craint de vous proposer ce qu'il désire bien vivement. A peine ose-t-il vous demander la permission de vous entretenir de certaines affaires qu'il regarde comme de haute importance, et qui ne peuvent se traiter qu'entre vous et lui.

— Bien certainement, répondit Éveline en rougissant, il ne peut y avoir aucune inconvenance à ce que je voie le noble connétable quand bon lui semblera.

— Mais son vœu l'empêche de placer sa tête sous un toit avant son départ pour la Palestine, répliqua Damien; et pour qu'il puisse vous voir, il faut que vous ayez la bonté de vous rendre sous son pavillon, acte de condescendance que, comme chevalier et comme noble normand, il ose à peine demander à une demoiselle de haut lignage.

— N'est-ce que cela? dit Éveline qui, élevée dans la retraite, ne connaissait pas ces règles d'étiquette rigoureuse que suivaient strictement les demoiselles nobles de son temps à l'égard de l'autre sexe. Et pourquoi n'irais-je pas présenter mes remerciemens à mon libérateur, puisqu'il ne peut venir les recevoir? Dites au noble Hugues de Lacy que c'est à lui et à ses compagnons d'armes, après le ciel, que je dois toute ma gratitude. J'irai sous sa tente, comme dans une chapelle consacrée; et si cet hommage pouvait lui plaire, j'irais pieds nus, le chemin fût-il parsemé de cailloux et d'épines.

— Mon oncle sera aussi charmé qu'honoré de votre résolution, répondit Damien ; mais il cherchera à vous épargner toute peine inutile, et dans cette vue, il va faire élever sur-le-champ un pavillon en face de la porte du château où l'entrevue qu'il désire pourra avoir lieu, si vous daignez lui accorder la faveur de votre présence.

Éveline y consentit, parce que cet expédient lui était proposé par Damien et paraissait agréable au connétable ; mais dans la simplicité de son cœur, elle ne voyait aucune bonne raison pour ne pas partir sur-le-champ, sous la protection du jeune De Lacy et sans autre formalité, son château n'étant séparé du camp du connétable que par une portion de la plaine sur laquelle, quelques années auparavant, elle allait poursuivre des papillons et cueillir des fleurs champêtres.

Le jeune envoyé avec qui elle avait alors acquis une habitude de familiarité se retira pour aller rendre compte à son oncle du succès de sa mission, et Éveline éprouva la première sensation d'inquiétude pour elle-même qui eût agité son sein depuis que la défaite et la mort de Gwenwyn lui avaient permis de consacrer toutes ses pensées aux regrets que lui inspirait la perte de son père. Mais sa douleur s'était affaiblie d'elle-même, quoique loin d'être épuisée ; et maintenant qu'Éveline était sur le point de paraître devant un homme de la renommée duquel elle avait tant entendu parler et dont elle venait d'éprouver si récemment la puissante protection, ses réflexions se portèrent insensiblement sur la nature et les conséquences de l'entrevue qu'il lui demandait.

Il est vrai qu'elle avait vu Hugues de Lacy au grand tournoi de Chester, où l'éloge de sa valeur et de ses talens militaires était dans toutes les bouches ; et lorsqu'il avait déposé à ses pieds le prix qu'il venait de remporter, elle avait reçu cet hommage rendu à sa beauté avec tout le plaisir que la vanité flattée peut inspirer à la jeunesse ; mais elle n'avait pas une idée bien précise de son extérieur, si ce n'est qu'il était de moyenne taille, qu'il portait une armure d'une richesse peu commune, et que le front qu'elle avait vu lorsqu'il avait levé la visière de son casque lui avait paru chargé à peu près d'autant d'années que celui de son père. Cet homme, dont elle n'avait qu'un souvenir si imparfait, était pourtant celui qu'avait choisi sa protectrice tutélaire Notre-Dame de Garde-Douloureuse pour la délivrer de captivité et pour venger la mort de son père ; donc son vœu l'obligeait à le regarder comme l'arbitre de sa destinée, s'il jugeait digne de le devenir. Elle fatigua inutilement sa mémoire pour se rappeler quelques-uns de ses traits, afin de pouvoir former quelques conjectures sur son caractère : tous ses efforts furent infructueux, et elle ne fut pas plus heureuse en cherchant à deviner ce qu'il pouvait avoir à lui dire.

Le baron lui-même semblait attacher à cette entrevue une grande importance, et il en donna la preuve par la magnificence des préparatifs qu'il commanda. Éveline pensait qu'une course de cinq minutes pouvait l'amener à la porte de son château, et qu'en dix autres une tente apportée du camp pouvait y être dressée, si le décorum exigeait absolument que leur conférence eût lieu sous un pavillon. Mais il fut bientôt évident que le connétable voulait mettre un plus grand cérémonial dans leur entretien ; car environ une demi-heure après que Damien eut quitté le château, on vit arriver devant la porte au moins une vingtaine de soldats et d'ouvriers conduits par un poursuivant d'armes, dont le tabard [1] portait les armoiries de la maison de Lacy ; et ils s'occupèrent à y élever un de ces splendides pavillons dont on se servait dans les tournois et dans les autres occasions d'apparat. Il était de soie pourpre brodée en or, et les

(1) Cotte d'armes. — Ed.

cordes qui l'attachaient étaient également d'or et de soie. La porte en était fermée par six lances dont le bois était revêtu d'argent, et dont la pointe était de même métal. Elles étaient enfoncées dans la terre deux par deux, et leurs extrémités supérieures se croisaient de manière à figurer une suite d'arcades couvertes en soie verte, ce qui formait un agréable contraste avec l'or et la pourpre.

L'intérieur de ce pavillon, à ce qu'en rapporta dame Gillian que la curiosité avait engagée à l'aller voir ainsi que plusieurs de ses compagnes, était digne de sa magnificence extérieure. Le sol était couvert d'un tapis d'Orient; les parois en étaient décorées de belles tapisseries de Gand et de Bruges; et le dôme en soie bleu de ciel, était arrangé de manière à représenter le firmament, car on y voyait le soleil, la lune et les étoiles en argent massif.

Ce superbe pavillon avait été fait pour le célèbre Guillaume d'Ypres, qui avait amassé une fortune considérable, comme général des troupes stipendiées du roi Étienne, par qui il avait été créé comte d'Albemarle. Mais la fortune l'avait fait passer en la possession du connétable de Lacy, après un de ces combats acharnés dont il y eut un si grand nombre pendant les guerres civiles entre Étienne et l'impératrice Maude ou Matilde. On n'avait jamais vu le connétable s'en servir; car quoique riche et puissant, il était généralement simple et sans ostentation, ce qui rendait sa conduite en cette occasion d'autant plus remarquable pour ceux qui le connaissaient. Vers midi il arriva lui-même à la porte du château, monté sur un beau coursier, et suivi d'écuyers, de pages et de domestiques, tous en grand costume. Il chargea son neveu d'aller annoncer à la dame du château de Garde-Douloureuse que le plus humble de ses serviteurs attendait l'honneur de sa présence.

Parmi les spectateurs qui s'étaient assemblés pour voir arriver le connétable, il s'en trouva beaucoup qui pensèrent qu'il aurait agi plus sagement s'il avait réservé pour sa propre personne une partie de l'éclat et de la splendeur qu'on remarquait dans son pavillon et son cortége ; car son costume était d'une simplicité qui allait jusqu'à la négligence, et cependant il n'avait pas reçu de la nature un extérieur assez avantageux pour se dispenser tout-à-fait des secours de l'art et de la parure. Cette opinion devint encore plus générale quand il eut mis pied à terre, car jusqu'alors la manière dont il se tenait sur son cheval lui avait donné un air de dignité qu'il perdit dès qu'il eut quitté sa brillante selle d'acier. Le célèbre connétable de Chester était à peine de moyenne taille, et ses membres, quoique vigoureux et bien proportionnés, n'avaient ni grace ni aisance. Ses jambes étaient tant soit peu tournées en dedans, ce qui lui donnait il est vrai un avantage comme cavalier; il boitait légèrement, une de ses jambes ayant été cassée par une chute de cheval, et remise maladroitement par un chirurgien inexpérimenté. Il en résultait que sa démarche était gênée, et quoique ses larges épaules, ses bras nerveux et sa large poitrine annonçassent la force dont il avait donné tant de preuves; c'était la force d'un homme gauche et sans graces. Ses discours et ses gestes étaient ceux d'un seigneur qui conversait rarement avec ses égaux, plus rarement encore avec ses supérieurs, c'est-à-dire brefs, décidés, bourrus, presque brusques. Au jugement de ceux qui connaissaient intimement le connétable, il y avait de la dignité et de la bonté dans son œil vif et dans son sourcil bien arqué ; mais ceux qui le voyaient pour la première fois en jugeaient moins favorablement, et prétendaient y découvrir une expression d'emportement et de dureté, quoiqu'ils convinssent qu'après tout sa physionomie avait un caractère martial. Il n'avait pas plus de quarante-cinq ans ; mais les fatigues de la guerre et les vicissitudes des climats faisaient qu'il paraissait alors avoir au moins dix ans de plus. On n'aurait pas trouvé dans toute la suite qu'il avait amenée un seul homme qui ne fût vêtu moins simplement que lui. Il portait seulement le manteau court normand, par-dessus un justaucorps de chamois, qui étant presque toujours couvert de son armure, était comme taché en plusieurs endroits. Il n'avait sur la tête qu'un chapeau noir surmonté d'une branche de romarin, en mémoire de son vœu. Sa bonne épée et son poignard étaient suspendus à une ceinture de peau de phoque.

A la tête d'un cortége nombreux et attentif à ses moindres gestes, le connétable de Chester attendit l'arrivée d'Eveline Bérenger à la porte du château de Garde-Douloureuse.

Le son des trompettes dans l'intérieur annonça qu'elle allait paraître. Le pont-levis se baissa, et l'orpheline conduite par Damien de Lacy en riche costume, et accompagnée de Rose Flammock et de toutes les femmes de sa maison, passa sous la porte antique et massive de la forteresse de son père. Elle était en grand deuil, et sa douleur ne lui ayant permis de se parer d'aucun ornement, elle formait un contraste frappant avec la riche parure de son conducteur, dont les vêtemens brillaient d'or, de broderies et de pierres précieuses, tandis que sous tout autre rapport leur jeunesse et leur beauté les eussent fait prendre pour le frère et la sœur. Ce fut probablement cette circonstance qui, lorsqu'ils traversèrent la foule, y fit naître un léger murmure, une sorte de bourdonnement de plaisir que le respect qu'inspirait le deuil d'Eveline empêcha seul de se changer en acclamations et en applaudissemens.

Dès l'instant que le joli pied d'Eveline eut fait un pas au-delà des palissades qui formaient la barrière extérieure du château, le connétable de Lacy s'avança à sa rencontre, et appuyant son genou droit sur la terre il lui demanda pardon de l'acte discourtois auquel son vœu l'avait forcé, en lui exprimant combien il était sensible à l'honneur qu'elle voulait bien lui faire, et en ajoutant que toute sa vie consacrée à son service ne suffirait pas pour lui prouver sa reconnaissance.

Cette attitude et ce discours, quoique d'accord avec la galanterie romanesque du temps, causèrent quelque embarras à Eveline; et ce qui y ajoutait encore, c'était que cet hommage lui était rendu en public. Elle supplia le connétable de se relever et de ne pas augmenter la confusion d'une femme qui ne savait déjà comment s'acquitter de la dette de gratitude qu'elle avait contractée envers lui.

Hugues de Lacy se leva donc; et après avoir baisé la main qu'Eveline lui présentait, il la pria, puisqu'elle daignait porter si loin la condescendance, de vouloir bien entrer sous l'humble tente qu'il lui avait fait préparer, et de lui accorder l'honneur d'une audience. Eveline ne lui répondit qu'en le saluant, accepta sa main, et ordonnant au reste de sa suite de l'attendre, dit à Rose Flammock de la suivre.

— Milady, dit le connétable, l'objet dont je suis obligé de vous parler à la hâte est d'une nature tout-à-fait secrète.

— Cette jeune fille est attachée à mon service particulier, répondit Eveline; elle connaît jusqu'à la moindre de mes pensées. Je vous prie de souffrir qu'elle assiste à notre entretien.

— J'aurais désiré qu'il eût lieu sans témoins, dit le connétable avec quelque embarras; mais n'importe, je dois me soumettre à tous vos désirs.

Il conduisit Eveline dans le pavillon, la pria de s'asseoir sur des coussins couverts de soie de Venise. Rose se plaça derrière sa maîtresse, appuyant les genoux sur les mêmes coussins, examinant tous les mouvemens de l'illustre guerrier, de l'homme d'état accompli dont la renommée faisait de si grands éloges; jouissant de son air d'embarras comme d'un triomphe remporté par son sexe, et pouvant à peine croire que son justaucorps de chamois et sa taille carrée s'accordassent avec la splendeur de cette scène et la beauté presque angélique d'Eveline qui jouait, sinon le premier, du moins le second rôle.

— Milady, dit le connétable après avoir hésité quelques instans, je voudrais pouvoir m'expliquer en employant les termes que les dames aiment à entendre, et que votre beauté sans égale mérite bien certainement; mais j'ai vécu trop long-temps dans les camps et dans les conseils : je ne puis être que franc et précis.

— Je ne vous en comprends que plus facilement, milord, répondit Eveline qui tremblait, quoiqu'elle sût à peine pourquoi.

— Je vous parlerai donc avec franchise. Il s'est passé quelque chose entre votre noble père et moi, relativement à une alliance entre nos deux maisons. Il se tut, comme s'il eût attendu une réponse; mais Eveline gardant le silence, il continua : — Il a présidé au commencement de ce traité, et plût au ciel qu'il eût pu le conduire à sa conclusion avec sa sagesse ordinaire! mais qu'y faire? Il a pris un chemin par où il faut que nous passions tous.

— Votre seigneurie a noblement vengé la mort de son digne ami.

— Je n'ai fait que mon devoir : comme chevalier, en défendant une orpheline en danger; comme seigneur des frontières, en repoussant l'ennemi qui les avait envahies; comme ami, en vengeant un ami. Mais venons au fait. Mon ancienne et noble famille court le risque de s'éteindre bientôt. Je ne vous parlerai pas de mon parent éloigné, Randal de Lacy, car je ne connais rien de bon en lui, rien qui puisse donner la moindre espérance; et il y a plusieurs années que nous ne nous voyons plus. Mon neveu Damien promet d'être une digne branche de notre ancien tronc; mais à peine a-t-il vingt ans, et il a encore une longue suite d'aventures à courir et de périls à braver avant de pouvoir honorablement songer à rentrer dans la vie privée, pour y remplir les devoirs du lien conjugal. D'ailleurs sa mère est Anglaise, ce qui ne laisse pas de faire quelque tache à son écusson. Cependant s'il avait dix ans de plus, avec les honneurs de la chevalerie, je crois que j'aurais sollicité pour Damien de Lacy l'honneur auquel j'aspire moi-même à présent.

— Vous, vous, milord! impossible! s'écria Eveline en s'efforçant d'atténuer par son air et son accent tout ce que pouvait avoir d'offensant la surprise qu'elle ne put s'empêcher de montrer.

— Je ne suis pas étonné que cette proposition hardie vous surprenne, dit le connétable d'un ton calme; car la glace une fois rompue, il avait repris le sang-froid qui lui était habituel. — Je n'ai peut-être pas l'extérieur qui peut plaire aux yeux d'une dame, et j'ai oublié, si jamais je les ai sues, les phrases et les expressions qui charment ses oreilles; mais, noble Eveline, l'épouse d'Hugues de Lacy sera une des premières dames d'Angleterre.

— Il n'en convient que mieux à celle à qui une si haute dignité est offerte de considérer jusqu'à quel point elle est en état d'en remplir les devoirs.

— A cet égard je n'ai aucune crainte. Celle qui a été une fille si excellente ne peut être moins estimable dans toute autre situation de la vie.

— Je n'ai pas en moi, milord, répondit Eveline avec embarras, la confiance que vous voulez bien m'accorder....... Je...... pardon, mais je dois vous demander du temps pour réfléchir... pour consulter...

— Votre père, noble Eveline, avait cette union fort à cœur. Vous en verrez la preuve sur ce papier signé de sa main. — Et le connétable plia le genou une seconde fois pour le lui présenter. — L'épouse d'Hugues de Lacy aura, comme le mérite la fille de Raymond Bérenger, le rang d'une princesse. La veuve du connétable jouira du douaire d'une reine.

— Cette attitude suppliante est une dérision, milord, dit Eveline, quand vous faites valoir les ordres de mon père, qui joints à d'autres circonstances, ajouta-t-elle en soupirant profondément, ne me laissent guère maîtresse de ma propre volonté.

Enhardi par cette réponse, De Lacy, qui était resté agenouillé, se releva, s'assit auprès d'Eveline et continua à la presser de lui accorder sa demande, non avec l'ardeur d'un amant, mais en homme simple et franc, qui faisait dépendre son bonheur de la réponse. On peut bien supposer que la vision qu'elle avait eue dans la chapelle devant l'image de Notre-Dame de Garde-Douloureuse occupait en ce moment toutes les pensées d'Eveline qui, liée par le vœu solennel qu'elle avait fait en cette occasion, se trouva forcée d'avoir recours à des réponses évasives, elle qui eût répondu négativement si elle n'avait eu à consulter que ses propres désirs.

— Vous ne pouvez vous attendre, milord, dit-elle, qu'une orpheline qui ne l'est que depuis quelques jours prenne une détermination si prompte sur une affaire d'une telle importance. Accordez-moi le temps nécessaire pour me consulter moi-même et recueillir l'avis de mes amis.

— Hélas, belle Eveline! ne vous offensez pas si je vous presse ainsi. Je suis à la veille de partir pour une expédition lointaine et dangereuse; et le peu de temps qui me reste pour solliciter vos bonnes graces doit servir d'excuse à mes importunités.

— Et c'est dans de telles circonstances, noble De Lacy, que vous voudriez vous charger des liens du mariage?

— Je suis soldat de Dieu, et celui pour la cause duquel je vais combattre en Palestine défendra mon épouse en Angleterre.

— Écoutez donc ma réponse, milord, dit Eveline en se levant. Demain je pars pour le couvent des bénédictines de Glocester, dont la respectable sœur de mon père est abbesse. Ce sera d'après ses conseils que je me conduirai dans cette affaire.

— C'est une résolution sage et digne de vous, répondit Hugues de Lacy, qui ne parut pas fâché de voir la conférence se terminer ainsi; j'espère même qu'elle ne sera pas défavorable à mon humble demande, car la digne abbesse m'honore depuis long-temps de son amitié.

Se tournant alors vers Rose, qui se disposait à suivre sa maîtresse, il lui présenta une chaîne d'or.—Jeune fille, lui dit-il, que cette chaîne orne ton joli cou et qu'elle m'achète tes bonnes graces.

— Mes bonnes graces ne sont point à vendre, milord, répondit Rose en repoussant le présent qu'il lui offrait.

—Eh bien! quelques mots en ma faveur, dit le connétable en lui présentant la chaîne une seconde fois.

— Il est aisé d'acheter des paroles, milord, dit Rose en la refusant encore; mais elles valent rarement le prix qu'on en donne.

— Méprisez-vous donc mon présent, damoiselle? demanda le connétable. Cette chaîne a paré le cou d'un comte normand.

—Donnez-la donc à une comtesse normande, milord, répondit Rose; je ne suis que Rose Flammock, fille d'un artisan; mes paroles et mes bonnes graces marchent ensemble; et une chaîne d'or n'a pas plus de prix à mes yeux qu'une chaîne de cuivre.

— Silence, Rose, lui dit sa maîtresse; vous êtes bien effrontée de parler ainsi au lord connétable. Et maintenant, milord, permettez-moi de vous faire mes adieux, puisque vous avez reçu ma réponse à votre demande. Je regrette que vous ne m'en ayez pas fait une d'une nature moins délicate, afin de pouvoir en vous l'accordant sans délai vous prouver ma reconnaissance de vos services.

Hugues de Lacy lui présenta la main pour la conduire hors du pavillon, et avec le même cérémonial qu'elle était arrivée elle retourna dans son château, affligée, inquiète du résultat de cette conférence. Elle se couvrit le visage de son grand voile noir, pour qu'on ne pût remarquer le changement qui s'était opéré dans ses traits; et sans même s'arrêter pour parler au père Aldrovand, elle se retira dans son appartement.

CHAPITRE XII.

> « Belles dames d'Écosse et dames d'Angleterre,
> « Voulez-vous ici-bas goûter quelque bonheur,
> « Ne vous mariez pas pour château ni pour terre;
> « N'épousez que celui qu'a choisi votre cœur. »
> *Les Querelles de famille.*

Lorsque Eveline rentra dans son appartement, Rose l'y suivit d'elle-même et voulut l'aider à détacher le grand voile qu'elle avait pris pour sortir; mais sa maîtresse se refusa à ses soins et lui dit : — Vous êtes bien prompte à offrir vos services quand on ne vous les demande pas.

— Vous êtes donc fâchée contre moi, ma chère maîtresse? dit Rose.

— Et si je le suis ce n'est pas sans raison. Vous savez dans quelle situation difficile je me trouve; vous savez ce que mon devoir exige de moi; et au lieu de m'aider à accomplir le sacrifice, vous me le rendez plus pénible.

— Plût au ciel que j'eusse assez d'influence sur vous pour vous guider! vous trouveriez un chemin bien aplani, bien droit, bien honorable en même temps.

— Que voulez-vous dire, Rose?

— Que je voudrais vous voir révoquer l'encouragement, le consentement, je puis dire, que vous avez accordé à ce baron orgueilleux. Il est trop grand pour qu'on l'aime, trop fier pour vous aimer comme vous le méritez. Si vous l'épousez, vous épouserez *un malheur doré*, et peut-être le déshonneur le suivra-t-il comme le regret.

— Rappelez-vous les services qu'il nous a rendus.

— Ses services! Il a hasardé sa vie pour nous, j'en conviens ; mais chaque soldat de son armée en a fait autant. Faut-il que j'épouse le premier homme d'armes à qui il plaira de me demander ma main, parce qu'il s'est battu quand la trompette a sonné? Que veulent-ils donc dire par ce mot *devoir* qu'ils répètent si souvent, puisqu'ils ne rougissent pas de réclamer la plus haute récompense qu'une femme puisse accorder, uniquement pour s'être acquittés de ce que tout homme bien né doit à ses semblables quand ils sont dans le malheur? Un homme bien né, ai-je dit? Le dernier paysan de Flandre attendrait à peine un remerciement pour avoir rendu service à une femme en pareille circonstance.

— Mais les désirs de mon père....

— Avaient sans doute pour but le bonheur de sa fille. Je ne ferai pas à mon bon maître, Dieu veuille lui faire miséricorde! l'injustice de croire qu'il vous eût jamais forcée à prendre un époux qui n'aurait pas été l'objet de votre choix.

— Et mon vœu! ce vœu fatal, comme je puis l'appeler! dit Eveline en soupirant. Puisse le ciel me pardonner mon ingratitude envers ma protectrice!

— Je ne m'en inquiète pas davantage. Je ne croirai jamais que Notre-Dame de Merci veuille me faire payer sa protection assez cher pour me forcer à épouser un homme que je ne pourrais aimer. Elle a souri à vos prières, dites-vous. Eh bien! allez déposer à ses pieds les scrupules qui vous tourmentent, et voyez si elle ne sourira pas encore; ou bien demandez à être relevée de votre vœu; achetez-le au prix de la moitié de vos biens, au prix de toute votre fortune. Allez en pèlerinage à Rome les pieds nus; faites tout au monde plutôt que de donner votre main à celui à qui vous ne pouvez accorder votre cœur.

— Vous parlez avec chaleur, Rose.

— Hélas! ma chère maîtresse, je n'en ai que trop de sujet. N'ai-je pas vu une maison où l'amour n'existait pas; où quoiqu'il s'y trouvât honneur, fortune suffisante et tout ce qui paraît devoir contribuer au bonheur, il n'y avait qu'amertume et regrets, non-seulement inutiles, mais même criminels?

— Il me semble pourtant, Rose, que le sentiment de ce que nous nous devons à nous-mêmes, de ce que nous devons aux autres, peut si nous le prenons pour guide nous soutenir et nous consoler même dans des circonstances semblables à celles que vous venez de décrire.

— Ce sentiment nous préservera du péché, mais non du chagrin. Et pourquoi donc nous jeterions-nous les yeux ouverts dans une situation où le devoir doit combattre l'inclination? Pourquoi vouloir voguer contre le vent et la marée, quand vous pouvez si facilement profiter d'une brise favorable?

— Parce que le voyage de ma vie me conduit au milieu des vents et des courans contraires; c'est ma destinée, Rose!

— C'est votre destinée, si vous le voulez vous-même. Oh! que n'avez-vous pu voir la pâleur, l'œil terne, l'air triste et abattu de ma pauvre mère! J'en ai déjà trop dit.

— C'était donc de votre famille, c'était de votre mère que vous me parliez tout à l'heure?

— Oui, hélas! oui, répondit Rose en fondant en larmes, j'ai dévoilé ma honte pour vous épargner des chagrins. Elle était bien malheureuse, quoiqu'elle n'eût rien à se reprocher; si malheureuse que sans moi la rupture de la digue et l'inondation dans laquelle elle périt auraient été pour elle ce qu'est la nuit au laboureur épuisé de fatigue. Elle avait un cœur comme le vôtre; elle était faite pour aimer et pour être aimée. Et mon père! ce serait faire honneur à ce fier baron que de le lui comparer! et cependant elle était malheureuse! Ah! ma chère maîtresse! profitez de cet exemple, et rompez ce mariage de mauvais augure.

En parlant ainsi elle serrait la main de sa maîtresse comme pour appuyer plus fortement sur l'avis qu'elle lui donnait. Eveline lui répondit par une étreinte non moins affectueuse, et lui dit en soupirant : — Rose, il est trop tard!

— Jamais! jamais! s'écria Rose avec vivacité en jetant les yeux autour de la chambre. Où est donc tout ce qu'il faut pour écrire? Permettez-moi d'aller chercher le père Aldrovand, et qu'il écrive sur-le-champ en votre nom au... Mais non, non; le bon père a encore l'œil ouvert sur les splendeurs du monde qu'il croit avoir abandonné; ce n'est pas le secrétaire qu'il vous faut. J'irai trouver moi-même le lord connétable. Ce n'est pas moi que son rang peut éblouir, sa richesse gagner, son pouvoir intimider. Je lui dirai qu'il n'agit pas en chevalier en vous pressant ainsi, lorsque vous êtes en proie au plus juste chagrin, de souscrire aux arrangemens qu'il a pris avec votre père; qu'il n'agit pas en chrétien en retardant, pour songer au mariage, l'exécution du vœu qu'il a fait; qu'il n'agit pas en homme en forçant une jeune fille à lui donner sa main, quand il sait qu'il ne possède pas son cœur; enfin qu'il agit sans prudence en voulant épouser une femme qu'il faut qu'il abandonne sur-le-champ, soit à la solitude, soit aux dangers d'une cour corrompue.

— Vous n'auriez pas assez de courage pour vous charger d'une telle mission, Rose, lui dit sa maîtresse avec un sourire mélancolique que lui arracha malgré ses larmes le zèle ardent de sa jeune suivante.

— Pas assez de courage! et pourquoi non? mettez-moi à l'épreuve. Je ne suis ni Sarrasin ni Gallois, et le fer de sa lance ne m'effraie pas; je ne suis pas sous sa bannière, et je n'ai pas d'ordres à recevoir de lui. Oui, je lui dirai, si vous me le permettez, et je le lui dirai hardiment, qu'il n'est qu'un homme égoïste, qui voile de prétextes spécieux et honorables des désirs qui n'ont pour but que de satisfaire son orgueil, un homme intéressé, qui fonde des prétentions exorbitantes sur des services que l'humanité exigeait de lui. Et pourquoi tout cela? parce qu'il faut à l'illustre De Lacy un héritier pour sa noble maison; que son neveu n'est pas digne de la perpétuer, attendu que sa mère était Anglo-Saxonne, et qu'il faut que ledit héritier soit de pure race normande. Pour cela lady Eveline Bérenger, à la fleur de la jeunesse, épousera un homme qui pourrait être son père, et qui, après l'avoir laissée sans protection pendant je ne sais combien d'années, reviendra usé et cassé de manière à pouvoir passer pour son grand-père.

— Puisqu'il est si scrupuleux sur la pureté du lignage, dit Eveline, peut-être se rappellera-t-il ce qu'un homme si instruit dans l'art héraldique ne peut manquer de savoir, que je suis de race saxonne par la mère de mon père.

— Oh! cette tache disparaîtra à ses yeux en la personne de l'héritière de Garde-Douloureuse.

— Fi donc, Rose! vous lui faites injure en le soupçonnant de vues intéressées.

— Cela est possible; mais on ne peut nier qu'il ne soit ambitieux, et j'ai entendu dire que la cupidité est sœur naturelle de l'ambition, quoique l'ambition soit honteuse de cette parenté.

— Vous parlez avec trop de hardiesse, Rose; et quoique je rende justice à votre affection, je dois vous dire qu'il ne vous convient pas de vous exprimer de cette manière.

— Si vous prenez ce ton, je n'ai plus rien à dire, répondit Rose : je puis parler librement à Eveline, que j'aime et qui m'aime; mais quand je ne vois plus que la châtelaine de Garde-Douloureuse, la fille d'un baron normand, et vous pouvez être tout cela quand vous le voulez, je puis faire la révérence à ma maîtresse aussi bas que ma situation l'exige, et ne pas lui dire la vérité plus qu'elle ne désire l'entendre.

— Tu es une fille aussi bizarre que bonne, Rose; quiconque ne te connaîtrait pas croirait-il que ton air doux et enfantin couvrît une ame de feu? Ta mère doit avoir été aussi sensible, aussi passionnée que tu viens de la dépeindre, car ton père... ne le défends pas avant qu'il soit attaqué; je veux seulement dire que le bon sens et un jugement sain sont les qualités qui le distinguent davantage.

— Et je voudrais que vous en profitassiez, milady.

— J'y suis disposée en tout ce qui sera convenable; mais il n'est pas tout-à-fait le conseiller qu'il me faut suivre dans l'affaire dont il s'agit.

— Vous vous trompez, milady, et vous ne l'appréciez pas suffisamment. Un jugement sain est semblable à l'aune dont on se sert pour vendre, et qui mesure avec la même exactitude la longueur de la soie des Indes ou du brocart d'or, et celle de l'étoffe la plus grossière.

— Fort bien, fort bien! mais du moins cette affaire n'a rien de très pressé. Maintenant, Rose, retirez-vous, et envoyez-moi Gillian ma femme de chambre. J'ai des ordres à lui donner pour mes préparatifs de voyage.

— Cette Gillian, cette femme de chambre, est bien dans vos bonnes graces depuis quelque temps; il n'en a pas toujours été de même.

— Ses manières ne me plaisent pas plus qu'à vous, Rose; mais elle est femme du bon vieux Raoul. Elle était en quelque sorte une demi-favorite de mon père, qui, comme les autres hommes, se laissait peut-être charmer par cet air libre que nous jugeons inconvenant dans les personnes de notre sexe. Et puis il n'y a pas une femme dans le château qui sache si bien arranger une malle, de manière à ne rien gâter de ce qu'elle contient.

— J'avoue, dit Rose en souriant, que cette dernière raison suffit pour lui donner des droits irrécusables, et je vais vous l'envoyer. Mais suivez mon avis, ma chère maîtresse, laissez-la s'occuper de ses paquets et de ses malles, et ne souffrez pas qu'elle bavarde sur ce qui ne la regarde pas.

A ces mots Rose sortit de l'appartement. Sa jeune maîtresse la suivit en silence, et se dit ensuite à elle-même :
— Rose m'aime véritablement ; mais elle jouerait le rôle de maîtresse plus volontiers que celui de suivante, et elle est un peu jalouse de toute personne qui approche de moi. Il est bien étrange que je n'aie pas revu Damien de Lacy après mon entrevue avec son oncle. Peut-être croit-il déjà voir en moi une tante sévère.

Les domestiques qui venaient lui demander des ordres relativement à son départ fixé au lendemain matin détournèrent le cours de ses pensées et l'empêchèrent de songer à la situation dans laquelle elle se trouvait. Mais comme cette situation ne lui offrait en perspective rien de bien agréable, la légèreté si naturelle à la jeunesse fit qu'elle attendit volontiers pour s'en occuper un instant où elle aurait plus de loisir.

CHAPITRE XIII.

« Le repos engendre la rouille :
« La gaîté naît du changement ;
« Ne souffrons pas qu'on nous verrouille,
« Levons-nous, et partons gaîment. »
Ancienne chanson.

Le lendemain matin une compagnie brillante, malgré le grand deuil que portaient les principaux personnages, quitta de bonne heure le château alors bien défendu de Garde-Douloureuse, qui avait été depuis peu le théâtre d'événemens si remarquables.

Le soleil commençait à absorber les grosses gouttes de rosée tombées pendant la nuit et à dissiper les vapeurs qui enveloppaient encore le haut des tours et des murailles du château, quand Wilkin Flammock, accompagné de six archers à cheval et de six lanciers à pied, passa sous la grande porte gothique et traversa le pont-levis. Après cette avant-garde venaient quatre domestiques bien montés, et pareil nombre de suivantes au service d'Eveline. Arrivait ensuite la jeune châtelaine, placée au centre de son petit cortége en deuil; sa longue robe noire relevait la blancheur du beau palefroi qu'elle montait. Près d'elle était Rose Flammock, sur un cheval genet d'Espagne, présent que lui avait fait son père qui l'avait acheté à très haut prix, et qui aurait donné la moitié de tout ce qu'il possédait pour satisfaire le moindre désir de sa fille Rose Flammock, qui à toute la timidité de la jeunesse joignait tant de jugement et de sensibilité. Dame Margery la suivait, escortée par le père Aldrovand, dont elle recherchait principalement la compagnie, car elle affectait la dévotion ; et le crédit dont elle jouissait comme nourrice d'Eveline faisait que le chapelain ne croyait pas déroger en se trouvant en sa société, quand ses devoirs ne l'appelaient pas près de la jeune châtelaine. Derrière eux marchait le vieux piqueur Raoul, sa femme, et deux ou trois officiers de la maison de Raymond Bérenger. L'intendant, avec sa chaîne d'or, son habit de velours et sa verge blanche, était à la tête de l'arrière-garde, composée de quatre hommes d'armes et d'une petite troupe d'archers. Cette escorte n'était destinée qu'à donner au départ d'Eveline le degré de pompe et de splendeur convenable, car le connétable de Chester l'attendait à peu de distance à la tête de trente lances, pour la conduire jusqu'à Glocester. Elle n'avait aucun danger à craindre sous une pareille protection, quand même la défaite complète qu'avaient éprouvée les Gallois n'eût pas mis ces audacieux montagnards hors d'état de troubler pendant quelque temps la tranquillité des frontières.

D'après cet arrangement qui permettait à l'escorte d'Eveline de retourner au château de Garde-Douloureuse pour en renforcer la garnison et maintenir l'ordre dans tous les environs, le connétable l'attendit près du pont fatal, à la tête d'une troupe d'élite. Les deux détachemens s'arrêtèrent en même temps, comme pour le saluer; mais le connétable remarquant qu'Eveline s'enveloppait avec soin de son grand voile, et se rappelant la perte douloureuse qu'elle avait faite quelques jours auparavant sur ce lieu même, eut assez de jugement pour se borner à la saluer en silence, mais en s'inclinant si bas que le haut de son panache, car il était armé de toutes pièces, toucha la crinière de son beau coursier.

Wilkin Flammock s'approcha alors d'Eveline, et lui demanda si elle avait quelques ordres à lui donner.

— Aucun, mon bon Wilkin, lui répondit-elle, si ce n'est de continuer à être fidèle et vigilant.

— Ce sont les qualités d'un bon chien, dit le Flamand; qu'on y ajoute un peu de sagacité, des bras vigoureux, et un bon appétit, c'est à quoi je borne toutes mes prétentions. Je ferai de mon mieux. — Adieu, Roschen; tu vas te trouver parmi des étrangers; ne perds pas les qualités qui te faisaient chérir à la maison. Que tous les saints veillent sur sur toi! Adieu!

L'intendant s'avança ensuite pour prendre congé de sa maîtresse; mais il éprouva un accident qui aurait pu lui être fatal. Il avait plu à Raoul, qui avait le caractère un peu contrariant et bourru, et qui était tourmenté de rhumatismes, de monter un vieux cheval arabe presque conservé comme étalon, et qui du reste était aussi boiteux que lui-même, rétif et vicieux au dernier point. Une mésintelligence constante avait régné entre le cheval et le cavalier depuis qu'ils étaient sortis du château. On pouvait en juger par les juremens que proférait Raoul, et par la manière dont il tirait la bride de sa monture et lui déchirait les flancs avec ses éperons. Mahound, c'était le nom du cheval, répondit par des gambades, des courbettes et des ruades, en un mot fit tout ce qui était en son pouvoir pour désarçonner son cavalier, en attaquant des pieds tout ce qui était à sa portée.

Bien des gens soupçonnaient que le vieux Raoul donnait la préférence à cet animal vicieux toutes les fois qu'il voyageait avec sa chère moitié, dans l'espoir qu'à force de ruer, de regimber et de caracoler, les pieds de Mahound pourraient venir en contact avec les côtes de dame Gillian. Quoi qu'il en soit, quand l'intendant, fier de son importance, avança sur son palefroi pour faire ses adieux à sa jeune maîtresse et lui baiser la main, les spectateurs crurent remarquer que le vieux Raoul travailla si bien de la bride et des éperons, que Mahound soulevant à l'instant ses pieds de derrière avec courroux, l'un d'eux caressa la cuisse de l'intendant, qui aurait été brisée, comme un roseau s'il eût été plus près de l'animal seulement de deux pouces, mais il n'en souffrit pas moins une très forte contusion. Ceux qui remarquèrent le sourire aigre-doux qui parut alors sur les joues ridées du vieux piqueur ne purent guère douter que Mahound n'eût été chargé de punir certains signes d'intelligence qui avaient eu lieu entre le fonctionnaire à chaîne d'or et la femme de chambre coquette, depuis qu'on avait quitté le château.

Cet incident abrégea les adieux solennels que toute la suite d'Eveline se disposait à lui faire, et détourna de son esprit l'idée qu'à compter de ce moment elle allait se trouver entièrement sous la protection du connétable.

Hugues de Lacy ayant ordonné à six de ses gens d'armes de marcher comme garde avancée, s'arrêta un instant pour faire placer l'intendant sur une litière, et se mit ensuite en marche militairement avec le reste de sa troupe, à une centaine de pas d'Eveline, s'abstenant de se présenter à elle dans un moment où elle pouvait être occupée de prières naturellement suggérées par le lieu où il l'avait rencontrée. Il attendit patiemment qu'elle éprouvât le besoin de se distraire des idées sombres que son passage à travers une plaine si funeste devait lui avoir inspirées.

Guidé par cette politique, le connétable n'approcha d'Eveline que lorsque la matinée commençant déjà à s'avancer, il crut devoir la prévenir qu'il y avait dans le voisinage un endroit fort agréable où elle pourrait fort bien se reposer, et où il avait pris la liberté de faire préparer quelques rafraîchissemens. Eveline le remercia de son attention, et quelques instans après ils arrivèrent au lieu dont il parlait, remarquable par un vieux chêne qui étendait au loin ses branches touffues, et qui rappelait au voyageur celui sous lequel des anges acceptèrent l'hospitalité d'un patriarche. Sur les deux plus grosses branches on avait étendu une pièce de taffetas rose, servant de protection contre les rayons ardens du soleil. Des coussins couverts, les uns de soie, les autres des dépouilles des animaux tués à la chasse, étaient rangés autour d'un repas servi sur le gazon, et dans lequel un excellent cuisinier normand avait cherché à se distinguer de la profusion grossière des Saxons et de la simplicité frugale des Gallois. Une source qu'on voyait jaillir, à quelque distance, de grosses pierres couvertes de mousse, formait une fontaine de cristal limpide, dont le murmure harmonieux invitait les lèvres à la goûter, offrant en même temps une citerne pour y faire rafraîchir quelques flacons de vin de Gascogne et d'hippocras[1], ce qui était alors l'accompagnement nécessaire d'un déjeuner.

Lorsque Eveline, Rose, le père Aldrovand, et à quelque distance d'eux dame Margery, eurent pris place à ce banquet champêtre, le bruit des feuilles légèrement agitées, le murmure des eaux, le gazouillement d'une foule d'oiseaux, la gaîté qu'on voyait régner parmi l'escorte qui déjeunait aussi un peu plus loin, tout se réunit pour faire sentir à Eveline qu'on n'aurait pu choisir un lieu plus favorable pour

---

[1] Breuvage composé de vin, de sucre et de cannelle. — Ed.

y faire une halte, et elle ne put s'empêcher d'en faire compliment au connétable.

— Ce n'est pas tout-à-fait à moi qu'il faut en savoir gré, répondit le baron; c'est mon neveu Damien qui a choisi cet endroit; car il a de l'imagination comme un ménestrel. Quant à moi, j'avoue que j'ai l'esprit un peu lent à inventer de telles galanteries.

Rose fixa les yeux sur sa maîtresse, comme si elle eût voulu lire au fond de son ame; mais Eveline répondit avec la plus grande simplicité : — Et pourquoi le noble Damien ne nous a-t-il pas attendus pour partager avec nous le repas qu'il nous a fait préparer?

— Il préfère nous précéder avec un détachement de cavalerie légère, dit Hugues de Lacy; car quoiqu'à présent il n'y ait rien à craindre de ces coquins de Gallois, il se trouve toujours des maraudeurs et des brigands sur les frontières; et non contens de vous protéger d'une escorte imposante, nous ne voulons pas que vous soyez alarmée même par une apparence de danger.

— Il est vrai que depuis peu je n'ai vu le danger que de trop près, répondit Eveline; et elle retomba dans la mélancolie que la nouveauté de la scène avait dissipée un instant.

Cependant le connétable avec l'aide de son écuyer ôta son casque et ses gantelets, mais garda sa cotte de mailles faite d'anneaux d'acier flexibles et artistement entrelacés; puis il se couvrit la tête d'une toque de velours d'une forme particulière adoptée par les chevaliers, et qu'on appelait un mortier; ce qui lui permettait de causer et de manger plus facilement que s'il eût porté son armure complète. Sa conversation était simple et instructive. Il la fit tourner sur la situation du pays, et sur les moyens de gouverner et défendre une frontière dont la tranquillité était si souvent troublée. Eveline, dont l'un des plus vifs désirs était de protéger efficacement les vassaux de son père, finit par y prendre intérêt. Le connétable de son côté paraissait fort satisfait; car quelque jeune que fût Eveline ses questions prouvaient de l'intelligence, et ses réponses de l'instruction jointe à une aimable modestie. En un mot, il s'établit entre eux une telle familiarité, que lorsqu'on se remit en route, le baron parut croire que la place qu'il lui convenait d'occuper pendant la marche était à la gauche de lady Eveline; et quoiqu'elle ne l'encourageât certainement pas à y rester, elle ne semblait nullement désirer qu'il s'éloignât. Hugues de Lacy, bien que captivé par les charmes et les qualités aimables de la belle orpheline, n'était pas un amant fort ardent; il se contenta donc de voir que sa compagnie était soufferte, et ne chercha pas à profiter de cette occasion pour revenir sur l'explication de la veille.

On s'arrêta une seconde fois à midi, dans un petit village où le même pourvoyeur avait eu soin de faire préparer un dîner et tout ce dont Eveline pouvait avoir le moindre besoin; mais à la grande surprise de la jeune châtelaine, il continua à être invisible. L'entretien du connétable de Chester était sans doute fort intéressant; mais à l'âge d'Eveline on peut pardonner à une jeune fille le désir d'ajouter à sa société un homme moins âgé et moins sérieux. Quand elle se rappelait la régularité avec laquelle il était venu tous les jours au moins une fois lui rendre ses devoirs au château de Garde-Douloureuse, son étonnement augmentait encore. Ses réflexions n'allèrent pourtant pas plus loin. C'était un regret passager sur l'absence d'un compagnon agréable, qui n'aurait pas été de trop dans des entretiens d'un intérêt très limité. Elle prêtait patiemment l'oreille au compte que lui rendait le connétable de la famille et des ancêtres d'un chevalier de haute naissance nommé Herbert, dans le château duquel il avait dessein qu'elle passât la nuit suivante, quand un homme de l'escorte annonça l'arrivée d'un messager envoyé par la dame de Baldringham.

— La respectable tante de mon père! dit Eveline en se levant à la hâte, pour montrer le respect que les mœurs de ce temps exigeaient pour la vieillesse et la parenté.

— J'ignorais, dit le connétable, que mon digne ami eût une si proche parente.

— Elle était sœur de mon aïeule, répondit Eveline : c'est une noble dame saxonne, mais elle fut si courroucée de l'alliance contractée par sa sœur avec un Normand, qu'elle ne la revit jamais après son mariage.

Eveline n'en put dire davantage, car le messager qui avait l'air d'un intendant de grande maison parut en ce moment, et fléchissant le genou, lui présenta une lettre de la part de sa maîtresse. Eveline la remit au père Aldrovand pour lui en faire la lecture. Elle n'était pas écrite en français, langue dont se servaient alors généralement toutes les personnes de distinction, mais en vieux saxon, modifié cependant par quelque mélange de français. Elle contenait l'invitation suivante :

— « Si la petite-fille d'Aelfreid de Baldringham conserve assez de sang saxon dans ses veines pour désirer voir une vieille parente qui habite encore la maison de ses ancêtres, et qui a conservé leurs mœurs, elle est invitée à se reposer cette nuit dans la demeure d'Ermengarde de Baldringham. »

— Vous jugerez sans doute à propos de refuser cette invitation, dit Hugues de Lacy ; le noble Herbert nous attend et a fait de grands préparatifs pour nous recevoir.

— Votre présence le consolera de mon absence, milord, répondit Eveline ; ma tante fait des avances pour une réconciliation, et il convient que j'y réponde, puisqu'elle y met tant de condescendance.

Le front du connétable parut se rembrunir, car il avait rarement éprouvé quelque contradiction à ses volontés. — Je vous prie de réfléchir, lui dit-il, que la maison de votre tante est probablement sans défense, ou du moins imparfaitement gardée. Votre bon plaisir est-il que je vous y accompagne?

— Ma tante seule, milord, pourrait dire si cette précaution est nécessaire. Mais comme elle n'a pas jugé à propos de requérir l'honneur de votre compagnie, il me semble qu'il ne me convient pas de vous permettre de vous donner la peine de m'y suivre ; je ne vous en ai déjà que trop occasionné ?

— Mais le soin de votre sûreté, milady? répliqua le connétable qui éprouvait de la répugnance à quitter Eveline.

— Ma sûreté, milord, ne peut être en danger dans la maison d'une si proche parente. Quelles que soient les précautions qu'elle a jugé à propos de prendre pour la sienne, elles doivent être suffisantes pour me garantir de tout péril.

— Je désire que vous ne vous trompiez pas, dit Hugues de Lacy ; mais j'y ajouterai celle de placer près du château une patrouille qui ne le perdra pas de vue tant que vous y resterez.

Il se tut, et ajouta ensuite, en hésitant un peu, qu'il espérait qu'Eveline, allant visiter une parente dont les préventions contre les Normands étaient généralement connues, se tiendrait en garde contre tout ce qu'elle pourrait entendre à ce sujet.

Elle lui répondit avec un air de dignité qu'il n'était pas probable que la fille de Raymond Bérenger voulût écouter rien qui pût blesser l'honneur d'une nation dont son père était issu ; et le connétable fut obligé de se contenter de cette réponse, désespérant d'en recevoir une plus satisfaisante. Il se souvint aussi que le château d'Herbert n'était qu'à deux milles de celui de la dame de Baldringham, et qu'Eveline ne devait passer qu'une seule nuit chez sa tante ; mais il sentait la différence que le nombre des années mettait entre eux, et peut-être se rendait-il même la justice de convenir qu'il ne possédait pas ces dons superficiels auxquels on suppose tant de pouvoir pour gagner le cœur des femmes; ces pensées lui donnaient quelques inquiétudes. Il conserva l'après-midi la place qu'il avait prise près d'Eveline après le déjeuner; mais il garda le silence, songeant moins à profiter de l'occasion de l'entretenir qu'à réfléchir sur ce qui pourrait arriver le jour suivant. Ils voyagèrent de cette manière jusqu'au lieu où ils devaient se séparer pour la nuit.

C'était une hauteur d'où l'on pouvait voir, sur la droite, le château d'Amelot-Herbert s'élevant sur une colline avec toutes ses tours gothiques ; et à gauche, au milieu d'un bois de chênes, l'antique maison où la dame de Baldringham maintenait les coutumes des Anglo-Saxons, et avait en haine et en mépris toutes les innovations introduites en Angleterre depuis la bataille d'Hastings.

Là le connétable, ayant donné ordre à une partie de sa troupe de conduire Eveline chez sa parente et de veiller toute la nuit sur la maison, mais à une distance suffisante pour ne pouvoir ni en offenser la maîtresse ni lui donner d'ombrage, baisa la main de la jeune orpheline, et prit congé d'elle à regret.

Eveline entra alors dans un chemin si peu battu, qu'il annonçait combien était solitaire la maison où elle se rendait. De belles vaches d'une race précieuse et peu commune paissaient sur de riches pâturages, et de temps en temps quelques daims qui semblaient avoir perdu leur timidité naturelle traversaient les clairières du bois, ou se reposaient en petits groupes au pied de quelque grand chêne. Le plaisir passager que cette scène de tranquillité champêtre devait faire éprouver à Eveline se changea en pensées plus sérieuses quand un coude que faisait la route la plaça en face de la maison qu'elle n'avait pas revue depuis l'endroit où elle avait quitté Hugues de Lacy.

Cette maison, car on ne pouvait lui donner le nom de château, n'avait qu'un étage au-dessus du rez-de-chaussée, et était aussi massive que peu élevée. Le haut des portes et des croisées offrait ce lourd segment de cercle qu'on appelle ordinairement l'arche saxonne ; les murs étaient tapissés de diverses plantes grimpantes dont rien n'avait arrêté la végétation, et l'herbe croissait sur le seuil de la porte à laquelle était attachée une corne de buffle suspendue à une chaîne de cuivre. Cette porte en bois de chêne noir, d'une épaisseur peu ordinaire, formait une entrée qu'on aurait pu prendre pour celle d'un cimetière ruiné, et personne ne s'y présenta pour recevoir Eveline et la féliciter de son arrivée.

— Si j'étais à votre place, milady, lui dit dame Gillian toujours officieuse, je tournerais bride; ce vieux donjon paraît ne devoir offrir ni nourriture ni couvert pour des chrétiens.

Eveline imposa silence à sa femme de chambre indiscrète; mais un regard qu'elle jeta sur Rose annonça qu'elle éprouvait elle-même une sorte de malaise. Cependant elle ordonna au vieux Raoul de sonner de la corne suspendue à la porte. — J'ai entendu dire, ajouta-t-elle, que ma tante aime tant les anciennes coutumes, qu'elle n'en admet aucune chez elle qui ne remonte au moins au temps d'Edouard-le-Confesseur.

Raoul obéit aux ordres de sa maîtresse en maudissant l'instrument grossier qui mettait sa science en défaut; au lieu d'un son plein et régulier, il ne fit entendre qu'un bruit discordant qui malgré l'épaisseur des murs parut les ébranler jusque dans leurs fondations. Il répéta deux fois ce signal sans que personne y répondît; mais à la troisième la porte s'ouvrit, et plusieurs domestiques des deux sexes parurent dans un vestibule étroit et obscur, à l'extrémité duquel un grand feu de bois jetait des tourbillons de flamme et de fumée dans une cheminée sculptée. Le manteau de ce large foyer antique était surmonté d'une longue rangée de niches, dans chacune desquelles figurait la statue d'un saint saxon dont on aurait peine à trouver le nom barbare dans le calendrier de l'église romaine.

Le même officier qui avait apporté à Eveline l'invitation de sa tante s'avança alors vers elle, à ce qu'elle supposa, pour l'aider à descendre de cheval, mais c'était pour le prendre par la bride, le faire entrer dans le vestibule et le conduire jusqu'à une petite plate-forme où il fut enfin permis de mettre pied à terre. Deux matrones d'un âge avancé et quatre jeunes filles qui devaient leur éducation aux bontés d'Ermengarde s'approchèrent avec respect. Eveline ouvrait la bouche pour leur demander des nouvelles de sa tante, mais les matrones mirent un doigt sur leurs lèvres, comme pour l'inviter au silence, geste qui, joint à la singularité de sa réception sous d'autres égards, ajouta encore à la curiosité qu'elle avait de voir sa parente.

Cette curiosité fut bientôt satisfaite. On ouvrit une porte à deux battans située près de la plate-forme, et Eveline entra dans une grande salle fort basse, ornée d'une tapisserie en haute lice, au bout de laquelle, sous une espèce de dais, était assise la vieille dame de Baldringham. Ses quatre-vingts ans bien accomplis n'avaient pas éteint le lustre de ses yeux, ni fait fléchir d'un pouce sa taille majestueuse ; ses cheveux gris étaient encore assez touffus pour former sur sa tête une coiffure ornée d'une guirlande de feuilles de lierre ; sa longue robe retombait en plis nombreux autour d'elle, et sa ceinture brodée était attachée par une grande boucle d'or dans laquelle étaient enchâssées des pierres précieuses qui auraient valu la rançon d'un comte. Ses traits avaient été autrefois beaux, ou pour mieux dire imposans ; ils avaient encore, quoique flétris et ridés, un caractère de grandeur sérieuse et mélancolique parfaitement assorti avec ses vêtemens et ses manières. Elle avait en main une baguette d'ébène, et à ses pieds était couché un grand chien-loup qui dressa ses oreilles et hérissa son poil en voyant une étrangère, spectacle rare dans cette maison, s'avancer vers le fauteuil sur lequel sa vieille maîtresse restait immobile.

— Paix, Thryme ! dit la vénérable dame ; et toi, fille de l'ancienne maison de Baldringham, approche et ne crains pas son ancien serviteur.

Le chien à la voix de sa maîtresse avait repris sa première posture, et sans le feu de ses yeux rouges on aurait pu le prendre pour un emblème hiéroglyphique placé aux pieds de quelque antique prêtresse de Woden ou de Freya, tant l'extérieur d'Ermengarde avec sa baguette et sa guirlande rappelait les idées du temps du paganisme. Pourtant celui qui aurait eu d'elle une pareille opinion aurait fait injure à une vénérable matrone chrétienne, qui avait donné bien des acres de terre à la sainte Église en l'honneur de Dieu et de saint Dunstan.

L'accueil que fit Ermengarde à Eveline fut d'un genre aussi antique et aussi solennel que son extérieur et sa maison. Elle ne se leva pas de son fauteuil quand sa nièce approcha d'elle, et quand Eveline s'avança pour l'embrasser elle l'arrêta en appuyant la main sur son bras, et examina tous ses traits en détail avec la plus scrupuleuse attention.

— Berwine, dit-elle à l'une des deux matrones qui était sa favorite, notre nièce a la peau et les yeux de la ligne saxonne, mais elle tient de l'étranger la couleur de ses cheveux et de ses sourcils. Tu n'en es pas moins la bienvenue chez moi, jeune fille, ajouta-t-elle en s'adressant à Eveline, surtout si tu peux te résoudre à entendre dire que tu n'es pas tout-à-fait une créature parfaite, malgré le contraire que t'ont déjà persuadé sans doute les flatteurs qui t'entourent.

A ces mots elle se leva enfin et donna à sa nièce un baiser sur le front. Elle continua pourtant à la tenir par le bras, et l'attention qu'elle avait donnée jusqu'alors à ses traits se dirigea sur ses vêtemens.

— Que saint Dunstan nous préserve de toute vanité! s'écria-t-elle. Et voilà donc la mode du jour! Ah! sainte Marie! des jeunes personnes modestes portent des tuniques semblables, qui montrent la forme de leur personne aussi clairement que si elles étaient nues! Et voyez, Berwine, les babioles qu'elle a autour du cou, et ce cou lui-même découvert jusqu'à l'épaule; voilà pourtant les manières que les étrangers ont apportées en Angleterre! Et cette poche qui a l'air de la gibecière d'un jongleur; je réponds qu'il ne s'y trouve rien qui concerne les soins domestiques du ménage. Et ce poignard qui la ferait prendre pour la femme d'un ménestrel courant le pays en habit d'homme pour jouer son rôle dans une mascarade. Vas-tu jamais à la guerre, jeune fille, pour porter ainsi l'acier à ton côté?

Ce commentaire désobligeant sur ses vêtemens surprit et mécontenta Eveline, et elle y répondit avec quelque vivacité:

— La mode peut avoir changé, madame; mais mes vêtemens sont ceux que portent toutes les jeunes personnes de mon âge et de mon rang. Quant au poignard, il n'y a que peu de jours que je le regardais encore comme ma dernière ressource contre le déshonneur.

— La jeune fille parle bien et hardiment, Berwine, dit Ermengarde; et sauf quelques détails de son accoutrement, elle est mise d'une manière qui lui sied. Ton père, à ce que j'ai appris, est mort en chevalier sur le champ de bataille?

— Il n'est que trop vrai! répondit Eveline; et ses yeux se remplirent de larmes au souvenir d'une perte si récente.

— Je ne l'ai jamais vu, dit Ermengarde. Comme les autres Normands, il n'avait que du mépris pour la race saxonne avec laquelle ils ne font alliance que par intérêt, comme la ronce cherche à s'appuyer sur l'ormeau. Ne cherche pas à prendre sa défense, ajouta-t-elle en voyant que sa nièce se disposait à parler; j'ai connu l'esprit normand bien des années avant que tu fusses née.

En ce moment l'intendant entra dans l'appartement, et saluant sa maîtresse un genou en terre, il lui demanda quelles étaient ses intentions relativement à la garde de soldats normands qui étaient restés devant la porte.

— Des soldats normands devant la maison de Baldringham! s'écria la vieille dame. Qui les y a amenés? que viennent-ils faire?

— Je crois, répondit l'intendant, qu'ils sont venus pour garder cette jeune dame.

— Quoi! ma fille, dit Ermengarde d'un ton de reproche mélancolique, n'oses-tu passer une nuit sans gardes dans le château de tes ancêtres?

— A Dieu ne plaise! répondit Eveline. Ces soldats ne sont ni à moi, ni sous mes ordres. Ils font partie du cortége du connétable de Lacy, qui les a chargés de veiller autour de ce château de crainte des brigands.

— Des brigands! répéta Ermengarde. Les brigands n'ont fait aucun tort à la maison de Baldringham depuis qu'un brigand normand lui a enlevé son trésor le plus précieux en la personne de ton aïeule. Et ainsi, pauvre oiseau, tu es déjà captif! tu ne peux voltiger que d'une aile! Mais c'est le sort de ta position; pourquoi me causerait-il de la surprise ou du dépit? Une jolie fille avec une riche dot n'a-t-elle pas toujours été destinée presque dès l'enfance à devenir l'esclave d'un de ces roitelets qui ne nous permettent de regarder comme à nous que ce qui n'excite pas leur envie? Eh bien! je ne puis t'être d'aucun secours. Je ne suis qu'une pauvre femme sans crédit, faible par son âge comme par son sexe. Et duquel de ces Lacy es-tu destinée à devenir l'humble servante?

Une question faite de cette manière et par une femme dont les préventions étaient si fortement enracinées n'était pas propre à tirer d'Eveline l'aveu des véritables circonstances dans lesquelles elle se trouvait placée; car il n'était que trop clair que sa parente saxonne ne pouvait lui donner ni bons conseils ni secours efficaces. Elle se borna donc à répondre que, comme la présence des Lacy et des Normands en général n'était pas agréable à sa tante, elle allait prier le commandant du détachement de se retirer à une plus grande distance.

— Non pas, ma nièce, dit la vieille dame; comme nous ne pouvons éviter d'avoir ces Normands dans les environs, peu importe qu'ils soient un peu plus près ou un peu plus loin de nos murs, pourvu qu'ils n'y entrent point. Berwine, dites à Hundwolf de noyer ces Normands de boisson et de les gorger de vivres, les meilleurs vivres, les liqueurs les plus fortes; qu'ils ne puissent dire que la vieille Saxonne manque d'hospitalité. Faites mettre en perce une pièce de vin, car leur fier estomac dédaignerait sans doute l'ale.

Berwine, qui portait à sa ceinture un trousseau de grosses clés, sortit pour faire exécuter les ordres de sa maîtresse, et revint quelques instans après. Cependant Ermengarde continuait à questionner sa nièce et d'une manière encore plus pressante.

— Ne veux-tu pas ou ne peux-tu pas me dire duquel de ces Lacy tu dois être l'humble servante? Est-ce du présomptueux connétable qui, couvert d'une armure impénétrable, et monté sur un coursier vigoureux et agile aussi invulnérable que lui-même, est tout fier de fouler aux pieds et de pourfendre à son aise des piétons gallois sans armes défensives? Est-ce de son neveu imberbe, le jeune Damien? ou tes biens doivent-ils réparer la fortune de son cousin, ce dissipateur ruiné, qui ne peut plus faute d'argent se pavaner parmi ces croisés débauchés?

— Ma chère tante, répondit Eveline à qui il était naturel que de pareilles questions déplussent, j'espère que votre nièce ne deviendra jamais l'humble servante ni d'aucun des Lacy, ni de quelque homme que ce soit, Saxon ou Normand. Avant la mort de mon honorable père, il avait été pris entre lui et le connétable des arrangemens qui font que je ne puis quant à présent refuser ses bons offices; mais le destin doit décider quel en sera le résultat.

— Mais je puis te faire voir, ma nièce, de quel côté penche la balance du destin, dit Ermengarde en baissant la voix d'un ton mystérieux. Celles qui nous sont unies par le sang ont en quelque sorte le privilége de percer au-delà du présent, et de voir d'avance les épines ou les fleurs qui doivent un jour nous couronner la tête.

— C'est une connaissance que je ne désirerais pas acquérir, ma chère tante, quand même je pourrais l'obtenir sans contrevenir aux préceptes de l'Eglise. Si j'avais pu prévoir tout ce qui m'est arrivé depuis quelques jours, j'aurais perdu la jouissance de tous les momens de bonheur que j'ai eus jusqu'à cette époque.

— Il faut pourtant que, comme les autres jeunes filles de ta race, tu te soumettes à la règle établie dans cette maison de passer la nuit dans la chambre du Doigt-Rouge. Berwine, faites-la préparer pour la réception de ma nièce.

— Je... j'ai entendu parler de cette chambre, dit Eveline avec timidité, et si c'était votre bon plaisir, j'aimerais mieux passer la nuit ailleurs. Ma santé a souffert des dangers et des fatigues auxquels j'ai été exposée tout récemment, et avec votre permission j'attendrai une autre occasion pour me conformer à l'usage qu'on m'a dit être particulier aux filles de la maison de Baldringham.

— Et dont cependant vous voudriez vous dispenser, dit la vieille Saxonne en fronçant les sourcils d'un air courroucé. Une telle désobéissance n'a-t-elle pas déjà coûté assez cher à votre maison ?

— En vérité, mon honorable et gracieuse maîtresse, dit Berwine qui ne put s'empêcher d'intercéder, quoiqu'elle connût parfaitement le caractère opiniâtre d'Ermengarde, il est à peine possible de mettre cet appartement en état de recevoir lady Eveline, et elle me semble si pâle et si souffrante que s'il m'était permis de vous donner un avis, je vous engagerais à différer cette épreuve.

—Tu es une folle, Berwine, répondit la vieille dame d'un ton ferme ; crois-tu que je veuille attirer des calamités sur ma maison, en souffrant que cette jeune fille en sorte sans avoir rendu hommage au Doigt-Rouge, suivant la coutume ? Qu'on prépare cette chambre ; il ne faut pas de grands préparatifs, si elle n'est pas aussi difficile que les Normands sur son coucher et son logement. Ne réplique pas, et fais ce que je t'ordonne. — Et toi, Eveline, es-tu assez dégénérée de l'esprit de bravoure de tes ancêtres pour ne pas oser passer quelques heures dans cette ancienne chambre ?

— Je suis chez vous, madame, répondit Eveline, et je dois me contenter de l'appartement qu'il vous plaira de m'assigner. J'ai autant de courage que peuvent en donner l'innocence et quelque orgueil dû au sang qui coule dans mes veines. Ce courage a été mis depuis peu à de cruelles épreuves; mais si tel est votre bon plaisir et puisque c'est l'usage de votre maison, mon cœur a encore assez de force pour se soumettre à ce que vous exigez de moi.

Elle se tut d'un air mécontent, car jusqu'à un certain point elle ne pouvait s'empêcher de regarder la conduite de sa tante comme désobligeante et peu hospitalière. Et cependant quand elle réfléchissait à la légende relative à la chambre qui lui était destinée, il lui était impossible de ne pas convenir que la dame de Baldringham avait de bonnes raisons pour agir comme elle le faisait, d'après les traditions de sa famille et la croyance du temps qu'Eveline elle-même partageait sincèrement.

CHAPITRE XIV.

« Des spectres j'entendis les soupirs lamentables,
« Des sons surnaturels, des cris épouvantables,
« Une voix dont l'écho soudain m'intimida....
« Ma mère m'apparaît; et crie : Almeyda !
« Prends garde, Almeyda, cet hymen est un crime. »
DRYDEN. *Don Sébastien.*

La soirée qu'Eveline passa chez la dame de Baldringham lui aurait paru bien longue et d'un ennui mortel, si la crainte d'un péril ne donnait pas toujours des ailes au temps qui s'écoule jusqu'à l'heure redoutée. Si elle trouvait peu d'amusement dans la conversation de sa tante et de Berwine, si elle prenait peu d'intérêt à l'énumération de la longue suite de leurs ancêtres depuis le belliqueux Horsa, aux exploits des guerriers saxons, et même aux miracles opérés par des moines saxons, du moins elle avait plus de plaisir à écouter ces légendes qu'à songer à l'instant où il lui faudrait se retirer pour la nuit dans le fatal appartement.

Ermengarde chercha pourtant à procurer à sa nièce tous les amusemens qu'on pouvait trouver dans sa maison. On servit un repas somptueux qui aurait pu suffire à vingt hommes affamés, quoiqu'il n'y eût à table avec elle qu'un vieux et grave moine saxon qui prononça le bénédicité, Berwine et Rose Flammock. Eveline fut d'autant moins portée à faire honneur à cet excès d'hospitalité, que tous les mets, substantiels suivant l'usage des Saxons, faisaient un vrai contraste avec la chère délicate et recherchée à laquelle les Normands étaient habitués; de même que la quantité modérée qu'elle prenait ordinairement du vin léger et généreux de Gascogne, et qu'elle mêlait avec plus de la moitié d'eau pure, lui paraissait bien préférable à la double ale, au pigment épicé, à l'hippocras et aux autres liqueurs fortes que l'intendant Hundwolf lui présentait tour à tour inutilement pour exalter l'hospitalité de la maison.

Les autres amusemens de la soirée n'étaient pas plus du goût d'Eveline que ce repas saxon. Quand on eut retiré les planches sur lesquelles le souper avait été servi, des domestiques commandés par l'intendant allumèrent de longues torches de cire, dont l'une était destinée à marquer le temps qui s'écoulait. Les heures étaient annoncées par de petites boules d'airain suspendues à la torche par un fil qui la traversait à égale distance l'une de l'autre; et quand cet intervalle de temps était écoulé, le fil brûlait et la boule tombait dans un bassin d'airain destiné à la recevoir; ce qui produisait jusqu'à un certain point le même effet qu'une horloge moderne.

On s'arrangea ensuite pour passer la soirée. Le grand fauteuil d'Ermengarde fut placé au coin de la cheminée, dans la grille de laquelle brillait un excellent feu de charbon, et sa nièce fut mise à sa droite, comme place d'honneur. Berwine rangea en ordre convenable les femmes de la maison, et après avoir assigné la tâche de chacune, prit sa quenouille et son fuseau. Les hommes, avec l'intendant, s'assirent à l'autre bout de l'appartement, et s'occupèrent soit à fourbir leurs armes pour la chasse, soit à remettre en bon état leurs instrumens de labourage. Pour l'amusement de toute la famille ainsi réunie, un vieillard chanta en s'accompagnant sur une harpe qui n'avait que quatre cordes, une légende interminable sur quelque sujet religieux et presque inintelligible pour Eveline, grace à l'affectation du poète, qui par amour pour l'allitération, figure de mots regardée comme le principal ornement de la poésie saxonne, sacrifiait le sens au son et recherchait les images les moins naturelles. Enfin il régnait dans ses chants toute l'obscurité du sujet lui-même, indépendamment des épithètes hyperboliques les plus ridicules.

Quoique Eveline connût la langue saxonne, elle cessa bientôt d'écouter le chanteur. Elle pensa un instant aux gais fabliaux et aux lais pleins d'imagination des ménestrels normands, et se mit ensuite à réfléchir avec inquiétude et même avec crainte à ce qui pourrait lui arriver dans la chambre mystérieuse où elle était obligée de passer la nuit.

L'instant de se séparer approchait; la onzième heure fut annoncée par la chute d'une des boules d'airain attachées à la torche de cire dont nous avons parlé, et qui en tombant avec bruit dans le bassin, avertit que l'heure du repos était arrivée. Le vieux chanteur se tut sur-le-champ, sans finir une strophe qu'il avait commencée, et les domestiques des deux sexes interrompirent leurs travaux respectifs. Les uns se retirèrent dans leurs chambres; les autres allumèrent des lampes pour conduire les personnes de la suite d'Eveline dans le lieu où elles devaient coucher; plusieurs femmes restèrent pour l'accompagner elle-même jusqu'à la chambre où Ermengarde avait décidé qu'elle passerait la nuit. La vieille Saxonne souhaita le bonsoir à sa nièce d'un air solennel, lui fit le signe de la croix sur le front, l'embrassa, et lui dit à l'oreille : —Prends courage, et puisses-tu être heureuse.

— Ma suivante Rose Flammock, ou ma femme de chambre dame Gillian, femme du vieux Raoul, ne peuvent-elles passer la nuit avec moi dans mon appartement? demanda Eveline.

— Flammock! Raoul! répéta Ermengarde d'un air mécontent; et voilà donc comme ta maison est composée! Les Flamands sont la paralysie de la Grande-Bretagne, comme les Normands en sont la fièvre ardente.

— Et les pauvres Gallois, dit Rose, à qui le ressentiment fit oublier la crainte respectueuse que lui inspirait la vieille dame, ajouteront que les Saxons en furent la maladie originelle, une sorte de peste dévastatrice.

— Tu es trop hardie, mignonne, dit Ermengarde en fixant sur Rose ses yeux perçans; et cependant il y a de la vérité dans ce que tu dis. Les Saxons, les Danois et les Normands ont successivement couvert ce pays, comme les flots de la mer couvrent le rivage; ils ont eu assez de force pour le subjuguer, mais il leur a manqué la sagesse nécessaire pour le conserver. Quand en sera-t-il autrement?

— Quand les Bretons, les Saxons, les Normands et les Flamands, répondit Rose sans se déconcerter, apprendront à se donner le même nom et à se regarder comme les enfans de la même patrie.

— Ah! s'écria la dame Baldringham d'un air moitié surpris, moitié satisfait; et se tournant vers sa nièce, elle lui dit : — Tu as une suivante qui sait parler et qui ne manque pas d'esprit. Veille à ce qu'elle n'en abuse pas.

— Elle est aussi bonne et aussi fidèle, répondit Eveline,

que vive et spirituelle. Permettez, je vous prie, ma chère tante, qu'elle reste avec moi cette nuit.

— Impossible! ce serait vous exposer toutes deux à de grands dangers; c'est seule que vous devez apprendre votre destinée, comme l'ont fait toutes les femmes de notre race, à l'exception de votre grand'mère. Et quelles ont été les conséquences du mépris qu'elle a eu pour les usages de notre maison? Hélas! je vois en ce moment sa petite-fille orpheline dans la fleur de sa jeunesse.

— J'irai donc seule dans cette chambre, dit Eveline avec un soupir de résignation. On ne dira jamais que pour éviter un moment de terreur j'ai appelé sur moi l'infortune.

— Vos suivantes occuperont l'antichambre, et seront presque à portée de vous entendre. Berwine va vous conduire dans votre appartement. Je ne puis le faire moi-même; car vous savez que celles qui y ont passé une nuit n'y rentrent jamais. Adieu, mon enfant; et que le ciel vous accorde sa bénédiction!

Ermengarde embrassa Eveline avec plus d'émotion et de tendresse qu'elle n'en avait encore montré, et lui fit signe de suivre Berwine qui, précédée par deux servantes portant des torches, lui montra le chemin de la chambre redoutable.

La lueur de ces torches frappant sur les murailles grossièrement construites de deux longs corridors voûtés les aida à gravir un escalier tournant, dont les marches raboteuses et inégales prouvaient l'antiquité; elles arrivèrent enfin dans une assez grande chambre située au premier étage. Les murs en étaient couverts d'une vieille tapisserie; un feu ardent brûlait dans la grille; les rayons de la lune pénétraient à travers une fenêtre à petits carreaux, et un jasmin tapissait la croisée de ses branches.

— Voici la chambre de vos deux suivantes, dit Berwine à Eveline en lui montrant deux lits qui avaient été préparés pour Rose Flammock et dame Gillian; maintenant allons plus loin.

Elle prit alors une torche des mains d'une des deux servantes qui semblaient frissonner d'effroi, et cet effroi fut contagieux pour dame Gillian, quoiqu'elle n'en connût probablement pas la cause. Rose Flammock suivit sa maîtresse sans hésiter et sans attendre qu'elle le lui ordonnât, tandis que Berwine conduisait Eveline vers une petite porte qui, garnie d'un grand nombre de clous à grosse tête, communiquait à une espèce de cabinet de toilette à l'extrémité duquel était une porte semblable. Ce cabinet avait aussi une fenêtre dont les carreaux étaient ombragés par des arbustes verts, à travers lesquels la lune glissait un faible rayon.

Berwine s'arrêta devant cette porte, et montrant Rose à Eveline, elle lui dit : — Pourquoi nous suit-elle ?

— Pour partager les dangers de ma maîtresse, quels qu'ils puissent être, répondit Rose avec la hardiesse et la vivacité qui la caractérisaient. — Parlez, ma chère maîtresse, ajouta-t-elle en prenant la main d'Eveline, dites que vous n'éloignerez pas Rose de votre présence. Si je n'ai pas l'esprit aussi élevé que votre race si vantée, je ne manque ni de courage ni de bonne volonté pour vous servir. Vous tremblez comme la feuille du saule ! N'entrez pas dans cette chambre ; ne vous en laissez pas imposer par ce mystère pompeux de préparations terribles ; moquez-vous de cette vieille superstition qui est, je crois, à demi-païenne.

— Il faut que lady Eveline entre, jeune fille, répondit Berwine d'un ton sévère, et il faut qu'elle entre sans être accompagnée d'une suivante malapprise.

— *Il faut!* répéta Rose; *il faut!* est-ce là le langage qu'on tient ici à une demoiselle noble et libre ! Ma chère maîtresse, faites seulement le moindre geste pour me donner à entendre que vous le désirez, et je mettrai à l'épreuve cet *il faut*. J'appellerai de cette fenêtre les cavaliers normands, et je leur dirai qu'au lieu d'être entrées dans une maison hospitalière, nous sommes tombées dans une caverne de sorcières.

— Silence! folle, s'écria Berwine tremblant de crainte et de colère; vous ne savez pas qui demeure dans la chambre suivante!

— Je vais appeler des gens qui le sauront bientôt, dit Rose en courant vers la croisée. Mais Eveline la saisit par le bras et lui ordonna de n'en rien faire.

— Je suis sensible à votre affection, Rose, lui dit-elle; mais elle ne peut m'être utile dans cette circonstance. Celle qui entre dans cette chambre doit y entrer seule.

— J'y entrerai donc à votre place, ma chère maîtresse, répondit Rose. Vous êtes pâle, vous tremblez, vous mourrez de terreur si vous y entrez. Il peut y avoir autant de charlatanisme que de surnaturel dans tout ce mystère, et l'on ne me trompera pas; ou si quelque mauvais esprit demande une victime, il vaut mieux que ce soit Rose qui lui en serve.

— N'insistez pas! dit Eveline cherchant à recueillir toutes ses forces; vous me faites rougir de moi-même. C'est une ancienne épreuve à laquelle ne peuvent être soumises que les filles issues de la maison de Baldringham jusqu'au troisième degré. Il est vrai que dans les circonstances où je me trouve, je ne m'attendais pas à la subir; mais puisque j'y suis appelée, je la soutiendrai avec autant de courage qu'aucune de celles qui y ont été exposées avant moi.

A ces mots elle prit la torche des mains de Berwine, lui souhaita le bonsoir ainsi qu'à Rose, se dégagea des mains de celle-ci, et entra dans la chambre mystérieuse. Pendant qu'elle en ouvrait la porte, Rose vit que c'était un appartement de moyenne grandeur, à peu près semblable à celui dans lequel elle était, et éclairé par une croisée donnant du même côté que celles des deux pièces précédentes. Elle n'en put voir davantage; car Eveline se retournant aussitôt pour l'embrasser, la repoussa doucement dans l'appartement qu'elle voulait quitter pour la suivre, et en ferma la porte de communication au verrou, comme pour se mettre en sûreté contre les projets que le zèle de sa suivante pourrait lui inspirer.

Berwine exhorta alors Rose à se retirer dans la première chambre où les lits étaient préparés, si elle faisait quelque cas de sa vie, et à y rester en silence, sinon pour dormir du moins pour se livrer à la prière ; mais la fidèle Flamande ne voulut écouter ni la voix de la persuasion ni celle de l'autorité.

— Ne parlez pas de dangers ! s'écria Rose. Je resterai ici pour être du moins à portée d'entendre tout ce qui pourra arriver à ma chère maîtresse, et malheur à ceux qui lui feront la moindre peine ! Songez bien que vingt lances normandes entourent cette demeure inhospitalière, et qu'elles sont prêtes à venger tout outrage qui serait fait à la fille de Raymond Bérenger.

—Réservez vos menaces pour ceux qui sont mortels, dit Berwine d'une voix basse mais perçante ; l'être qui habite cette autre chambre ne les craint pas. Adieu ! que ta témérité retombe sur ta tête !

Elle sortit, laissant Rose fort agitée de tout ce qui venait de se passer, et presque effrayée des derniers mots qu'elle venait d'entendre. — Ces Saxons, se dit-elle à elle-même, ne sont qu'à demi convertis, après tout, et ils conservent encore une partie des rites du paganisme dans le culte des esprits élémentaires. Leurs saints même ne ressemblent pas aux saints des autres pays chrétiens ; ils ont un air sauvage et presque diabolique. Il est pourtant terrible de rester seule ici ! Et tout est silencieux comme la mort dans la chambre où ma pauvre maîtresse a été si étrangement forcée d'entrer ! Appellerai-je Gillian ? Non ! elle n'a ni bon sens ni courage ; elle ne peut m'être d'aucun secours dans une telle occasion. Il vaut mieux rester seule que d'avoir une fausse compagne. Il faut que je voie si les Normands sont à leur poste, puisque c'est sur eux qu'il faut que je compte s'il arrivait quelque événement.

En faisant cette réflexion, Rose Flammock s'approcha de la croisée du petit appartement où elle était restée, afin de se convaincre de la vigilance des sentinelles et de voir si elle en apercevrait quelqu'une à peu de distance. La lune et les étoiles brillaient de tout leur éclat. D'abord elle fut désagréablement surprise en voyant qu'elle était à plus de distance du sol qu'elle ne le pensait. Les fenêtres des deux premières pièces et de la chambre mystérieuse donnaient sur un ancien fossé qui bordait les murs du château auquel il avait sans doute autrefois servi de défense ; mais il semblait avoir été négligé depuis long-temps ; le fond en était à sec, et il s'y trouvait en beaucoup d'endroits des arbustes et des arbres dont les branches s'élevaient bien au-dessus des croisées, et par le secours desquelles Rose crut qu'il était possible de les escalader pour entrer dans la maison. La plaine qui s'étendait au-delà était presque entièrement découverte, et les rayons de la lune semblaient sommeiller en tombant sur le beau gazon qui la couvrait, à côté de l'ombre prolongée de la maison et des arbres. Au-delà de cette esplanade on apercevait une forêt sur les lisières de laquelle s'élevaient quelques grands chênes isolés, semblables à des champions avancés qui vont braver l'ennemi à quelque distance de leur corps d'armée.

La beauté calme de cette scène, le repos de toute la nature, le silence qui régnait, et les nouvelles réflexions que fit Rose, bannirent en partie les craintes que les événemens de la soirée lui avaient inspirées. Après tout, se dit-elle encore, pourquoi serais-je si inquiète pour ma maîtresse ? Il y a à peine une seule famille de distinction, parmi ces fiers Normands et ces bourrus Saxons, qui ne prétende se distinguer des autres par quelque idée superstitieuse particulière à sa race, comme s'ils dédaignaient d'aller au ciel par le même chemin que de pauvres Flamands comme mon père et moi. Si je pouvois seulement voir une sentinelle normande, je ne craindrais plus rien pour la sûreté de ma maîtresse. Mais j'en aperçois une qui se promène dans l'obscurité, enveloppée de son grand manteau blanc, et dont la lance est argentée par les rayons de la lune. — Holà! sire cavalier!

Le Normand accourut, et vint jusqu'au bord du fossé.

— Que désirez-vous? lui demanda-t-il.

— La fenêtre voisine de la mienne, dit Rose, est celle de lady Eveline Bérenger, que vous êtes chargé de garder. Veillez avec attention sur ce côté du château.

— Fiez-vous-en à moi, répondit le cavalier, et serrant autour de lui sa grande chappe, espèce de surtout militaire, il alla se placer contre le tronc du chêne le plus voisin, où il resta les bras croisés, appuyé sur sa lance, et ressemblant à un trophée d'armes plutôt qu'à un guerrier vivant.

Enhardie par la certitude qu'en cas de besoin elle avait des secours à quelques pas, Rose quitta la croisée; et après s'être assurée, en écoutant à la porte, qu'il ne régnait pas le moindre bruit dans la chambre d'Eveline, elle commença à faire quelques dispositions pour reposer elle-même. Elle rentra donc dans la première chambre, où dame Gillian, dont la frayeur avait cédé aux libations de *lithe-alos*, ale douce d'une force et d'une qualité supérieure, qu'on l'avait engagée à boire, dormait d'un sommeil profond.

Tout en murmurant avec indignation contre l'indifférence de la femme de chambre, Rose prit les couvertures sur le lit qui lui avait été destiné, et les emportant dans la chambre située entre les deux autres, elle ramassa les roseaux répandus sur le plancher, et en fit une espèce de couche sur laquelle elle s'étendit, ou s'assit pour mieux dire, résolue de veiller sur sa maîtresse autant que les circonstances le lui permettaient.

Contemplant la pâle planète qui parcourait dans toute sa gloire la plaine azurée du firmament, elle se promit que le sommeil ne fermerait pas ses yeux avant que le retour de l'aurore lui eût garanti la sûreté d'Eveline.

Ses pensées cependant s'élançaient vers ce monde ignoré et sans bornes qui est au-delà du tombeau ; elle réfléchissait à la grande question, encore à résoudre peut-être, de savoir si les esprits de ceux qui l'habitent sont définitivement séparés des habitans de notre globe, ou si, obéissant à une influence que nous ne saurions apprécier, ils peuvent encore avoir des communications avec des êtres formés de chair et de sang. En nier la possibilité dans ces siècles de croisades et de miracles, c'eût été encourir le reproche d'hérésie ; mais Rose, dans son bon sens, doutait du moins que ces apparitions surnaturelles fussent fréquentes, et elle se rassurait par l'idée qu'en se soumettant à ce qui avait été exigé d'elle, Eveline ne courait aucun danger réel, et faisait seulement un sacrifice à une vieille superstition de famille : cette idée n'empêchait pourtant pas Rose de tressaillir involontairement au moindre bruit d'une feuille que le vent agitait.

A mesure que cette conviction tranquillisait l'esprit de Rose, son projet de veiller commençait à s'affaiblir. Ses pensées se tournèrent malgré elle sur des objets vers lesquels elle n'avait pas intention de les diriger, comme des moutons qui dans un troupeau s'éloignent de la vue du berger. Ses yeux ne lui faisaient plus apercevoir qu'indistinctement l'astre qu'ils continuaient à regarder. Enfin ils se fermèrent, et enveloppée dans ses couvertures, appuyée contre la muraille et les bras croisés sur ses genoux, Rose Flammock s'endormit profondément.

Son sommeil fut troublé d'une manière effrayante par un cri aigu et perçant qui partit de la chambre où était sa maîtresse. S'éveiller, se lever, courir à la porte, fut l'affaire d'un instant pour la généreuse Flamande, que la peur n'empêchait jamais d'accomplir ses devoirs et de donner des preuves de son affection. Mais cette porte était fermée au double tour et au verrou, et un autre cri plus faible, ou plutôt un gémissement d'Eveline sembla annoncer qu'il lui fallait des secours à l'instant ou qu'ils arriveraient trop tard. Rose courut aussiôt à la fenêtre et poussa un grand cri pour appeler le cavalier normand qui était toujours à son poste sous le grand chêne, et qu'on distinguait à son manteau blanc.

Au cri au secours! au secours! on assassine lady Eveline! ce soldat, qui paraissait une statue, reprit sur-le-champ toute son activité, arriva en un instant sur le bord du fossé, et il allait le traverser en face de la croisée où il voyait Rose et d'où elle l'excitait à se presser de la voix et du geste, quand elle s'écria vivement, quoique respirant à peine :

— Pas ici! pas ici! à la fenêtre à droite! escaladez-la pour l'amour du ciel, et ouvrez la porte de communication.

Le soldat parut la comprendre. Il descendit dans le fossé sans hésiter, en s'aidant des branches de quelques arbrisseaux, disparut un moment dans les broussailles, mais reparut bientôt montant à un arbre dont les branches touchaient à la fenêtre de la chambre d'Eveline. Rose l'y vit arriver, et pourtant il lui restait une crainte; la fenêtre pouvait être solidement fermée à l'intérieur. Mais non; elle céda sous la main vigoureuse du Normand, et les gonds en étant rongés par la rouille, elle tomba avec un bruit auquel le sommeil même de dame Gillian ne put résister.

Poussant de grands cris, comme dans le délire de la peur, elle s'enfuit de sa chambre à l'instant où la porte de celle d'Eveline s'ouvrait, et elle en vit sortir un soldat portant entre ses bras le corps en apparence inanimé de la jeune orpheline. Sans prononcer un seul mot il la remit entre les bras de Rose, et toujours avec la même précipitation il disparut par la fenêtre d'où la jeune Flamande l'avait appelé.

Dame Gillian perdant la tête de terreur et d'étonnement, poussait des cris et des exclamations, appelait du secours et faisait questions sur questions. Enfin Rose la réprimanda d'un ton si sévère qu'elle parut recouvrer l'usage du peu de raison qu'elle avait. Elle reprit alors assez de calme pour aller chercher une lampe allumée dans sa chambre, puis se rendit du moins utile en indiquant les moyens à prendre pour rendre la connaissance à sa maîtresse, et en les employant de concert avec Rose. Elles y réussirent enfin; Eveline poussa un profond soupir et entr'ouvrit les yeux, mais elle les referma aussitôt, et sa tête tombant sur le sein de sa fidèle suivante, son corps fut agité par un tremblement universel. Rose lui frappa dans les mains, lui frotta les tempes avec tout l'empressement et toutes les caresses de l'amitié; enfin elle s'écria : — Elle vit! elle revient à elle! Dieu soit loué!

— Dieu soit loué! répéta d'un ton solennel une voix qui se fit entendre près de la fenêtre; et Rose jetant les yeux de ce côté avec une nouvelle terreur, vit sur l'arbre le soldat qui était venu si à propos au secours de sa maîtresse, et qui semblait regarder avec intérêt ce qui se passait dans la chambre. Elle courut vers lui sur-le-champ. — Retirez-vous, lui dit-elle, vous serez récompensé dans un autre moment. Retirez-vous! mais écoutez! restez à votre poste, je vous appellerai si l'on avait encore besoin de vous; partez! soyez fidèle et discret.

Le soldat obéit sans répondre un seul mot, et elle le vit descendre dans le fossé. Elle retourna alors vers sa maîtresse, qu'elle trouva soutenue par Gillian, faisant entendre quelques gémissemens et murmurant des mots inintelligibles, qui prouvaient que quelque cause alarmante lui avait fait éprouver un choc terrible.

Dame Gillian n'eut pas plus tôt recouvré un peu de sang-froid que sa curiosité s'accrut en proportion. — Que veut dire tout cela? demanda-t-elle à Rose; que s'est-il donc passé?

— Je n'en sais rien, répondit Rose.

— Qui peut le savoir, si ce n'est vous? répliqua Gillian. Appellerai-je les autres femmes de milady? éveillerai-je toute la maison?

— Gardez-vous-en bien, s'écria Rose; attendez que milady soit en état de donner des ordres elle-même. Quant à cette chambre, que le ciel m'aide! je ferai de mon mieux pour découvrir les secrets qu'elle contient. Ayez bien soin de ma maîtresse.

A ces mots elle prit la lampe, fit le signe de la croix, entra hardiment dans la chambre mystérieuse et l'examina avec attention.

C'était un appartement voûté de moyenne grandeur. Dans un coin était une petite statue de la Vierge grossièrement sculptée, placée au-dessus d'un bénitier saxon d'un travail curieux. Il ne s'y trouvait que deux siéges et un lit sur lequel il paraissait qu'Eveline s'était couchée. Les débris de la fenêtre brisée étaient dispersés sur le plancher, mais c'était le soldat qui avait fait cette effraction, et Rose ne vit aucune issue par où un étranger aurait pu s'introduire dans cet appartement, si ce n'est la porte, par où elle était bien sûre que personne n'avait pu passer.

Rose éprouva l'influence de la terreur qu'elle avait surmontée jusqu'alors; et couvrant son visage de sa mante, comme pour préserver ses yeux de quelque vision effrayante, elle rentra dans la seconde chambre d'un pas moins ferme et avec plus de vitesse qu'elle n'en était sortie. Elle pria ensuite Gillian de l'aider à transporter Eveline dans la première des trois chambres; après quoi elle ferma avec soin la porte de communication, comme pour mettre une barrière entre elles et le danger qui pouvait les menacer de ce côté.

Cependant Eveline avait recouvré la connaissance et les forces au point de pouvoir se mettre sur son séant, et elle commençait à prononcer quelques paroles entrecoupées.

— Rose, dit-elle enfin d'une voix faible, je l'ai vue. Mon destin est fixé.

Rose songea sur-le-champ qu'il n'était pas prudent de laisser entendre à Gillian ce que sa maîtresse pourrait dire dans ce premier moment, et adoptant à la hâte la proposition que la femme de chambre lui avait faite quelques instans auparavant, elle lui dit d'aller appeler les deux autres femmes qui avaient accompagné Eveline.

— Et où voulez-vous que je les trouve, répondit dame Gillian, dans une maison où l'on voit à minuit des étrangers armés dans une chambre, et où des diables, à ce que je puis croire, courent dans tout le reste du logis?

— Trouvez-les où vous pourrez, répondit Rose avec quelque aigreur, mais partez à l'instant.

Gillian sortit, mais à pas lents et en murmurant quelques mots qu'on ne put entendre distinctement. A peine fut-elle hors de l'appartement que Rose, s'abandonnant à tout l'enthousiasme de son affection pour sa maîtresse, la conjura dans les termes les plus pressans d'ouvrir les yeux, car elle les avait fermés de nouveau, et de parler à Rose, à sa fidèle Rose qui était prête à mourir, s'il le fallait, à côté de sa maîtresse.

— Demain, demain, Rose, murmura Eveline; je ne puis parler aujourd'hui.

— Soulagez votre esprit par un seul mot, dit Rose, confiez-moi ce qui vous a alarmée, quel danger vous appréhendez.

— Je l'ai vue, répondit Eveline, j'ai vu l'habitante de cette chambre, la vision fatale à ma race! Ne m'en demandez pas davantage. Demain vous saurez tout.

Lorsque Gillian revint avec les deux autres femmes de la suite d'Eveline, elles conduisirent leur maîtresse, d'après l'avis de Rose, dans la chambre que ces deux femmes avaient occupée et qui était à quelque distance. On la plaça dans un lit; et Rose ayant renvoyé les autres suivantes, à l'exception de Gillian, en leur disant d'aller chercher du repos où elles pourraient en trouver, resta à veiller près de sa maîtresse. Eveline fut encore fort agitée pendant quelque temps; mais peu à peu la fatigue et l'influence d'une potion calmante que Gillian eut assez de bon sens pour préparer et pour lui faire prendre parurent la tranquilliser. Elle tomba dans un profond sommeil, et ne s'éveilla que lorsque le soleil paraissait déjà au-dessus des montagnes dans le lointain.

CHAPITRE XV.

« J'aperçois une main pour tout autre invisible ;
« Elle me fait un signe, et j'y dois obéir.
« Une voix, pour moi seule, hélas! intelligible,
« Vient de se faire entendre, et dit : Il faut partir. »

MALLET.

Lorsque Eveline ouvrit les yeux, elle sembla ne conserver aucun souvenir de ce qui s'était passé la nuit précédente. Elle jeta les yeux autour de l'appartement qui, étant destiné aux domestiques, n'offrait aux regards qu'un appartement fort mesquin, et dit à Rose en souriant : — Notre bonne parente continue à bon marché l'ancienne hospitalité saxonne, du moins en ce qui concerne le coucher. J'aurais volontiers renoncé au grand souper qu'elle nous a fait servir hier au soir, pour obtenir un lit un peu moins dur que celui-ci. J'ai tous les membres brisés, comme si j'avais été sous le fléau d'un franklin[1] dans une grange.

— Je suis charmée de vous voir si gaie, ma chère maîtresse, répondit Rose, évitant avec soin de faire aucune allusion aux événemens de la nuit.

(1) On nommait ainsi les propriétaires faisant valoir eux-mêmes leurs biens. — ÉD.

Dame Gillian ne fut pas si discrète. — Ou je me trompe fort, milady, dit-elle, ou vous vous êtes couchée hier soir sur un meilleur lit que celui-ci; mais pourquoi l'avez-vous quitté? Il n'y a que vous et Rose Flammock qui puissiez le dire.

Si un coup d'œil pouvait ôter la vie, le regard que Rose lança à Gillian en l'entendant parler ainsi eût été mortel. Ce propos malavisé produisit l'effet qu'on devait en craindre: lady Eveline parut d'abord surprise et interdite; mais recouvrant insensiblement sa mémoire, elle croisa les bras, baissa les yeux, devint fort agitée, et versa un torrent de larmes.

Rose la conjura de se calmer, et lui offrit d'aller chercher le vieux chapelain saxon pour lui donner des consolations spirituelles, si son chagrin n'en admettait pas d'autres.

— N'en faites rien, s'écria Eveline en relevant la tête et en s'essuyant les yeux. J'ai reçu des Saxons bien assez de témoignages de bonté. Que j'étais folle d'attendre de cette femme insensible et cruelle quelque compassion pour la jeunesse et les souffrances! Je ne permettrai pas qu'elle jouisse d'un misérable triomphe sur le sang normand de Bérenger, en lui laissant voir combien son inhumanité m'a fait mal. Mais d'abord, Rose, répondez-moi avec vérité : quelqu'un de cette maison a-t-il été témoin de ma détresse la nuit dernière?

Rose l'assura qu'elle n'avait reçu les soins que des personnes attachées à son service; les siens, ceux de Gillian, de Blanche et de Ternote. Elle parut satisfaite de cette assurance. — Écoutez-moi toutes deux, dit-elle, et obéissez-moi scrupuleusement si vous m'aimez, ou si vous me craignez. Que pas une syllabe de ce qui s'est passé cette nuit ne sorte de vos lèvres, et donnez le même ordre de ma part à mes deux autres femmes. Ma chère Rose, aidez-moi à changer ces vêtemens en désordre; et vous, Gillian, arrangez mes cheveux. C'est un méprisable esprit de vengeance qui animait cette femme, et cela uniquement parce que mon père était Normand ! Mais je suis déterminée à ne pas lui laisser voir la moindre trace des maux qu'elle m'a fait souffrir.

En parlant ainsi, ses yeux brillaient d'une indignation qui semblait dessécher la source des larmes dont ils avaient été remplis. Rose vit avec un mélange de plaisir et d'inquiétude le changement qui venait de s'opérer dans l'esprit de sa maîtresse, dont elle savait que le principal faible était celui d'un enfant gâté par d'imprudentes déférences, et ne pouvant supporter d'être négligé ou contrarié.

— Dieu sait, dit la fidèle suivante, que je tendrais la main pour y recevoir des gouttes de plomb plutôt que de voir couler vos larmes ; et cependant, ma chère maîtresse, j'aimerais mieux vous voir à présent chagrine que courroucée. Il paraît que cette vieille dame n'a agi que conformément à quelque ancienne coutume superstitieuse de sa famille, qui est en partie la vôtre. Sa conduite et sa fortune la rendent respectable, et pressée comme vous l'êtes par les Normands pour lesquels l'abbesse votre tante ne manquera pas de prendre parti, j'espérais que la dame de Baldringham aurait pu vous donner un asile, et vous soutenir de sa protection.

— Jamais, Rose, jamais, répondit Eveline. Vous ne savez pas, vous ne pouvez vous imaginer ce qu'elle m'a fait souffrir en m'exposant à la sorcellerie et aux démons. Vous me l'avez dit vous-même, et vous aviez raison, les Saxons sont encore à demi païens, et n'ont pas plus de christianisme que de courtoisie et d'humanité !

— Oui, répliqua Rose ; mais je parlais ainsi pour vous détourner de vous exposer à un danger ; à présent que ce danger est passé, je puis en juger différemment.

— Ne prenez pas leur parti, Rose, dit Eveline d'un ton décidé. Jamais victime innocente ne fut offerte sur l'autel d'un démon avec plus d'indifférence que n'en a témoigné la parente de mon père ; et à moi, orpheline ! à moi, privée de mon appui naturel ! Je déteste sa cruauté, je déteste sa maison, je déteste la pensée de tout ce qui m'est arrivé ici! oui, Rose, de tout, excepté de ta fidélité sans égale et de ton attachement intrépide. Allez donner ordre à notre suite de monter à cheval, je veux partir à l'instant même. Point de parure! ajouta-t-elle en repoussant les deux suivantes qui réparaient le désordre de sa toilette, comme elle l'avait d'abord ordonné. Toute cérémonie est inutile; je ne m'arrêterai pas pour lui faire des adieux.

Dans le ton bref et agité de sa maîtresse Rose reconnut avec inquiétude un autre trait de ce caractère irritable qui s'était d'abord manifesté par des larmes; mais voyant en même temps que toutes remontrances seraient inutiles, elle alla donner les ordres nécessaires pour que la petite suite qui avait accompagné Eveline se réunît et se disposât à partir, espérant qu'en s'éloignant du lieu où sa sensibilité avait reçu un choc si violent, sa maîtresse recouvrerait par degrés son égalité d'ame.

Tout le cortége d'Eveline fit sur-le-champ ses préparatifs de départ, et dame Gillian était occupée à arranger les malles quand, précédée par son intendant qui remplissait aussi en quelque sorte les fonctions d'huissier de la chambre, appuyée sur le bras de sa confidente Berwine et suivie de deux ou trois de ses principales femmes, Ermengarde de Baldringham arriva elle-même, la tête droite et le front sévère et mécontent.

Eveline, la main tremblante, les joues enflammées et donnant d'autres signes d'agitation, s'occupait elle-même à faire quelques paquets lorsque sa tante entra. Tout d'un coup, à la grande surprise de Rose, elle exerça un tel empire sur elle-même, que réprimant toute apparence d'émotion, elle s'avança au-devant de sa parente avec autant de dignité que celle-ci en montrait elle-même.

— Je viens vous souhaiter le bonjour, ma nièce, dit Ermengarde avec un air de hauteur, mais avec plus de civilité qu'elle ne paraissait avoir d'abord eu dessein de lui en témoigner, tant le maintien ferme d'Eveline lui en imposa. J'apprends qu'il vous a plu de quitter la chambre qui vous avait été assignée, conformément à l'ancien usage de cette maison, pour prendre celle d'une domestique.

— En êtes-vous surprise? madame, lui demanda à son tour Eveline; ou êtes-vous fâchée de ne pas me trouver sans vie dans la chambre que votre affection et votre hospitalité m'avaient destinée?

— Votre sommeil a donc été interrompu? dit Ermengarde en fixant les yeux sur Eveline.

— Puisque je ne me plains pas, madame, répondit Eveline, le mal doit être regardé comme de peu de conséquence. Ce qui m'est arrivé est passé, et mon intention n'est pas de vous fatiguer en vous en faisant le récit.

— La dame au doigt rouge n'aime pas le sang de l'étranger! dit Ermengarde d'un air triomphant.

— Elle avait moins de raisons pour aimer celui du Saxon lorsqu'elle était sur la terre, répliqua Eveline, à moins que sa légende ne soit mensongère et que votre maison, comme je le soupçonne, ne soit hantée non par l'ame de la morte qui a été assassinée entre ses murs, mais par les mauvais esprits que les descendans d'Hengist et d'Horsa, dit-on, invoquent encore en secret.

— Vous aimez à plaisanter, jeune fille, dit Ermengarde avec dédain, ou si vous parlez sérieusement, le trait de votre sarcasme tombe à faux. Une maison qui a été bénie par le saint roi confesseur ne peut être le séjour des mauvais esprits.

— Quoi qu'il en soit, madame, votre maison n'est pas un séjour convenable pour ceux qui les redoutent; et comme j'avoue en toute humilité que je suis de ce nombre, je vais la laisser sous la garde de saint Dunstan.

— Vous ne partirez pas sans avoir déjeuné, j'espère? Vous ne ferez pas un tel affront à mon âge et à notre parenté?

— Pardon, madame; mais ceux qui reçoivent une nuit l'hospitalité chez vous n'éprouvent pas le lendemain le besoin de déjeuner. — Rose, toutes les personnes de ma suite sont-elles prêtes à partir, ou cherchent-elles à s'indemniser, en restant couchées le matin, d'avoir eu leur repos interrompu pendant la nuit?

Rose lui répondit que toute sa suite était déjà à cheval et rassemblée dans la cour, et Eveline faisant à sa tante une profonde révérence, s'avança vers la porte. Ermengarde lui lança un regard qui exprimait une espèce de fureur, malgré les rides de son visage et le sang à demi glacé dans ses veines. Elle leva même sa baguette d'ébène, comme si elle eût eu dessein de l'en frapper. Mais si elle avait ce projet, elle en changea tout à coup, et se détourna pour laisser passer Eveline, qui sortit sans lui parler davantage. En descendant l'escalier qui conduisait de cet appartement dans le vestibule, elle entendit derrière elle la voix de sa tante, semblable à celle d'une vieille sibylle courroucée, qui lui prophétisait des malheurs et qui proférait des malédictions contre sa présomption et son insolence.

— L'orgueil, s'écriait-elle, va au-devant de la destruction, et une chute attend toujours l'esprit hautain. Celle qui méprise la maison de ses ancêtres, une pierre s'en détachera pour l'écraser! celle qui se joue des cheveux blancs d'une parente ne verra jamais les siens argentés par l'âge! celle qui épouse un homme de guerre et de sang, sa mort ne sera pas paisible et le sang la signalera!

Doublant le pas pour échapper à ces prédictions de mauvais augure, Eveline sortit de la maison avec la précaution d'une fugitive, monta sur son palefroi, et entourée de toutes les personnes de sa suite à qui ce prompt départ avait aussi donné quelque alarme, quoiqu'elles n'en devinassent pas la cause, elle entra à la hâte dans la forêt; le vieux Raoul qui connaissait parfaitement le pays leur servait de guide.

Plus agitée qu'elle ne voulait se l'avouer à elle-même en quittant ainsi la demeure d'une si proche parente, chargée de malédictions au lieu de bénédictions qu'elle aurait eu droit d'en attendre à l'instant de son départ, Eveline marcha sans prononcer un seul mot jusqu'à ce que les branches touffues des chênes lui eussent caché la vue de cette fatale maison.

Un bruit de chevaux qui avançaient au galop annonçait déjà l'approche du détachement que le connétable avait chargé de veiller à la sûreté de la maison de la dame de Baldringham; les soldats qui le composaient ayant quitté leurs différens postes, s'étaient réunis pour escorter Eveline sur la route de Glocester, dont une grande partie traversait la forêt de Deane. Cette forêt était alors très considérable, quoiqu'elle ait été abattue depuis ce temps pour l'exploitation des mines. Les cavaliers joignirent la suite de lady Eveline; leurs armes réfléchissaient les rayons du soleil levant, leurs trompettes sonnaient, leurs chevaux hennissaient en caracolant; chaque cavalier cherchait à faire prendre à son coursier l'attitude la plus propre à en relever la beauté et à faire valoir sa propre dextérité, tout en brandissant sa lance surmontée de longues banderoles, de manière à prouver l'ardeur de son courage et la vigueur de son bras. Le caractère militaire que déployaient ainsi ses concitoyens normands procura à Eveline une sensation de sécurité et de triomphe qui contribua à écarter ses sombres pensées et à calmer l'espèce de fièvre morale qui l'agitait. Le brillant spectacle du lever du soleil, le chant des oiseaux perchés sur tous les buissons, le mugissement des bestiaux qui se rendaient dans leurs pâturages, la vue d'une biche accompagnée de son faon bondissant à ses côtés, tout concourait à dissiper la terreur qu'avait inspirée à Eveline sa vision nocturne, et à modérer le ressentiment qui avait agité son cœur depuis l'instant où elle avait quitté sa tante.

Elle permit alors à son palefroi de ralentir le pas, et les

idées de convenance qu'une femme perd rarement de vue se représentant à son esprit, elle chercha à réparer le désordre que son départ avait laissé dans ses vêtemens et sa chevelure. Rose vit une pâleur plus calme succéder sur les joues de sa maîtresse aux couleurs qu'y avait appelées l'émotion de la colère; elle vit ses yeux prendre un air de satisfaction tandis qu'elle regardait avec une sorte de triomphe le cortége militaire qui la suivait; et elle lui pardonna quelques exclamations que l'enthousiame lui arracha à l'éloge des Normands, exclamations auxquelles en toute autre occasion elle aurait probablement fait quelque réplique.

— Nous pouvons voyager sans rien craindre, dit Eveline, sous la garde des nobles et victorieux Normands. Leur colère est celle du lion; elle détruit ou s'apaise tout d'un coup. Leur généreuse indignation n'a rien de féroce, et leur affectation romanesque n'est jamais trompeuse. Ils connaissent les devoirs du salon comme ceux du champ de bataille, et s'il était possible qu'on les surpassât dans l'art de la guerre, ce qui n'arrivera que lorsque le mont Plinlimmon sera arraché de sa base, ils seraient encore au-dessus de tous les autres peuples en courtoisie et en générosité.

— Si je ne sens pas tout leur mérite aussi vivement que si le même sang coulait dans mes veines, répondit Rose, je suis du moins charmée de les voir autour de nous dans des bois où l'on dit qu'on peut rencontrer des dangers de toute espèce; et j'avoue que je me sens le cœur léger à présent que nous ne pouvons plus apercevoir une seule pierre de la vieille maison où nous avons passé une nuit si désagréable et dont le souvenir me sera toujours odieux.

Eveline la regarda avec un sourire.

— Avoue la vérité, Rose, tu donnerais ta plus belle robe pour savoir mon horrible aventure.

— Ce serait avouer seulement que je suis femme; mais quand je serais homme, je crois que la différence de sexe ne diminuerait que bien peu ma curiosité.

— Tu ne cherches pas à te faire valoir, ma chère Rose, en parlant des autres sentimens qui te font désirer de connaître ce qui m'est arrivé ; mais je ne les apprécie pas moins. Oui, tu sauras tout, mais pas à présent à ce que je crois.

— Quand il vous plaira, ma bonne maîtresse ; il me semble pourtant qu'en renfermant dans votre cœur un secret si terrible vous ne faites qu'en rendre le poids plus insupportable. Vous pouvez compter sur mon silence comme sur celui du saint crucifix au pied duquel nous confessons nos fautes. D'ailleurs l'imagination se familiarise avec de pareilles choses quand on en a parlé, et les dépouille peu à peu de tout appareil de terreur.

— Tu parles avec raison et prudence, Rose ; et bien certainement me trouvant entourée de ces braves guerriers, portée comme un lis sur sa tige par ma bonne haquenée Yseult, respirant un air doux et frais, entendant les oiseaux gazouiller, voyant les fleurs s'entr'ouvrir et Rose à mon côté, je devrais regarder ce moment comme le plus convenable pour t'apprendre ce que tu as tant de droits à connaître. Eh bien ! oui, tu vas tout savoir. Tu sais sans doute ce que les Saxons de ce pays appellent un *Bahr-geist ?*

— Pardon, ma chère maîtresse, mon père m'a toujours défendu d'écouter des conversations sur de pareils sujets. Je pourrais voir assez de mauvais esprits dans le monde sans habituer mon imagination à en créer de fantastiques. J'ai entendu Gillian et d'autres Saxons se servir du mot *Bahr-geist* ; mais il ne m'offre qu'une idée indéfinie de terreur, et je n'en ai jamais demandé ni reçu aucune explication.

— Sache donc que c'est un spectre, ordinairement l'image d'une personne morte, qui, soit à cause des injures qu'elle a souffertes dans un certain endroit, ou parce qu'il s'y trouve un trésor caché, ou pour tout autre motif, se montre en ce lieu de temps en temps, devient familier à ceux qui l'habitent, et s'entremèle à leur destin, tantôt pour les servir, tantôt pour leur nuire. Le *Bahr-geist*[1] est donc regardé quelquefois comme un bon génie, et quelquefois comme un esprit malfaisant, attaché à certaines familles ou à certaines classes d'hommes. Le destin de la maison de Baldringham, maison qui ne jouit pas de peu de considération, est de recevoir les visites d'un être semblable.

— Et ne puis-je vous demander quelle est la cause de cette visite, si on la connaît? demanda Rose qui désirait profiter le plus long-temps possible d'une humeur communicative qui pouvait s'épuiser incessamment.

— Je n'en connais la légende qu'imparfaitement, répondit Eveline avec un calme qui était le résultat des violens efforts qu'elle faisait pour surmonter son angoisse; mais voici en peu de mots ce que j'en ai entendu dire : Baldrick, héros saxon, le premier propriétaire de la maison d'où nous sortons, devint épris d'une belle Bretonne qui descendait, dit-on, de ces druides dont les Gallois parlent tant, et qui passait pour n'être pas étrangère aux secrets de la sorcellerie qu'ils mettaient en pratique lorsqu'ils offraient des sacrifices humains au milieu de ces cercles de pierres énormes, ou pour mieux dire de fragmens de rochers dont il existe encore un si grand nombre. Après plus de deux ans de mariage, Baldrick se lassa de sa femme au point qu'il prit la résolution cruelle de la faire mourir. Quelques-uns disent qu'il doutait de sa fidélité; d'autres prétendent qu'il y fut excité par l'Église, parce qu'elle était soupçonnée de paganisme; enfin on dit aussi qu'il voulait se procurer la liberté de faire un riche mariage; il envoya deux de ses gens dans cette fatale maison avec ordre de mettre à mort l'infortunée Vanda, et pour preuve qu'ils lui avaient obéi, de lui rapporter l'anneau qu'il lui avait mis au doigt le jour qu'il l'avait épousée. Ces hommes exécutèrent cet ordre sans pitié; ils étranglèrent Vanda dans la chambre où j'ai couché; sa main

---

[1] C'est le *Bodah-glas* d'Ecosse, et le *Petit-Pierre* d'un fameux roman allemand. — Ed.

était si enflée qu'ils ne pouvaient lui retirer la bague qu'ils devaient présenter à leur maître; ils lui coupèrent le doigt pour s'en emparer.

Mais long-temps avant le retour de ces cruels assassins l'ombre de Vanda s'était montrée à son mari épouvanté; et lui présentant sa main sanglante, elle lui fit connaître que ses ordres barbares n'avaient été que trop exécutés. Elle le suivit partout, en paix comme en guerre; à la cour, dans les camps, dans les déserts, et il mourut enfin de désespoir, en se rendant en pèlerinage à la Terre-Sainte. Depuis ce temps, le *Bahr-geist*, ou le spectre de Vanda, devint si terrible dans la maison où elle avait été assassinée, que le secours de saint Dunstan put à peine suffire pour mettre des bornes à ses visites. Cependant, après avoir réussi dans ses exorcismes, le bienheureux saint, en expiation du crime de Baldrick, imposa une pénitence sévère et perpétuelle à toutes les descendantes du Saxon jusqu'au troisième degré; et cette pénitence était que chacune d'elles, une fois en sa vie, et avant d'atteindre sa vingt-unième année, passerait une nuit, seule, dans la chambre où la malheureuse Vanda avait perdu la vie, en prononçant des prières pour le salut de son ame et de celle de son meurtrier.

On croit généralement que pendant cette nuit redoutable le *Bahr-geist* de Vanda apparaît à la jeune fille qui occupe cette chambre, et lui donne un présage de sa bonne ou de sa mauvaise fortune. Si elle doit être heureuse, Vanda lui sourit et lui donne une bénédiction de la main droite; mais elle lui annonce des malheurs, en lui montrant celle dont un doigt lui a été coupé, et lui présente un visage sévère, comme si elle voulait punir la cruauté de son mari barbare sur une de ses descendantes. On dit même qu'elle parle quelquefois. J'ai appris tous ces détails, il y a déjà long-temps, d'une vieille Saxonne qui avait suivi mon aïeule quand elle s'enfuit de la maison paternelle pour épouser mon grand-père.

— Et votre aïeule s'était-elle soumise à cette coutume qui, saint Dunstan me pardonne! me paraît mettre l'humanité en contact trop immédiat avec un être d'une nature équivoque?

— Ce fut l'opinion de mon aïeul, et il ne permit jamais à son épouse de retourner dans la maison de son père après son mariage. De là vint la désunion entre lui et son fils d'une part, et entre les deux familles de l'autre. On attribue aussi les infortunes qu'éprouva mon père, et notamment la perte qu'il fit de tous ses héritiers mâles, au refus que fit ma mère de rendre l'hommage accoutumé au *Bahr-geist* de Vanda, qu'on désigne aussi sous le nom de Doigt-Rouge ou Doigt-Sanglant.

— Et sachant qu'on observait dans cette maison une coutume si horrible, comment avez-vous pu, ma chère maîtresse, vous résoudre à accepter l'invitation de la dame de Baldringham?

— Je ne sais trop comment répondre à cette question, Rose. D'abord je craignais que le malheur que venait d'éprouver mon père en perdant la vie sous les coups de l'ennemi qu'il méprisait le plus, comme j'ai entendu dire que sa tante l'avait prédit, n'eût été occasionné par le refus qu'il avait fait de permettre à ma mère de se conformer à cet ancien usage; ensuite j'espérais que si le danger me paraissait trop effrayant quand je le verrais de plus près, ma tante, par courtoisie et par humanité, n'exigerait pas que je l'encourusse. Vous avez pourtant vu comme ma cruelle parente a saisi cette occasion, et comme, portant le nom de Bérenger et ayant reçu avec son sang une partie de son courage, ainsi que je m'en flatte, il m'est devenu impossible d'échapper au piége dans lequel je m'étais laissé prendre.

— Nul égard pour le nom ou pour le rang ne m'aurait déterminée à passer une nuit dans un lieu où la crainte seule, sans y ajouter les terreurs de la réalité, aurait pu suffire pour me punir de ma présomption en me faisant perdre la raison.

Mais, au nom du ciel, qu'avez-vous vu dans cette horrible chambre?

— Oui, c'est là la question, répondit Eveline en appuyant une main sur son front. Comment est-il possible que j'aie vu ce que j'ai vu distinctement, et que j'aie conservé la faculté de penser et de réfléchir? J'avais prononcé les prières prescrites pour le meurtrier et sa victime; en me couchant sur le lit qui m'avait été préparé, je n'avais quitté que la partie de mes vêtemens qui aurait pu m'empêcher de prendre du repos; en un mot, j'avais surmonté la première impression d'effroi, et j'espérais passer la nuit dans un sommeil aussi paisible que mes pensées étaient innocentes. Que je fus cruellement trompée! Je ne puis dire combien de temps j'avais dormi, quand je me sentis la poitrine oppressée par un poids extraordinaire qui semblait étouffer ma voix, arrêter les battemens de mon cœur, et m'empêcher de respirer. J'ouvris les yeux pour chercher la cause de cette horrible suffocation, et je vis penchée sur moi la Bretonne assassinée. Sa taille était surnaturelle; sa physionomie offrait des traits pleins de beauté et de dignité : mais il s'y mêlait une expression farouche de vengeance. Elle me montrait la main ensanglantée par la cruauté de son mari, et semblait se disposer à s'en servir pour me dévouer à ma perte par une fatale bénédiction, tandis que d'une voix qui n'avait rien de terrestre elle prononçait ces mots :

> Épouse veuve, et fille mariée,
> Tu tromperas et tu seras trompée.

Le fantôme se courba sur moi après avoir achevé ces mots, et baissa sa main ensanglantée comme s'il eût voulu me toucher le visage. La terreur me donna en ce moment le pouvoir dont elle m'avait d'abord privée. Je poussai un grand cri; la fenêtre de ma chambre s'ouvrit avec grand bruit... Mais à quoi bon vous raconter tout cela, Rose? le mouvement de vos lèvres et de vos yeux annonce bien clairement que vous me regardez comme un enfant effrayé d'un rêve qu'il fait.

— Ne vous fâchez pas contre moi, ma chère maîtresse; je crois bien véritablement que la sorcière que nous appelons *Mara*[1] vous a rendu visite; mais vous savez que les médecins ne la regardent pas comme un fantôme réel, et prétendent qu'il n'existe que dans notre imagination, ou que c'est un mal occasionné par quelque indisposition du corps.

— Vous êtes bien savante, jeune fille, répondit Eveline avec un peu d'aigreur; mais quand je vous aurai dit que mon ange gardien est venu à mon secours sous une forme humaine, que sa présence a fait évanouir le fantôme; enfin qu'il m'a transportée dans ses bras hors de cette chambre pleine de terreur, je crois qu'en bonne chrétienne vous ajouterez plus de foi à ce que je vous dis.

— En vérité, cela m'est impossible, ma chère maîtresse, c'est même cette circonstance de cet ange gardien qui me fait regarder tout cela comme un rêve. C'est une sentinelle normande que j'ai appelée en vous entendant crier, qui est venue à votre secours, a brisé la fenêtre de votre chambre, et vous a transportée dans celle où je vous ai reçue entre mes bras sans connaissance.

— Un soldat normand! s'écria Eveline en rougissant. Ah! et qui avez-vous osé charger d'entrer ainsi dans une chambre où j'étais couchée?

— Vos yeux sont courroucés, ma chère maîtresse; mais ce courroux est-il raisonnable? N'entendais-je pas vos cris d'effroi? Devais-je en ce moment songer aux règles de l'étiquette? Pas plus que si le château eût été en feu.

— Je vous demande encore, Rose, dit Eveline avec un ton de mécontentement moins prononcé, qui est ce soldat que vous avez fait entrer dans ma chambre?

---

(1) Éphialtes, le cauchemar, que M. Charles Nodier appelle *Smara*, dans une composition bizarre où il a déployé toute la richesse de son style et de son imagination. — Éd.

— En vérité, je ne saurais vous le dire, ma chère maîtresse, car indépendamment de ce qu'il était enveloppé d'un grand manteau, il y avait peu d'apparence que ses traits me fussent connus, quand même j'aurais pu les examiner à loisir. Mais je découvrirai bientôt ce cavalier, et je m'en occuperai afin de lui donner la récompense que je lui ai promise, et de lui recommander de nouveau de garder le silence sur ce qui s'est passé.

— N'y manquez pas, dit Eveline, et si vous le découvrez parmi les soldats qui nous escortent, je serai tentée de partager votre opinion, et de croire que l'imagination a eu la plus grande part aux souffrances que j'ai endurées cette nuit.

Rose donna un coup de houssine à sa haquenée, et accompagnée de sa maîtresse, elle s'approcha de Philippe Guarine, écuyer du connétable, qui commandait la petite escorte.

— Brave Guarine, lui dit-elle, j'ai parlé de ma fenêtre la nuit dernière à une de vos sentinelles, et elle m'a rendu un petit service dont je lui ai promis de la récompenser. Voudriez-vous vous informer quel est ce cavalier, afin que je puisse m'acquitter de ma promesse?

— Oui certainement, ma charmante fille, répondit l'écuyer, d'autant plus que je lui dois aussi une récompense; car si l'un de mes soldats s'est approché assez près de la maison pour causer à une fenêtre avec quelqu'un, il a manqué à sa consigne.

— Bon, bon, vous lui pardonnerez cela pour l'amour de moi. Si je vous avais appelé vous-même, brave Guarine, je parie que j'aurais eu assez d'influence sur vous pour vous faire venir sous la fenêtre de ma chambre.

— Cela est vrai, dit Guarine en riant; auprès des femmes la discipline est toujours en danger.

Il alla prendre les renseignemens nécessaires parmi sa troupe, et il revint bientôt en disant qu'il avait interrogé tous ses soldats jusqu'au dernier, et qu'il n'en existait pas un seul qui n'eût assuré positivement qu'il ne s'était pas approché de la maison de la dame de Baldringham la nuit précédente.

— Vous voyez, Rose, dit Eveline à sa suivante en lui adressant un coup d'œil expressif.

— Le pauvre diable craint la sévérité de Guarine, dit Rose; mais il viendra en secret chercher la récompense que je lui ai promise.

— Je voudrais avoir le droit de la réclamer moi-même, dit l'écuyer; mais quant à ces drôles, ils ne sont pas aussi timides que vous le supposez, et ils ne sont toujours que trop prêts à vouloir se justifier d'une infraction à leur consigne, même quand ils ont une moins bonne excuse. D'ailleurs je leur avais promis l'impunité. Avez-vous d'autres ordres à me donner?

— Aucun, Guarine, répondit Eveline; mais distribuez cette bagatelle à vos soldats, afin qu'ils puissent se procurer du vin pour passer la nuit prochaine plus gaîment que celle qui l'a précédée. — Le voilà parti. Eh bien! Rose, j'espère que vous êtes bien convaincue à présent que l'être que vous avez vu n'était pas un être de ce monde?

— Je dois en croire mes yeux et mes oreilles, milady, répondit Rose.

— A la bonne heure, mais accordez-moi aussi le même privilége. Soyez bien sûre que mon libérateur, car je dois le nommer ainsi, portait les traits d'un être qui n'était ni ne pouvait être dans les environs du château de Baldringham. Mais dites-moi une chose, que pensez-vous de cette prédiction extraordinaire :

> Épouse veuve, et fille mariée,
> Tu tromperas et tu seras trompée ?

Vous direz que c'est une vaine imagination de mon cerveau;

mais supposez un instant que ce soit un oracle prononcé par un véritable devin, qu'en diriez-vous?

— Je dirais que vous pouvez être trompée, trahie, ma chère maîtresse, mais que vous ne trahirez jamais personne, répondit Rose avec vivacité.

Eveline tendit la main à son amie, et serra avec affection celle que Rose lui présenta. — Je te remercie du jugement que tu portes, lui dit-elle, et il est confirmé par mon cœur.

Un nuage de poussière annonça l'arrivée du connétable de Chester à la tête du reste de son détachement. Sir William Herbert l'accompagnait avec plusieurs de ses parens et de ses voisins qui venaient rendre leurs devoirs à l'orpheline de Garde-Douloureuse, nom sous lequel on désignait alors Eveline.

Eveline remarqua qu'Hugues de Lacy, en la saluant, parut surpris et mécontent du peu de soin qu'elle avait pris de sa parure, ce qui avait été occasionné par son départ précipité de la maison de sa tante, et elle ne fut pas moins frappée de son côté de l'expression de sa physionomie, qui semblait dire : Je ne dois pas être traité comme un homme ordinaire, qu'on peut recevoir avec négligence et offenser avec impunité. Elle pensa, pour la première fois, que le visage du connétable, quoique manquant de grace et de beauté, était formé pour exprimer avec énergie les passions violentes, et que la dame qui porterait son nom et partagerait son rang devait être décidée d'avance à soumettre toutes ses volontés et tous ses désirs au bon plaisir d'un seigneur et maître fort arbitraire.

Cependant le nuage qui avait couvert le front du noble baron ne tarda pas à se dissiper; et dans la conversation qu'il eut peu après avec Herbert et les autres seigneurs qui étaient avec lui, ou qui arrivèrent ensuite pour le saluer et l'accompagner quelque temps, Eveline eut occasion d'admirer la supériorité qu'il montrait sur eux autant par ses pensées que par la manière de s'exprimer. Elle remarqua aussi l'attention et la déférence qu'accordaient à ses moindres paroles des hommes trop élevés en rang et trop fiers pour reconnaître une prééminence qui n'aurait pas été fondée sur un mérite reconnu. L'estime d'une femme pour un homme dépend beaucoup ordinairement de celle dont il jouit dans l'opinion générale ; et en arrivant au couvent des Bénédictines, Eveline ne put penser sans respect au guerrier renommé, au politique célèbre que ses talens universellement reconnus semblaient mettre au-dessus de tous ceux qu'elle avait vus s'approcher de lui. Eveline ne pouvait être exempte d'un peu d'ambition. L'épouse du connétable, pensa-t-elle, si elle ne trouvait pas en lui quelques-unes de ces qualités qui sont les plus séduisantes pour la jeunesse, serait du moins généralement honorée et respectée ; et si elle ne jouissait pas d'une félicité romanesque, elle pourrait bien certainement arriver au contentement.

CHAPITRE XVI.

« Je le vois, on vous a contre moi prévenue ;
« Vous me croyez joueur, dissipé, libertin ;
« Mais pourtant c'est de vous que dépend mon destin.
« Si vous me refusez ce que je vous demande,
« Je reste sans ressource ; il faut que je me pende. »
Ancienne comédie.

ÉVELINE resta près de quatre mois avec sa tante l'abbesse des Bénédictines de Glocester, sous les auspices de laquelle le connétable de Chester vit ses projets d'hymen prospérer, ce qui serait probablement arrivé sous la protection de sir Raymond Bérenger, s'il eût vécu. On peut supposer cependant que sans la prétendue vision de Notre-Dame de Garde-Douloureuse, et le vœu dont cette vision avait été suivie, l'éloignement naturel à une si jeune personne pour un mariage où il y avait une telle disparité d'âge aurait mis de grands obstacles à sa réussite. Eveline, tout en honorant les vertus du connétable, en rendant justice à son noble caractère, en admirant ses talens, ne pouvait se défaire d'une crainte secrète qu'il lui inspirait et qui, en l'empêchant de lui exprimer le peu d'intérêt qu'elle prenait à ses avances, la faisait quelquefois frissonner sans qu'elle sût pourquoi, à l'idée seule qu'elle pourrait devenir son épouse.

Les mots de mauvais augure « — tu tromperas et tu seras trompée — » revenaient à sa mémoire; et quand sa tante, lorsque le temps du grand deuil fut passé, eut fixé une époque pour ses fiançailles, elle l'envisagea avec un sentiment de terreur qu'elle ne pouvait s'expliquer à elle-même, et qu'elle ne confia pas, même sous le sceau de la confession, au père Aldrovand, non plus que ce qui était arrivé chez Ermengarde de Baldringham; ce n'était point aversion pour le connétable; ce n'était point préférence pour quelque autre; c'était un de ces mouvemens d'instinct par lesquels la nature semble nous mettre en garde contre un danger qui s'approche de nous, quoique sans nous en indiquer la nature, ni nous suggérer les moyens de l'éviter.

Ces appréhensions devenaient si violentes en certains momens, que si elles eussent été secondées comme autrefois par les remontrances de Rose Flammock, elles auraient peut-être encore déterminé Eveline à prendre une résolution défavorable aux vœux d'Hugues de Lacy. Mais ayant encore plus de zèle pour l'honneur de sa maîtresse que pour son bonheur, Rose s'était strictement interdit tout discours qui aurait pu ébranler la détermination d'Eveline, quand celle-ci eut une fois donné son consentement aux propositions du connétable; et quelque chose qu'elle pût penser ou prévoir relativement à ce mariage projeté, elle parut ne plus le regarder que comme un événement nécessaire.

De Lacy lui-même, à mesure qu'il apprit à mieux connaître le prix de la récompense à laquelle il aspirait, regarda cette union avec des sentimens tout différens de ceux qui l'avaient animé lorsqu'il en avait fait la première proposition à Raymond Bérenger. Ce n'était alors qu'un mariage d'intérêt et de convenances qui s'était présenté à l'esprit d'un seigneur fier et politique, comme un moyen de consolider son pouvoir et de perpétuer sa noble race. La beauté d'Eveline ne fit pas même sur lui l'impression qu'elle aurait dû produire sur un homme animé de l'esprit chevaleresque de ce siècle. Il avait passé cette époque de la vie où l'homme sage lui-même se laisse séduire par les avantages extérieurs; on aurait pu même croire qu'il aurait prudemment désiré que la belle Eveline eût quelques charmes de moins et quelques années de plus, pour rendre ce mariage mieux assorti. Cette espèce de stoïcisme s'évanouit pourtant quand, après avoir eu plusieurs entrevues avec celle qu'il regardait comme sa future épouse, il reconnut qu'elle était à la vérité sans expérience du monde, mais disposée à se laisser guider par une prudence supérieure à la sienne; et que, quoique douée d'un esprit élevé et d'un caractère qui commençait à reprendre sa gaîté naturelle, elle était douce, docile, et pardessus tout armée d'une fermeté de principes qui semblait garantir qu'elle marcherait sans faire un faux pas sur le sentier glissant que la jeunesse, le haut rang et la beauté ont à parcourir.

A mesure qu'un sentiment plus vif et plus passionné pour Eveline se développait dans le cœur de Lacy, les engagemens qu'il avait pris comme croisé commençaient à lui devenir de plus en plus pesans. L'abbesse des Bénédictines, naturellement chargée de veiller au bonheur de sa nièce, les lui rendait encore plus insupportables par ses raisonnemens et ses remontrances. Quoique dévouée au cloître et à la solitude, elle avait du respect pour le saint état du mariage, et ce qu'elle en comprenait lui démontrait suffisamment que le but principal de l'union conjugale ne pouvait être atteint si le continent européen se trouvait placé entre les deux époux. Il est vrai que le connétable lui donna une fois à entendre que sa jeune épouse pourrait l'accompagner dans le camp des croisés ; mais à la seule idée de voir conduire sa nièce dans un lieu plein de dangers et de dissolution, la bonne abbesse fit le signe de la croix avec une sainte horreur, et ne souffrit jamais qu'une telle proposition fût répétée en sa présence.

Il n'était pourtant pas très rare que les rois, les princes et les autres personnages de haute importance qui avaient fait le vœu de prendre les armes pour délivrer Jérusalem obtinssent de l'église de Rome, en prenant à cet effet les moyens convenables, un délai pour remplir leur engagement, et quelquefois même en fussent entièrement dispensés. Le connétable, s'il eût sollicité la permission de rester en Angleterre, avait l'avantage de pouvoir compter sur tout le crédit de son souverain pour appuyer sa demande, car c'était sur sa valeur et sur sa politique qu'Henry comptait principalement pour maintenir le bon ordre sur les frontières toujours exposées du pays de Galles, et ce n'était certainement pas avec plaisir qu'il avait vu un sujet si utile prendre la croix.

Il fut donc résolu dans un conseil privé tenu entre l'abbesse et le connétable, que celui-ci solliciterait auprès du saint-siége à Rome et près du légat du pape en Angleterre un délai de deux ans au moins pour s'acquitter de son vœu ; faveur qu'il croyait qu'on pourrait difficilement refuser à un homme ayant autant de fortune que d'influence, et qu'il avait dessein d'appuyer par les offres les plus libérales d'assistance pour délivrer la Terre-Sainte du joug des infidèles. Ses offres étaient réellement magnifiques ; car il proposait, s'il était dispensé du service personnel, d'envoyer à la croisade cent lances à ses frais, chaque lance accompagnée de trois archers, de deux écuyers et d'un varlet, ce qui doublait le nombre des soldats qu'il avait promis d'y conduire en personne. Il avancerait en outre, dit-il, une somme de deux mille besans pour contribuer aux dépenses générales de l'expédition, et mettrait à la disposition des croisés les bâtimens qu'il venait de faire équiper pour s'y embarquer avec sa suite.

Cependant, tout en faisant de si belles offres, le connétable ne se dissimulait pas qu'elles ne répondraient pas à l'attente du rigide prélat Baudouin qui, ayant prêché lui-même la croisade et déterminé le connétable avec tant d'autres seigneurs à prendre la croix, devait voir avec mécontentement l'œuvre de son éloquence mise en danger par la retraite d'un appui si important. Voulant donc désarmer par tous les moyens possibles le ressentiment de l'archevêque, il promit encore que s'il lui était permis de rester en Grande-Bretagne il mettrait à la tête de ses forces son neveu Damien de Lacy, déjà renommé par ses exploits malgré sa jeunesse, l'espoir de sa maison, et qui devait en être un jour le chef s'il venait lui-même à mourir sans héritiers en ligne directe.

Le connétable choisit la forme la plus prudente pour communiquer ses propositions au prélat, en chargeant de son message un ami commun sur la bonne volonté duquel il pouvait compter, et qui passait pour avoir beaucoup de crédit sur l'esprit de Baudouin. Mais malgré la splendeur de ses offres l'archevêque les écouta avec un air sombre, silencieux, et dit enfin qu'il ferait connaître sa réponse au connétable dans une entrevue qu'il aurait avec lui un jour qu'il lui indiquerait, quand les affaires de l'Église l'appelleraient dans la ville de Glocester. Le rapport que fit le médiateur à Hugues de Lacy fut de nature à lui faire prévoir qu'il aurait à soutenir une lutte sérieuse contre un ecclésiastique fier et puissant; mais puissant et fier lui-même, et soutenu par la faveur de son souverain, il se flatta encore d'en sortir victorieux.

La nécessité d'arranger cette affaire importante, et la mort récente du père d'Eveline empêchèrent De Lacy de faire la cour publiquement à la belle orpheline, et de signaler son amour par des prouesses militaires dans des tournois où en toute autre occasion il aurait désiré pouvoir déployer son adresse et son courage aux yeux de sa maîtresse; d'une autre part les règles du couvent ne lui permettaient pas de lui donner des divertissemens d'une nature plus pacifique, comme des bals et des concerts; et quoiqu'il témoignât son attachement par des présens magnifiques qu'il faisait à sa future épouse et aux personnes de sa suite, toute cette affaire, suivant l'opinion de dame Gillian qui ne manquait pas d'expérience, rappelait la marche solennelle d'un convoi funèbre plutôt que le pas léger d'une noce.

Eveline aussi pensait à peu près de même, et il lui semblait quelquefois qu'elle aurait trouvé un soulagement au poids qui l'oppressait dans les visites du jeune Damien, dont l'âge si rapproché du sien aurait pu faire diversion aux attentions graves de son oncle plus sérieux. Mais elle ne le voyait jamais; et d'après ce que lui en disait le connétable, elle était portée à s'imaginer que l'oncle et le neveu avaient du moins momentanément changé ensemble de caractère et d'occupation. Hugues de Lacy à la vérité, pour observer littéralement son vœu, continuait à demeurer sous un pavillon qu'il avait fait élever aux portes de Glocester; mais il était rare qu'il se couvrît de ses armes, et il avait substitué la soie, le damas et d'autres étoffes coûteuses à son ancien justaucorps de chamois; en un mot, à un âge déjà avancé, il semblait avoir plus de goût pour une parure recherchée qu'on ne se souvenait de lui en avoir jamais vu dans sa première jeunesse. Damien au contraire restait presque constamment sur les frontières du pays de Galles, s'occupant à apaiser par sa prudence et à réprimer par sa valeur les troubles qui ne cessaient d'y régner. Eveline apprit même avec surprise que ce n'était pas sans difficulté que son oncle avait obtenu de lui qu'il reviendrait à Glocester pour assister à la cérémonie qui devait précéder leur mariage, et que les Normands appelaient *fiançailles*. Cette cérémonie que le mariage suivait après un intervalle plus ou moins long, se célébrait ordinairement avec une solennité proportionnée au rang des parties contractantes.

Le connétable ajouta avec des expressions de regret que le jeune Damien prenait trop peu de repos; qu'il ne se permettait pas assez de sommeil et qu'il se livrait à des fatigues excessives; que sa santé en avait souffert, et qu'un savant médecin juif avait déclaré qu'un séjour dans un climat plus chaud serait nécessaire pour rendre à sa constitution sa vigueur naturelle.

Eveline apprit cette nouvelle avec regret; car elle se rappelait toujours Damien comme l'ange tutélaire qui était venu le premier lui annoncer à Garde-Douloureuse qu'elle n'avait plus rien à craindre des Gallois qui l'assiégeaient. Elle trouvait une sorte de plaisir à songer aux diverses occasions où elle l'avait vu, quoiqu'il fût mêlé de souvenirs douloureux, tant il lui avait prodigué d'attentions et tant elle avait trouvé de consolations dans la douce pitié qu'il lui montrait. Elle aurait désiré le voir, afin de pouvoir juger elle-même de la nature de sa maladie; car de même que beaucoup d'autres demoiselles de ce temps, elle avait quelque connaissance dans l'art de guérir; et le père Aldrovand, qui était lui-même assez bon médecin, lui avait appris à extraire des sucs salutaires de fleurs et de plantes cueillies sous l'influence de certaines planètes.

Ce fut donc avec une sensation de plaisir mêlé de quelque confusion, occasionnée sans doute par l'idée de vouloir remplir les fonctions de médecin auprès d'un si jeune malade, qu'un soir que toute la communauté était réunie en chapitre pour quelque affaire, elle entendit Gillian lui annoncer que le parent du connétable demandait à lui parler. Prenant à la hâte le voile qu'elle portait pour se conformer aux usages du couvent, elle descendit précipitamment au parloir en ordonnant à Gillian de l'y accompagner, ordre que la femme de chambre ne jugea pourtant pas à propos d'exécuter.

Dès qu'elle y entra, un homme qu'elle n'avait jamais vu vint à sa rencontre, fléchit un genou devant elle; et prenant le bas de son voile, le baisa respectueusement. Surprise et alarmée, elle fit un pas en arrière, quoique l'air de cet étranger n'eût rien qui justifiât ses appréhensions. Il paraissait âgé de trente ans environ, avait une belle taille, des traits nobles quoique flétris, et une physionomie sur laquelle les maladies ou les passions dont il avait éprouvé l'influence de bonne heure avaient déjà exercé les ravages qui marchent ordinairement à la suite des années. Ses manières annonçaient la courtoisie et le respect le plus humble. Il s'aperçut de l'étonnement d'Eveline, et lui dit avec une émotion qui n'était pas sans mélange de fierté : — Je crains d'avoir été indiscret et que ma visite ne vous paraisse un acte de présomption.

— Levez-vous, monsieur, répondit Eveline, et apprenez-moi votre nom et l'affaire qui vous amène. On m'avait dit que je trouverais ici un parent du connétable de Chester.

— Et vous vous attendiez à y voir le jeune Damien, dit l'étranger. Mais le mariage dont le bruit retentit dans toute l'Angleterre vous fera connaître d'autres rejetons de la famille De Lacy, et entre autres le malheureux Randal qui est devant vous en ce moment. Peut-être la belle Eveline Bérenger n'a-t-elle pas même entendu son nom sortir de la bouche de son plus fortuné parent, plus fortuné sous tous les rapports, mais surtout dans sa perspective nouvelle.

En finissant ce compliment, il la salua profondément, et Eveline se trouva fort embarrassée, ne sachant comment répondre à ces civilités. Elle se souvenait d'avoir entendu le connétable dire quelques mots de ce Randal quand il lui avait parlé de sa famille, mais c'était en termes qui indiquaient qu'il n'existait pas entre eux une bonne intelligence. Elle se borna donc à lui faire une révérence à son tour et à le remercier de l'honneur de sa visite, espérant qu'il prendrait congé d'elle; mais il n'était pas venu pour se retirer si promptement.

— A la froideur avec laquelle lady Eveline Bérenger me reçoit, dit-il, je comprends que l'opinion que mon parent lui a donnée de moi, si toutefois il a daigné prononcer mon nom devant elle, ne m'a pas été favorable, pour ne rien dire de plus. Et cependant mon nom a obtenu autrefois à la cour et dans les camps autant d'estime que celui du connétable lui-même; s'il est déchu, il ne le doit qu'à ce qu'on regarde souvent comme la plus honteuse des disgraces, la pauvreté, qui m'empêche d'aspirer aujourd'hui aux places qui me vaudraient de l'honneur et de la renommée. Si les folies de ma jeunesse ont été nombreuses, j'en ai été bien puni par la perte de ma fortune et par la dégradation que j'éprouve, et dont mon heureux parent pourrait, s'il le voulait, m'aider à sortir; je ne dis pas par des secours pécuniaires, je ne voudrais pas vivre d'aumônes arrachées à la main d'un parent qui s'est éloigné de moi; mais sa protection ne lui coûterait rien, et s'il me l'accordait je pourrais en retirer quelque utilité.

— C'est ce dont le noble connétable doit être juge lui-même, répondit Eveline. Je n'ai, jusqu'à présent du moins, aucun droit de me mêler de ses affaires de famille; et si je l'acquérais un jour, il me conviendrait de n'en user qu'avec réserve.

— C'est répondre avec prudence, répondit Randal; mais ce que je vous demande est uniquement d'avoir la bonté de présenter à mon heureux cousin une demande qu'il me serait difficile de forcer ma langue à lui faire avec le ton de soumission convenable. L'avidité des usuriers qui a déjà dévoré ma fortune me menace à présent de la prison, et ils n'oseraient me faire cette menace, encore moins l'exécuter, s'ils ne me voyaient oublié, repoussé par le chef naturel de ma famille; s'ils ne me regardaient comme un proscrit sans amis plutôt que comme un descendant de la puissante maison De Lacy.

— C'est une triste situation, dit Eveline; mais je ne vois pas ce que je puis faire pour vous servir.

— Rien n'est plus facile, répliqua Randal. Le jour de vos fiançailles est fixé, à ce que j'ai entendu dire, et vous avez le droit de choisir les témoins pour cette cérémonie solennelle : tous les saints puissent-ils la bénir! Pour tout autre que moi, y assister ou en être absent, ce n'est qu'une affaire de pure forme ; mais pour moi il y va presque de la vie ou de la mort. Je suis dans une telle position, que si je reçois une marque prononcée d'indifférence ou de mépris en étant exclu de cette réunion de famille, on me regardera comme définitivement désavoué par la maison De Lacy; et ce sera un signal pour faire tomber sur moi, sans merci ni pitié, mille chiens affamés qui seraient muselés par le moindre signe d'appui que ferait en ma faveur mon puissant cousin. Mais pourquoi abuser si long-temps de votre complaisance? Adieu, milady ; puissiez-vous être heureuse! et ne m'en voulez pas d'avoir interrompu quelques minutes le cours de pensées plus agréables pour vous forcer à donner quelque attention à mes infortunes.

— Un instant, monsieur, dit Eveline émue par le ton suppliant et les manières respectueuses de Randal. Vous n'aurez pas à dire que vous avez confié vos malheurs à Eveline Bérenger sans en recevoir toute l'aide qu'il est en son pouvoir de vous accorder. Je ferai part de votre demande au connétable de Chester.

— Il faut faire plus encore si vous désirez véritablement m'obliger, s'écria Randal de Lacy. Il faut que vous fassiez de cette demande une affaire qui vous soit personnelle. Vous ne savez pas encore, ajouta-t-il en fixant sur elle un regard expressif, combien il est difficile de changer la détermination d'un De Lacy. Dans un an d'ici vous aurez appris probablement combien nos résolutions sont inébranlables. Mais à présent comment résister à un désir que vous daigneriez exprimer?

— Si vous n'obtenez pas votre demande, monsieur, répondit Eveline, je n'aurai pas à me reprocher de ne l'avoir pas appuyée avec tout l'intérêt possible; mais vous devez sentir que c'est au connétable lui-même qu'il appartient de l'accorder ou de la refuser.

Randal prit congé d'elle avec le même respect que lorsqu'il l'avait abordée, si ce n'est qu'en arrivant il s'était borné à baiser le bas de son voile, et qu'il lui rendit hommage en la quittant en touchant sa main de ses lèvres. Eveline le vit partir avec un mélange d'émotions parmi lesquelles la compassion dominait, quoiqu'elle trouvât quelque chose d'offensant dans la manière dont il s'était plaint de la dureté du connétable à son égard, et qu'en avouant les folies de sa jeunesse il eût paru inspiré par un orgueil blessé plutôt que par un esprit de regret sincère.

La première fois qu'elle vit ensuite le connétable elle lui fit part de la visite et de la demande de Randal. Pendant qu'elle lui en rendait compte elle examina avec attention sa physionomie; et quand elle prononça pour la première fois le nom de son cousin, elle vit briller dans ses yeux un éclair de courroux. Il le maîtrisa pourtant bientôt, et écouta en baissant les yeux le détail qu'elle lui donna de tout ce qui s'était passé entre elle et Randal, et la demande qu'elle lui fit que son cousin serait un des témoins invités à leurs accordailles.

Le connétable garda le silence un instant, comme s'il eût cherché le moyen d'éluder cette sollicitation; enfin il lui répondit: — Vous ne savez pas pour qui vous me faites cette demande, sans quoi vous ne vous en seriez peut-être pas chargée; vous n'en connaissez même pas toute l'étendue, quoique mon astucieux cousin sache fort bien que lui accorder la grace qu'il me demande c'est en quelque sorte m'engager aux yeux du monde à intervenir encore dans ses affaires, ce sera la troisième fois, et à le remettre sur un pied qui lui permette de se relever de sa chute et de réparer ses nombreuses erreurs.

— Et pourquoi ne le feriez-vous pas, milord? dit la généreuse Eveline. Si ses folies l'ont ruiné, il est maintenant d'un âge à pouvoir éviter les piéges des tentations, et s'il a du courage et un bon bras, il peut encore faire honneur à la maison De Lacy.

— Dieu sait, dit le connétable en secouant la tête, qu'il a un courage et un bras en état de servir, soit en bien, soit en mal. Au surplus je ne veux pas qu'on puisse jamais dire, belle Eveline, que vous ayez fait à Hugues de Lacy une demande qu'il ne fût pas disposé à vous accorder. Randal sera présent à nos fiançailles. Il y a même une raison de plus pour l'y inviter, car je crains que notre neveu plus estimable, Damien, ne puisse y assister. J'apprends que sa maladie augmente, et il s'y joint d'étranges symptômes d'emportemens momentanés auxquels aucun jeune homme n'avait jamais été moins sujet que lui.

CHAPITRE XVII.

« Voici la mariée : allez sonner la cloche ;
« Qu'un joyeux carillon annonce son approche,
« Le brillant incarnat de son front virginal
« Efface du soleil le pourpre oriental :
« Mais cet astre aujourd'hui s'entoure de nuages ;
« Saints du ciel, dissipez ces funestes présages. »

Ancienne comédie.

Le jour des fiançailles approchait, et il paraît que les règles des Bénédictines, ou du moins la manière dont l'abbesse les exécutait, n'étaient pas assez rigides pour l'empêcher de célébrer dans la grande salle du couvent cette cérémonie sainte, quoiqu'elle dût nécessairement introduire beaucoup d'hommes dans l'enceinte exclusivement réservée aux vierges du cloître, et qu'elle fût le premier pas vers un état auquel ces saintes filles avaient renoncé pour toujours. L'orgueil de l'abbesse comme noble normande, et l'intérêt sincère qu'elle prenait au bonheur de sa nièce l'emportèrent sur tous les scrupules, et l'on voyait la vénérable mère se donner un mouvement extraordinaire ; tantôt ordonnant aux jardiniers de décorer de fleurs cet appartement, tantôt recommandant à la cellerière, à la dépensière, aux sœurs laies de la cuisine, de préparer un banquet splendide, et mêlant de temps en temps à ces ordres une pieuse exclamation que lui arrachaient ses réflexions sur la vanité et le néant de ces choses mondaines. Oubliant alors l'air affairé et empressé avec lequel elle surveillait tous les préparatifs, elle croisait les mains, et levait les yeux au ciel en soupirant de la pompe à laquelle elle prenait tant de soin pour que rien ne manquât. Dans d'autres instans on aurait pu la voir en consultation sérieuse avec le père Aldrovand sur le cérémonial civil et religieux qui devait accompagner une fête si importante pour sa famille.

Pendant ce temps, si elle avait tant soit peu relâché les rênes de la discipline, elle ne les avait pas tout-à-fait abandonnées. La première cour du couvent fut à la vérité ouverte aux hôtes du sexe masculin quand le grand jour arriva ; mais les novices et les jeunes sœurs furent reléguées avec soin dans les appartemens intérieurs de cette vaste maison, sous les yeux vigilans d'une vieille nonne, personne grave, prudente et vertueuse qu'on désignait dans le cloître sous le nom de Maîtresse des novices ; il ne leur fut pas permis de souiller leurs regards du spectacle profane des panaches et des vêtemens brillans de la chevalerie. Quelques sœurs de l'âge de l'abbesse restèrent pourtant en pleine liberté. Ces dames antiques allaient partout en affectant autant d'indifférence qu'elles avaient réellement de curiosité, et elles tâchaient de se procurer indirectement des renseignemens sur les noms, les costumes et les décorations, sans oser montrer l'intérêt qu'elles prenaient à ces vanités mondaines, et que des questions positives auraient laissé apercevoir.

Un nombreux détachement de lanciers du connétable gardait la porte du couvent, et ne laissait entrer dans l'enceinte sacrée que le petit nombre d'élus qui devaient être admis à la cérémonie, avec les principales personnes de leur suite. Les premiers étaient conduits avec respect dans les appartemens préparés pour les recevoir ; les autres restaient dans la première cour, où on leur distribuait des rafraîchissemens substantiels, et où ils jouissaient de l'amusement si précieux à toutes les classes de domestiques d'examiner et de critiquer leurs maîtres et leurs maîtresses tandis qu'ils passaient pour se rendre dans les divers appartemens.

Parmi ceux qui s'occupaient ainsi étaient Raoul le vieux piqueur, et sa femme dame Gillian; lui brillant de toute sa gloire, en habit neuf de velours vert; elle souriant avec grace, portant une riche robe de soie jaune, bordée de martre : tous deux également attentifs à considérer ce joyeux spectacle. Une trève succède quelquefois aux guerres les plus acharnées ; le temps le plus froid a ses momens de chaleur ; l'ouragan le plus violent ses momens de calme, et il en était de même des rapports de cet aimable couple. Quelques intervalles d'une sérénité parfaite interrompaient les longs orages de leurs dissensions. La splendeur de leurs vêtemens neufs, la gaîté de la scène qui les entourait, et peut-être l'aide d'un bol de muscadine avalé par Raoul et d'un verre d'hippocras bu à petits coups par sa femme les avaient rendus tous deux, aux yeux l'un de l'autre, plus agréables que de coutume, la bonne chère étant en pareil cas ce que l'huile est à une serrure rouillée quand elle fait ouvrir sans bruit une porte qui ne s'ouvrirait qu'avec le fracas de deux battans peu disposés à agir de concert. Ils s'étaient placés dans une espèce de niche élevée de deux ou trois pieds au-dessus du niveau de la cour et dans laquelle était un petit banc de pierre. C'était une situation avantageuse, d'où leurs regards curieux dominaient sur tous ceux qui entraient.

Ainsi placé, Raoul avec son visage ridé pouvait passer pour le digne représentant de Janvier, père glacé de l'année, et quoique Gillian n'eût plus la fraîcheur délicate du jeune Mai, cependant le feu encore vif d'un grand œil noir et le coloris animé d'une joue encore vermeille pouvaient faire d'elle une image assez fidèle d'Août, père des fruits et de la gaîté. Dame Gillian avait coutume de se vanter qu'elle pouvait plaire à tout le monde par son entretien quand elle le voulait, depuis Raymond Bérenger jusqu'à Robin le valet d'écurie; et comme une bonne femme de ménage qui daigne quelquefois, afin d'entretenir sa main, préparer un mets délicat pour son mari seul, elle jugea à propos en ce moment d'employer ses moyens de plaire en faveur du vieux

Raoul ; et par ses saillies de gaîté satirique, elle réussit à vaincre non-seulement la mauvaise humeur qu'il avait en général contre tout le genre humain, mais même sa disposition spéciale à être bourru avec sa femme. Ses plaisanteries, quelque pût en être le mérite intrinsèque, et l'air de coquetterie avec lequel elle les débitait, produisirent un tel effet sur ce Timon des frontières du pays de Galles que son nez cynique s'en releva ; il ouvrit la bouche, montra toutes ses dents comme un roquet qui veut mordre, et poussa des éclats de rire qui ressemblaient aux aboiemens de ses chiens. Il s'arrêta pourtant tout court, comme s'il se fût rappelé qu'il dérogeait à son caractère de gravité bourrue ; et avant de se livrer encore à sa nouvelle humeur, il jeta sur Gillian un regard accompagné de tant de grimaces qu'il ressemblait assez bien à une de ces figures fantastiques dont on décorait autrefois la partie supérieure d'une basse de viole.

— Eh bien ! dit Août à Janvier, cela ne vaut-il pas mieux que d'user vos lanières sur le dos d'une femme qui vous aime comme si elle était une habitante de votre chenil ?

— C'est vrai, répondit Janvier d'un ton glacial ; et cela vaut mieux aussi que les tours de chien qui me forcent de donner de l'exercice à mes lanières.

— Hum ! dit Gillian du ton d'une femme qui pensait que l'assertion de son mari pouvait être contestée ; mais changeant de gamme aussitôt, elle dit d'une voix plaintive : — Ah, Raoul ! ne vous souvenez-vous pas que vous m'avez battue une fois parce que feu notre maître, Dieu veuille avoir son ame ! avait pris le ruban rouge qui nouait mon corset pour un rose-pivoine ?

— Oui, oui, je me souviens que feu notre maître, Dieu veuille avoir son âme ! comme vous le dites, faisait quelquefois de pareilles méprises : le meilleur chien peut se trouver un défaut.

— Et comment avez-vous pu souffrir, mon cher Raoul,

que la femme de votre affection fût si long-temps sans avoir une robe neuve?

— Eh bien, eh bien! notre jeune maîtresse vous en a là donné une qui pourrait servir à une comtesse, répondit Raoul en faisant voir par son ton qu'elle avait touché une corde qui menaçait de détruire le bon accord du moment; combien vous faudrait-il donc de robes?

— Seulement deux, mon bon Raoul; uniquement pour que nos voisins ne comptent pas l'âge de leurs enfans en partant de l'époque où dame Gillian a eu sa robe neuve.

— Il est bien dur qu'on ne puisse être une fois de bonne humeur sans avoir à le payer? Eh bien! vous aurez une robe neuve à la Saint-Michel, quand j'aurai vendu les cuirs de la dernière saison. Les cornes seules vaudront quelque chose cette année.

— Ne vous ai-je pas toujours dit, mon cher mari, que les cornes valaient le cuir quand on savait les vendre?

Raoul se retourna brusquement comme si une guêpe l'avait piqué, et il serait difficile de dire ce qu'il aurait répondu à cette observation innocente en apparence, si un brillant cavalier ne fût entré en ce moment dans la cour. Il mit pied à terre comme les autres, et confia son cheval à un écuyer dont les vêtemens étaient couverts de magnifiques broderies.

— Par saint Hubert! dit Raoul, voilà un beau cavalier, et son destrier pourrait servir à un comte! Et il porte les couleurs de milord le connétable! je ne le connais pourtant pas.

— Mais je le connais, moi, dit Gillian; c'est Randal de Lacy, cousin du connétable, et qui ne le cède à aucun de ceux qui ont porté ce nom.

— Oh! j'en ai entendu parler, par saint Hubert! On dit que c'est un libertin, un débauché, un mange-tout.

— Ceux qui vous l'ont dit ont menti: les hommes mentent quelquefois.

— Et les femmes aussi, répondit Raoul d'un ton sec ; mais il me semble qu'il vient de vous cligner des yeux.

— C'est ce que vous n'avez jamais bien vu de l'œil droit depuis que notre bon maître, que sainte Marie protége son ame, vous a jeté un verre de vin au visage, pour être entré trop hardiment dans sa chambre.

— Et que vient faire ici ce vaurien? dit Raoul comme s'il ne l'avait pas entendue. On dit qu'il est soupçonné d'avoir attenté à la vie du connétable, et qu'il y a cinq ans qu'ils ne se sont vus.

— Il vient à l'invitation de ma jeune maîtresse, comme je le sais fort bien ; et il est probable qu'il fera moins de tort au connétable que celui-ci ne lui en fera à lui-même ; car il en a eu déjà assez de preuves, le pauvre homme!

—Et qui vous a dit cela? demanda Raoul d'un ton brusque.

— Peu importe qui me l'a dit; c'est quelqu'un qui était bien informé, répondit dame Gillian qui commençait à craindre d'avoir trop jasé en voulant se donner un air de triomphe, et prouver à son mari qu'elle était mieux instruite que lui.

— Il faut que ce soit le diable ou Randal lui-même, s'écria Raoul ; car il n'y a pas d'autre bouche assez large pour qu'un pareil mensonge y puisse passer. Mais dites-moi donc, dame Gillian, quel est cet autre cavalier prêt à entrer, et qui avance comme un homme qui sait à peine où il va?

—Votre ange de grace en personne, le jeune écuyer Damien.

— Lui! impossible! Appelez-moi aveugle si bon vous semble, mais je n'ai jamais vu un homme si changé en si peu de temps. Il porte son manteau comme si c'était une couverture de cheval. Que peut-il donc avoir? Et le voilà qui s'arrête à la porte, comme s'il y avait sur le seuil quelque chose qui l'empêchât de passer! Par saint Hubert! on dirait qu'il a été frappé par les fées.

—Vous l'avez toujours regardé comme un bijou si rare!

Voyez pourtant quelle figure il fait près de ce chevalier qui entre! Il tremble, et il a les yeux égarés comme s'il avait perdu l'esprit.

— Il faut que je lui parle! s'écria Raoul oubliant son âge, et sautant à bas de son poste élevé; il faut que je lui parle; et s'il en a besoin, j'ai sur moi mes lancettes : je suis en état de saigner un chrétien aussi bien qu'une brute.

— Va, va, dit dame Gillian, tu es un médecin digne d'un tel malade; un médecin de chenil est celui qui convient à un songe-creux qui ne connaît ni sa maladie ni les moyens de la guérir.

Pendant ce temps Raoul s'acheminait vers la porte devant laquelle Damien restait debout, semblant hésiter s'il entrerait ou non, et ne faisant aucune attention à la foule dont il attirait les regards par la singularité de son air et de sa conduite.

Raoul avait une affection particulière pour Damien; et la principale raison en était peut-être que sa femme, depuis quelque temps, avait pris l'habitude de parler de lui en termes moins respectueux que ceux qu'elle employait ordinairement quand il s'agissait d'un jeune homme beau et bien fait. D'ailleurs il savait qu'à la chasse, dans les bois et le long des rivières, ce jeune homme était un second sir Tristrem [1]; et il n'en fallait pas davantage pour unir à lui le cœur de Raoul par des liens d'airain. Il vit donc avec chagrin que sa conduite était généralement remarquée, et l'exposait même au ridicule.

— Le voilà, dit le fou de la ville qui avait pris place parmi les curieux, comme l'âne de Balaam dans le mystère, quand il voit ce que personne ne peut voir.

Un grand coup de lanière que Raoul lui appliqua sur les épaules le récompensa de cette heureuse comparaison. Le fou s'enfuit en hurlant, et alla chercher un auditoire

(1) Le *sir Tristrem* des poèmes gallois est le même que notre *Tristan de Léonais*. Voyez les *Essais historiques et littéraires*. — Éd.

mieux disposé à écouter ses plaisanteries. Le vieux piqueur continua à s'avancer vers Damien; et avec un air d'intérêt tout différent du ton sec et caustique qui lui était habituel, il l'invita, pour l'amour du ciel, à ne pas se donner ainsi en spectacle en restant à la porte comme si le diable y était pour l'empêcher de passer, mais à entrer sur-le-champ; ou, ce qui vaudrait encore mieux, à se retirer pour aller prendre des vêtemens plus convenables à une cérémonie qui concernait sa maison de si près.

— Et qu'y a-t-il à redire à mes vêtemens, vieillard? demanda Damien en se tournant brusquement vers le vieux chasseur, comme un homme sortant tout à coup d'une rêverie qu'un importun vient troubler.

— Je vous dirai seulement, avec tout le respect dû à votre valeur, répondit Raoul, qu'on ne met pas ordinairement un vieux manteau sur un justaucorps neuf; et il me semble, avec toute soumission, que celui que vous portez n'est pas assorti avec le reste de votre costume, et qu'il n'est pas convenable pour la cérémonie à laquelle vous allez assister.

— Tu es un fou, répondit Damien; et tu as plus d'années que d'esprit. Ne sais-tu pas qu'aujourd'hui la jeunesse et la vieillesse se rapprochent, se donnent la main, s'unissent? pourquoi ferions-nous régner plus d'accord dans nos vêtemens que dans nos actions?

— Pour l'amour de Dieu, dit Raoul, ne prononcez pas des mots si étranges et si dangereux! ils pourraient être entendus par d'autres oreilles que les miennes, et expliqués par de plus méchans interprètes. Il peut se trouver ici des gens en état de faire tourner à mal une parole légère, comme je saurais faire sortir un daim de son fort. Vos joues sont bien pâles, monsieur Damien; vos yeux sont comme tachés de sang; pour l'amour du ciel, retirez-vous.

— Je n'en ferai rien, répondit Damien d'un air encore plus égaré; il faut auparavant que je voie lady Eveline.

— Au nom de tous les saints, pas à présent! s'écria Raoul;

vous ferez un mal incroyable à ma jeune maîtresse en vous montrant à ses yeux dans l'état où vous êtes!

— Le croyez-vous? demanda Damien, comme si cette remarque l'eût calmé et rendu capable de rassembler ses pensées errantes; le croyez-vous bien réellement? Je me figurais qu'en la voyant encore une fois... Mais non; vous avez raison, vieillard.

Il se détourna comme pour se retirer; mais en faisant ce mouvement, sa pâleur augmenta, il chancela, et tomba avant que Raoul eût le temps d'essayer de le soutenir, ce qui lui aurait probablement été difficile. Ceux qui le relevèrent furent surpris en remarquant que ses vêtemens étaient teints de sang, et que les taches qu'on voyait sur son manteau et qui avaient donné lieu aux observations de Raoul provenaient de la même cause. Un homme à figure grave, enveloppé d'un manteau de couleur sombre, s'avança alors à travers la foule.

— Je savais ce qu'il en arriverait, dit-il : je lui avais ouvert une veine ce matin, et conformément aux aphorismes d'Hippocrate, je lui avais ordonné le repos et le sommeil. Mais si les jeunes gens méprisent les ordonnances de leur médecin, le dieu de la médecine se vengera. Il est impossible que des bandages attachés de mes propres mains se soient dérangés, si ce n'est pour punir l'oubli des préceptes de l'art.

— Que signifie tout ce bavardage? s'écria la voix du connétable de Chester, qui imposa un silence respectueux à toutes les autres. On l'avait averti de l'accident arrivé à Damien, à l'instant même où la cérémonie des fiançailles venait de se terminer; et dès qu'il vit son neveu dans cet état, il ordonna d'un ton sévère au médecin de replacer les bandages qui avaient glissé sur le bras de Damien. Il aida lui-même à le soutenir, avec l'air d'inquiétude et d'intérêt d'un homme qui voyait dans une situation si dangereuse un si proche parent qu'il estimait, qu'il chérissait, et jusqu'alors l'héritier de son nom et l'espoir de sa famille.

Mais les chagrins des hommes puissans et heureux sont toujours mêlés de l'impatience que cause l'interruption du cours de leur prospérité. — Que veut dire ceci? demanda-t-il brusquement au médecin. A la première nouvelle de la maladie de mon neveu, je vous ai fait dire ce matin de lui prodiguer tous les soins nécessaires; j'ai donné ordre qu'il n'essayât pas d'assister à la cérémonie solennelle qui vient d'avoir lieu; et cependant je le trouve ici, et en cet état.

— Sauf votre bon plaisir, milord, répondit le médecin avec un air d'importance que la présence du connétable lui-même ne put lui faire perdre, *curatio est canonica, non coacta,* c'est-à-dire le médecin guérit par les règles de l'art et de la science, par ses avis et ses ordonnances, mais non par des moyens de rigueur employés contre le malade, qui ne peut espérer de guérison qu'en se soumettant volontairement à tout ce que lui prescrit son médecin.

— Faites-moi grace de votre jargon, s'écria Hugues de Lacy. Si mon neveu avait le cerveau assez dérangé pour vouloir se rendre ici dans le délire d'une fièvre chaude, vous deviez avoir assez de bon sens pour l'en empêcher, eussiez-vous dû employer la force.

Randal de Lacy s'était mêlé à la foule qui, oubliant la cause qui l'avait rassemblée, ne songeait plus qu'à Damien. — Il est possible, dit Randal, que l'aimant qui attirait ici notre cousin ait été trop puissant pour que le médecin pût en neutraliser l'influence.

Le connétable encore tout occupé de son neveu, leva les yeux sur Randal tandis qu'il parlait ainsi, et lui demanda ensuite avec une froideur remarquable : — Eh bien! beau parent, de quel aimant parlez-vous?

— De la tendresse et de la déférence de votre neveu pour Votre Seigneurie, répondit Randal, sans parler de son respect pour lady Eveline. Toutes ces causes devaient l'amener ici, à moins que ses jambes ne pussent l'y porter. Mais voici votre belle fiancée qui vient elle-même, par charité sans doute, le remercier de son zèle.

— Quel malheur est-il donc arrivé? s'écria Eveline arrivant à la hâte et presque hors d'elle-même, à la nouvelle qu'on lui avait brusquement apprise du danger dans lequel se trouvait Damien. — N'y a-t-il rien en quoi je puisse me rendre utile?

— Non, milady, répondit le connétable en quittant son neveu et en prenant la main d'Eveline; votre humanité vient mal à propos en ce moment; il ne convient pas que vous vous trouviez parmi cette foule, au milieu de la confusion qui y règne.

— A moins que je n'y puisse être utile, répondit Eveline avec vivacité. C'est votre neveu qui est en danger, mon libérateur, un de mes libérateurs, je veux dire.

— Nous le laissons aux soins de son médecin, dit le connétable, qui rentra dans le couvent avec Eveline. Mais la jeune fiancée semblait le suivre à regret.

— Milord connétable a bien raison, s'écria le médecin d'un air de triomphe, de ne pas vouloir que sa noble dame se confonde avec cette armée d'empiriques en jupons qui troublent le cours régulier de la pratique de la médecine avec leurs ridicules pronostics, leurs imprudentes recettes, leur mithridate, leurs amulettes et leurs charmes. Le poète païen a eu raison de dire:

Non audet, nisi qui didicit; dare quod medicorum est
Promittunt medici; tractant fabrilia fabri [1].

Tandis qu'il prononçait ces vers avec beaucoup d'emphase, il laissa échapper le bras de son malade qu'il tenait encore, afin de pouvoir joindre le geste à la déclamation. — Voilà ce que personne de vous ne comprend, dit-il en-

---

(1) Pour oser il faut savoir: pour donner des médecines il faut être médecin: les ouvriers s'occupent chacun de son métier. — Tr.

suite aux spectateurs, non, de par saint Luc! pas même le connétable.

— Mais il sait comment ustiger un chien qui aboie quand il devrait faire autre chose, dit le vieux Raoul; et le médecin, rappelé à ses devoirs par cet avis salutaire, prit les mesures convenables pour faire transporter le jeune Damien dans un appartement qu'il avait pris dans une rue voisine. Quand il y fut arrivé, les symptômes de la maladie au lieu de diminuer prirent un caractère plus sérieux, et le malade eut bientôt besoin de toute la science et de toute l'attention du médecin.

Comme nous l'avons déjà dit, la cérémonie des fiançailles était terminée et la signature du contrat de mariage venait d'avoir lieu, quand on apprit la nouvelle de l'accident arrivé à Damien. Lorsque le connétable reconduisit sa fiancée dans l'appartement où toute la compagnie était réunie, ils semblaient tous deux être mal à l'aise et décontenancés. Leur air d'embarras parut encore plus évident quand Eveline retira avec précipitation sa main qui était passée sous le bras du connétable, en remarquant que la manche de son habit était teinte de sang, et qu'elle en avait elle-même des marques à ses doigts. Elle les montra à Rose en tressaillant, et lui dit d'une voix faible : — Voyez! que signifie ce présage? La vengeance du Doigt-Rouge commence-t-elle déjà à se faire sentir?

— Cela ne signifie rien, ma chère maîtresse, répondit Rose. Ce sont nos propres craintes qui sont des prophéties, et non ces bagatelles qu'on appelle des présages. Pour l'amour du ciel, parlez à milord! il est surpris de votre agitation.

— Qu'il m'en demande la cause lui-même, répondit Eveline; j'aime mieux qu'il ait à me la demander que de la lui apprendre sans qu'il le désire.

— Le connétable tandis que sa fiancée causait ainsi avec sa suivante, s'était aussi aperçu que dans l'empressement qu'il avait mis à secourir son neveu le sang de Damien avait coulé sur son habit et sur ses mains, et que celles d'Eveline en étaient tachées. Il s'avança dans le dessein d'écarter le fâcheux présage qu'on pourrait tirer d'un tel incident dans un pareil moment.

— Belle dame, lui dit-il, le sang d'un vrai De Lacy ne peut jamais être pour vous qu'un présage de paix et de bonheur.

Eveline semblait vouloir répondre, mais ne pouvait trouver des expressions qui lui convinssent. La fidèle Rose, au risque d'encourir le reproche de se permettre trop de liberté, se hâta de répondre : — Toute demoiselle doit croire ce que vous dites, milord; car on sait que ce noble sang a toujours été prêt à couler pour la défense de celles qui sont opprimées : vous l'avez fait pour nous il y a si peu de temps !

— Bien parlé, ma petite, dit le connétable; et lady Eveline, quand il lui plaît de garder le silence, est heureuse d'avoir une suivante qui sait si bien répondre. Venez, milady; espérons que cette mésaventure de mon neveu n'est qu'un sacrifice à la fortune, qui ne permet pas au jour le plus pur de s'écouler sans un nuage. Je me flatte que Damien recouvrera bientôt la santé; et souvenez-vous que les gouttes de sang qui vous alarment ont été tirées par un acier ami, et sont un symptôme de guérison plutôt que de maladie. Allons, milady, votre silence étonne nos amis, et pourrait leur faire croire que nous ne leur faisons pas l'accueil qui leur est dû. Permettez-moi de vous servir moi-même.

A ces mots il prit un bassin d'argent et une serviette sur un buffet qui était couvert de vaisselle plate, le remplit d'eau, et le présenta à sa fiancée en fléchissant le genou devant elle.

S'efforçant de sortir de l'état d'alarme dans lequel l'avait jetée un rapport supposé entre l'accident qui venait d'arriver et la vision qu'elle avait eue chez Ermengarde de Baldringham, Eveline céda aux instances de son futur époux, et elle lui tendait la main comme pour l'aider à se relever, quand elle fut interrompue par un messager arrivant à la hâte qui, entrant sans cérémonie dans la salle, informa le connétable que son neveu était extrêmement mal, et que s'il voulait le revoir vivant, il fallait qu'il se rendît chez lui sans perdre un instant.

Le connétable tressaillit, et fit ses adieux en peu de mots à Eveline et à ses hôtes qui, d'après cette nouvelle désastreuse, se préparèrent à se retirer. Mais comme il avançait vers la porte de l'appartement, il y vit entrer un appariteur de la cour ecclésiastique, à qui son costume avait fait ouvrir les portes du couvent sans difficulté.

— *Deus vobiscum!* dit l'appariteur. Je désire savoir qui de vous dans cette honorable compagnie est le connétable de Chester.

— C'est moi, répondit Hugues de Lacy; mais si votre affaire n'est pas trop pressée, je ne puis vous parler en ce moment, car j'en ai une où il y va de la vie ou de la mort.

— Je prends tous les chrétiens qui m'entendent à témoin que je me suis acquitté de mon devoir, dit l'appariteur en remettant au connétable une feuille de parchemin.

— Que veut dire ceci, drôle? s'écria le connétable avec indignation. Pour qui votre maître l'archevêque me prend-il pour agir avec moi d'une manière si peu courtoise, qu'il me cite à comparaître devant lui comme un délinquant, au lieu de m'y inviter comme un noble et un ami?

— Mon gracieux maître, répondit l'appariteur avec un air hautain, n'est responsable qu'à notre saint-père le pape de l'exercice du pouvoir qui lui est confié par les canons de l'Église Quelle réponse Votre Seigneurie fait-elle à ma citation?

— L'archevêque est-il dans cette ville? demanda le connétable après un moment de réflexion. J'ignorais qu'il eût dessein de s'y rendre, et je savais encore moins qu'il eût le projet d'exercer des actes d'autorité dans son enceinte.

— Mon gracieux maître l'archevêque, dit l'appariteur, vient seulement d'arriver dans cette ville, dont il est métropolitain. D'ailleurs, en vertu de sa mission apostolique, comme légat *à latere*, il a pleine juridiction dans toute l'Angleterre, comme l'apprendra quiconque osera refuser d'obéir à ses citations, quel que puisse être son rang.

— Écoute-moi, drôle, s'écria le connétable en lui lançant un regard courroucé; sans certains motifs qui me retiennent, je te promets que ton capuchon noir ne te protégerait guère, et que tu aurais mieux fait d'avaler ta citation, sceau et parchemin, que de me la remettre avec tant d'insolence. — Partez, et dites à votre maître que je le verrai à une heure; je suis retenu d'ici là par la nécessité d'aller voir un de mes parens malade.

L'appariteur sortit de l'appartement d'un air plus humble qu'il n'y était entré, et laissa tous les spectateurs de cette scène occupés à se regarder les uns les autres en silence et d'un air consterné.

Le lecteur ne peut manquer de se rappeler avec quelle sévérité le joug de la suprématie de l'Église romaine pesait sur le clergé et même sur les laïques, en Angleterre, sous le règne d'Henry. La tentative que fit ce monarque sage et courageux pour maintenir l'indépendance de son trône, dans l'affaire mémorable de Thomas Becket, eut même un si malheureux résultat, que, comme une rébellion étouffée, elle ne fit que donner une nouvelle forme à la domination ultramontaine. Depuis la soumission du roi dans cette lutte fatale, la voix de Rome eut un double pouvoir toutes les fois qu'elle se fit entendre, et les pairs les plus hardis de toute l'Angleterre jugèrent plus prudent de se soumettre à ses mandats impérieux que de provoquer une censure spirituelle qui avait des conséquences temporelles si funestes.

Il en résulta que la manière peu cérémonieuse et presque

méprisante dont le prélat Baudouin avait traité le connétable excita une sorte de terreur parmi les amis qu'il avait invités à assister à ses fiançailles, et quand Hugues de Lacy jeta autour de lui un regard plein de hauteur, il vit que la plupart de ceux qui l'auraient soutenu à la vie et à la mort dans toute autre querelle, et même contre son souverain, pâlissaient à l'idée seule d'un différent avec l'Église. Embarrassé, et courroucé en même temps de leur timidité, il se hâta de les congédier en leur disant, en termes généraux, que tout irait bien; que la maladie de son neveu n'était qu'une légère indisposition occasionnée par le peu de soin qu'il prenait de lui-même, et exagérée par un médecin qui voulait se faire valoir; quant au message de l'archevêque délivré avec si peu de cérémonie, ce n'était que la suite de leur amitié et de la familiarité qui les portait quelquefois l'un et l'autre à négliger les formes ordinaires du cérémonial, et même à y contrevenir par plaisanterie.

— Si j'avais besoin de parler au prélat Baudouin pour affaire pressée, dit-il, telle est l'humilité de cette digne colonne de l'Église, et son indifférence pour les formes, que sans craindre de l'offenser je pourrais lui envoyer le dernier de mes valets d'écurie pour lui demander une audience.

Mais tandis qu'il parlait ainsi, on remarquait dans sa physionomie et dans son maintien quelque chose qui démentait ses discours; et ses amis se retirèrent après la cérémonie joyeuse et splendide de ses fiançailles, comme s'ils venaient d'assister à des obsèques, les yeux baissés, et l'esprit rempli d'inquiétude.

Randal fut le seul qui, ayant suivi toute cette affaire avec la plus grande attention, se hasarda d'approcher du connétable lorsqu'il allait partir, et il lui demanda, au nom de l'amitié qui venait de se rétablir entre eux, s'il n'avait aucun ordre à lui donner, l'assurant, par un regard plus expressif que ses paroles, qu'il ne le trouverait jamais tiède à lui rendre service.

— Je n'ai rien qui puisse exercer votre zèle, beau cousin, lui répondit le connétable avec l'air d'un homme qui n'était pas bien convaincu de la sincérité de celui qui lui parlait ainsi; et la manière dont il le salua ensuite ne laissa à Randal aucun prétexte pour le suivre, comme il semblait en avoir formé le projet.

CHAPITRE XVIII.

> « Si je pouvais, au gré de mon ambition,
> « Atteindre des grandeurs la haute région,
> « Je mettrais sous mes pieds la tête des monarques. »
> Horace Walpole. *La Mère mystérieuse.*

Le moment le plus rempli d'inquiétudes, le plus malheureux de toute la vie d'Hugues de Lacy, fut sans contredit celui où, en célébrant ses fiançailles avec toutes les solennités civiles et religieuses, il s'était vu si près de ce qu'il regardait depuis quelque temps comme le but principal de tous ses désirs. Il était assuré de posséder une épouse dont la beauté et les qualités aimables avaient fait naître en lui un véritable attachement, comme sa fortune avait séduit son ambition. Cependant, même alors, l'horizon obscurci autour de lui lui présageait des orages et des calamités.

En arrivant dans le logement qu'occupait son neveu, il apprit que le pouls du malade s'était élevé, que son délire avait augmenté; et le langage de tous ceux qui l'entouraient était de nature à faire craindre qu'il n'y eût aucun espoir de guérison, et même qu'il ne pût résister à une crise qui paraissait très prochaine. Le connétable s'avança sans bruit jusqu'à la porte de sa chambre ; mais il ne put se résoudre à y entrer, et il y resta quelque temps à écouter tout ce que le délire de la fièvre faisait dire à Damien.

Il n'est rien de plus douloureux que de voir l'esprit continuer à se livrer à ses occupations ordinaires quand le corps est attaqué d'une maladie dangereuse. Le contraste qu'offrent ce lit de souffrances et le langage de la santé rend doublement affligeant l'état du malade abusé par de pareilles visions ; on plaint bien davantage les souffrances de celui dont les pensées s'égarent si loin de la vérité.

Ces idées percèrent le cœur du connétable quand il entendit son neveu répéter plusieurs fois le cri de guerre de sa famille, donner de temps en temps des ordres aux soldats, et les animer comme s'il les conduisait contre les Gallois. D'autres fois il prononçait des termes de manége, de chasse et de fauconnerie ; le nom de son oncle sortait souvent de sa bouche, comme si l'idée du connétable se joignait à celle de ses travaux guerriers et de ses amusemens. D'autres sujets paraissaient encore l'occuper ; mais alors il murmurait si bas, que ce qu'il disait devenait inintelligible.

Les souffrances de son neveu émurent encore davantage le connétable, quand il entendit sur quels sujets son esprit divaguait. Il porta deux fois la main sur le loquet de la porte, mais jamais il ne put se résoudre à l'ouvrir. Ses yeux étaient mouillés de pleurs, et il n'aurait pas voulu en rendre témoins ceux qui étaient près de Damien. Enfin renonçant à son projet, il sortit brusquement de la maison, monta à cheval, et suivi seulement de quatre de ses gens, il se rendit au palais épiscopal, où le bruit public lui apprit que l'archevêque Baudouin avait établi sa résidence.

Le connétable ne put s'en approcher sans quelque difficulté, tant était grande la multitude de chevaux, de haquenées et de mules, de cavaliers, d'écuyers et de serviteurs, de laïques et d'ecclésiastiques, qui assiégeait la porte du palais épiscopal, et il s'était attroupé autour d'eux une foule nombreuse de gens attirés, les uns par la curiosité, les autres par l'espoir de recevoir la bénédiction du saint prélat. Quand il eut surmonté cet obstacle, Hugues de Lacy en trouva un autre dans l'opiniâtreté des domestiques de l'archevêque qui refusèrent, quoiqu'il leur eût fait connaître son nom et son rang, de le laisser entrer avant qu'ils eussent pris les ordres de leur maître.

Un pareil accueil produisit sur Hugues de Lacy l'effet qu'on devait en attendre. Il avait mis pied à terre dans la pleine confiance qu'il serait admis à l'instant même, sinon en présence du prélat, du moins dans le palais, et il se trouvait à pied au milieu d'une foule d'écuyers, de valets et de palefreniers. Il fut si indigné, que son premier mouvement était de remonter à cheval et de retourner sous son pavillon, qui comme nous l'avons déjà dit était dressé aux portes de la ville, et de laisser à l'archevêque le soin de venir l'y chercher s'il désirait réellement avoir une entrevue avec lui. Mais la nécessité d'adopter des mesures de conciliation se présenta sur-le-champ à son esprit, et l'empêcha de céder au conseil de son orgueil blessé.

— Si notre sage roi, se dit-il à lui-même, pendant la vie d'un archevêque de Cantorbéry lui a tenu l'étrier, si après sa mort il s'est soumis aux actes de pénitence les plus humilians sur son tombeau, bien certainement je ne dois pas être plus scrupuleux à l'égard du prélat qui lui a succédé dans cette monstrueuse autorité.— Une autre pensée qu'il osait à peine s'avouer à lui-même lui faisait aussi reconnaître la prudence de l'humilité et de la soumission. Il ne pouvait se dissimuler qu'en cherchant à se dispenser du vœu qu'il avait prononcé comme croisé il encourait jusqu'à un certain point les justes censures de l'Église ; et il était assez porté à espérer que l'accueil froid et dédaigneux que lui faisait Baudouin était une partie de la pénitence à laquelle sa conscience lui disait qu'il devait s'attendre.

Après un court intervalle, le connétable fut enfin invité

à entrer dans le palais de l'évêque de Glocester, où il devait trouver le primat d'Angleterre ; mais il passa encore un certain temps dans l'antichambre avant d'être admis en présence de Baudouin.

Le successeur du célèbre Becket n'avait ni les vues étendues ni l'esprit ambitieux de ce fameux personnage ; mais d'une autre part on peut douter que celui-ci, quoique devenu saint, ait été aussi sincère dans ses protestations de zèle pour le bien de la chrétienté que l'était le prélat qui l'avait remplacé. Baudouin était véritablement un homme propre à défendre et à maintenir l'autorité que l'Église venait de recouvrer, mais il avait peut-être trop de franchise et de sincérité pour se montrer fort actif à l'étendre. La croisade était la principale affaire de sa vie, et le succès qu'il avait obtenu à cet égard était ce qui flattait le plus son orgueil. S'il se mêlait à son zèle religieux la satisfaction secrète de savoir qu'il possédait le pouvoir de l'éloquence, le don de la persuasion et le talent de plier à ses vues l'esprit des hommes, néanmoins la conduite de toute sa vie, et ensuite sa mort devant Ptolémaïs, prouvèrent que la délivrance du saint sépulcre du joug des infidèles était le véritable but de tous ses efforts. Hugues de Lacy ne l'ignorait pas ; et la difficulté de manier un tel caractère lui parut encore plus grande à l'instant où il allait avoir avec lui une entrevue pour l'engager à approuver ses projets, qu'il n'avait pu se résoudre à le supposer quand le moment de la crise était encore éloigné.

Le prélat, homme de grande taille et d'un port majestueux, mais dont les traits étaient trop sévères pour être agréables, reçut le connétable avec toute la pompe de sa dignité ecclésiastique. Il était assis sur un grand fauteuil de bois de chêne, orné de sculptures gothiques et placé sur une estrade sous une espèce de niche faite du même bois. Il portait la robe épiscopale, richement brodée et garnie de franges au collet et aux manches, ouverte depuis le cou jusqu'au-dessous de l'estomac, et laissant entrevoir sous une soubreveste brodée le cilice de crin imparfaitement caché que le prélat portait constamment sous ses vêtemens somptueux. Sa mitre était placée devant lui sur une table de chêne, sculptée comme le fauteuil, et contre laquelle était appuyé son bâton pastoral, dont la forme était celle d'une simple houlette, mais dont on avait éprouvé que la force était plus puissante et plus redoutable que celle des lances et des cimeterres quand elle se trouvait dans la main de Thomas Becket.

A peu de distance de lui, un chapelain en surplis blanc et à genoux devant un pupitre lisait dans un volume dont les marges étaient couvertes d'enluminures quelque traité théologique, à la lecture duquel Baudouin paraissait donner une attention si profonde, qu'il n'eut pas l'air de s'apercevoir de l'arrivée du connétable qui, courroucé plus que jamais par ce nouveau manque d'égards, ne savait s'il devait interrompre le lecteur en s'adressant au prélat, ou se retirer sans lui parler. Mais avant qu'il eût pris une résolution à ce sujet, le chapelain arriva à la fin d'un chapitre, et l'archevêque mit fin à la lecture en lui disant : *Satis est, mi fili.*

Ce fut en vain que l'orgueilleux baron séculier chercha à cacher l'embarras avec lequel il s'approcha du prélat dont l'attitude annonçait évidemment le dessein de lui inspirer une respectueuse inquiétude. Il essaya de donner à son maintien l'aisance qui pouvait rappeler leur ancienne amitié, ou du moins il aurait voulu prendre un air d'indifférence qui annonçât qu'il était parfaitement tranquille; mais il ne put y réussir, et sa contenance n'exprima que l'orgueil mortifié mêlé d'un air d'embarras qui lui était peu ordinaire. Le génie de l'église catholique était toujours sûr en pareille occasion de triompher du plus fier des laïques.

— Je m'aperçois, dit le connétable en cherchant à recueillir ses pensées et en rougissant de la peine qu'il avait à y parvenir; je m'aperçois qu'une ancienne amitié se termine ici. Il me semble qu'Hugues de Lacy aurait pu être invité par un autre messager à se rendre en votre présence vénérable, et à recevoir un tout autre accueil en arrivant.

L'archevêque se souleva tant soit peu pour faire un demi-salut au connétable qui, par une sorte d'instinct, résultat du désir qu'il avait d'arriver à une conciliation, le lui rendit en s'inclinant beaucoup plus bas qu'il n'en avait dessein et que ne le méritait la politesse tronquée du prélat. Baudouin fit alors un signe à son chapelain en prononçant les mots : — *Do veniam;* et celui-ci se levant, se retira avec respect, sans tourner le dos, sans lever ses yeux fixés sur la terre, avec les bras croisés sur la poitrine.

Lorsque ce chapelain muet se fut retiré, le front du prélat parut s'éclaircir, quoiqu'il fût encore couvert d'un nuage de gravité et de mécontentement. Cependant ce fut sans se lever de son fauteuil qu'il répondit à De Lacy :

— Il importe peu, milord, de parler aujourd'hui de ce que le brave connétable de Chester a été pour le pauvre prêtre Baudouin, et du plaisir et du saint orgueil que nous avons éprouvés en le voyant, pour rendre honneur à celui dont la main toute-puissante l'a élevé à tous ses honneurs, prendre le signe du salut et se vouer à la délivrance de la Terre-Sainte. Si le noble lord que je vois devant moi est encore dans la même résolution, qu'il m'apprenne cette nouvelle qui me comblera de joie, et déposant le rochet et la mitre, j'irai moi-même prendre soin de son coursier, comme le dernier de ses palefreniers, s'il est nécessaire de lui rendre un pareil service pour lui prouver mon respect et mon amitié.

— Révérend père, répondit De Lacy en hésitant, j'avais espéré que les propositions que vous a faites de ma part le doyen d'Hereford vous auraient paru plus satisfaisantes.

Reprenant alors sa confiance naturelle, Lacy continua d'un air et d'un ton plus rassurés, car l'aspect froid et inflexible de l'archevêque l'irritait : — S'il faut ajouter encore à mes propositions, milord, faites-moi connaître sur quel point, et s'il est possible je me conformerai à votre bon plaisir, dût-il même me paraître un peu déraisonnable. Je veux vivre en paix avec l'Église, milord, et personne n'est moins disposé que moi à mépriser ses ordres. J'en ai donné des preuves par ma conduite sur le champ de bataille et dans les conseils, et je ne puis croire que mes services aient mérité un accueil aussi froid de la part du primat d'Angleterre.

— Reprochez-vous à l'Église les services que vous lui avez rendus, homme plein de vanité? dit Baudouin. Apprends, Hugues de Lacy, que ce que le ciel a fait par ta main pour l'Église, il aurait pu, si telle eût été sa volonté divine, l'exécuter par celle du dernier de tes vassaux. Félicite-toi de l'honneur d'avoir été l'instrument choisi pour opérer de grandes choses dans Israël. Ne m'interromps point; je te dis, orgueilleux baron, qu'aux yeux du ciel ta sagesse n'est que folie ; ton courage, dont tu te vantes tant, la timidité d'une fille de village ; ta force, la faiblesse d'un enfant; ta lance, une baguette d'osier ; ton épée, un faible jonc.

— Je sais tout cela, milord, répondit le connétable ; on me l'a toujours répété toutes les fois que le peu de services que je pouvais rendre étaient accomplis et terminés. Mais quand on en attendait de nouveaux, j'étais mon bon lord pour tous les prêtres et les prélats, un homme pour lequel on ferait les plus ferventes prières, et qui serait honoré comme les patrons et les fondateurs qui reposent en paix dans le chœur et sous le maître-autel. Il n'était question ni d'osier ni de jonc quand on me priait de tirer le glaive et de marcher la lance en avant ; ce n'est que lorsqu'on n'a aucun besoin de mes armes qu'on en rabaisse la valeur et celle de leur maître. Mais dites-moi donc, mon révérend père, s'il ne faut à l'Église que des varlets et des palefreniers pour chasser les Sarrasins de la Terre-Sainte, pourquoi prêchez-vous tant pour engager les chevaliers et les nobles à abandonner leur domicile et à quitter les pays qu'ils sont nés pour défendre et protéger ?

L'archevêque lui répondit en fixant sur lui un regard sévère : — Ce n'est pas pour obtenir le secours charnel de leurs bras que nous troublons vos chevaliers et vos barons dans le plaisir barbare qu'ils goûtent en se livrant à des dissensions intestines et en se faisant les uns aux autres des guerres meurtrières, ce que vous appelez protéger et défendre leur pays; ce n'est pas que la Toute-Puissance ait besoin de leur aide pour exécuter la grande œuvre prédestinée de la délivrance de la Terre-Sainte, c'est pour le salut de leurs ames immortelles. Et il prononça ces derniers mots avec beaucoup d'emphase.

Le connétable se promenait dans l'appartement avec un air d'impatience, et il dit comme s'il se fût parlé à soi-même : — Voilà la récompense qu'on accorde à tant d'armées qui ont été tirées d'Europe pour abreuver de leur sang les sables de la Palestine; voilà les vaines promesses pour lesquelles on nous engage à sacrifier notre pays, nos biens et notre vie !

— Est-ce Hugues de Lacy qui parle ainsi? s'écria l'archevêque en se levant, mais en adoucissant ce ton de censure par une apparence de chagrin et de regret. Est-ce lui qui fait si peu de cas du renom d'un chevalier, de la vertu d'un chrétien, des récompenses de l'honneur mondain, des faveurs mille fois plus précieuses du ciel? Est-ce lui qui désire des avantages terrestres, en s'emparant dans son pays des biens et des trésors de ses voisins moins puissans, en leur faisant la guerre, quand l'honneur et la foi, le vœu qu'il a fait comme chevalier et le baptême qu'il a reçu comme chrétien l'appellent à une entreprise dont la gloire doit s'acheter par plus de dangers ? Est-il vraiment possible que ce soit Hugues de Lacy, le miroir de la chevalerie anglo-normande, dont l'esprit conçoive de tels sentimens, et dont la bouche les exprime?

— Des flatteries et de beaux discours mêlés de sarcasmes et de reproches peuvent vous réussir avec d'autres, milord, répondit le connétable en rougissant de colère et en se mordant les lèvres ; mais j'ai trop de fermeté dans le caractère pour qu'on puisse me faire prendre une mesure importante en cherchant à me séduire ou à m'intimider. Dispensez-vous donc de me parler avec cette affectation d'étonnement, et soyez bien convaincu que, soit qu'il aille à la croisade, soit qu'il reste chez lui, la renommée d'Hugues de Lacy, du côté du courage, s'élèvera toujours aussi haut que celle de l'archevêque Baudouin du côté de la sainteté.

— Et puisse-t-elle s'élever encore beaucoup plus haut que celle à laquelle vous voulez bien la comparer ! répondit le prélat. Mais un incendie peut s'éteindre comme une étincelle ; et j'avertis le connétable de Chester que la gloire qui a couronné sa bannière pendant tant d'années peut s'évanouir en un instant, pour ne jamais reparaître.

— Qui ose parler ainsi? s'écria le connétable, jaloux de la réputation qu'il avait acquise au milieu de tant de dangers.

— Un ami que vous devriez remercier quand il vous châtie, répondit Baudouin. Vous pensez à une autre paie et à des récompenses, sire connétable, comme si vous pouviez encore marchander les conditions du marché. Mais je vous le dis, vous n'êtes plus votre maître. En vertu de la bienheureuse croix que vous avez prise volontairement, vous êtes devenu soldat de Dieu, et vous ne pouvez quitter votre étendard sans vous couvrir d'une infamie à laquelle les plus lâches ne voudraient pas s'exposer.

Hugues de Lacy continuait à marcher à grands pas d'un air troublé; mais à ces mots, il s'arrêta sur-le-champ. — Vous nous traitez trop durement, dit-il. Vous autres lords spirituels, vous faites de nous des bêtes de somme pour votre intérêt. Vous vous placez sur nos épaules pour vous élever où votre ambition aspire. Mais tout a des bornes; Thomas Becket les passa, et...

Il n'acheva pas sa phrase, mais il l'accompagna d'un regard sombre et expressif, et le prélat n'eut pas de peine à l'expliquer.

— Et il fut assassiné! ajouta-t-il d'un ton ferme et déterminé. C'est ce que vous osez me donner à entendre, à moi, successeur de ce saint glorieux ! c'est ce que vous me présentez comme un motif pour céder à votre désir capricieux et égoïste de retirer votre main de la charrue ! Mais vous ignorez à qui vous faites une pareille menace; il est vrai que Thomas Becket, après avoir été un saint dans l'église militante, est arrivé, par le chemin sanglant du martyre, à la dignité de saint dans le ciel ; mais il n'est pas moins vrai que pour y obtenir une place à mille degrés au-dessous de son prédécesseur bienheureux, Baudouin, son indigne successeur, serait prêt, avec la protection de Notre-Dame, à supporter tous les tourmens que les méchans pourraient faire souffrir à son enveloppe mortelle.

— Il est inutile de faire une telle parade de courage, révérend père, dit De Lacy, craignant de s'être laissé emporter trop loin, quand il n'y a ni ne peut y avoir la moindre ombre de danger. Discutons cette affaire, s'il vous plaît, avec plus de modération. Je n'ai jamais eu le dessein de violer le vœu que j'ai fait d'aller combattre pour la délivrance de la Terre-Sainte; je demande seulement à en différer l'exécution. Il me semble que les offres que j'ai faites sont raisonnables, et qu'elles doivent suffire pour me faire obtenir ce qui a été accordé à tant d'autres, un léger délai pour l'époque de mon départ.

— Un court délai accordé à un chef tel que vous, noble De Lacy, répondit le prélat, serait un coup mortel pour notre sainte et courageuse entreprise. Nous aurions pu accorder à des hommes de moindre rang le privilége de se marier et d'établir leurs filles, quand même ils se mettraient peu en peine des chagrins de Jacob; mais vous, milord, vous êtes une des principales colonnes de notre édifice, et si elle vient à manquer, il est possible qu'il s'écroule. Qui dans toute l'Angleterre se croira obligé de se presser de partir, si l'on voit reculer Hugues de Lacy? Pensez un peu moins, milord, à la fiancée que vous avez promis d'épouser, et un peu plus au vœu que vous avez promis d'accomplir; et ne croyez pas que le bonheur puisse jamais suivre une union qui ébranlerait le projet que vous avez formé de prendre part à une bienheureuse entreprise conçue pour l'honneur de la chrétienté.

Le connétable se trouva embarrassé par l'opiniâtreté du prélat, et il commença à céder à ses argumens, quoique fort à regret, et seulement parce que les mœurs et les opinions de ce temps ne lui laissaient aucun moyen de combattre ses raisonnemens autrement que par des sollicitations.

— J'admets, lui dit-il, l'engagement que j'ai contracté de prendre part à la croisade; et je le répète, tout ce que je désire, c'est le court délai qui m'est nécessaire pour mettre ordre à des affaires importantes. En attendant, mes vassaux, conduits par mon neveu Damien de Lacy...

— Ne promets que ce qui est en ton pouvoir, dit le prélat d'un air grave. Qui sait si pour te punir d'oublier une chose sainte pour t'occuper des choses de ce monde, ton neveu n'en sera pas retiré à l'instant même où je te parle?

— A Dieu ne plaise! s'écria le baron en tressaillant et en se remettant à marcher comme s'il eût voulu courir au secours de son neveu. Puis s'arrêtant tout à coup, il jeta sur l'archevêque un regard perçant. — Il n'est pas bien à Votre Révérence, dit-il, de parler si légèrement des dangers qui menacent ma maison. Damien m'est cher à cause de ses bonnes qualités; il m'est cher à cause de son père, mon frère unique. Que Dieu nous pardonne à tous deux! nous n'étions pas en bonne intelligence quand il mourut, milord : ce que vous venez de dire semble me donner à entendre que mon neveu chéri souffre, et qu'il est en danger à cause de mes offenses.

Baudouin s'aperçut qu'il avait enfin touché une corde à laquelle répondaient toutes les fibres du cœur de son pénitent réfractaire ; et sachant à qui il avait affaire, il lui répondit avec circonspection :

— Loin de moi la présomption de vouloir interpréter les jugemens du ciel ! Mais nous lisons dans l'Écriture que lorsque les pères mangent des raisins verts, les dents des enfans sont agacées. Quoi de plus raisonnable que nous soyons punis de notre orgueil et de notre obstination par un châtiment fait pour abattre et humilier cet esprit de vanité et de rébellion ? Vous-même vous devez savoir si la maladie de votre neveu remonte à une époque antérieure à celle où vous avez conçu le projet d'abandonner la bannière de la croix.

Hugues de Lacy se recueillit un instant, et reconnut, comme c'était la vérité, que jusqu'au moment où il avait songé à épouser Eveline la santé de son neveu ne s'était pas démentie. Son silence et sa confusion n'échappèrent pas à l'adroit prélat. Il prit la main du guerrier, qui debout devant lui était tourmenté d'inquiétude, et tremblait que la faute qu'il avait commise en s'occupant de perpétuer sa noble maison au lieu de songer au vœu qu'il avait fait de marcher au secours du saint sépulcre, n'eût été punie par la maladie qui menaçait la vie de son neveu.

— Courage, noble De Lacy ! lui dit-il ; le jugement provoqué par un moment de présomption peut être détourné par le repentir et la prière. L'aiguille du cadran recula à la prière d'un saint roi : tombez à genoux, et ne doutez pas qu'à l'aide de la confession et de la pénitence vous ne puissiez encore obtenir le pardon de la tiédeur que vous avez montrée pour la cause du ciel.

Les idées religieuses dans lesquelles le connétable avait été élevé, et sa crainte que la maladie dangereuse de son neveu ne fût une punition du délai qu'il avait sollicité l'emportèrent enfin. Il s'agenouilla devant le prélat qu'il venait de braver, lui confessa comme un péché que le plus sincère repentir pouvait seul expier, le désir qu'il avait eu de différer son départ pour la Palestine, et se soumit, sinon bien volontairement du moins avec résignation, à la pénitence que Baudouin lui imposa, et qui consistait à ne pas célébrer son mariage avec Eveline avant son retour de la Terre-Sainte, où son vœu l'obligeait de rester trois ans.

— Et maintenant, noble De Lacy, dit le prélat, vous encore une fois le plus cher et le plus honoré de mes amis, votre conscience n'est-elle pas soulagée d'un grand poids depuis que vous avez si dignement acquitté votre dette envers le ciel, et purifié votre ame de ces taches mondaines dont l'égoïsme l'avait souillée, et qui en ternissaient le brillant ?

— Le plus grand soulagement que je pourrais avoir en ce moment, répondit le connétable en soupirant, ce serait d'apprendre que mon neveu n'est plus en danger.

— Ne perdez pas toute espérance pour le noble Damien, pour votre digne et valeureux parent, dit l'archevêque ; j'espère que vous apprendrez bientôt sa guérison ; ou que, s'il plaît à Dieu de l'appeler à lui, son passage dans un meilleur monde sera si facile et son arrivée dans le port du bonheur si prompte, qu'il vaudra mieux pour lui d'être mort que de continuer à vivre.

Le connétable leva les yeux sur lui, comme pour juger d'après sa physionomie s'il avait plus de certitude de l'état actuel de son neveu que ce qu'il venait de dire ne semblait devoir le faire supposer. Mais le prélat ne voulant pas être pressé davantage sur ce sujet, et craignant de s'être déjà trop avancé, agita une sonnette d'argent qui était devant lui sur la table, et son chapelain étant arrivé à ce signal, il lui ordonna de faire partir à l'instant un messager diligent pour aller chercher des nouvelles exactes de l'état dans lequel se trouvait Damien de Lacy.

— Un exprès, dit le chapelain, vient d'arriver à l'instant du logement du noble Damien de Lacy et demande à parler au lord connétable.

— Qu'il entre sur-le-champ, dit l'archevêque; j'ai un pressentiment qu'il nous apporte d'heureuses nouvelles. Je n'ai jamais vu un repentir si humble, une renonciation si complète aux affections et aux désirs de la nature humaine pour s'occuper du service du ciel rester sans récompense temporelle ou spirituelle.

Comme il finissait de parler, un homme singulièrement vêtu entra dans l'appartement. Ses vêtemens de diverses couleurs étaient disposés d'une manière bizarre; et n'étant ni très neufs ni très propres, ils ne semblaient guère lui permettre de se présenter dans la compagnie devant laquelle il se trouvait.

— Que veut dire cela, drôle? s'écria l'archevêque, depuis quand des jongleurs et des ménestrels osent-ils paraître devant des hommes de notre rang sans en avoir reçu la permission?

— Sous votre bon plaisir, milord, ce n'est pas à Votre Révérence que j'ai affaire en ce moment; c'est à milord le connétable; et j'espère que les bonnes nouvelles que je lui apporte me feront pardonner mon mauvais habit.

— Eh bien! parle donc, s'écria Hugues de Lacy. Mon neveu vit-il encore?

— Il vit, milord; et l'on peut espérer qu'il vivra long-temps. Une crise favorable, comme l'appellent les médecins, vient d'avoir lieu, et ils disent qu'ils ne craignent plus pour sa vie.

— Béni soit Dieu qui m'a fait une telle grace! s'écria le connétable.

— *Amen!* dit le prélat d'un ton solennel. Quand cet heureux changement est-il arrivé ?

— Il y a tout au plus une demi-heure, milord. Un doux sommeil est tombé sur ses yeux, comme la rosée sur l'herbe desséchée par les chaleurs de l'été ; il a respiré plus librement ; l'ardeur de la fièvre s'est calmée, et comme je vous le disais, les médecins n'ont plus de crainte pour ses jours.

— Faites-vous attention à l'heure, milord connétable ? dit Baudouin avec un air de triomphe. C'était l'instant où vous vous rendiez aux avis que le ciel vous donnait par le plus humble de ses serviteurs. Deux mots de repentir sincère, une prière, quelque saint propice qui a intercédé pour vous, — et votre humble demande a été exaucée sur-le-champ. Noble Hugues de Lacy, continua-t-il en lui prenant la main avec une sorte d'enthousiasme, il faut que le ciel se propose de faire de grandes choses par la main de celui dont il pardonne si facilement les fautes, dont il exauce si promptement les prières! Un *Te Deum* sera chanté avant qu'il se passe vingt-quatre heures dans tous les couvens et dans toutes les églises de Glocester, en actions de grace de cette faveur insigne.

Le connétable plein de joie, quoique peut-être moins prompt à découvrir une faveur spéciale de la Providence dans la guérison de son neveu, témoigna sa satisfaction à celui qui lui avait apporté de si bonnes nouvelles en lui jetant sa bourse.

— Je vous remercie, milord; mais si je me baisse pour ramasser le premier gage de vos bontés ce n'est que pour en faire la remise entre vos mains.

— Comment, drôle ! il me semble que ton pourpoint n'est pas assez bien doublé pour que tu refuses un pareil présent.

— Celui qui veut prendre des alouettes, milord, ne doit pas tendre ses gluaux aux moineaux. J'ai un don plus considérable à vous prier de m'octroyer, et c'est pourquoi je n'accepte pas celui que vous voulez bien me faire.

— Un don à t'octroyer ! Ah ! je ne suis pas chevalier errant pour me lier par une promesse sans savoir ce dont il s'agit. Viens demain dans mon pavillon, et tu me trouveras disposé à faire pour toi tout ce qui sera raisonnable.

Le connétable prit alors congé de l'archevêque, pour retourner sous sa tente; mais chemin faisant, il ne manqua pas de passer chez son neveu, où il reçut l'agréable confirmation des bonnes nouvelles que lui avait apportées le messager à habits bigarrés.

CHAPITRE XIX.

> « C'est un ménestrel, menant joyeuse vie,
> « A la sagesse unissant la folie :
> « Prudent avec les gens de bien,
> « Avec les autres franc vaurien;
> « Parmi les gens joyeux grand ami de la joie. »
> ARCHIBALD ARMSTRONG.

Les événemens de la veille avaient intéressé si vivement le connétable, qu'il se trouva aussi fatigué qu'après une bataille long-temps disputée. Il dormit profondément jusqu'au moment où les premiers rayons du jour vinrent l'éveiller dans sa tente. Ce fut alors qu'il réfléchit, avec une sensation mêlée de plaisir et de chagrin, sur le changement survenu dans sa situation depuis la matinée précédente.

Il s'était levé la veille amant plein d'ardeur, brûlant du

désir de paraître aimable aux yeux de sa belle maîtresse, et il avait donné autant de soin et d'attention à sa toilette que s'il eût été aussi jeune que ses désirs étaient vifs et ses espérances prochaines. Mais il n'en était plus de même alors; il avait devant lui la triste perspective de quitter sa fiancée pour plusieurs années, avant que l'hymen l'eût unie à lui par des nœuds indissolubles, et la pensée pénible de la laisser exposée à tous les dangers qui peuvent assaillir la constance d'une femme dans une position si critique.

La santé de son neveu ne lui donnant plus de craintes si pressantes, il fut tenté de croire qu'il s'était trop pressé d'écouter les argumens de l'archevêque, et de s'imaginer que la mort ou la guérison de Damien dépendait de l'exécution littérale et instantanée du vœu qu'il avait fait d'aller à la Terre-Sainte. — Combien de rois et de princes, se disait-il à lui-même, après avoir pris la croix, ont différé leur départ, et même ne sont jamais partis! Et cependant ils ont vécu, ils sont morts honorés et respectés, sans avoir essuyé de malheurs tels que celui dont Baudouin me menaçait. Et en quoi méritaient-ils d'éprouver plus d'indulgence que moi? Mais le sort en est jeté maintenant, et il n'importe guère de savoir si mon obéissance aux ordres de l'Église a sauvé les jours de mon neveu, ou si j'ai succombé, comme les lords temporels succombent toujours quand ils ont à lutter contre les lords spirituels. Plaise à Dieu qu'il en soit autrement! car en ceignant mon épée comme champion du ciel, je pourrais du moins espérer sa protection pour celle que je suis forcé à quitter.

Tandis qu'il était occupé de ces réflexions, il entendit les gardes placés à l'entrée de sa tente crier : *Qui va là?* à quelqu'un qui semblait s'approcher. L'individu ainsi interpellé parut s'arrêter, et quelques instans après on entendit le son d'une *rote*, espèce de luth dont les cordes étaient mises en vibration par le moyen d'une petite roue. Après un court prélude, une voix mâle ayant assez d'étendue chanta agréablement des strophes dont les vers, traduits en langue moderne, exprimaient à peu près ce qui suit :

 Le jour paraît; éveille-toi, soldat!
Ce n'est pas du sommeil que naquit la victoire,
Ce n'est pas quand le jour d'un trop paisible éclat
Dore les monts déserts que se montre la gloire.
  C'est quand on le voit resplendir
  Sur l'acier brillant d'une armure,
  Qu'il présente dans l'avenir
D'une moisson d'hommes le favorable augure.
 Ton bouclier doit être dans ta main
L'effroi de l'ennemi, le miroir du matin.

 Aux armes donc! Au premier point du jour
 Le laboureur a lâché sa charrue;
 Le fauconnier a saisi son autour;
Le chasseur dans les bois commence une battue;
  Le savant prend avec ardeur
  Ses livres et son écritoire;
  Mais toi, ta moisson, c'est l'honneur;
Tes livres, l'art de vaincre; et ton gibier, la gloire.
 Ton bouclier doit être dans ta main
L'effroi de l'ennemi, le miroir du matin.

 Le laboureur est mal récompensé,
 Le chasseur lassé perd sa peine;
 Et du savant le travail empressé
Ne produit que des mots que l'on comprend à peine.
  Pourtant ils devancent le jour
  Quand tu dors encor sous ta tente.
  Prends donc tes armes à ton tour,
Enfant de nobles preux, et répands l'épouvante.
 Ton bouclier doit être dans ta main
L'effroi de l'ennemi, le miroir du matin.

Lorsque ces strophes furent terminées, le connétable entendit qu'on parlait, et presque au même instant Philippe Guarine entra sous son pavillon, et lui dit qu'un homme qui prétendait avoir un rendez-vous avec lui demandait à lui parler.

— Un rendez-vous avec moi! dit De Lacy. Qu'il entre sur-le-champ.

Il vit alors paraître le messager de la veille, tenant d'une main un petit chapeau surmonté d'une plume, et de l'autre la *rote* dont il venait de jouer. Vêtu de la manière la plus bizarre, il portait plusieurs soubrevestes les unes sur les autres, des couleurs les plus brillantes et disposées de manière à contraster l'une avec l'autre, et il avait par-dessus un manteau normand fort court, d'un vert éclatant. On voyait à sa ceinture brodée, au lieu d'armes offensives, d'un côté une écritoire, de l'autre un couteau de table. Ses cheveux portaient la marque de la tonsure cléricale, ce qui annonçait qu'il était parvenu à un certain rang dans sa profession; car la gaie science, comme on nommait alors la profession de ménestrel, avait différens degrés, de même que l'Église et la chevalerie.

Les traits et les manières de cet homme semblaient peu d'accord avec son costume et son métier, car autant les couleurs de ses vêtemens étaient brillantes, autant sa physionomie était grave et même sombre, à moins qu'elle ne fût animée par l'enthousiasme de la poésie et de la musique : elle paraissait indiquer l'habitude de la réflexion plutôt que la vivacité inconsidérée de la plupart de ses confrères. Sans être beaux, ses traits avaient quelque chose de frappant, et le contraste des couleurs éclatantes de ses vêtemens et leur forme singulière ajoutaient encore à leur effet.

— Bonjour l'ami, dit le connétable, qu'un mouvement secret portait à lui accorder sa protection ; je te remercie de la chanson dont tu m'as régalé ce matin : tu l'as fort bien chantée, et l'idée en est bonne. Quand on invite quelqu'un à songer combien le temps passe rapidement, on lui fait honneur en supposant qu'il peut employer avec avantage un trésor si fugitif.

L'étranger, qui l'avait écouté en silence et d'un air réfléchi, parut faire un effort sur lui-même pour lui répondre. — Mes intentions du moins étaient bonnes, dit-il, quand j'ai osé troubler Votre Seigneurie de si bonne heure, et je suis charmé d'apprendre qu'elle n'a pas été offensée de ma hardiesse.

— Mais tu voulais me prier de t'octroyer un don. Explique-moi ta demande, et sois bref, car je n'ai pas beaucoup de loisir. Que désires-tu?

— La permission de vous suivre à la Terre-Sainte, milord.

— Tu me demandes ce que je puis à peine t'accorder, l'ami. N'es-tu pas ménestrel?

— Indigne gradué de la gaie science, milord. Permettez-moi pourtant de vous dire que je ne céderais pas la palme même au roi des ménestrels Geoffroy Rudel, quoique le roi d'Angleterre lui ait donné quatre domaines pour une chanson ; je la lui disputerais en romance, en lai ou en fabliau, dussé-je avoir pour juge le roi Henry lui-même.

— Je vois que tu as bonne opinion de tes talens ; et cependant, sire ménestrel, tu ne viendras pas avec moi. Il ne se trouve déjà parmi les croisés que trop de fainéans de ta profession, et si tu ajoutes à leur nombre, ce ne sera pas sous mon patronage. Je suis trop vieux pour me laisser séduire par ton art, à quelque degré que tu puisses le posséder.

Le ménestrel répondit avec un ton d'humilité, comme s'il eût craint que la liberté qu'il se permettait n'offensât le connétable : — Celui qui est assez jeune pour sentir le pouvoir de l'amour et pour l'inspirer à la beauté ne doit pas se dire trop vieux pour être sensible aux charmes de l'art des ménestrels.

Cette flatterie, qui donnait au connétable les traits et le caractère d'un jeune galant, ne lui fut pas désagréable, et il dit en souriant : — Je garantis que tu es un bouffon indépendamment de tes autres talens.

— Non, milord. C'est une branche de notre profession à laquelle j'ai renoncé depuis quelque temps. Ma voix n'est plus d'accord pour les bouffonneries, et c'est la fortune qui en est cause.

— Eh bien! camarade, si tu as éprouvé les rigueurs du sort, et que tu puisses te soumettre à la stricte discipline de ma maison, il est possible que nous nous convenions mieux que je ne le pensais. Comment t'appelles-tu? quel est ton pays? Il me semble que ton accent a quelque chose d'étranger.

— Je suis né dans l'Armorique, milord, près des rives du Morbihan, ce qui me donne l'accent que vous avez remarqué. Je me nomme Renault Vidal.

— Eh bien! Renault, tu m'accompagneras, et je donnerai ordre à l'intendant de ma maison de te faire vêtir d'une manière conforme à ta profession, mais un peu plus convenable que ta mise actuelle. Connais-tu un peu le maniement des armes?

— Un peu, milord, répondit Vidal; et prenant une épée déposée sur une chaise, il se mit à faire des passes de manière à toucher presque le connétable qui était assis sur un canapé?

— A quoi songes-tu donc, misérable? s'écria Hugues de Lacy en se levant.

— Comment! noble seigneur, répondit Vidal en baissant avec respect la pointe de son épée; votre expérience est-elle alarmée par la première preuve de la légèreté de ma main? Je puis vous en donner cent autres.

— Cela peut être, répondit le connétable, un peu honteux que le mouvement vif et soudain d'un jongleur lui eût fait montrer quelque émotion; mais je n'aime pas qu'on plaisante avec des armes affilées; j'ai assez d'occasion d'en donner et d'en recevoir des coups très sérieux pour ne pas vouloir en faire un jouet. Dispense-toi donc de semblables tours d'adresse à l'avenir. Retire-toi maintenant, et envoie-moi mon écuyer et mon valet de chambre afin que je me prépare à aller à la messe.

L'intention du connétable après avoir rempli les devoirs religieux de la matinée était d'aller voir l'abbesse et de lui communiquer, avec les précautions et les modifications nécessaires, le changement survenu dans ses projets à l'égard d'Eveline, par suite de sa résolution forcée de partir pour la croisade avant de couronner la cérémonie des fiançailles par la solennité du mariage. Il savait qu'il ne lui serait pas facile de déterminer la bonne dame à approuver ce délai sérieux, et il retarda quelque temps sa visite afin de réfléchir au meilleur moyen à prendre pour lui annoncer cette mauvaise nouvelle de manière à la rendre moins désagréable. Il passa d'abord chez son neveu dont la maladie continuait à offrir des symptômes favorables, comme si c'eût été véritablement la suite miraculeuse de la soumission qu'il avait montrée lui-même aux avis de l'archevêque.

En sortant du logement de Damien le connétable se rendit enfin au couvent des Bénédictines. L'abbesse était déjà instruite de la nouvelle qu'il venait lui annoncer, et c'était de la bouche de Baudouin lui-même qu'elle l'avait apprise. Le primat avait cru en cette occasion devoir se charger du rôle de médiateur. Sachant fort bien que la victoire qu'il avait remportée la veille sur Hugues de Lacy devait avoir placé celui-ci dans une situation délicate vis-à-vis des parens de sa fiancée, il voulait par son crédit et son autorité prévenir les querelles qui pouvaient en être la suite. Peut-être aurait-il mieux fait de laisser au connétable le soin de plaider lui-même sa cause ; car l'abbesse, tout en écoutant ce que lui disait l'archevêque avec le respect dû au premier dignitaire de l'église d'Angleterre, tira du changement de résolution de Hugues de Lacy des conséquences auxquelles le prélat ne s'était pas attendu. Elle ne s'opposa nullement à ce que le connétable accomplît le vœu qu'il avait fait ; mais elle insista fortement pour que les fiançailles fussent annulées, et que les deux fiancés redevinssent entièrement libres de faire un autre choix.

Ce fut en vain que Baudouin s'efforça d'éblouir l'abbesse en lui faisant envisager l'honneur dont le connétable allait se couvrir dans la Terre-Sainte, ajoutant que cet honneur rejaillirait non-seulement sur son épouse, mais encore sur tous ceux qui lui étaient attachés par les liens du sang jusqu'au degré le plus éloigné. Toute son éloquence fut inutile, et ce fut en vain qu'il lui fit prendre tout son essor dans une occasion où il désirait si vivement qu'elle triomphât. A la vérité, quand il eut épuisé tous ses argumens l'abbesse garda le silence quelques instans; mais c'était uniquement pour réfléchir à la manière dont elle s'y prendrait pour lui faire entendre qu'on ne pouvait espérer que le but principal du mariage serait rempli. Comment pourrait-elle se flatter de voir se perpétuer la maison de son père et de son frère par les fruits naturels d'une heureuse union, si le nœud conjugal ne resserrait celui des fiançailles, et si les deux époux n'habitaient pas le même pays? Elle soutint donc que le connétable ayant changé d'intention quant à ce point important, les fiançailles devaient devenir nulles et de nul effet; et elle demanda au prélat comme un acte de justice que, comme son intervention avait empêché Hugues de Lacy d'exécuter son premier projet, il employât son influence sur lui pour l'engager à dissoudre entièrement un engagement dont le caractère n'était plus le même que lorsqu'il avait été contracté.

Le primat, qui sentait que si De Lacy avait manqué à sa promesse c'étaient ses conseils qui l'y avaient déterminé, crut que le soin de son honneur et de sa réputation exigeait qu'il prévînt les conséquences désagréables qu'aurait pour son ami la rupture d'un engagement dont l'amour et l'intérêt réclamaient également le maintien. Il blâma l'abbesse d'avoir relativement au mariage, elle dignitaire de l'Eglise, des idées si charnelles et si mondaines; il lui reprocha de se rendre coupable d'égoïsme en préférant la continuation de la famille de Bérenger à la délivrance du saint sépulcre, et la menaça de la vengeance du ciel qui la punirait de la politique étroite et purement humaine qui lui faisait embrasser les intérêts d'une famille plutôt que ceux de toute la chrétienté.

Après avoir débité cette homélie d'un ton sévère, l'archevêque prit congé de l'abbesse, qu'il laissa fort courroucée, quoiqu'elle eût prudemment évité de répondre avec irrévérence à son admonition paternelle.

Ce fut dans cette humeur que le connétable trouva la vénérable dame quand, avec beaucoup d'embarras, il commença à lui expliquer les motifs qui l'obligeaient à partir sur-le-champ pour la Palestine.

Elle reçut cette annonce avec une dignité froide; on eût dit que l'orgueil soulevait jusqu'aux plis de sa grande robe noire et de son scapulaire, tandis qu'elle écoutait les détails des raisons et des circonstances qui obligeaient le connétable de Chester à différer d'accomplir le plus cher désir de son cœur jusqu'à son retour de la croisade pour laquelle il allait partir.

— Il me semble, répliqua l'abbesse avec beaucoup de froideur, que si ce que vous venez de me dire est sérieux, et vous ne parlez ni d'une affaire ni à une personne qui puissent permettre la plaisanterie; — il me semble, dis-je, que le connétable de Chester aurait dû nous faire connaître hier ses intentions avant la cérémonie de ses fiançailles avec ma nièce Eveline Bérenger; cérémonie qui a eu lieu dans l'attente d'un résultat tout différent de ce qu'il vient nous annoncer aujourd'hui.

— Sur ma parole de gentilhomme et de chevalier, vénérable dame, je ne me doutais nullement alors que je me trouverais forcé à une démarche qui est aussi désespérante pour moi qu'elle vous est désagréable, comme je le vois avec peine.

— C'est difficilement que je conçois l'urgence de ces raisons, milord. Elles existaient dès hier; pourquoi ont-elles tardé jusqu'à aujourd'hui à frapper votre esprit si vivement?

— J'avoue.... je conviens que je m'étais trop livré à l'espoir d'obtenir une dispense de mon vœu, et l'archevêque de Cantorbéry, dans son zèle pour la cause du ciel, a jugé à propos de me la refuser.

— En ce cas, dit l'abbesse, cachant son ressentiment sous le voile de la plus grande froideur, vous nous rendrez du moins la justice de nous remettre dans la situation où nous étions ce matin; vous vous joindrez à ma nièce et à ses parens pour demander la nullité des fiançailles qui ont été célébrées dans des vues toutes différentes de celles que vous avez aujourd'hui, et vous rendrez à cette jeune personne la liberté dont elle est maintenant privée par suite de l'engagement qu'elle a contracté avec vous.

— Ah! madame, s'écria le connétable, qu'exigez-vous de moi? Pouvez-vous me demander d'un ton si froid et si indifférent que je renonce à une espérance, la plus chère qui soit jamais entrée dans mon cœur?

— Je ne connais rien à ce langage ni à de pareils sentimens, milord; mais il me semble qu'il ne faudrait qu'un peu, bien peu d'empire sur moi-même pour renoncer tout-à-fait à une espérance dont on peut si facilement ajourner l'accomplissement pendant des années.

Hugues de Lacy se promena dans le parloir d'un air fort agité, et fut assez long-temps sans répondre. — Si votre nièce, madame, dit-il enfin, partage les sentimens que vous venez d'exprimer, je ne serais juste ni envers elle ni peut-être envers moi-même si je persistais à vouloir conserver les droits que nos fiançailles m'ont donnés sur elle. Mais c'est de sa propre bouche que je veux apprendre mon sort. S'il est aussi sévère que vos discours me donnent lieu de le croire, je serai le meilleur des soldats du ciel qui vont partir pour la Palestine, car je laisserai derrière moi bien peu de chose qui puisse m'intéresser sur la terre.

L'abbesse, sans lui répondre, appela une religieuse, et lui donna ordre d'aller prier sa nièce de venir la trouver sur-le-champ. La religieuse la salua avec respect, et se retira.

— Me permettez-vous de vous demander, dit Hugues de Lacy, si lady Eveline connaît les circonstances qui ont occasionné ce malheureux changement dans mes projets?

— Je lui ai rapporté de point en point tout ce que m'avait appris ce matin l'archevêque de Cantorbéry, avec lequel j'ai déjà eu une conversation à ce sujet, et dont je viens de recevoir la confirmation de votre propre bouche.

— J'ai sans doute beaucoup d'obligation au prélat, dit le connétable avec aigreur, de m'avoir ainsi devancé pour présenter mes excuses aux personnes à qui il était si important pour moi de bien développer les motifs qui m'ont fait agir, pour qu'elles pussent les apprécier avec indulgence.

— C'est un article de compte que vous pouvez avoir à régler avec l'archevêque, milord; cela ne nous concerne nullement.

— Puis-je espérer, continua De Lacy sans se montrer offensé du ton sec de l'abbesse, que lady Eveline a appris ce malheureux changement de circonstances sans émotion, je veux dire sans déplaisir?

— Elle est fille d'un Bérenger, milord, répondit l'abbesse avec hauteur; et nous avons coutume de punir un manque de foi, ou de le mépriser, mais non de nous en affliger. Je ne sais ce que ma nièce pourra faire dans le cas dont il s'agit; je suis une femme dévouée à la religion, séquestrée du monde, et je ne puis que lui conseiller la paix et le pardon des injures qu'ordonne le christianisme, joint au sentiment de mépris dû à l'indigne traitement qu'elle reçoit. Mais elle a des vassaux, des amis, des parens, qui par un zèle aveugle inspiré par l'honneur mondain lui recommanderont sans doute de ne pas laisser cette injure sans vengeance, mais d'en appeler au roi ou aux armes des anciens soldats de son père, à moins qu'on ne lui rende sa liberté en annulant un engagement qu'on lui a fait contracter par subreption. Mais la voici, elle va vous répondre elle-même.

Eveline entra en ce moment, appuyée sur le bras de Rose. Elle avait quitté le deuil depuis la cérémonie des fiançailles, et elle portait une jupe blanche et une robe d'un bleu pâle. Sa tête était couverte d'un voile de gaze si transparent, qu'il ressemblait à ces vapeurs légères dont les peintres environnent celle d'un séraphin; mais les traits d'Eveline, quoique doués d'une beauté presque angélique, étaient bien loin en ce moment d'offrir l'expression tranquille qu'on donne à la physionomie de ces êtres célestes. Tous ses membres tremblaient; ses joues étaient pâles, et un cercle rouge autour de ses paupières annonçait qu'elle venait de verser des larmes. Cependant, au milieu de ces symptômes d'incertitude et d'angoisse, on remarquait en elle un air de profonde résignation; une résolution de s'acquitter de ses devoirs dans toutes les circonstances régnait dans l'expression solennelle de ses yeux et de son front, et prouvait qu'elle cherchait à réprimer l'agitation qu'elle ne pouvait entièrement subjuguer. Ce mélange de courage et de timidité qu'on devinait dans sa physionomie lui prêtait un charme nouveau; jamais elle n'avait paru si séduisante qu'en ce moment : Hugues de Lacy, qui n'avait été jusqu'alors qu'un amant peu passionné, éprouva toute la vivacité des sentimens les plus romanesques. La belle Eveline était à ses yeux comme un être descendant d'une sphère supérieure, dont la sentence allait décider de son bonheur ou de son malheur, de sa vie ou de sa mort.

Cédant à l'entraînement du moment, le guerrier fléchit un genou devant Eveline, lui saisit une main qu'elle lui laissa prendre plutôt qu'elle ne la lui présenta, la pressa sur ses lèvres avec ardeur et y laissa tomber quelques larmes, lui qui n'en avait jamais versé beaucoup. Mais quoique surpris et entraîné hors de son caractère par cette émotion soudaine, il reprit son sang-froid en voyant que l'abbesse regardait son humiliation, si ce terme n'est pas impropre, avec un air de triomphe, et il commença à se disculper devant Eveline, non sans agitation, non sans inquiétude, mais avec une noble fierté et d'un ton de fermeté dont le but semblait être de montrer qu'il ne s'en laissait pas imposer par l'abbesse.

— Milady, dit-il à Eveline, votre vénérable tante vous a appris dans quelle malheureuse position je me trouve depuis hier soir par suite de la rigueur de l'archevêque de Cantorbéry, ou plutôt devrais-je dire par suite de l'interprétation juste, quoique sévère, qu'il donne au vœu que j'ai fait de prendre part à la croisade. Je ne doute pas que la respectable abbesse ne vous ait communiqué tous ces détails avec la plus grande exactitude; mais comme je ne dois plus compter sur son amitié, il m'est permis de craindre qu'elle ne m'ait pas rendu justice dans les commentaires qu'elle a pu faire sur la fâcheuse nécessité qui me force à quitter mon pays et à renoncer, du moins pour un certain temps, aux plus belles espérances qu'un homme ait jamais pu concevoir. Cette vénérable dame m'a reproché d'être moi-même la cause du délai qu'éprouve la célébration de la cérémonie qui devait suivre nos fiançailles, et de vouloir la laisser suspendue pendant un nombre d'années indéfini. Personne ne renonce volontairement à des droits aussi précieux que ceux que vous m'avez accordés hier; et sans qu'on m'accuse de trop d'ostentation, qu'il me soit permis de dire que plutôt que de les céder à tout homme né d'une femme, je les soutiendrais en champ clos contre tous les assaillans, avec la lance à fer émoulu et l'épée à deux tranchans. Mais ce que je défendrais au prix de mille fois ma vie, je suis prêt à y renoncer, si je ne puis le conserver sans qu'il vous en coûte un soupir. Si donc vous croyez que vous ne pouvez vivre heureuse comme fiancée d'Hugues de Lacy, parlez, je consens que nos fiançailles deviennent nulles, et rendez heureux un homme plus fortuné que moi.

Il en aurait dit davantage; mais il sentit qu'il était sur le point de céder une seconde fois à son émotion; et cet état était si nouveau pour lui, qu'il ne pouvait s'empêcher d'en rougir.

Eveline gardait le silence; l'abbesse prit la parole.

— Ma nièce, dit-elle, vous entendez que la générosité ou pour mieux dire la justice du connétable de Chester vous propose, attendu son prochain départ pour une expédition lointaine et dangereuse, d'annuler les fiançailles qui n'ont eu lieu que parce qu'il avait été expressément et précisément entendu qu'il resterait en Angleterre. Il me semble que vous ne pouvez hésiter à accepter la liberté qu'il offre de vous rendre, en le remerciant de sa bonne volonté. Quant à moi, je réserve mes remercîmens jusqu'à ce que je voie si votre demande à tous deux suffira pour obtenir que la nullité de vos fiançailles soit prononcée par l'archevêque de Cantorbéry, qui peut encore exercer sur les actions et les résolutions de son ami le lord connétable la même influence dont il vient de donner une telle preuve, sans doute par zèle pour ses intérêts spirituels.

— Si vous voulez dire par ces paroles, vénérable dame, dit Hugues de Lacy, que j'ai dessein de me couvrir de l'autorité du prélat pour me dispenser d'accomplir ce que je viens de promettre, ce que je déclare que je suis prêt à faire, quoiqu'à contre-cœur, tout ce que je puis vous répondre, c'est que vous êtes la première qui ait jamais douté de la parole d'Hugues de Lacy.

Et quoique ce fût à une femme, à une recluse que le fier baron tînt ce langage, ses yeux étincelaient et ses joues étaient enflammées.

— Ma bonne et vénérable tante, dit Eveline rassemblant toute sa résolution, et vous, milord, ne vous offensez pas si je vous prie tous deux de ne pas augmenter par des soupçons sans fondement et par un ressentiment précipité les difficultés dont nous sommes tous entourés. Les obligations que je vous ai, milord, sont d'une telle nature que je ne pourrais jamais m'acquitter envers vous, puisqu'elles comprennent la fortune, la vie et l'honneur. Apprenez que dans la profonde angoisse qui me dévorait lorsque les Gallois m'assiégeaient dans mon château de Garde-Douloureuse, je fis vœu devant l'image de la sainte Vierge que, mon honneur sauf, je me mettrais à la disposition de celui que Notre-Dame choisirait pour être l'instrument de ma délivrance dans cette heure d'agonie mortelle. En me donnant un libérateur, elle m'a donné un maître, et je n'en pouvais désirer un plus noble qu'Hugues de Lacy.

— Milady, s'écria le connétable avec vivacité, comme s'il eût craint que le courage ne lui manquât pour exprimer la renonciation qu'il allait faire, — à Dieu ne plaise que je veuille profiter des liens dont vous vous êtes chargée dans un moment d'extrême détresse, pour vous forcer à prendre une résolution qui ne serait pas d'accord avec votre inclination!

L'abbesse elle-même ne put s'empêcher d'applaudir au sentiment qui venait de faire parler le connétable, et déclara que c'était agir en chevalier normand. Mais en même temps ses yeux tournés vers sa nièce semblaient l'exhorter à ne pas refuser de profiter de la générosité de De Lacy.

Mais Eveline, baissant les yeux avec une rougeur modeste, continua à développer ses propres sentimens sans écouter les suggestions de personne.

— J'avouerai, milord, dit-elle, que lorsque votre valeur m'eut sauvée d'une ruine si prochaine, j'aurais désiré, vous honorant et vous respectant comme mon digne père, votre ancien ami, que vous n'eussiez demandé de moi que la tendresse d'une fille. Je ne vous dirai pas que j'ai entièrement surmonté ce sentiment, quoique je l'aie combattu comme indigne de moi et comme ne répondant pas à la reconnaissance que je vous dois. Mais depuis qu'il vous a plu de me faire l'honneur de me demander ma main, j'ai examiné avec soin mes sentimens pour vous; je me suis appris à les mettre d'accord avec mon devoir; en un mot, je me suis assurée qu'Hugues de Lacy ne trouvera pas dans Eveline Bérenger une épouse indifférente et indigne de lui. Vous pouvez en être bien convaincu, milord, soit que cette union ait lieu sur-le-champ, soit qu'elle soit remise à une époque plus éloignée. J'irai encore plus avant ; je vous avouerai que le délai apporté à notre mariage me sera plus agréable que sa célébration immédiate. Je suis encore bien jeune et sans aucune expérience, et j'espère que deux ou trois ans me rendront plus digne de l'affection d'un homme d'honneur.

En entendant Eveline se déclarer ainsi en sa faveur, quoique avec un peu de froideur et de réserve, de Lacy eut autant de peine à modérer ses transports de joie qu'il en avait eu auparavant à réprimer une agitation provenant d'une cause toute différente.

—Ange de bonté et d'indulgence! s'écria-t-il en fléchissant de nouveau un genou devant elle et en lui prenant encore la main, l'honneur devrait peut-être me faire renoncer volontairement à une espérance que vous refusez si généreusement de me ravir. Mais qui serait capable d'une magnanimité si désintéressée? Permettez-moi d'espérer que mon attachement à toute épreuve, et ce que vous entendrez dire de moi quand je serai loin de vous, ce que je vous en apprendrai moi-même quand vous me verrez de retour, pourront donner à vos sentimens pour moi plus de chaleur que vous n'en exprimez maintenant. En attendant ne me blâmez pas si j'accepte de nouveau, sous les conditions que vous y attachez, la foi que vous m'aviez déjà promise. Je sais que je suis devenu sensible à l'amour dans un âge trop avancé pour espérer en retour de ma tendresse cette affection ardente que la jeunesse seule peut obtenir; mais ne me blâmez pas si je me contente de ce sentiment plus calme qui peut rendre la vie heureuse sans faire éprouver les transports de la passion. Votre main reste immobile dans la mienne, elle ne répond pas à celle qui la presse; serait-il possible qu'elle refusât de ratifier ce que votre bouche vient de prononcer.

— Non, noble De Lacy, non ! répondit Eveline avec plus de chaleur qu'elle n'en avait montré jusqu'alors ; et il paraît que le ton avec lequel elle dit ce peu de mots était assez encourageant, puisqu'il enhardit le connétable au point d'en aller chercher la garantie sur les lèvres de sa belle fiancée.

Après avoir reçu ce nouveau gage de fidélité, ce fut avec un air de fierté mêlé de respect qu'il se tourna vers l'abbesse offensée, pour chercher à l'apaiser et à se la concilier.

— Vénérable mère, lui dit-il, je me flatte maintenant que vous me rendrez vos anciennes bontés, dont le cours n'a été interrompu que par suite du tendre intérêt que vous prenez à celle qui nous est si chère à tous deux. Permettez-moi d'espérer que je puis laisser cette fleur de beauté sous la protection de l'honorable dame qui est sa plus proche parente, aussi heureuse et aussi en sûreté qu'elle doit toujours l'être tant qu'elle écoutera vos conseils et qu'elle résidera dans cette enceinte sacrée.

Mais le mécontentement de l'abbesse était trop profond pour qu'elle se laissât gagner par un compliment qu'un politique plus sage aurait peut-être gardé pour un moment où elle aurait été plus calme.

— Milord, dit-elle, et vous belle nièce, vous avez besoin d'être avertis combien peu mes conseils, que je donne rarement quand on ne les écoute pas avec plaisir, peuvent être utiles à ceux qui sont engagés dans les affaires du monde ; je suis une femme consacrée à la religion, à la solitude, à la retraite, en un mot au service de Notre-Dame et de saint Benoît. J'ai déjà été censurée par mon supérieur pour m'être mêlée d'affaires séculières par amour pour vous, belle nièce, plus qu'il n'était convenable à une femme qui est à la tête d'un couvent de recluses. Je ne veux pas mériter d'autres reproches pour un tel sujet et vous ne pouvez l'attendre de moi. La fille de mon frère, avant d'être chargée de liens mondains, a été la bienvenue quand elle est arrivée pour partager mon humble solitude : mais cette maison n'est pas digne d'être la résidence de la fiancée d'un puissant baron, et je sens que mon humilité et mon inexpérience ne me rendent pas capable d'exercer sur une jeune personne qui se trouve dans une telle situation l'autorité que je dois avoir sur toutes celles que cette demeure protége. La gravité de nos dévotions continuelles, les contemplations toutes spirituelles auxquelles sont dévouées les femmes qui habitent le cloître, continua l'abbesse avec une chaleur et une véhémence qui croissaient à chaque instant, ne seront pas troublées à cause de mes relations avec le monde, par la présence d'une jeune personne dont toutes les pensées doivent se fixer sur les vanités mondaines du monde et du mariage.

— Sur ma foi, révérende mère, dit le connétable cédant à son tour à son mécontentement, je crois qu'une jeune fille riche, non mariée et ne paraissant pas devoir l'être, serait regardée comme une habitante plus convenable du couvent, et y serait reçue avec plus de plaisir que celle qui ne peut se séparer du monde, et dont la fortune ne paraît pas devoir augmenter les revenus de la maison.

Le connétable ne rendait pas justice à l'abbesse en se permettant cette insinuation arrachée par le dépit, et elle ne servit qu'à la confirmer dans la résolution de ne pas se charger de sa nièce pendant l'absence de De Lacy. Dans le fait, elle était aussi désintéressée que fière; et si elle était courroucée contre Eveline, c'était uniquement parce qu'elle n'avait pas suivi son avis sans hésiter, quoiqu'il s'agît d'une affaire qui concernait exclusivement le bonheur de sa nièce.

La réflexion que le connétable venait de faire mal à propos la confirma donc dans la détermination qu'elle avait déjà prise avec précipitation.—Sire chevalier, lui répondit-elle, puisse le ciel vous pardonner vos pensées injurieuses à ses servantes ! Il est vraiment temps pour le salut de votre ame que vous alliez faire pénitence dans la Terre-Sainte, ayant à vous repentir de jugemens si téméraires. Quant à vous, ma nièce, vous recevrez d'une autre que moi l'hospitalité que je ne pourrais maintenant vous accorder sans justifier d'injustes soupçons; vous avez à Baldringham une parente séculière qui vous tient par le sang presque d'aussi près que moi, et qui peut vous ouvrir ses portes sans encourir l'indigne reproche de vouloir s'enrichir à vos dépens.

Le connétable remarqua la pâleur mortelle dont cette proposition couvrit les joues d'Eveline; et sans connaître la cause de sa répugnance, il s'empressa de la délivrer des appréhensions auxquelles elle semblait évidemment livrée.

— Non, révérende mère, dit-il, puisque vous refusez si durement de prendre soin de votre parente, elle ne sera à charge à aucune personne de sa famille. Tant qu'Hugues de Lacy aura six bons châteaux, sans compter d'autres manoirs dont le foyer est en état de recevoir du feu, sa fiancée n'accordera sa société à aucun de ceux qui la regarderaient comme un fardeau et non comme un grand honneur; et il me semble que je serais plus pauvre que le ciel ne l'a voulu si je ne pouvais trouver des amis et des serviteurs en assez grand nombre pour la servir, lui obéir et la protéger.

— Non, milord, dit Eveline, sortant de l'abattement dans lequel l'avait jetée le ton de dureté de sa tante; puisqu'une malheureuse destinée me prive de la protection de la sœur de mon père, entre les bras de laquelle j'aurais pu me jeter avec tant de confiance, je ne demanderai d'asile à aucune parente plus éloignée, et je n'accepterai pas davantage celui que vous m'offrez si généreusement, milord, de peur d'exciter en l'acceptant des reproches sévères, et comme j'en suis sûre, peu mérités, contre celle qui me force à choisir une habitation moins convenable. J'ai pris mon parti. Il est vrai qu'il ne me reste qu'une amie; mais c'est une amie puissante et en état de me protéger contre le mauvais destin qui semble me poursuivre particulièrement, aussi bien que contre les maux ordinaires de la vie humaine.

— La reine, je suppose? dit l'abbesse en l'interrompant avec un ton d'impatience.

— La reine du ciel, ma vénérable tante, répondit Eveline; Notre-Dame de Garde-Douloureuse, qui a toujours été favorable à notre maison, et qui m'a spécialement protégée il y a si peu de temps. Il me semble que puisque celle qui s'est dévouée aux autels de la Vierge me rejette, c'est à sa sainte patrone que je dois demander du secours.

La vénérable dame se trouvant prise un peu à l'improviste par cette réponse, prononça l'interjection *hum!* d'un ton qui aurait mieux convenu à un Lollard[1] ou à un Iconoclaste[2] qu'à une abbesse catholique et à une fille de la maison de Bérenger. La vérité est que la dévotion héréditaire qu'elle avait eue pour Notre-Dame de Garde-Douloureuse s'était fort affaiblie depuis qu'elle avait reconnu tous les mérites d'une autre image de la Vierge que possédait son propre couvent.

Cependant se rappelant ce qu'elle se devait à elle-même, elle garda le silence, tandis que le connétable alléguait que le voisinage des Gallois pouvait rendre Garde-Douloureuse un séjour aussi dangereux pour sa fiancée qu'il l'avait déjà été peu de temps auparavant. Eveline lui répondit en lui rappelant la force redoutable du château, les différens siéges qu'il avait soutenus, et la circonstance importante que le danger qu'elle y avait couru en dernier lieu n'avait été occasionné que parce que son père, pour satisfaire à un point d'honneur, avait fait une sortie à la tête de la garnison, et

---

(1) Les Lollards furent les précurseurs de la grande réformation anglaise, et à peu près les seuls hérétiques connus du temps d'Eveline Berenger. Quelques auteurs font dériver ce nom de celui de Lollard, sectaire allemand du quatorzième siècle; d'autres, de deux mots allemands signifiant *louez le Seigneur*, parce que les Lollards allaient de place en place, priant et chantant des hymnes. Chaucer veut que Lollard vienne du latin *lolium*, ivraie, ces sectaires étant l'ivraie semée dans les champs de l'Église. Quoi qu'il en soit, les partisans de Wiclife furent traités de Lollards. Voyez dans les causes célèbres étrangères le procès de lord Cobham, chef de la secte des Lollards. — Ép.

(2) Iconoclastes, hérétiques du Bas-Empire. Ce nom signifie briseur d'images, etc. — Ép.

livré un combat inégal sous les murs de la forteresse. Elle ajouta ensuite qu'il était facile au connétable de choisir parmi leurs vassaux respectifs un sénéchal d'une prudence reconnue, d'une valeur éprouvée, capable en un mot de garantir la sûreté de la place et de celle qui l'habiterait.

Avant que De Lacy pût répondre à ces argumens, l'abbesse se leva les joues enflammées, et d'une voix agitée par la colère, fit valoir son incapacité qui la mettait totalement hors d'état de donner des avis dans les affaires séculières, et les règles de son ordre qui l'appelaient à remplir les devoirs simples et tranquilles du cloître. A ces mots elle se retira, laissant les deux fiancés dans le parloir, sans autre compagnie que Rose qui se tenait discrètement à quelque distance.

Le résultat de cette conférence particulière parut être agréable à tous deux; et quand Eveline dit à Rose qu'elles allaient incessamment retourner à Garde-Douloureuse avec une escorte suffisante, et qu'elles y resteraient tant que durerait la croisade, ce fut avec un air de satisfaction sincère que sa fidèle suivante n'avait pas remarqué en elle depuis bien du temps. Elle donna aussi de grands éloges à la manière aimable dont le connétable avait cédé à ses désirs, et parla de toute sa conduite avec une chaleur qui semblait approcher d'un sentiment plus tendre que la reconnaissance.

— Et cependant, ma chère maîtresse, dit Rose, si vous voulez parler franchement, vous avouerez, j'en suis sûre, que vous ne regardez guère que comme un répit l'intervalle des années qui doivent s'écouler entre vos fiançailles et votre mariage.

— J'en conviens, répondit Eveline; et quelque peu gracieux que puisse paraître ce sentiment, je ne l'ai pas caché à mon futur époux. Mais c'est ma jeunesse, Rose, mon extrême jeunesse qui me fait craindre d'avoir à remplir les devoirs d'épouse d'Hugues de Lacy; ensuite ces funestes présages m'agitent étrangement. Dévouée au malheur par une de mes parentes, presque chassée de la demeure d'une autre, je suis à mes propres yeux une créature qui doit porter l'infortune avec elle, en quelque lieu qu'elle aille. Ces tristes augures et les appréhensions qu'ils me causent se dissiperont avec le temps. Lorsque j'aurai atteint l'âge de vingt ans, Rose, je serai une femme mûre; mon ame aura acquis toute la force des Bérenger, et je serai en état de vaincre les inquiétudes et les craintes qui tourmentent une jeune fille.

— Ah! ma chère maîtresse, s'écria Rose, je prie Dieu et Notre-Dame de Garde-Douloureuse de conduire les événemens à une heureuse fin; mais je voudrais que ces fiançailles n'eussent pas eu lieu, ou du moins qu'elles eussent été immédiatement suivies du mariage.

CHAPITRE XX.

« Le tambour bat l'appel : on croyait voir paraître
« Le Grand-Maréchal le premier.
« Les temps étaient changés : à la voix de son maître
« Il n'arriva que le dernier. »

Ancienne ballade.

Si lady Eveline se trouva satisfaite et heureuse après l'entrevue particulière qu'elle avait eue avec le connétable, celui-ci se livra à une joie qu'il n'était habitué ni à éprouver ni à exprimer. Cette joie s'augmenta encore quand il reçut la visite des médecins qui prenaient soin de son neveu, et qui après lui avoir rendu un compte détaillé et minutieux de sa maladie, lui donnèrent l'assurance d'une guérison prochaine.

Le connétable fit distribuer des aumônes aux pauvres et dans tous les couvens, célébrer des messes dans toutes les églises, et allumer des cierges devant les images de tous les saints. Il alla rendre visite à l'archevêque qui approuva entièrement tout ce qu'il se proposait de faire, et qui lui promit, en vertu des pleins pouvoirs qu'il tenait du pape, de limiter son séjour dans la Terre-Sainte à un terme de trois ans, à compter du jour où il quitterait l'Angleterre, et en y comprenant le temps nécessaire pour revenir dans son pays natal. En un mot, ayant atteint le but auquel il désirait principalement arriver, le prélat crut qu'il était sage de céder tous les points les moins importans à un homme du caractère du connétable, puisque le zèle d'un tel croisé était peut-être aussi nécessaire que sa présence personnelle pour assurer le succès de l'expédition.

Le connétable retourna sous son pavillon, très satisfait de la manière dont il s'était tiré de difficultés qui lui avaient d'abord paru insurmontables. Quand ses officiers se présentèrent pour le déshabiller, car les grands seigneurs dans le temps de la féodalité avaient leurs levers et leurs couchers à l'imitation des princes souverains, il leur distribua des largesses en riant, et plaisanta avec eux. Enfin, jamais on n'avait remarqué en lui une si joyeuse humeur.

— Quant à toi, dit-il en se tournant vers Vidal le ménestrel, qui, somptueusement vêtu, se tenait d'un air respectueux au milieu des autres serviteurs du connétable, je ne te donnerai rien à présent; mais reste près de mon lit jusqu'à ce que je sois endormi, et si je suis content de tes chants, je t'en récompenserai demain matin.

— Milord, répondit Vidal, je suis déjà récompensé par l'honneur d'être à votre service, et par un costume qui conviendrait mieux à un ménestrel royal qu'à un homme dont la réputation est encore bien humble; mais indiquez-moi un sujet, et je ferai de mon mieux, non par désir d'obtenir de nouveaux bienfaits, mais par reconnaissance pour ceux que j'ai déjà reçus.

— C'est bien, mon brave garçon, dit le connétable; et se tournant vers son écuyer : Guarine, ajouta-t-il, place les sentinelles, et reste sous ma tente. Étends-toi sur la peau d'ours, et dors, ou écoute le ménestrel, comme tu le voudras. Il me semble que j'ai entendu dire que tu te crois bon juge en cette matière.

Il était d'usage, dans ces temps où la tranquillité publique n'était pas bien assurée, que quelque fidèle serviteur passât la nuit sous la tente de chaque grand baron, afin que s'il survenait quelque danger il ne se trouvât pas sans appui et sans protection. Guarine tira donc son épée, et s'étendit par terre sans la quitter, de manière qu'à la moindre alarme il pût se lever les armes à la main. Ses grands yeux noirs, combattant entre le sommeil et le désir d'entendre le ménestrel, étaient fixés sur Vidal qui, à la clarté qui partait d'une lampe d'argent, les voyait briller comme ceux d'un dragon ou d'un basilic.

Après avoir tiré des cordes de sa rote quelques sons de prélude, le ménestrel pria de nouveau le connétable de lui indiquer le sujet qu'il désirait qu'il chantât.

— La foi d'une femme, dit Hugues de Lacy en appuyant la tête sur son oreiller.

Après un court prélude, le ménestrel obéit, et chanta à peu près ce qui suit :

> Écrivez sur la poussière,
> Sur un lumineux rayon,
> Sur les eaux de la rivière,
> Sur l'aile du tourbillon :
> Ce qu'y trace votre adresse
> Disparaît en un instant;
> Mais la foi d'une maîtresse
> Ne dure, hélas! pas autant.
>
> La toile qu'Arachné file
> A moins de fragilité,
> Son cœur, en détours fertile,
> N'offre que duplicité.

Je démontre à ma maîtresse
Qu'elle m'a manqué de foi ;
J'obtiens nouvelle promesse :
Je suis trompé si j'y croi.

— Comment, sire drôle, s'écria le connétable en se soulevant sur le coude, quel est l'ivrogne de poète qui t'a appris cette sotte diatribe?

— C'est une de mes vieilles amies qui porte des guenilles, qui a l'humeur un peu quinteuse, et dont le nom est Expérience. Je prie Dieu que ni vous, milord, ni aucun homme de bien, n'en receviez jamais les leçons.

— Fort bien, fort bien ; je vois que tu es un de ces beaux diseurs qui ont des prétentions à l'esprit, parce qu'ils savent plaisanter de choses que des hommes plus sages croient dignes de tout leur respect ; l'honneur des hommes et la foi des femmes. Toi qui te dis un ménestrel, ne sais-tu donc aucune ballade en l'honneur de la fidélité du beau sexe ?

— Pardonnez-moi, noble seigneur, j'en ai su un grand nombre ; mais j'ai cessé de les chanter lorsque j'ai renoncé à la partie bouffonne de la gaie science. Cependant, s'il plaît à Votre Seigneurie d'en entendre une, je m'en rappelle une sur ce sujet.

De Lacy lui fit signe de commencer, et se recoucha comme pour dormir. Vidal alors commença une ballade presque interminable sur les aventures nombreuses de ce modèle des amantes, la belle Yseult, et sur la foi constante et l'affection inébranlable dont, au milieu des difficultés et des dangers de toute espèce, elle donna tant de preuves au brave sir Tristrem son amant, aux dépens de son mari moins favorisé le malencontreux Marc, roi de Cornouailles, dont, comme tout l'univers le sait, sir Tristrem était le neveu[1].

Ce n'était point ce lai qu'aurait choisi De Lacy pour célébrer l'amour et la fidélité ; mais un sentiment qui tenait

---

(1) Voyez le poème de sir Tristrem, analysé et terminé par sir Walter Scott. — Éd.

de la honte l'empêcha d'interrompre le ménestrel, peut-être parce qu'il ne voulait ni céder aux sensations désagréables que ses chants excitaient en lui, ni même se les avouer à lui-même. Quoi qu'il en soit, il ne tarda pas à s'endormir, ou du moins à feindre de sommeiller; et le chanteur, après avoir continué quelque temps sa musique monotone, commença aussi à éprouver l'influence du sommeil. Sa voix et les sons qu'il tirait des cordes de sa rote s'affaiblissaient, s'interrompaient, semblaient sortir de sa poitrine et naître péniblement sous ses doigts. Enfin sa bouche et sa harpe devinrent muettes; sa tête se pencha sur sa poitrine, et il s'endormit un bras pendant à son côté, et l'autre appuyé sur son instrument. Son sommeil ne fut pourtant pas très long, et lorsqu'il s'éveilla, tandis qu'il portait les yeux autour de lui pour reconnaître à la clarté de la lampe tout ce qui se trouvait dans le pavillon, il sentit une main pesante lui tomber sur l'épaule, comme pour attirer son attention, et en même temps la voix du vigilant Philippe Guarine lui dit à l'oreille :

— Tes fonctions sont terminées pour cette nuit; retourne sous ta tente, et ne fais pas de bruit.

Le ménestrel s'enveloppa dans son manteau, et se retira sans répliquer, quoique peut-être avec quelque ressentiment de se voir congédier avec si peu de cérémonie.

CHAPITRE XXI.

« La reine Mab [1] vous a rendu visite. »
SHAKSPEARE. *Roméo et Juliette.*

Le dernier sujet dont notre esprit s'est occupé dans la soirée se représente assez ordinairement à nos pensées pendant notre sommeil. L'imagination, que les sens ne peuvent plus guider, se plaît à ourdir un tissu fantastique d'une foule d'idées qui se présentent au hasard. Il n'est donc pas très étonnant que le connétable De Lacy, pendant son sommeil, ait eu des visions confuses et indistinctes qui semblaient l'identifier avec le malheureux Marc de Cornouailles, et qu'après un repos troublé par des rêves si désagréables, il se soit levé le front plus soucieux que lorsqu'il s'était couché

---

(1) La reine des fées, Titania, femme d'Oberon.
Cette épigraphe est extraite du portrait qu'en trace Mercutio dans son langage plein d'esprit et de *concetti*. La citation est si populaire en Angleterre, que chaque lecteur peut l'achever de mémoire. Nous croyons devoir reproduire ici quelques traits de ce tableau bizarre :

« La reine Mab, c'est la fée sage-femme, petite et légère comme l'agathe placée au doigt d'un alderman, traînée par un attelage de minces atomes. Les rayons de ses roues sont faits de longues pattes de faucheux ; l'impériale de sa voiture d'ailes de sauterelles ; ses harnais de fine toile d'araignée et des rayons humides d'un clair de lune ; le manche de son fouet est un os de grillon ; la mèche une pellicule ; son postillon est un petit moucheron gris ; son char une coquille de noisette, travaillée par l'écureuil ou le ver, menuisiers et carossiers des fées. C'est dans cet équipage qu'elle galope chaque nuit à travers le cerveau des amans, et ils rêvent d'amour, etc. — Éd.
Roméo et Juliette, acte I, scène V.

la veille. Il gardait le silence, et semblait plongé dans ses réflexions, tandis que son écuyer l'aidait à se lever, avec le respect qu'on ne rend aujourd'hui qu'aux têtes couronnées.

— Guarine, dit-il enfin, connaissez-vous le brave Flamand qu'on dit s'être si bien comporté au siége de Garde-Douloureuse, un homme de grande taille et robuste?

— Certainement, milord, répondit Guarine ; je connais Wilkin Flammock ; je l'ai encore vu hier.

— Oui-dà! s'écria le connétable ; et où l'avez-vous vu? Ici? dans cette ville de Glocester?

— Oui, milord. Il est venu ici en partie pour son commerce, et peut-être aussi pour voir sa fille Rose, qui est à la suite de la jeune lady Eveline.

— C'est un brave soldat, n'est-il pas vrai?

— Comme la plupart des gens de son espèce ; un rempart dans un château, un fétu de paille en rase campagne.

— Et fidèle, n'est-ce pas?

— Fidèle comme tous les Flamands quand ils sont bien payés pour l'être, répondit Guarine un peu surpris de l'intérêt extraordinaire que son maître paraissait prendre à un homme qu'il regardait comme d'un ordre tout-à-fait inférieur.

Le connétable lui fit encore quelques autres questions, et lui ordonna de lui amener le Flamand sur-le-champ.

Le prochain départ du connétable De Lacy exigeait qu'il prît à la hâte divers arrangemens pendant cette matinée ; et tandis qu'il s'en occupait et qu'il donnait audience à quelques officiers de ses troupes, on vit paraître à l'entrée du pavillon le grand et gros Wilkin Flammock en pourpoint de drap blanc, et ayant seulement un couteau de chasse suspendu à sa ceinture.

— Voici quelqu'un à qui il faut que je parle en particulier, dit le connétable ; retirez-vous, messieurs, mais ne vous éloignez pas.

Les officiers sortirent de la tente, et le connétable resta seul avec le Flamand.

— Vous vous nommez Wilkin Flammock? lui dit-il ; c'est vous qui avez si bravement défendu contre les Gallois le château de Garde-Douloureuse?

— J'ai fait de mon mieux, milord, répondit Wilkin, comme si j'y étais obligé par mon marché ; et j'espère faire toujours honneur de même à tous mes engagemens.

— Il me semble qu'avec des membres si vigoureux et un esprit à ce que j'entends dire si intrépide, vous pourriez aspirer à quelque chose de plus relevé que le commerce dont vous vous occupez.

— Personne n'est fâché de trouver à améliorer sa condition, milord ; cependant je suis bien loin de me plaindre de la mienne, et je consentirais volontiers qu'elle ne devînt jamais meilleure si l'on pouvait m'assurer qu'elle ne sera jamais pire.

— Mais j'ai dessein de faire pour vous, Flammock, beaucoup plus que votre modestie ne se l'imagine. Je veux vous donner une grande preuve de confiance.

— S'il s'agit de quelques balles de draps, milord, vous ne trouverez personne qui puisse mieux y répondre.

— Fi donc! vous portez vos idées trop bas. Que pensez-vous d'être armé chevalier, comme votre valeur le mérite, et d'être nommé châtelain du château de Garde-Douloureuse?

— A moi les honneurs de la chevalerie! Milord, je vous prie de m'excuser ; ils m'iraient à peu près comme une couronne d'or à un pourceau. Quant à défendre soit un château soit une chaumière, je me flatte que je suis en état de m'en acquitter aussi bien qu'un autre.

— Mais il faut que tu sois élevé à un rang plus haut que le tien, dit le connétable en jetant les yeux sur le costume peu militaire du Flamand ; ta condition actuelle ne conviendrait pas au protecteur et au gardien d'une jeune dame de noble sang et de haut rang.

— Moi, gardien d'une jeune dame de noble sang et de haut rang! s'écria Flammock en ouvrant de grands yeux.

— Toi-même, dit le connétable. Lady Eveline a dessein de fixer sa résidence au château de Garde-Douloureuse. J'ai jeté les yeux sur ceux à qui je pourrais confier la garde de sa personne et celle de la forteresse. Si je choisissais quelque chevalier de renom comme il s'en trouve plusieurs dans ma maison, il voudrait s'illustrer par quelque incursion contre les Gallois, et s'engagerait dans des entreprises hasardeuses qui rendraient précaire la sûreté du château, ou il s'absenterait pour faire quelque prouesse chevaleresque, comme pour aller à des tournois, pour faire des parties de chasse, ou peut-être célébrerait-il de pareilles fêtes sous les murs mêmes du château et dans les cours ; ce qui donnerait une apparence de désordre et de dissolution à un séjour de paix et de noble réserve tel que doit être la demeure de lady Eveline dans sa situation. Je puis me fier à toi ; je sais que tu combattras bien s'il en est besoin, mais que tu ne provoqueras pas le danger par amour pour le danger ; ta naissance, tes habitudes te porteront à éviter ces divertissemens joyeux qui ont des attraits pour tant d'autres, mais qui ne peuvent que te déplaire ; tu gouverneras le château d'une manière régulière. J'aurai soin de mon côté que la charge te soit honorable ; et comme Rose sa favorite est ta fille, lady Eveline te verra peut-être châtelain du château avec plus de plaisir qu'un chevalier de son rang. Enfin, pour te parler un langage que ta nation comprend aisément, Flamand, la récompense que tu recevras après t'être régulièrement acquitté de ce devoir important surpassera toutes tes espérances.

Flammock avait écouté la première partie de ce discours avec une expression de surprise qui se changea peu à peu en un air de profonde réflexion et de méditation inquiète. Il resta quelques instans les yeux fixés sur la terre après qu'Hugues de Lacy eut cessé de parler ; et les levant enfin tout à coup sur lui : — Il est inutile de prendre des détours avec vous, milord : un pareil projet ne peut être sérieux. Mais s'il l'était, il ne peut s'accomplir.

— Comment! pourquoi? demanda le connétable avec un ton de surprise et de mécontentement.

— Un autre pourrait s'empresser d'accepter vos offres, milord, et laisser au hasard le soin de vous payer de ce que vous feriez pour lui. Mais je trafique loyalement, et je ne veux pas recevoir de paiement pour des services que je ne puis rendre.

— Mais je te demande encore une fois, s'écria De Lacy, pourquoi tu ne peux pas, ou plutôt pourquoi tu ne veux pas te charger de ce que je te propose? Si je suis disposé à te donner une pareille marque de confiance, il me semble qu'il est de ton devoir d'y répondre.

— Sans contredit, milord; mais je crois que le noble lord De Lacy peut savoir et que le sage lord De Lacy doit prévoir qu'un fabricant de draps flamand n'est pas un gardien convenable pour la fiancée d'un haut baron. Supposez-la renfermée dans ce château isolé sous cette protection respectable; croyez-vous qu'elle y sera long-temps solitaire dans ce pays d'amour et d'aventures? Des troupeaux de ménestrels viendront chanter des ballades sous nos fenêtres; nous entendrons assez de harpes pour que le son en renverse nos murailles, comme les clercs disent que cela est arrivé à celles de Jéricho. Nous aurons autour de nous autant de chevaliers errans qu'en ont jamais eu Arthur et Charlemagne. Merci de moi! il faudrait moins qu'une belle, jeune et noble recluse claquemurée comme ils le diront, dans une tour, sous la garde d'un vieux marchand de draps flamand, pour nous mettre à dos la moitié des chevaliers de l'Angleterre qui viendraient rompre des lances, prononcer des vœux, porter les couleurs de leur dame, et faire je ne sais quelles autres folies. Croyez-vous que de pareils galans, dans les veines desquels le sang coule comme du vif-argent, se soucieraient beaucoup d'un vieux Flamand qui leur dirait : — Allez-vous-en ?

— Tire les verrous, lève le pont-levis, baisse la herse, dit le connétable avec un sourire forcé.

— Et croyez-vous qu'ils s'inquiéteraient de pareils obstacles, milord ? c'est la quintessence des aventures qu'ils cherchent. Le chevalier du Cygne passerait le fossé à la nage ; celui de l'Aigle prendrait son vol au-dessus des murailles, et celui du Tonnerre enfoncerait les portes.

— Fais jouer les arbalètes et les mangonneaux, reprit le baron.

— Et faites-vous assiéger en forme, répliqua Flammock, comme le château de Tintadgel sur la vieille tapisserie ; le tout pour l'amour d'une damoiselle. Et que dirons-nous de toutes ces belles dames qui vont chercher les aventures de château en château, de tournoi en tournoi, le sein découvert, des plumes sur la tête, un poignard au côté, une javeline en main, vaines comme des geais, braves comme des pies, et de temps en temps roucoulant comme des tourterelles ? Comment m'y prendrai-je pour les exclure de la société de lady Eveline ?

— Je te l'ai déjà dit, répondit le connétable avec le même ton de gaîté forcée ; en tenant les portes bien fermées : de bonnes barres de bois feront ton affaire.

— Fort bien ! mais si le vieux Flamand dit : Fermez, et que la jeune dame normande dise : Ouvrez ! à qui pensez-vous qu'on obéira de préférence ? En un mot, milord, quant à garder une femme, quelle qu'elle soit, je m'en lave les mains. Je ne me chargerais pas de garder la chaste Susanne, quand elle serait dans un château enchanté dont nul être vivant ne pourrait approcher.

— Tu tiens le langage et tu nourris les pensées d'un débauché vulgaire qui ne croit pas à la constance des femmes, parce qu'il n'a jamais connu que les misérables créatures de ce sexe. Tu devrais pourtant penser tout différemment, puisque, ayant une fille comme je le sais....

— Et dont la mère ne l'était pas moins, milord, s'écria Wilkin en interrompant le connétable avec plus d'émotion qu'il n'avait coutume d'en montrer. Mais la loi m'armait d'autorité pour guider et gouverner ma femme, et elle s'unit à la nature pour me donner le même pouvoir sur ma fille. Je ne puis répondre de ceux à qui j'ai droit de commander. Mais faire respecter une autorité qui n'est que déléguée, c'est une autre question. Croyez-moi, milord, ajouta l'honnête Flamand, voyant que son discours faisait quelque impression sur le connétable, restez chez vous ; que l'avis d'un ignorant fasse une fois changer de dessein à un homme instruit qui, permettez-moi de vous le dire, a pris une résolution sans consulter la prudence. Restez sur vos terres, gouvernez vos vassaux, protégez vous-même votre fiancée. Vous seul avez le droit de réclamer d'elle amour et obéissance ; et sans prétendre deviner ce qu'elle pourra faire si elle est séparée de vous, je suis sûr que sous vos yeux elle remplira tous les devoirs d'une épouse tendre et fidèle.

— Et le saint sépulcre ? dit Hugues de Lacy en soupirant ; car il reconnaissait la sagesse de cet avis, quoique les circonstances l'empêchassent de le suivre.

— Que ceux qui ont perdu le saint sépulcre tâchent de le reprendre, milord, répondit Wilkin. Au surplus, si ces Latins et ces Grecs, comme ils se nomment, ne valent pas mieux que je l'ai entendu dire, il n'importe guère que ce soit eux ou les païens qui possèdent le pays qui a coûté à l'Europe tant de sang et d'argent.

— Sur ma foi ! dit le connétable, il y a du bon sens dans ce que tu dis ; mais je t'avertis de ne pas le répéter car on te prendrait pour un hérétique ou pour un Juif. Quant à moi, j'ai fait un vœu, j'ai donné ma parole, et il ne m'est plus possible de jeter les yeux en arrière ; il ne me reste donc qu'à voir à qui je pourrais confier ce soin important, puisque votre prudence vous défend de vous en charger, et je l'avoue, non sans quelque apparence de raison.

— Il n'y a personne que vous puissiez plus naturellement et plus honorablement choisir pour une fonction qui exige tant de confiance qu'un proche parent qui mérite la vôtre; et cependant j'aimerais mieux que vous n'eussiez à l'accorder à personne.

— Si par un proche parent vous entendez Randal de Lacy, je n'hésite pas à vous dire que je le regarde comme totalement indigne de ma confiance.

— Ce n'est pas de lui que je veux vous parler, milord; c'est d'un autre qui vous tient de plus près par le sang, et qui, si je ne me trompe fort, a aussi une plus grande part dans votre affection; j'avais présent à l'esprit votre neveu Damien de Lacy.

Le connétable tressaillit comme si une guêpe l'avait piqué; mais il se remit sur-le-champ, et dit avec un sang-froid forcé:

— Damien devait aller en Palestine à ma place; il paraît que c'est moi maintenant qui dois y aller à la sienne, car depuis cette dernière maladie les médecins ont tout-à-fait changé d'avis; ils prétendent que la chaleur du climat lui serait à présent aussi dangereuse qu'ils l'avaient auparavant jugée salutaire. Mais nos savans docteurs, comme nos savans prêtres, doivent toujours avoir raison, quelque changement qui survienne dans leur opinion, et nous autres pauvres laïques nous ne pouvons qu'avoir tort; il est vrai que je puis compter sur Damien avec toute confiance; mais il est jeune, Flammock, bien jeune, et à cet égard il ressemble un peu trop à celle qui serait confiée à ses soins.

— En ce cas, milord, je vous le répète, restez chez vous, et soyez vous-même le protecteur de celle qui vous est naturellement si chère.

— Je vous dis encore une fois que cela m'est impossible: j'ai fait une démarche que je regardais comme un grand devoir; peut-être est-ce une grande erreur, mais elle est irrévocable.

— Eh bien donc! fiez-vous à votre neveu, milord; il est honnête et fidèle, et il vaut mieux se fier à un jeune lion qu'à un vieux loup : il peut commettre des erreurs, mais il ne fera jamais le mal avec préméditation.

— Tu as raison, Flammock; et je devrais peut-être regretter de n'avoir pas plus tôt pris tes conseils, quelque peu fardés qu'ils soient. Mais que ce qui vient de se passer entre nous reste secret; et songe à quelque chose qui puisse t'être plus avantageux qu'une conversation sur mes affaires.

— C'est un compte qui sera facile à régler, milord, car je ne suis venu ici que pour solliciter la protection de Votre Seigneurie, afin d'obtenir une extension aux priviléges de l'établissement que nous autres Flamands nous avons formé sur les frontières.

— Tu obtiendras toutes tes demandes, si elles ne sont pas exorbitantes, répondit le connétable.

L'honnête Flamand, parmi les bonnes qualités duquel une délicatesse scrupuleuse n'occupait pas le premier rang, se hâta de lui exposer dans le plus grand détail quel était l'objet de sa requête. Il y avait long-temps qu'il en avait inutilement formé la demande, et cette entrevue fut le moyen d'en assurer le succès.

Le connétable, ne voulant pas tarder à exécuter la résolution qu'il venait de prendre, se rendit sur-le-champ chez son neveu, qui apprit, à son grand étonnement, que sa destination était changée. Son oncle allégua son départ précipité, la maladie de Damien, et la nécessité d'assurer une protection à lady Eveline, comme les raisons qui le déterminaient à le laisser en Angleterre pour le représenter pendant son absence, veiller aux droits et aux intérêts de la maison de De Lacy, et surtout protéger la jeune et belle fiancée que son oncle était en quelque sorte forcé d'abandonner pendant plusieurs années.

Damien était encore au lit quand le connétable lui fit part du changement survenu dans ses projets. Peut-être n'en fut-il pas fâché, car dans cette position il pouvait plus facilement dérober aux yeux de son oncle l'émotion qu'il ne pouvait s'empêcher d'éprouver. Cependant le connétable, avec l'empressement d'un homme qui désire terminer à la hâte tout ce qu'il a à dire sur un sujet désagréable, lui fit un court détail de tous les arrangemens qu'il allait prendre pour que son neveu pût s'acquitter convenablement des fonctions importantes qui allaient lui être confiées.

Damien l'écouta comme une voix qu'il aurait entendue dans un rêve, et qu'il n'avait pas la faculté d'interrompre, quoique quelque chose lui dît intérieurement que la prudence et l'intégrité auraient exigé qu'il fît quelques remontrances à son oncle sur le changement de ses dispositions. Il essaya pourtant de prononcer quelques mots quand le connétable eut enfin cessé de parler; mais c'était avec un accent trop faible pour pouvoir ébranler une détermination aussi ferme qu'elle était soudaine dans un homme qui n'était pas habitué à parler avant d'avoir bien pris sa résolution, ni à en changer quand il l'avait une fois prise.

D'ailleurs Damien fit ses objections, si l'on peut leur donner ce nom, en termes trop contradictoires pour qu'ils fussent intelligibles. Tantôt il exprimait ses regrets d'être privé des lauriers qu'il avait espéré cueillir en Palestine, et suppliait son oncle de ne rien changer à ses premiers plans et de lui permettre d'y suivre sa bannière : tantôt il déclarait avec chaleur qu'il était prêt à verser jusqu'à la dernière goutte de son sang pour la sûreté de lady Eveline. Quelque opposés que fussent ces sentimens, le connétable n'y vit rien qui dût le surprendre. Il lui semblait fort juste qu'un jeune chevalier brûlât du désir d'acquérir de la gloire, et non moins naturel qu'il fût disposé à se charger d'une fonction aussi honorable et aussi importante que celle qu'il se proposait de lui confier. Aussi ne répondit-il qu'en souriant aux objections sans suite de Damien, et lui ayant réitéré ses dernières intentions, il le laissa maître de réfléchir à loisir sur son changement de destination, et se rendit de nouveau à l'abbaye des Bénédictines pour faire part à sa fiancée des mesures qu'il venait de prendre.

Le mécontentement de l'abbesse ne diminua nullement quand elle apprit cette nouvelle, et elle affecta même d'y prendre fort peu d'intérêt. Elle répéta que les devoirs religieux qu'elle avait à remplir et le peu de connaissance qu'elle avait des affaires mondaines devaient la faire excuser si par hasard elle se méprenait sur les usages du monde; mais elle avait toujours compris, ajouta-t-elle, que c'était ordinairement des hommes d'un âge mûr qu'on chargeait de protéger les jeunes et belles personnes de son sexe.

— C'est votre refus qui en est cause, madame, répondit Hugues de Lacy; c'est vous qui ne m'avez pas laissé d'autre choix que celui que j'ai fait. Puisque la plus proche parente de lady Eveline lui refuse un asile à cause des droits qu'elle a bien voulu me donner sur elle, et dont je me tiens honoré, j'aurais à me reprocher plus que de l'ingratitude si je ne lui assurais la protection de mon plus prochain héritier. Damien est jeune, j'en conviens; mais il est plein d'honneur et de franchise, et je n'aurais pu mieux choisir parmi toute la chevalerie d'Angleterre.

Eveline fut surprise et même consternée du parti qu'avait pris le connétable, et qu'il venait d'annoncer si subitement; mais peut-être fut-il heureux que l'observation de l'abbesse obligeât le seigneur De Lacy à lui répondre, car ce fut probablement ce qui l'empêcha de remarquer que ses joues changèrent rapidement de couleur plusieurs fois.

Rose, qui n'avait pas été exclue de cette conférence, s'approcha de sa jeune maîtresse, et en feignant d'arranger son voile, elle lui donna le temps de calmer son agitation, et l'encouragea à faire un effort sur elle-même en lui pressant la main secrètement. L'effort ne fut pas long; Eveline fit une réponse courte et décisive, avec une fermeté qui montrait que l'embarras qu'elle avait éprouvé était dissipé, ou qu'elle s'en était rendue maîtresse.

En cas de danger, dit Eveline, elle ne manquerait pas d'inviter Damien de Lacy à venir à son aide, comme il l'avait déjà fait ; mais elle n'en prévoyait aucun, quant à présent, dans son château-fort de Garde-Douloureuse, où elle avait dessein de demeurer, entourée seulement de ses propres vassaux. Elle se proposait, attendu sa situation, d'y vivre dans une réclusion très rigoureuse, et elle espérait que le jeune et noble chevalier qui devait lui servir de protecteur respecterait lui-même sa retraite, à moins que l'appréhension de quelque péril ne rendît sa présence indispensable.

L'abbesse approuva, quoique toujours avec froideur, une résolution qui s'accordait avec ses idées sur le décorum, et l'on fit à la hâte des préparatifs nécessaires pour le retour d'Eveline au château de son père. Avant de quitter le couvent, elle eut deux entrevues qui lui furent pénibles. La première fut quand le connétable lui présenta son neveu, comme le délégué à qui il confiait pendant son absence le soin de ses affaires et de ses intérêts, et la protection de tout ce qu'il avait de plus précieux.

Eveline osa à peine jeter un regard sur Damien ; mais ce regard suffit pour lui faire voir le ravage que la maladie et le chagrin avaient fait sur les traits et sur tout l'extérieur du jeune chevalier. Elle reçut son salut d'un air aussi embarrassé qu'il le lui adressa ; et lorsqu'il lui fit en hésitant ses offres de service, elle lui répondit qu'elle espérait n'avoir d'autre obligation envers lui que celle de sa bonne volonté pendant l'absence de son oncle.

Ses adieux au connétable furent la seconde épreuve qu'elle eut à subir. Ce ne fut pas sans peine qu'elle maîtrisa son émotion au point de conserver son air calme et modeste, et que De Lacy maintint son extérieur grave et tranquille. La voix pensa pourtant manquer au connétable quand il lui dit qu'il serait injuste qu'elle se trouvât toujours liée par l'engagement qu'elle avait eu la condescendance de contracter. Trois ans devaient être le terme de son absence, l'archevêque Baudouin ayant bien voulu la réduire à ce temps; trois ans seraient aussi le terme de cet engagement. — Si je n'ai pas reparu quand ils seront écoulés, ajouta-t-il, lady Eveline devra en conclure que De Lacy est dans le tombeau. Qu'elle prenne alors pour époux quelque homme plus heureux. Elle peut en trouver qui soient plus dignes d'elle; mais elle n'en trouvera jamais qui aient pour elle plus de tendresse et de reconnaissance.

Ce fut ainsi qu'ils se séparèrent; et le connétable s'étant embarqué presque aussitôt, suivit les côtes de Flandre, où il se proposait de joindre ses forces à celles du comte de ce pays riche et belliqueux, qui avait pris la croix tout récemment pour se rendre ensuite à la Terre-Sainte par la route qui serait jugée la plus convenable. L'étendard portant les armes des De Lacy, arboré sur la proue du vaisseau, flottait au gré d'un vent favorable, et semblait indiquer le point de l'horizon où son renom devait s'accroître; grace à la renommée du chef et à la bravoure des soldats qui l'accompagnaient, jamais on n'avait vu partir d'Europe, si on considère leur nombre, une troupe de guerriers plus propres à faire retomber sur les Sarrasins les maux que souffraient les Latins en Palestine.

Cependant Eveline, après avoir reçu les froids adieux de l'abbesse dont la dignité offensée ne lui avait pas encore pardonné le peu d'égard qu'elle avait eu pour son opinion, se remit en chemin pour le château de son père, où sa maison devait être organisée d'après un plan tracé par le connétable, et qu'elle avait approuvé.

A chaque halte elle trouvait qu'on avait fait pour sa réception les mêmes préparatifs que lors de son voyage à Glocester, et de même qu'alors, celui qui prenait tous ces soins restait invisible, quoiqu'elle pût aisément le deviner.

Il semblait pourtant que ces apprêts avaient, jusqu'à un certain point, changé de caractère. Elle trouvait partout l'utile et l'agréable, on veillait avec le plus grand soin à la sûreté de la route; mais elle ne remarquait plus ce goût délicat et cette tendre galanterie qui laissaient apercevoir les soins qu'on voulait avoir pour une femme noble, jeune et jolie. On ne choisissait plus pour le repas du matin la fontaine la plus pure, l'endroit le mieux ombragé; c'était dans une petite abbaye ou dans la maison de quelque franklin qu'elle recevait l'hospitalité. Tout semblait ordonné avec la plus stricte attention à ce qui était dû à son rang et au décorum. On aurait dit que c'était une religieuse d'un ordre austère, et non une jeune fille de haut rang et d'une grande fortune, qui traversait le pays. Eveline, quoique charmée de cette délicatesse respectueuse, ne pouvait s'empêcher de songer quelquefois qu'on aurait pu se dispenser de lui rappeler si souvent, d'une manière indirecte, qu'elle se trouvait sans protection et dans une situation toute particulière.

Elle trouvait également étrange que Damien, aux soins duquel elle avait été solennellement confiée, ne lui présentât pas ses respects une seule fois sur la route. Une voix secrète lui disait tout bas que des relations fréquentes et intimes pourraient être inconvenantes, même dangereuses; mais certes il était du devoir d'un chevalier chargé d'escorter une dame d'avoir avec elle quelques entrevues personnelles, ne fût-ce que pour lui demander si elle était contente de l'accueil qu'elle recevait dans les endroits où elle s'arrêtait, et si elle n'avait pas quelque désir particulier qu'il fût possible de satisfaire. Cependant toutes les communications qui avaient lieu entre eux se faisaient par l'entremise d'Amelot, jeune page de Damien de Lacy, qui venait chaque soir et chaque matin prendre les ordres d'Eveline, et lui demander quelle heure lui convenait pour le départ et les haltes.

Ces formalités rendaient presque insupportable la solitude du retour d'Eveline, et si elle n'avait eu Rose pour compagne, elle aurait trouvé cet état de contrainte excessivement pénible. Elle se hasarda même à lui faire quelques remarques sur la singularité de la conduite du jeune De Lacy qui, malgré les droits que lui donnaient les fonctions qu'il remplissait près d'elle, semblait craindre de l'approcher, comme il aurait craint de s'approcher d'un basilic.

Rose laissa passer la première observation de cette nature sans avoir l'air de l'entendre; mais quand sa maîtresse lui en fit une seconde sur le même sujet, elle lui répondit avec la franchise et la liberté qui la caractérisaient, mais peut-être avec moins de prudence qu'elle n'en avait ordinairement :

— Damien de Lacy agit avec prudence, noble dame. Celui à qui la garde du trésor d'un roi est confiée ne doit pas se permettre d'y jeter les yeux trop souvent.

Eveline rougit, baissa le voile qu'elle avait sur la tête, et pendant tout le reste du voyage elle ne prononça plus le nom de Damien de Lacy.

Quand les vieux créneaux de Garde-Douloureuse se montrèrent à ses yeux, le soir du second jour, et qu'elle vit la bannière de son père flotter sur la plus haute tour du château, en honneur de son arrivée, le plaisir qu'elle éprouva ne fut pas sans mélange de peine; mais enfin elle regarda cette ancienne maison comme un lieu de refuge qui avait vu son enfance et sa première jeunesse, et où elle pourrait se livrer aux nouvelles pensées que les circonstances faisaient naître en elle.

Elle pressa le pas de son palefroi pour arriver au château le plus tôt possible, fit à la hâte une inclination de tête aux visages bien connus qui l'entouraient de toutes parts, mais ne parla à personne, et mettant pied à terre à la porte, elle entra dans le sanctuaire où était placée l'image miraculeuse. Là, se prosternant à genoux, elle implora le secours et la protection de la sainte Vierge pour la guider dans les circonstances embarrassantes où elle s'était mise elle-même en accomplissant le vœu que la terreur lui avait inspiré. Cette prière était fervente et sincère ; elle partait d'un cœur vertueux, et nous aimons à croire qu'elle arriva au ciel, auquel elle était adressée.

CHAPITRE XXII.

« L'image de la Vierge a perdu son crédit ;
« Mais devant elle encor plus d'un genou fléchit.
« On peut leur pardonner, puisqu'ils trouvent en elle
« Un visible pouvoir, mystérieux modèle
« Et d'amour maternel et de virginité,
« Mélange de grandeur comme d'humilité. »

WORDSWORTH.

La maison de lady Eveline fut composée de manière à former un établissement convenable au rang qu'elle occupait alors et à celui qu'elle devait tenir un jour ; mais tout y annonçait un recueillement solennel, parfaitement d'accord avec le séjour qu'elle habitait et avec la retraite qu'exigeait sa situation nouvelle, puisqu'elle ne faisait plus partie de la classe des jeunes filles qui sont libres de tout engagement, et qu'elle n'appartenait pas encore à celle des femmes à qui le nom même d'épouse sert de protection. Les femmes qui étaient à sa suite et que nos lecteurs connaissent déjà, étaient presque sa seule société. La garnison du château, indépendamment des domestiques, se composait de vétérans d'une fidélité éprouvée qui avaient servi soit Bérenger soit De Lacy dans plus d'une campagne sanglante, à qui tous les devoirs de la profession des armes étaient devenus aussi familiers et aussi naturels que le besoin de manger, de boire et de dormir, mais dont le courage trempé par l'âge et l'expérience ne paraissait pourtant pas devoir les entraîner dans des querelles inutiles et dans des entreprises hasardeuses. Ces guerriers montaient constamment la garde sur les murs du château avec une vigilance qui ne se relâchait jamais, sous le commandement de l'intendant, mais surveillé lui-même par le père Aldrovand qui, tout en remplissant ses fonctions ecclésiastiques, n'était pas fâché de rappeler quelquefois son éducation militaire.

Tandis que cette garnison mettait à l'abri de toute tentative soudaine qu'auraient pu faire les Gallois pour surprendre le château, un corps considérable campé à quelques milles de Garde-Douloureuse était prêt à marcher à la moindre alarme pour défendre la forteresse contre des ennemis plus nombreux qui, sans être effrayés par le sort de Gwenwyn, pourraient avoir la hardiesse de l'assiéger régulièrement. A ces troupes, qui sous les yeux de Damien étaient toujours prêtes à se mettre en mouvement, on pouvait ajouter, si le besoin l'exigeait, toute la force militaire des frontières, comprenant les corps nombreux de Flamands et d'autres étrangers à qui leurs établissemens avaient été accordés à titre de fiefs militaires.

Tandis que la forteresse était ainsi à l'abri de toute violence extérieure, la vie qu'on y menait était si uniforme et monotone que la jeunesse et la beauté auraient été excusables d'y désirer un peu de variété, même au risque de quelque danger. Les travaux de l'aiguille n'étaient quittés que pour une promenade, soit sur les murailles où Eveline donnant le bras à Rose recevait le salut militaire de chaque sentinelle devant qui elle passait, soit dans la grande cour du château où les domestiques, se découvrant devant elle, lui témoignaient le même respect que les soldats sur les remparts.

Si elle désirait étendre sa promenade hors du château, il ne suffisait pas que les portes s'ouvrissent et que les ponts se baissassent, il fallait qu'une escorte à pied ou à cheval, suivant les circonstances, se mît sous les armes et l'accompagnât pour veiller à la sûreté de sa personne. On ne croyait pas qu'elle pût sans cette suite militaire aller en sûreté même jusqu'au moulin à foulon, où l'honnête Wilkin Flammock, oubliant ses exploits belliqueux, s'occupait de sa profession ordinaire.

Mais quand lady Eveline voulait faire une promenade plus longue, ou chasser quelques heures avec ses faucons, sa sûreté n'était pas confiée à la faible escorte que pouvait fournir la garnison du château ; il fallait que Raoul fît connaître à Damien les intentions de sa maîtresse par un exprès qu'il lui envoyait la veille, afin qu'il eût le temps de reconnaître au point du jour avec un corps de cavalerie légère tous les environs du lieu où elle comptait prendre ce divertissement, et des sentinelles placées dans tous les endroits qui pourraient être suspects y restaient jusqu'à ce qu'elle fût rentrée au château. Elle essaya une ou deux fois de faire une excursion sans en avoir donné avis ; mais Damien semblait connaître les projets d'Eveline dès qu'ils étaient formés, et elle n'était pas plus tôt sortie qu'on voyait des lanciers et des archers partir du camp, se répandre dans les vallées, gravir les montagnes, garder les défilés ; et l'on distinguait ordinairement parmi eux le panache bien connu du jeune De Lacy.

La formalité de tous ces apprêts gênait Eveline ; elle se livrait rarement à un plaisir qui causait tant de mouvement, et qui donnait une si grande occupation à tout le monde.

Quand elle avait passé la journée aussi bien qu'elle le pouvait, le père Aldrovand lui lisait dans quelque légende, ou dans les homélies de quelque saint, les passages qu'il jugeait convenir le mieux à sa petite congrégation. Quelquefois aussi il expliquait un chapitre des saintes Écritures ; mais en ce cas, l'attention du digne homme se dirigeait si étrangement vers la partie militaire des Juifs, qu'il ne quittait jamais les livres des Rois et les triomphes de Judas Machabée, quoique ses commentaires sur les triomphes des enfans d'Israël fussent plus amusans pour lui-même qu'instructifs pour les dames qui l'écoutaient.

Quelquefois, mais rarement, Rose obtenait la permission de faire entrer quelque ménestrel ambulant qui, en chantant des ballades d'amour et de chevalerie, aidait à tromper le cours du temps. D'autres fois un pèlerin, de retour de contrées éloignées, payait l'hospitalité qu'il recevait au château de Garde-Douloureuse par le long récit des merveilles qu'il avait vues en d'autres pays; et il arrivait aussi que le crédit et l'influence de la femme de chambre y obtenaient l'admission d'un colporteur ou d'un marchand forain qui, au risque de sa vie, cherchait à gagner quelque argent en portant de château en château sur les frontières des bijoux et de riches parures à l'usage des dames.

Les visites ordinaires des mendians, des jongleurs et des bouffons de profession ne doivent pas s'oublier dans la liste des amusemens de Garde-Douloureuse; et quoique sa nation le rendît suspect et le soumît à une surveillance exacte, le barde gallois lui-même, avec son énorme harpe garnie de cordes de crin, y était parfois admis pour varier l'uniformité d'une vie solitaire. Mais à l'exception de semblables amusemens, et sauf aussi l'accomplissement régulier des devoirs religieux à la chapelle, il était impossible que la vie s'écoulât avec une monotonie plus ennuyeuse qu'au château de Garde-Douloureuse. Depuis la mort du brave chevalier auquel il avait appartenu, et auquel les fêtes et l'hospitalité semblaient aussi naturelles que les pensées d'honneur et les prouesses de chevalerie, on aurait pu dire que l'ombre des cloîtres avait enveloppé l'ancienne demeure de Raymond Bérenger, si la vue de tant de gardes armés de toutes pièces qui se promenaient sur les murailles ne lui eut plutôt donné l'air d'une prison d'état. Le caractère de celles qui y demeuraient prit peu à peu la teinte de leur habitation.

L'esprit d'Eveline éprouva surtout un accablement auquel elle était portée par la vivacité même de toutes ses impressions ; et à mesure que ses pensées devinrent plus graves, elle arriva à ce calme contemplatif qui s'unit si souvent à un caractère ardent et enthousiaste. Elle médita profondément sur les divers accidens de sa vie, et il n'est pas étonnant que ses réflexions se soient souvent reportées sur les deux époques où elle avait vu ou cru voir des apparitions surnaturelles. Ce fut alors qu'elle pensa souvent qu'il semblait qu'un bon et un mauvais génie se disputaient l'empire sur sa destinée.

La solitude favorise le sentiment de notre propre importance. C'est quand ils sont seuls, et quand ils n'ont de commerce qu'avec leurs propres pensées, que les fanatiques ont des visions, et que les soi-disant saints se perdent dans des extases imaginaires. L'influence de l'enthousiasme n'allait pas si loin chez Eveline; et cependant il lui semblait souvent, pendant la nuit, voir Notre-Dame de Garde-Douloureuse jeter sur elle un regard de pitié, de consolation et de protection. Quelquefois aussi elle croyait voir le spectre terrible du château saxon de Baldringham lui montrant sa main ensanglantée, en témoignage de la cruauté dont sa vie avait été victime, et menaçant de sa vengeance la descendante de son assassin.

En s'éveillant après de pareils rêves, Eveline songeait qu'elle était le dernier rejeton de sa maison, d'une maison qui depuis des siècles était l'objet de la protection et des bontés de l'image miraculeuse de la Sainte Vierge, et celui de l'inimitié et de la vengeance de l'implacable Vanda. Il lui semblait qu'elle était elle-même un prix que la bonne sainte et l'esprit de ténèbres faisaient un dernier effort pour se disputer.

Nulle circonstance extérieure qui pût l'amuser ou l'intéresser ne venant interrompre ses méditations, la jeune châtelaine devint pensive, distraite, entièrement plongée dans des contemplations qui ne lui permettaient pas de faire attention à ce qui se passait autour d'elle, et elle se trouvait dans le monde de la réalité comme si elle eût encore été occupée d'un rêve. Lorsqu'elle pensait à l'engagement qu'elle avait contracté avec le connétable de Chester, c'était avec résignation, mais sans aucun désir d'être appelée à le remplir, presque sans s'attendre à y être obligée. Elle avait accompli son vœu en acceptant la foi de son libérateur en échange de la sienne; et quoiqu'elle fût disposée à serrer complètement le nœud qu'elle avait commencé à former, quoiqu'elle osât à peine s'avouer à elle-même qu'elle ne pensait qu'avec répugnance à cette obligation, il est certain qu'elle entretenait secrètement à son insu l'espoir que Notre-Dame de Garde-Douloureuse ne serait pas une créancière impitoyable, et que satisfaite de la bonne volonté qu'elle avait montrée à s'acquitter de son vœu, elle n'exigerait pas à la rigueur tout ce qui lui était dû. C'eût été le comble de l'ingratitude que de souhaiter que son vaillant libérateur, pour qui elle avait tant de raisons d'adresser ses prières au ciel, éprouvât quelqu'une de ces chances fatales qui dans la Terre-Sainte changeaient si souvent les lauriers en cyprès; mais pendant une si longue absence, il pouvait survenir bien des incidens qui lui inspireraient des projets différens de ceux qu'il formait en quittant sa patrie.

Un ménestrel qui était venu à Garde-Douloureuse avait chanté pour amuser lady Eveline et les femmes qui étaient à son service, le lai si connu du comte de Gleichen qui, déjà marié dans son pays, avait reçu dans l'Orient tant de services d'une princesse sarrasine, grace à laquelle il avait recouvré sa liberté, qu'il l'avait aussi épousée. Le pape et son conclave avaient cru devoir approuver ce double mariage dans un cas si extraordinaire; et le bon comte de Gleichen partagea son lit nuptial avec deux femmes du même rang, comme il repose avec elles aujourd'hui sous le même monument.

On fit dans le château plus d'un commentaire sur cette

histoire, et tous les avis ne s'accordèrent pas. Le père Aldrovand la regardait comme fabuleuse, et disait que c'était une indigne calomnie contre le chef de l'Église, qui n'aurait jamais sanctionné une telle irrégularité. La vieille Margery, avec le cœur tendre d'une ancienne nourrice, versa des larmes arrachées par la compassion pendant la plus grande partie du lai, et ne se consola qu'en voyant par quel heureux dénouement se terminait cette complication de détresses. Dame Gillian déclara que cette histoire répugnait à la raison, et que puisqu'une femme ne pouvait avoir qu'un mari, il ne devait dans aucune circonstance être permis à un homme d'avoir deux femmes. Raoul, son mari, en jetant sur elle un regard plein d'aigreur, dit qu'il avait pitié de l'idiotisme déplorable d'un homme qui pouvait se prévaloir d'un tel privilége.

— Paix! s'écria lady Eveline, taisez-vous tous! Et vous, ma chère Rose, dites-moi ce que vous pensez de ce comte de Gleichen et de ses deux femmes.

Rose répondit en rougissant qu'elle n'était guère accoutumée à réfléchir sur de pareilles matières, mais qu'il lui semblait que la femme qui pouvait se contenter de la moitié du cœur de son mari n'avait jamais mérité de posséder la moindre partie de son affection.

— Vous avez raison en partie, Rose, répliqua Eveline, et je pense que la dame européenne, quand elle se vit éclipsée par la jeune et belle princesse étrangère, aurait mieux consulté sa dignité en lui cédant la place, et en ne donnant au saint-père d'autre embarras que celui d'annuler son mariage, comme cela a eu lieu dans des circonstances moins extraordinaires.

Elle parla ainsi avec un air d'indifférence et même de gaîté qui prouva à sa fidèle suivante qu'elle n'aurait pas besoin de faire de grands efforts pour se résoudre elle-même à un semblable sacrifice, et qui servit à indiquer assez clairement quels étaient ses sentimens pour le connétable. Mais un autre que le connétable était fréquemment le but de ses pensées, plus souvent même que la prudence ne semblait le permettre.

Le souvenir de Damien de Lacy ne s'était jamais effacé de l'esprit d'Eveline. Il y était encore rappelé par son nom, qu'elle entendait prononcer à chaque instant, et par la connaissance qu'elle avait qu'il était constamment dans le voisinage, uniquement occupé d'elle, de ses intérêts, de sa sûreté. Et cependant, bien loin de lui rendre personnellement des devoirs assidus, il n'avait même jamais essayé d'avoir une communication directe avec elle pour la consulter sur ce qu'elle pouvait désirer, ni même sur les objets les plus intéressans.

Les messages que le père Aldrovand ou Rose transmettait au jeune Amelot, page de Damien, en donnant à leurs relations un air de cérémonial qu'Eveline jugeait inutile et même déplacé, servaient cependant à fixer son attention sur la liaison qui existait entre eux, et à la tenir toujours présente à sa mémoire. Quelquefois elle se rappelait la remarque par laquelle Rose avait justifié la réserve observée par son jeune protecteur; et tandis que son ame repoussait avec mépris l'idée que dans aucun cas la présence soit accidentelle, soit continuelle de Damien, pût être préjudiciable aux intérêts de son oncle, elle cherchait sans cesse de nouveaux argumens pour lui donner souvent une place dans sa mémoire. N'était-il pas de son devoir de penser à Damien comme au plus proche parent du connétable? celui qu'il aimait le mieux, et auquel il donnait toute sa confiance, n'avait-il pas été son libérateur? n'était-il pas encore son protecteur? ne pouvait-il pas être regardé comme un instrument spécialement employé par sa patronne pour rendre efficace la protection qu'elle lui avait accordée en plus d'une occasion?

L'esprit d'Eveline se révoltait contre les restrictions auxquelles étaient assujéties ses relations avec Damien. N'était-ce pas avouer des soupçons dégradans? Cette réserve ne ressemblait-elle pas à la réclusion forcée dans laquelle elle avait entendu dire que les païens retenaient leurs femmes dans l'Orient? Pourquoi fallait-il qu'elle ne vît son protecteur que dans les services qu'il lui rendait et dans les soins qu'il prenait de sa sûreté; qu'il n'entendît exprimer ses sentimens que par la bouche des autres, comme si l'un des deux eût été attaqué de la peste ou de quelque autre maladie contagieuse qui aurait pu rendre sa présence dangereuse à l'autre? S'ils s'étaient vus de temps en temps, quel aurait pu en être le résultat, si ce n'est que les attentions d'un frère pour une sœur, les soins d'un brave et fidèle protecteur pour la fiancée d'un proche parent, auraient pu rendre la triste solitude de Garde-Douloureuse plus supportable pour une jeune personne qui, quoique abattue par les circonstances dans lesquelles elle se trouvait, était naturellement vive et enjouée?

Cette manière de raisonner paraissait si concluante à Eveline quand elle se livrait à ses réflexions solitaires, qu'elle résolut plusieurs fois de communiquer à Rose Flammock tout ce qu'elle pensait. Mais il arrivait que lorsqu'elle jetait un regard sur l'œil bleu, calme et tranquille de la jeune Flamande, et qu'elle se souvenait qu'à sa fidélité inviolable Rose joignait une sincérité et une franchise à l'épreuve de toute considération, elle craignait de s'exposer à quelques soupçons dans l'esprit de sa suivante, et sa fierté normande se révoltait à l'idée d'être obligée de se justifier devant une autre, quand sa justification était complète à ses propres yeux.

— Laissons, disait-elle, les choses telles qu'elles sont, et endurons tout l'ennui d'une vie qu'il serait si facile de rendre plus agréable, de peur que cette amie zélée, mais pointilleuse, ne trouve dans les scrupules que lui inspire son affection pour moi des motifs pour me croire capable d'encourager une liaison qui pourrait faire naître une pensée moins digne de moi dans l'esprit le plus scrupuleux des deux sexes.

Mais cette vacillation d'opinion et la résolution dont elle était suivie ne servaient qu'à retracer à l'imagination d'Eveline l'image du jeune et beau Damien plus souvent peut-être que le connétable n'en eût été charmé s'il avait pu en être instruit. Cependant jamais elle ne se livrait long-temps à de semblables réflexions, sans que le souvenir du destin singulier qu'elle avait éprouvé jusqu'alors la replongeât dans les méditations plus mélancoliques dont la légèreté innocente de la jeunesse l'avait tirée un instant.

CHAPITRE XXIII.

> « Puisque le temps est beau,
> « Voyons si mon faucon saura prendre un oiseau. »
> RANDOLPH.

Par une belle matinée de septembre le vieux Raoul était occupé dans le bâtiment destiné à l'éducation des faucons, murmurant entre ses dents tout en examinant l'état dans lequel se trouvait chacun de ses oiseaux, et accusant alternativement la négligence du sous-fauconnier, la mauvaise situation du lieu, la saison, le vent, et tout ce qui l'entourait, de la dévastation que le temps et les maladies avaient occasionnée dans la fauconnerie long-temps négligée de Garde-Douloureuse. Tandis qu'il était plongé dans ces réflexions désagréables il fut surpris d'entendre la voix de sa chère moitié dame Gillian, qui se levait rarement de si bon matin et qui plus rarement encore venait lui rendre visite quand il était dans la sphère immédiate de ses attributions particulières?

— Raoul! Raoul! où es-tu donc, mon homme? Il faut toujours te chercher quand il y a quelque chose à faire qui peut être de quelque utilité pour toi ou pour moi.

— Que veux-tu? demanda Raoul d'une voix plus aigre que celle de la mouette quand elle annonce la tempête. Au diable soient tes cris! il y a de quoi effrayer tous les faucons qui sont sur le perchoir.

— Les faucons! répliqua dame Gillian; il est bien temps de songer à des faucons, quand il y a ici à vendre *un vol* des plus beaux gerfauts qui aient jamais pris leur essor sur un lac, sur une rivière ou une prairie.

— Dis donc des chouettes, s'écria Raoul, semblables à celle qui en apporte la nouvelle.

— Non, ni de vieux hiboux comme celui à qui je l'apprends, répondit Gillian; ce sont de superbes gerfauts, les narines larges, les serres fortes, le bec court et bleuâtre, le.....

— Je n'ai que faire de ton jargon. D'où viennent-ils? s'écria Raoul qui prenait grand intérêt à cette nouvelle, mais qui ne voulait pas que sa femme eût le plaisir de s'en apercevoir.

— De l'île de *Man*, répondit Gillian.

— En ce cas ils doivent être bons, quoique ce soit une *femme*[1] qui les prône, dit Raoul souriant de son bon mot avec une sorte de grimace; et où trouverai-je ce fameux marchand de gerfauts?

— Entre les deux portes du château, répondit Gillian, dans l'endroit où l'on reçoit tous les marchands qui ont quelque chose à vendre. Où veux-tu qu'il soit?

— Et qui lui a permis de passer la première?

— Qui? l'intendant, vieux hibou. Il est venu m'en avertir et m'a chargée de venir te chercher.

— Oh! l'intendant sans doute, l'intendant; j'aurais dû

---

(1) *Man* signifie *homme*, ce qui explique le jeu de mots. — Ed.

m'en douter. Il lui était plus facile d'aller t'avertir dans ta chambre que de venir me chercher ici. N'est-il pas vrai, cher cœur?

— Je ne sais pourquoi il a préféré venir me trouver plutôt que de courir après toi; et quand je le saurais, peut-être ne te le dirais-je pas. Au surplus, fais le marché, manque le marché, je ne m'en soucie guère; mais le marchand ne t'attendra pas long-temps. Il a de bons certificats du sénéchal de Malpas et du lord gallois de Dinevawr.

— J'y vais, j'y vais, dit Raoul empressé de saisir cette occasion d'améliorer sa fauconnerie. Il se rendit sur-le-champ entre les deux portes où il trouva le marchand suivi d'un varlet qui portait trois cages contenant autant de gerfauts.

— Un seul coup d'œil suffit pour convaincre Raoul qu'ils étaient de la meilleure race de toute l'Europe, et que s'ils avaient été convenablement instruits ils seraient dignes de figurer dans une fauconnerie royale. Le marchand ne manqua pas d'appuyer sur toutes leurs qualités, la largeur de leurs épaules, la force de leur queue, le feu et la fierté de leurs yeux noirs, la hardiesse avec laquelle ils se laissaient approcher par les étrangers, la vigueur qu'ils montraient en hérissant et secouant leurs plumes; il insista surtout sur les difficultés qu'il avait rencontrées et sur les dangers qu'il avait courus en allant les dénicher sur le roc de Ramsey, où les faucons qui font leur aire ne le cèdent en rien même à ceux des côtes de Norwège.

Raoul fit la sourde oreille à tous ces éloges. — Ami marchand, dit-il, je me connais en faucons tout aussi bien que toi, et je ne nierai pas que ceux-ci ne soient d'une bonne espèce; mais s'ils n'ont pas été bien instruits et bien dressés, j'aimerais autant avoir un épervier sur mon perchoir que le plus beau gerfaut qui ait jamais étendu l'aile au vent.

— J'en conviens, répondit le marchand; mais si nous sommes d'accord sur le prix, car c'est là le point important, vous en jugerez à l'œuvre; après quoi vous les achèterez si bon vous semble. Foi de marchand, vous n'avez jamais vu d'oiseaux semblables soit pour prendre leur vol soit pour fondre sur leur proie.

— C'est bien parler ; il ne s'agit plus que de savoir le prix.

— Je vous le dirai aussi franchement. J'avais apporté six vols de faucons de l'île de Man, avec la permission du bon roi Réginald ; j'en ai vendu jusqu'à la dernière plume, à l'exception de trois que voici, de sorte qu'ayant vidé mes cages et rempli ma bourse, je désire me débarrasser du reste le plus tôt possible, et si un brave garçon et un connaisseur comme vous paraissez l'être trouve mes gerfauts à son gré, quand il les aura vus au vol il en fixera le prix lui-même.

— Non, non, je ne veux pas d'un pareil marché. Si les gerfauts me conviennent, ma maîtresse est plus en état de les bien payer que vous ne l'êtes de perdre sur leur valeur. Un besant vous paraît-il un prix raisonnable pour les trois?

— Un besant? maître fauconnier! Sur ma foi, vous n'êtes pas trop hardi dans vos offres. Doublez-les, et j'y réfléchirai.

— Eh bien! si les gerfauts sont bien dressés je vous en donnerai un besant et demi. Mais je veux les voir fondre sur un héron avant de conclure un pareil marché.

— C'est justice, et j'aime mieux accepter vos offres que d'être embarrassé plus long-temps de ces oiseaux. Si je les portais dans le pays de Galles, les coquins pourraient me les payer en toute autre monnaie avec leurs longs couteaux. Voulez-vous monter à cheval sur-le-champ?

— Certainement ; et quoique le mois de mars soit plus favorable pour la chasse aux hérons, nous ne ferons pas un mille le long de la rivière sans que je vous montre quelqu'un de ces pêcheurs de grenouilles.

— Tout est dit, sire fauconnier. Mais irons-nous seuls? N'y a-t-il pas dans ce château quelque seigneur ou quelque dame qui serait charmé de prendre part à ce noble divertissement? Je ne craindrais pas de faire voir mes gerfauts à une comtesse.

— Ma maîtresse aimait assez la chasse au vol autrefois; mais je ne sais pourquoi depuis la mort de son père elle est d'une humeur sombre et rêveuse, et elle vit dans ce beau château comme une nonne dans un cloître, sans se donner le moindre plaisir d'aucune espèce. — Cependant, Gillian, vous avez quelque crédit sur elle; faites une bonne action en votre vie et engagez-la à sortir pour voir la chasse. Son pauvre cœur n'a pas eu un seul passe-temps de tout l'été.

— Je m'en charge, répondit Gillian; et je lui ferai voir un habillement de chasse sur lequel je défie quelque femme que ce soit de jeter les yeux sans désirer de l'essayer.

Tandis qu'elle parlait ainsi, son mari, à cerveau jaloux, crut surprendre entre elle et le marchand certains coups d'œil qui semblaient annoncer entre eux plus d'intelligence qu'on n'aurait pu supposer d'après leur courte connaissance, même en ayant égard au caractère extrêmement liant de la dame Gillian. Il crut aussi, en regardant le marchand avec plus d'attention, que ses traits ne lui étaient pas tout-à-fait inconnus, et il lui dit d'un ton un peu sec :

— Nous nous sommes déjà vus, l'ami; mais je ne puis me rappeler où.

— C'est assez vraisemblable. Je suis déjà venu bien des fois dans ce pays, et il est possible que j'aie reçu de votre argent. Si nous étions en lieu convenable, je paierais volontiers un pot de vin pour faire plus ample connaissance.

— Pas si vite, l'ami, dit le vieux piqueur. Avant que je boive avec quelqu'un pour faire plus ample connaissance avec lui, il faut que je sois satisfait de ce que j'en connais déjà. Nous verrons travailler vos gerfauts; et s'ils ne démentent pas vos rodomontades, il sera possible que nous trinquions ensemble. Mais, sur ma foi, voici les palefreniers et les écuyers : ma maîtresse a consenti à sortir.

L'occasion de jouir de cet amusement s'était offerte à

Eveline dans un moment où un temps délicieux, la douce température de l'air et les travaux joyeux de la moisson, dont on s'occupait dans tous les environs, rendaient irrésistible la tentation de prendre quelque exercice.

Comme on ne se proposait pas d'aller plus loin que sur les bords de la rivière voisine, près du pont fatal qui était constamment gardé par un petit détachement d'infanterie, Eveline se dispensa de prendre une autre escorte, et contre la coutume établie au château, elle partit n'ayant pour toute suite que Rose, Gillian et deux valets qui tenaient en laisse des épagneuls. Raoul, le marchand et un écuyer étaient aussi avec elle, chacun d'eux tenant un gerfaut sur le poing, et discutant sur la meilleure manière de les lancer pour juger de leur force et de leur savoir-faire.

Ces points importans ayant été réglés à la satisfaction générale, ils suivirent les bords de la rivière, regardant avec soin de tous côtés, mais sans apercevoir un seul héron dans les endroits ordinairement fréquentés par ces oiseaux, quoiqu'il y eût une héronnière à peu de distance.

De tous les petits contre-temps il en est peu de plus impatientans que celui qu'éprouve un chasseur bien équipé et muni de tout ce qu'il faut pour abattre du gibier, et qui ne peut réussir à en rencontrer, parce qu'il sent qu'avec son appareil de chasse et sa gibecière vide il est exposé au sourire moqueur du premier rustaud passant près de lui. Toute la compagnie de lady Eveline partageait ce désappointement et l'espèce d'humiliation qui en est la suite.

— Un beau pays! dit le marchand; faire deux milles le long d'une rivière et ne pas voir un pauvre héron!

— C'est le tapage que font ces maudits Flamands avec leurs moulins à eau et leurs moulins à foulon qui en est la cause, s'écria Raoul; ils effraient les oiseaux et nuisent aux plaisirs de la bonne compagnie; mais si milady voulait faire encore un mille ou environ, pour aller jusqu'à l'Étang-

Rouge, je me fais fort de vous montrer un drôle à longues pattes qui fera voir du pays à vos gerfauts.

— L'Étang-Rouge, dit Rose; vous devez savoir qu'il est à plus de trois milles au-delà du pont et à peu de distance des montagnes.

— Oui, oui, dit Raoul; encore une frasque flamande pour nuire aux divertissemens des autres. On ne manquera pas de perdrix flamandes sur les frontières, la belle : vous n'avez pas besoin de craindre les faucons gallois.

— Raoul a raison, Rose, dit Eveline; il est ridicule que nous restions enfermées comme des oiseaux dans une cage, quand la tranquillité a constamment régné si long-temps dans tous les environs. Pour aujourd'hui du moins, je suis déterminée à quitter mes lisières et à chasser comme nous le faisions autrefois, sans être entourées d'une foule de soldats armés, comme un prisonnier d'état. Nous irons à l'Etang-Rouge, Rose, et nous chasserons le faucon en libres habitantes des frontières.

— Permettez-moi du moins de dire à mon père de monter à cheval et de nous suivre, dit Rose; car elles étaient en ce moment près de la manufacture que l'honnête Flamand avait rétablie.

— De tout mon cœur, Rose, dit Eveline; mais croyez-moi, ma chère amie, nous serons à l'Étang-Rouge et en chemin pour en revenir avant que votre père ait mis sur ses épaules son meilleur justaucorps, ceint son épée à double poignée, et sellé son éléphant de cheval qu'il appelle judicieusement le Paresseux. Ne froncez pas le sourcil, Rose, et ne perdez pas à justifier votre père un temps qui peut être mieux employé à aller l'avertir.

Rose dirigea sur-le-champ son cheval vers les moulins à foulon, et Wilkin Flammock, à l'ordre de sa dame suzeraine, se hâta de prendre son armet avec son haubert d'acier, et ordonna à une demi-douzaine de ses compatriotes de s'apprêter à monter à cheval pour le suivre. Rose resta près de lui pour accélérer ses préparatifs avec plus de zèle qu'on ne pouvait en attendre de son caractère calme et méthodique ; mais en dépit de tous ses efforts pour le stimuler, lady Eveline avait passé le pont depuis plus d'une demi-heure avant que son escorte fût prête à la suivre.

Cependant, libre de toute crainte et avec le même sentiment de plaisir que si elle se fût échappée de prison, Eveline s'avançait montée sur son superbe genet, gaie comme une alouette. Le panache dont dame Gillian avait orné son chapeau flottait au gré du vent, et sa petite suite galopait après avec les chiens, les gibecières, et tout l'attirail nécessaire pour le divertissement royal de la chasse au vol. Après qu'ils eurent traversé la rivière, le sentier couvert de verdure qu'ils suivaient commença à serpenter, en montant, entre de petites hauteurs, tantôt arides et rocailleuses, tantôt couvertes de coudriers, d'épines et d'autres arbustes. Enfin, descendant tout à coup, il les conduisit sur le bord d'un petit ruisseau qui, semblable à un agneau bondissant, sautait de rocher en rocher, et semblait incertain du chemin qu'il devait suivre.

— Ce petit ruisseau a toujours été mon favori, Gillian, dit Eveline, et il me semble qu'il coule plus gaîment maintenant qu'il me revoit.

— Ah ! milady, répondit dame Gillian qui n'avait l'esprit de la conversation qu'autant qu'il en fallait pour débiter quelques basses flatteries, que de beaux chevaliers sauteraient plus haut que mon épaule pour pouvoir vous regarder aussi librement que ce ruisseau, surtout depuis que vous avez mis ce brillant panache qui pour la délicatesse de l'invention surpasse, je crois, tout ce que j'ai jamais imaginé. Qu'en pensez-vous, Raoul ?

— Je pense, répondit son mari toujours poli, que les langues des femmes ont été inventées pour chasser tout le gibier d'un pays. Nous voici près de l'endroit où nous devons en trouver où jamais ; ainsi donc, ayez la bonté de vous taire, et gagnons doucement et sans bruit le bord de l'étang en tenant dénoués les chaperons de nos gerfauts, afin d'être prêts à leur donner le vol quand il le faudra.

Tout en parlant ainsi ils suivaient les rives du ruisseau; au bout de deux cents pas la petite vallée dans laquelle il coulait fait subitement un coude, et l'on découvre l'Étang-Rouge dont les eaux superflues donnent naissance au ruisseau lui-même.

Ce lac ou cet étang, situé au milieu des montagnes, était un bassin profond d'environ un mille de circonférence, et de forme circulaire ou plutôt ovale. Sur ses bords, du côté où étaient nos chasseurs, s'élevait une chaîne de rochers d'un rouge foncé, ce qui lui avait fait donner le nom qu'il portait, à cause de la couleur de cette barrière massive que réfléchissait le sein calme de l'onde. De l'autre côté était une colline couverte de bruyères qui n'avaient pas encore perdu leur parure pourpre d'automne pour prendre une teinte roussâtre : on y voyait aussi la fougère et le genêt épineux d'un vert foncé. Le long du rivage, tout autour du lac, une route naturelle tapissée d'un beau sable en séparait les eaux, d'un côté des rochers escarpés, et de l'autre de la colline agréablement boisée; un espace de trois toises de largeur, et quelquefois davantage dans tout son circuit, semblait inviter le chasseur à exercer sa monture. Les rives de l'étang, du côté des rochers, offraient çà et là d'énormes fragmens qui s'en étaient détachés, mais non en assez grande quantité pour gêner le passage. Plusieurs ayant roulé dans leur chute jusque dans le lac, sortaient du sein des eaux comme un archipel de petites îles, et ce fut là que l'œil exercé de Raoul découvrit le héron qu'il cherchait.

Une courte consultation eut lieu entre lui et le marchand pour déterminer de quelle manière ils attaqueraient l'oiseau triste et solitaire qui, ne se doutant pas qu'il était lui-même l'objet d'une redoutable embuscade, était immobile sur un de ces fragmens isolés de rocher, guettant les petits poissons et les reptiles aquatiques. Ils discutèrent le meilleur moyen de lui faire prendre son vol pour procurer à lady Eveline la vue la plus avantageuse de la chasse. La facilité de tuer l'oiseau sur le *far jettée* ou sur la *jettée ferrée*, c'est-à-dire sur la rive où ils se trouvaient ou sur celle qui y faisait face, fut débattue à voix basse avec autant d'importance et de vivacité que s'il se fût agi d'exécuter quelque grande et périlleuse entreprise.

Enfin tous les arrangemens furent terminés, et l'on commença à s'avancer vers l'ermite aquatique qui, s'apercevant alors de leur approche, se dressa dans toute sa hauteur, allongea son grand cou maigre, déploya ses larges ailes en éventail, et jetant ses longues pattes derrière lui, prit son vol dans les airs. Aussitôt le marchand donna l'essor au noble gerfaut qu'il portait en poussant un cri pour l'encourager, après l'avoir déchaperonné pour lui faire voir sa proie.

Avec l'ardeur d'une frégate qui donne la chasse à un galion richement chargé, le gerfaut s'élança sur l'ennemi qu'il avait appris à poursuivre, tandis que se préparant à se défendre si la fuite ne pouvait lui réussir, le héron volait à tire d'ailes pour échapper à son formidable adversaire. Déployant la force presque sans égale de ses ailes, l'oiseau menacé s'élevait de plus haut en plus haut en décrivant des cercles pour que le gerfaut ne gagnât pas l'avantage de pouvoir fondre sur lui, tandis que son bec pointu placé à l'extrémité d'un cou allongé qui lui permettait de frapper dans tous les sens à plus de deux pieds de distance, aurait inspiré autant de terreur qu'une javeline mauresque à un assaillant moins intrépide.

On donna l'essor à un second gerfaut, que les cris du fauconnier encouragèrent à aller joindre son compagnon. Tous deux continuaient à monter en décrivant également une suite de petits cercles, et en cherchant à atteindre une hauteur supérieure à celle que le héron s'efforçait de conserver; cette émulation continua, à la grande satisfaction des spectateurs, jusqu'au moment où les trois oiseaux furent sur le point de se confondre avec les nuages d'où l'on entendait partir de temps en temps le son plaintif de la voix du héron, comme s'il eût pris le ciel à témoin de la cruauté gratuite de ceux qui le persécutaient.

Enfin le premier des deux gerfauts arriva à une hauteur d'où il crut pouvoir fondre sur sa proie; mais le héron se tint si judicieusement sur la défensive qu'il reçut sur son bec pointu le choc destiné à son aile droite, de sorte qu'un de ses ennemis, percé à travers le corps par son propre poids, tomba dans le lac à peu de distance du bord du côté opposé, et y périt.

— Voilà un beau gerfaut qui va nourrir les poissons, dit Raoul; marchand, ton pain n'est pas cuit.

Mais tandis qu'il parlait, le second gerfaut avait déjà vengé la mort de son frère; car la victoire qu'avait remportée le héron sur son premier ennemi n'empêcha pas l'attaque du second qui, fondant sur lui avec impétuosité, lui brisa l'aile gauche et s'attachant à lui le suivit dans sa chute jusqu'à terre.

Il était important que les fauconniers arrivassent sans délai près des deux oiseaux, pour empêcher que le bec ou les serres du héron ne blessassent le gerfaut. Tous les chasseurs partirent donc à l'instant même pour aller de l'autre côté du lac, les hommes piquant leurs chevaux de leurs éperons et les femmes les excitant avec leurs houssines, tous courant avec la rapidité du vent sur le beau chemin sablé qui bordait le lac.

Lady Eveline, beaucoup mieux montée que les autres, animée par l'ardeur de la chasse et par la vitesse de sa course, arriva bien avant aucune personne de sa suite à l'endroit où le gerfaut et le héron se livraient un combat à mort. Le devoir du fauconnier était alors d'aider son faucon en enfonçant dans la terre le long bec du héron et en lui cassant les pattes, après quoi il permît au faucon d'achever son adversaire.

Ni le sexe ni le rang de lady Eveline ne l'auraient empêchée de servir de second au gerfaut dans cette cruelle lutte ; mais à l'instant où elle mettait pied à terre dans ce dessein, elle fut surprise de se sentir saisie par une espèce de sauvage, qui lui dit en gallois qu'il l'arrêtait comme *waif*[1], pour avoir chassé sur les domaines de Dawfyd-le-Borgne. En même temps plusieurs autres, au nombre de plus d'une vingtaine, sortirent des broussailles qui couvraient la colline, et accoururent armés de haches galloises, de longs couteaux, de dards, d'arcs et de flèches.

Eveline poussa de grands cris pour appeler sa suite, et employa ce qu'elle savait de gallois pour exciter la crainte et la compassion des sauvages montagnards qui l'entouraient ; car elle ne douta pas qu'elle ne fût tombée entre les mains d'un parti de ces brigands. Quand elle vit qu'ils ne faisaient aucune attention à ses paroles et qu'ils avaient dessein de la faire prisonnière, elle leur ordonna, à leur péril, de la traiter avec le respect qui lui était dû, leur promettant en ce cas une forte rançon, et les menaçant, s'ils en agissaient autrement, de la vengeance des lords chargés de la garde des frontières, et notamment de Damien de Lacy.

Ces brigands parurent la comprendre ; cependant ils n'en procédèrent pas moins à lui mettre un bandeau sur les yeux, et à lui lier les mains avec son propre voile ; tout en commettant ces actes de violence, ils montrèrent une sorte de délicatesse et d'attention qui la porta à espérer que ce qu'elle leur avait dit avait fait impression sur eux. Ils la replacèrent sur son cheval, l'attachèrent à la selle, et l'emmenèrent avec eux dans les montagnes, tandis qu'elle avait le nouveau chagrin d'entendre derrière elle le bruit d'un combat inutile que livrait sa suite pour la secourir.

La surprise avait d'abord saisi les chasseurs, quand ils

---

(1) Comme épave. — Éd.

avaient vu leur divertissement interrompu par une attaque à force ouverte contre leur maîtresse. Le vieux Raoul piqua son cheval des deux éperons; et criant aux autres de le suivre, courut vaillamment vers les bandits. Mais n'ayant pour toutes armes, de même que les deux domestiques, qu'un couteau de chasse et un bâton, ils furent désarmés par les brigands, qui leur brisèrent sur les épaules leurs propres bâtons, dédaignant généreusement d'employer contre eux des armes plus dangereuses. Raoul resta quelque temps par terre sans connaissance : les deux domestiques s'enfuirent pour donner l'alarme ; et dame Gillian et le marchand, debout près du lac, remplissaient l'air de cris arrachés par la crainte et le chagrin. Cependant les Gallois se réunissant en corps lancèrent quelques flèches, plutôt pour les effrayer que pour les blesser, et se mirent alors en marche pour couvrir la retraite de ceux de leurs compagnons qui étaient en avant avec lady Eveline.

CHAPITRE XXIV.

« Quatre brigands hier s'emparèrent de moi,
« Étouffèrent mes cris, et sur mon palefroi,
« O fille infortunée ! avec soin me lièrent. »
COLERIDGE. *Christabelle.*

Les aventures qu'on ne trouve plus aujourd'hui que dans les ouvrages de pure fiction n'étaient pas rares dans ces siècles de féodalité, quand la force était si universellement au-dessus de la justice. Il en résultait que ceux que leur situation exposait à de fréquentes violences montraient d'abord plus de promptitude à les repousser, et ensuite plus de patience à les souffrir qu'on n'aurait pu l'attendre sans cela de leur sexe et de leur âge.

Lady Eveline, se voyant prisonnière, n'était pas sans alarmes sur le but de l'attaque dirigée contre elle; mais ni ses craintes, ni la violence avec laquelle on l'entraînait, ne purent la priver de la faculté d'observer et de réfléchir. D'après le bruit qu'elle entendait autour d'elle, elle conclut que les brigands étaient montés à cheval. Elle savait que c'était l'usage habituel des maraudeurs gallois. La petite taille de leurs chevaux les rendait peu propres à servir dans un combat; mais ils avaient le pied sûr, une agilité incroyable, et leurs maîtres profitaient de ces qualités pour s'éloigner avec rapidité des lieux qui avaient été le théâtre de leurs rapines, s'assurant ainsi le moyen d'arriver promptement et sans être aperçus, et de faire leur retraite avec vitesse et sûreté. Ces animaux, portant un soldat, traversaient ainsi sans difficulté les montagnes qui coupaient le pays, et Eveline s'aperçut qu'elle était sur de semblables chemins, par la manière dont son palefroi que deux hommes à pied tenaient de chaque côté par les rênes paraissait tantôt gravir avec peine un sentier escarpé, tantôt descendre avec encore plus de risque une pente rapide.

Dans un de ces momens, une voix qu'elle n'avait pas encore distinguée lui adressa la parole en anglo-normand, et lui demanda avec une apparence d'intérêt si elle se trouvait en sûreté sur sa selle, et si elle désirait qu'on fît quelque changement à la manière dont elle y était placée.

— N'insultez pas à ma situation en me parlant de sûreté, reprit Eveline; vous pouvez bien croire que je regarde ma sûreté comme incompatible avec de pareils actes de violence. Si mes vassaux ou moi nous avons fait injure à quelqu'un de votre *cimry*[1], qu'on me le fasse savoir, et elle sera ré-

---
(1) Tribu. — Éd.

parée. Si c'est une rançon qu'on désire, qu'on en fixe la somme, et j'enverrai ordre qu'elle soit payée. Mais ne me retenez pas prisonnière, car vous ne pouvez que m'injurier sans avantage pour vous.

— Lady Eveline reconnaîtra bientôt, répondit la même voix avec un accent de courtoisie qui n'était guère d'accord avec la manière dont elle était traitée, que nos desseins ne se ressentent pas de la violence de nos procédés.

— Si vous savez qui je suis, dit Eveline, vous devez présumer aussi que votre attentat ne restera pas impuni. Vous ne pouvez ignorer quelle est la bannière qui protége à présent nos domaines.

— Celle de Damien de Lacy, répondit la même voix avec un ton d'indifférence. Qu'importe! Les faucons ne craignent pas les faucons.

En ce moment il y eut une halte subite, et un murmure confus s'éleva autour d'elle, quoiqu'il y eût régné jusqu'alors un silence si parfait qu'elle n'avait entendu que quelques phrases bien courtes prononcées en gallois, soit pour indiquer le chemin qu'il fallait suivre, soit pour ordonner de marcher plus vite.

Le bruit cessa, et il y eut une pause de quelques minutes. Enfin Eveline entendit celui qui lui avait déjà adressé la parole donner quelques ordres qu'elle ne comprit pas.

— Vous verrez tout à l'heure, lui dit-il enfin, si je vous ai parlé vrai en disant que je méprise les liens qui vous enchaînent; mais comme vous êtes à la fois la cause du combat et le prix de la victoire, il faut veiller à votre sûreté aussi bien que les circonstances le permettent; et quelque étrange que puisse être la manière dont nous allons y pourvoir, j'espère que celui qui sera vainqueur dans le combat vous trouvera saine et sauve.

— Pour l'amour de la sainte Vierge, s'écria Eveline, point de combat! Détachez plutôt le bandeau qui me couvre les yeux, et laissez-moi parler à ceux dont vous redoutez l'ap proche. S'ils sont mes amis, comme j'ai lieu de le croire, je rétablirai la paix parmi vous.

— Je méprise la paix, répondit la même voix ; je n'ai pas commencé une entreprise si hardie pour l'abandonner, comme un enfant laisse un jouet dès le premier instant que la fortune cesse de sourire. Ayez la bonté de descendre de cheval, noble dame, ou plutôt permettez-moi de vous enlever ainsi de votre selle, et de vous déposer sur le gazon.

Pendant qu'il parlait, Eveline se sentit enlever de son palefroi, et on l'assit par terre avec beaucoup de soin et d'attention. Un moment après, le même individu qui l'avait descendue de cheval lui prit son chapeau, chef-d'œuvre de dame Gillian, et la mante qu'elle portait par-dessus ses autres vêtemens, et lui dit avec une voix impérative :

— J'ai à vous prier de vous baisser sur les mains et les genoux pour passer par cette étroite ouverture. Croyez que je regrette beaucoup d'être obligé de confier votre sûreté à une place forte d'une espèce si singulière.

Eveline crut devoir obéir, car elle sentait que la résistance serait inutile, et elle pensa qu'en se soumettant aux ordres d'un homme qui semblait avoir de l'autorité sur cette troupe, elle pourrait obtenir sa protection contre la fureur aveugle des Gallois qui la haïssaient, parce qu'ils la regardaient comme ayant été la cause de leur défaite sous les murs de Garde-Douloureuse, et de la mort de Gwenwyn.

Elle entra donc en rampant dans un passage étroit et humide, bordé des deux côtés de pierres brutes et si bas qu'il lui aurait été impossible d'y entrer autrement. Après avoir traversé une distance de huit à neuf pieds, elle se trouva dans une petite caverne de forme irrégulière, mais assez haute pour qu'elle pût s'y asseoir aisément. En même temps elle s'aperçut au bruit qu'on faisait derrière elle que les brigands bouchaient l'entrée du passage par lequel on venait de l'introduire dans les entrailles de la terre. Elle entendit distinctement le bruit des pierres qu'on employait pour le murer, et elle sentit que le courant d'air qui venait par l'ouverture s'affaiblissant peu à peu, l'atmosphère devenait plus humide et plus épaisse.

En ce moment un bruit sourd frappait ses oreilles, et Eveline crut y distinguer un cliquetis d'armes, des hennissemens de chevaux, des cris poussés par des combattans; mais tous ces sons, amortis par les murs de pierre de sa prison, ne formaient qu'un murmure confus qui n'apportait à ses oreilles que ce qu'on peut supposer que les morts entendent du monde qu'ils ont quitté.

Excitée par le désespoir dans une position si terrible, Eveline fit des efforts incroyables pour dégager ses mains des liens qui les attachaient. Elle y réussit enfin, et son premier mouvement fut d'arracher le bandeau qui lui couvrait les yeux; mais cela ne servit qu'à la convaincre qu'il était impossible qu'elle s'échappât. Elle se trouvait dans de profondes ténèbres, et étendant les bras à la hâte autour d'elle, elle reconnut qu'elle était dans une caverne souterraine et fort étroite. Ses mains en retombant par terre rencontrèrent quelques pièces de métal presque décomposé, et ce qui en tout autre instant l'aurait fait frémir d'horreur, des ossemens desséchés. Mais en ce moment cette circonstance même ne pouvait ajouter à ses craintes, enfermée comme elle paraissait l'être dans les entrailles de la terre pour y périr d'une mort lente et affreuse, tandis que ses amis, ses libérateurs étaient probablement à quelques pas d'elle. Elle étendit encore les bras pour chercher quelque voie de salut, mais partout elle les sentit repoussés par une barrière de pierre contre laquelle tous ses efforts étaient aussi inutiles que si elle les eût dirigés contre le dôme d'une cathédrale.

Le bruit qui avait frappé ses oreilles augmentait et approchait rapidement; et il lui sembla un moment que la voûte sous laquelle elle était assise résonnait du bruit des coups qu'on se portait sur sa surface extérieure, et celui de quelques corps lourds qu'on y jetait ou qui y tombaient. Eveline fut saisie d'une terreur à laquelle il eût été impossible que sa raison résistât si elle eût été de longue durée ; mais heureusement la cause en cessa promptement. Des sons moins distincts et qui semblaient mourir dans l'éloignement annoncèrent bientôt que l'un des deux partis battait en retraite, et enfin un profond silence y succéda.

Eveline resta alors absorbée dans ses réflexions et sa situation désastreuse. Le combat était terminé, et comme les circonstances la portaient à le croire, ses amis étaient restés les plus forts, puisque les Gallois vainqueurs l'auraient tirée de prison pour l'emmener captive, comme ils l'en avaient menacée. Mais de quelle utilité pouvait être à Eveline le triomphe de ses fidèles défenseurs, puisqu'elle restait enfermée dans un souterrain sous le champ de bataille qui devait avoir échappé à leurs observations ? Elle était destinée à devenir la proie de l'ennemi s'il osait se remontrer en ces lieux, ou à périr dans les ténèbres d'un genre de mort aussi horrible qu'aucun tyran ait pu en inventer, qu'aucun martyr en ait jamais pu subir, et auquel l'infortunée ne pouvait songer sans adresser au ciel une prière pour que du moins son agonie ne fût pas prolongée.

En ce moment terrible elle se rappela le poignard qu'elle portait, et la sombre réflexion qui se présenta à son imagination fut que si elle avait perdu tout espoir de vivre, elle avait du moins entre les mains le moyen de se procurer une prompte mort. L'idée de cette affreuse alternative la fit frémir d'horreur, et elle se demanda tout à coup si cette arme ne pouvait pas lui servir à un autre usage en l'aidant à recouvrer sa liberté, au lieu d'abréger ses souffrances par le trépas.

S'étant une fois livrée à cette espérance, la fille de Raymond Bérenger ne perdit pas un instant. Ayant réussi non sans difficulté à changer de posture et à reconnaître toute la circonférence du souterrain dans lequel elle était, elle retrouva le passage par lequel elle y était entrée, et espéra pouvoir s'en servir pour retourner à la lumière du jour. Elle se glissa donc de nouveau en rampant, arriva bientôt à l'extrémité ; mais comme elle s'y attendait, elle la trouva bouchée par d'énormes pierres jointes ensemble par de la terre de manière à lui ôter tout espoir d'échapper.

Cependant ce travail avait été fait à la hâte, et sa vie et sa liberté étaient d'un prix à exciter les plus grands efforts. Avec son poignard elle parvint à détacher la terre encore humide, et avec ses mains elle réussit à faire tomber en dehors une petite pierre ; et le jour pénétra dans sa caverne, et ce qui n'était pas moins précieux, elle put respirer un air pur. Mais en même temps elle eut le chagrin de reconnaître que la principale pierre qui bouchait le milieu de l'entrée était si pesante qu'il lui serait impossible de la faire changer de place sans le secours de quelqu'un. Sa situation se trouvait pourtant moins malheureuse ; elle voyait le jour, elle respirait librement, et il lui devenait possible d'appeler du secours.

Néanmoins les cris qu'elle poussa furent d'abord inutiles. Le champ de bataille avait été abandonné aux morts et aux mourans, et pendant quelques minutes des gémissemens étouffés furent la seule réponse qu'elle obtint. Enfin à force de répéter ces exclamations, elle entendit prononcer les paroles suivantes par une voix aussi faible que celle d'une personne qui sort d'un long évanouissement :

— Edris d'Earthen-House[1], est-ce toi qui appelles de ta tombe le malheureux qui touche à la sienne ? Les liens qui m'attachaient aux vivans sont-ils déjà rompus ? Entends-je avec des oreilles de chair les accens redoutables des mourans ?

— Ce n'est pas un esprit qui vous parle, s'écria Eveline, enchantée de pouvoir du moins entrer en communication avec un être vivant, ce n'est pas un esprit, c'est une mal-

---

(1) Edris de *la Maison de Terre*. Le début du chapitre suivant fera connaître cet Edris, invoqué par l'imagination troublée de Damien. — Ép.

heureuse fille, Eveline Bérenger, qui est enfermée sous cette voûte obscure et en danger d'y périr d'une mort horrible, à moins que Dieu ne lui envoie du secours.

— Eveline Bérenger! répéta la même voix avec un accent de surprise; impossible! J'ai reconnu sa mante verte. J'ai vu flotter son panache tandis qu'on l'entraînait loin d'ici. J'ai senti qu'il ne me restait plus assez de forces pour la secourir, et cependant elles ne m'ont abandonné tout-à-fait que lorsque j'ai vu disparaître à mes yeux sa robe et ses plumes, et que tout espoir de pouvoir la sauver s'est évanoui de mon cœur.

— Brave vassal, fidèle ami, courtois étranger, quel que soit le nom que je doive vous donner, apprenez que vous avez été trompé par les artifices de ces bandits gallois. Il est vrai qu'ils ont emporté la mante et le panache d'Eveline Bérenger, et ils peuvent s'en être servis pour abuser les amis qui de même que vous prennent intérêt à moi. Tâchez donc, brave étranger, d'imaginer quelque moyen pour nous procurer du secours à tous deux, s'il est possible; car ces brigands, s'ils échappent à ceux qui les poursuivent, ne manqueront pas de revenir ici, comme le voleur retourne à la cachette où il a déposé le butin qu'il a fait.

— Que le nom de la sainte Vierge soit béni, s'écria le blessé, puisque je puis justement et honorablement dévouer à votre service le dernier souffle de vie qui me reste. Je ne voulais pas auparavant donner de mon cor, de peur de rappeler à mon aide, indigne que j'en suis, quelques-uns de ceux qui couraient à votre secours; maintenant, fasse le ciel que cet appel soit entendu et que mes vœux puissent encore voir lady Eveline en sûreté et en liberté!

Ces paroles, quoique prononcées d'une voix faible, respiraient un esprit d'enthousiasme, et elles furent suivies du son d'un cor auquel les échos des montagnes répondirent seuls. Un son plus perçant y succéda, mais il cessa tout à coup, comme si l'haleine avait manqué à celui qui le produisait.

Une pensée étrange se présenta à l'esprit d'Eveline, même en ce moment d'incertitude et de terreur. — Les sons que je viens d'entendre sont ceux de la maison des De Lacy, dit-elle ; sûrement vous ne pouvez être que mon bon parent sir Damien !

— Je suis ce misérable, digne de la mort pour le peu de soin qu'il a pris du trésor qui lui était confié. Qu'avais-je besoin de me fier à des rapports et à des messagers ? J'aurais dû veiller sur le joyau précieux dont j'étais chargé avec tout le soin que l'avare donne au vil objet qu'il appelle son trésor. J'aurais dû, sans être vu, sans être connu, reposer sans cesse à votre porte, plus vigilant que les plus brillantes étoiles du firmament. J'aurais dû ne pas m'écarter un instant de votre voisinage ; alors vous n'auriez pas couru le danger où vous êtes, et Damien de Lacy, ce qui est bien moins important, ne serait pas descendu au tombeau en vassal négligent et parjure.

— Hélas ! noble Damien, ne me brisez pas le cœur en vous accusant d'une imprudence dont je suis seule coupable. Vous étiez toujours prêt à me protéger à mon moindre désir, et mon infortune devient plus amère quand je pense que ma témérité a été cause de votre malheur. Répondez-moi, bon parent, et laissez-moi espérer que les blessures que vous avez reçues sont de nature à pouvoir être guéries. Hélas ! pourquoi faut-il que j'aie fait couler votre sang ! Quel destin est le mien, puisque j'attire des désastres sur tous ceux à qui je sacrifierais mon propre bonheur ! Mais ne rendons pas plus amers, en nous livrant à d'inutiles murmures, des momens que nous accorde la merci du ciel. Faites ce que vous pourrez pour arrêter votre sang, Damien, un sang si précieux à l'Angleterre, à Eveline, à votre oncle.

Damien ne lui répondit que par un faible gémissement,

et Eveline, désespérée en songeant qu'il allait peut-être périr faute de secours, renouvela ses efforts pour se remettre en liberté afin de courir à son aide. Mais tout fut inutile, et cessant ses vaines tentatives, elle s'assit, image du désespoir, passant d'un sujet de terreur à un autre, et écoutant avec toute l'attention de l'inquiétude si elle n'entendrait pas le dernier soupir de Damien expirant.

Tout à coup, quel moment d'extase! le terrain rocailleux retentit sous les pas de chevaux qui s'avançaient rapidement. Cet heureux son semblait l'assurer de la vie, mais non de la liberté. Il pouvait annoncer le retour des bandits des montagnes, arrivant pour emmener leur captive : mais sûrement ils ne l'empêcheraient pas de jeter un coup d'œil sur Damien et de bander ses blessures ; ils trouveraient plus d'avantage à le faire prisonnier qu'à lui ôter la vie. Un cavalier arriva; Eveline implora son secours, et le premier mot qu'elle entendit fut une exclamation en flamand, sortie de la bouche du fidèle Wilkin Flammock; exclamation que la vue du spectacle le plus extraordinaire pouvait seule arracher à cet être flegmatique.

Sa présence fut particulièrement utile en ce moment, car lady Eveline lui ayant appris dans quelle situation elle se trouvait, et l'ayant prié en même temps de donner les plus prompts secours à Damien de Lacy, il commença, avec un sang-froid admirable et non sans quelque science, par bander les blessures du jeune guerrier, pendant que les Flamands qui étaient à sa suite ramassaient des leviers que les Gallois avaient abandonnés dans leur retraite, et s'en servaient pour travailler à la délivrance d'Eveline. Réunissant leurs efforts et guidés par l'expérience de Flammock, ils parvinrent d'abord à faire faire à la pierre un léger mouvement qui permit d'apercevoir la prisonnière, à la grande joie de ses libérateurs ; mais heureuse surtout fut la fidèle Rose qui, ne craignant aucun risque personnel, tournait autour de la pierre ébranlée comme un oiseau auquel on a ravi ses petits voltige autour de la cage dans laquelle un enfant espiègle les a enfermés. Il fallut de grandes précautions pour retirer la pierre, de crainte que tombant dans l'intérieur elle ne blessât Eveline.

Enfin l'énorme fragment de rocher fut déplacé de manière à permettre à Eveline de sortir de prison; mais les travailleurs, comme pour la venger de la détention qu'elle avait subie, ne cessèrent pas pour cela d'employer leurs leviers contre cette pierre; et continuant leurs efforts, ils la firent tomber de la petite plate-forme où était l'entrée de la caverne sur la pente rapide de la montagne, d'où cette lourde masse, acquérant par sa chute une nouvelle force, se précipita avec une rapidité toujours croissante, brisant et renversant tout ce qui s'opposait à son passage, faisant jaillir le feu de tous les angles de rocher qu'elle rencontrait, entourée d'un nuage de poussière, et roula jusque dans un ravin situé au bas de la montagne, où elle se brisa en cinq énormes fragmens avec un bruit qu'on aurait pu entendre de trois milles à la ronde.

Les vêtemens d'Eveline étaient souillés et déchirés, ses cheveux épars, toute sa parure en désordre. Souffrant encore de l'air humide et impur qu'elle avait respiré, et épuisée par les efforts qu'elle avait faits pour se remettre en liberté, elle ne perdit pourtant pas un instant à songer à elle-même; mais avec l'empressement d'une sœur qui donne des secours à un frère unique, elle se mit à examiner les diverses blessures que Damien avait reçues, et à prendre les moyens les plus propres à arrêter le sang qui coulait encore de quelques-unes, pour tâcher de lui rendre l'usage de ses sens. Nous avons déjà dit que comme beaucoup d'autres dames de son temps, Eveline n'était pas sans connaissance dans l'art de la chirurgie, et elle en montra en ce moment plus qu'on ne l'aurait crue capable d'en déployer. Il y avait de la prudence, de la précaution, de la prévoyance dans tous les ordres qu'elle donnait; et la douceur de son sexe, l'humanité qui le rend toujours disposé à soulager les souffrances humaines, semblaient en elle puiser une nouvelle dignité dans la force d'une intelligence supérieure.

Après avoir écouté avec surprise pendant deux minutes les ordres prudens que sa maîtresse donnait à la hâte, Rose sembla se souvenir tout à coup que le blessé ne devait pas être abandonné aux soins exclusifs de lady Eveline; elle les partagea donc autant qu'elle en était capable, tandis qu'on formait une litière pour transporter le chevalier au château de Garde-Douloureuse.

CHAPITRE XXV.

> « C'était un lieu charmant, mais depuis chacun dit
> « Que tout est bien changé. — C'est un endroit maudit. »
> WORDSWORTH.

LE lieu où le combat avait été livré et où l'on venait d'effectuer la délivrance d'Eveline avait un aspect sauvage et singulier; c'était une petite plaine, une espèce de halte entre deux sentiers raboteux, dont l'un suivait le cours d'un ruisseau tandis que l'autre serpentait sur la montagne. Un pareil endroit entouré de bois et de collines avait le renom d'être très giboyeux; et jadis un prince gallois, célèbre par son goût pour le *crew* et par son hospitalité sans bornes, mais grand chasseur surtout, y avait fait construire un rendez-vous de chasse où il avait coutume de donner des festins à ses amis et à ses principaux vassaux avec une profusion sans exemple dans la Cambrie.

Les bardes dont l'imagination se laissait toujours séduire par la magnificence, et qui ne trouvaient aucune objection à faire au genre de luxe adopté par ce prince, le surnommèrent Edris des Gobelets, et le célébrèrent dans leurs chants en termes aussi pompeux que ceux dont se servait le fameux Hirlar Horn pour immortaliser ses héros. Cependant le prince objet de leurs éloges finit par périr victime du penchant auquel il devait sa renommée, ayant eu le cœur percé d'un coup de poignard dans une de ces scènes de confusion et d'ivresse qui terminaient fréquemment ces fameux banquets. Les amis du prince enterrèrent ses restes près de l'endroit où il avait péri, dans la petite caverne qui venait de servir de prison à Eveline, en barricadèrent l'entrée avec de gros fragmens de rocher et la couvrirent d'un immense *cairn*, c'est-à-dire d'un amas prodigieux de pierres, sur le sommet duquel ils mirent le meurtrier à mort. La superstition servit de garde à ce monument, qui vit s'écouler bien des années sans qu'on le violât, quoique le bâtiment fût tombé en ruine et qu'il en restât à peine quelques vestiges.

Depuis quelques années une bande de brigands du pays de Galles en avait découvert l'entrée, et ils y avaient pénétré dans le dessein de s'emparer des armes et des trésors qu'on ensevelissait souvent avec les morts dans les temps reculés; mais ils furent trompés dans leur attente, et tout ce qu'ils gagnèrent en violant le tombeau d'Edris fut de connaître un lieu secret qui pouvait leur servir pour y déposer provisoirement leur butin, et où même un individu poursuivi pouvait se cacher dans un cas urgent.

Lorsque les cinq ou six hommes qui étaient à la suite de Damien furent arrivés, ils expliquèrent à Wilkin Flammock ce qui leur était arrivé dans cette matinée. Damien leur avait ordonné au point du jour de monter à cheval avec une force plus considérable, destiné, à ce qu'ils avaient entendu dire, à marcher contre un parti nombreux de paysans insurgés; mais il avait tout à coup changé de dessein, et divisant sa troupe en petits détachemens, il leur avait ordonné de faire une reconnaissance dans tous les défilés qui se trouvaient entre les montagnes sur les frontières du pays de Galles et de l'Angleterre, dans les environs de Garde-Douloureuse. C'était pour les soldats un ordre si fréquent qu'il ne causa aucune surprise. De pareilles manœuvres avaient souvent lieu pour intimider les Gallois en général, et particulièrement les bandes de brigands qui, ne reconnaissant aucune forme de gouvernement, infestaient toutes les frontières. Cependant on ne manqua pas de remarquer qu'en ce moment Damien semblait abandonner le projet de disperser les insurgés, ce qu'on avait regardé comme la principale affaire de la journée.

Il était environ midi quand Damien, à la tête d'un de ses petits détachemens, rencontra par un heureux hasard un des deux domestiques qui avaient pris la fuite et de qui il apprit l'acte de violence qui venait d'être commis contre lady Eveline. Connaissant parfaitement le pays, Damien courut sur-le-champ vers le défilé d'Edris, par où il savait que les brigands gallois passaient ordinairement pour retourner dans leur forteresse de l'intérieur. Il est probable que ceux-ci, quoique avertis de l'arrivée de Damien, ignoraient qu'il n'avait avec lui qu'une force si peu considérable, et que prévoyant en même temps qu'ils ne tarderaient pas à être poursuivis par-derrière, leur chef avait adopté le singulier expédient de cacher Eveline dans le tombeau d'Edris, et de couvrir un de ses gens de la mante et du chapeau d'Eveline afin de tromper les assaillans et de les écarter de l'endroit où elle était véritablement et où il avait sans doute le dessein de revenir quand il aurait échappé à ceux qui le poursuivaient.

En conséquence les brigands s'étaient déjà rangés devant le tombeau pour commencer une retraite régulière, jusqu'à ce qu'ils trouvassent un endroit convenable pour faire face à leurs ennemis, ou s'ils étaient trop nombreux, pour leur échapper en abandonnant leurs chevaux et en se réfugiant au milieu des rochers où la cavalerie normande ne pourrait les poursuivre. Ce plan avait été déjoué par la promptitude des mouvemens de Damien qui, voyant de loin la mante et le panache de lady Eveline parmi les brigands déjà en marche, les attaqua sans songer à la différence du nombre et à la légèreté de son armure, ne consistant qu'en un casque et une cotte de peau de buffle, faible défense contre les glaives et les longs couteaux des Gallois. Griévement blessé dès le commencement du combat, il aurait été tué s'il n'eût été admirablement secondé par ses compagnons, et si les Gallois jugeant que l'alarme devait être donnée dans tous les environs et craignant de voir arriver une force plus considérable n'eussent préféré battre en retraite, ou plutôt prendre la fuite. Damien, mis hors de combat, donna ordre à ses gens de les poursuivre, et de n'y renoncer, pour quelque motif que ce pût être, qu'après avoir tiré de leurs mains la captive qu'ils entraînaient.

Les brigands, forts de leur connaissance du pays et comptant sur l'activité de leurs petits chevaux gallois, firent leur retraite en bon ordre, et ne perdirent que deux ou trois hommes de leur arrière-garde, qui tombèrent sous les coups de Damien dans la première fureur de son attaque. Ils se retournaient de temps en temps pour décocher des flèches, et riaient des efforts inutiles que faisaient pour les joindre les hommes d'armes, armés de toutes pièces, avec leurs chevaux pesamment caparaçonnés. Mais la scène changea quand ils aperçurent Wilkin Flammock qui, monté sur son énorme coursier, commençait à gravir la montagne à la tête d'une troupe d'hommes, les uns à pied, les autres à cheval. La crainte de voir leur retraite coupée fit qu'ils eurent recours à leur dernière ressource; ils abandonnèrent leurs chevaux, escaladèrent les rochers, et s'échappèrent en déployant une activité et une dextérité à toute épreuve.

Tous ne furent pourtant pas si heureux : deux ou trois tombèrent entre les mains des Flamands, et entre autres celui qui portait la mante et le chapeau d'Eveline. On reconnut alors, au grand désappointement de ceux qui cherchaient à la délivrer, qu'au lieu de la jeune dame de Garde-Douloureuse qu'ils désiraient secourir, on n'avait pris qu'un jeune Gallois privé de raison comme semblaient le prouver ses yeux égarés et ses discours incohérens. Il n'en eût pas pas moins été tué, sort ordinaire des prisonniers faits dans de semblables escarmouches, si le son du cor de Damien ne se fût fait entendre en ce moment, quoique bien faiblement, tant à ses gens qu'à Wilkin Flammock. Au milieu de la confusion et de la précipitation qu'on mit à obéir à ce signal, le mépris ou la pitié de ceux qui étaient chargés de garder le prisonnier lui fournirent l'occasion de s'échapper.

Dans le fait, on avait peu de chose à en apprendre, quand même il eût été disposé à parler et en état de donner des renseignemens ; car personne ne doutait que lady Eveline ne fût tombée dans une embuscade dressée par Dawfyd-le-Borgne, le plus redouté des maraudeurs de son temps, qui avait sans doute conçu le plan de cette entreprise audacieuse dans l'espoir d'obtenir une rançon considérable pour sa captive ; et tous, courroucés de sa hardiesse et de son insolence, jurèrent que sa tête et ses membres serviraient de pâture aux aigles et aux corbeaux.

Tels étaient les détails que les soldats qui formaient la suite de Damien et les Flamands qui accompagnaient Wilkin se communiquèrent réciproquement sur les événemens de la journée. En repassant près de l'Étang-Rouge, ils furent rejoints par dame Gillian qui, après avoir poussé des cris de joie pour la délivrance inespérée de sa maîtresse, et des exclamations de chagrin pour l'état inattendu dans lequel se trouvait Damien, les informa que le marchand dont les gerfauts avaient été la cause première de toutes ces aventures avait été fait prisonnier par les Gallois pendant leur retraite, et qu'ils lui auraient fait éprouver le même sort ainsi qu'à Raoul, s'ils avaient eu un cheval de reste pour la monter, et s'ils n'avaient pensé que le vieux Raoul ne valait pas une rançon et ne méritait pas qu'ils prissent la peine de le tuer. Un d'eux à la vérité lui avait jeté une grosse pierre tandis qu'il était étendu par terre ; mais c'était un homme petit et fluet, et la pierre était restée en chemin. Il y avait près de lui un gaillard grand et vigoureux, et s'il en avait fait autant, il était probable, par la grace de Notre-Dame, que la pierre aurait été plus loin. Après avoir ainsi parlé, la dame se redressa, et ajusta ses vêtemens pour remonter à cheval.

Damien porté sur une litière formée à la hâte avec des branches d'arbre, fut placé avec les femmes au centre de la petite troupe, qui ne tarda pas à s'augmenter de quelques-uns des détachemens du jeune De Lacy, qui rejoignirent son étendard. On se mit alors en marche avec l'ordre et la précaution qui doivent accompagner tous les mouvemens militaires, et l'on traversa les défilés avec l'attention nécessaire à des soldats disposés à attaquer et à vaincre tout ennemi qui pourrait se présenter.

CHAPITRE XXVI.

« Quoi! jeune, belle, et fidèle à la fois !
« Si c'est un fait, c'est miracle, je crois. »
WALLER.

Rose, la suivante la plus désintéressée et la plus affectionnée du monde, fut la première qui, réfléchissant à la hâte sur la situation particulière dans laquelle se trouvait lady Eveline et le degré bien marqué de retenue et de contrainte qui avait régné jusqu'alors dans les relations du chevalier blessé avec celle qu'il était chargé de protéger, devint inquiète de savoir ce qu'on allait faire de Damien. Cependant quand elle se fut approchée d'Eveline pour lui faire cette question importante, elle n'eut pas le courage de la lui adresser.

L'état dans lequel se trouvait lady Eveline était tel qu'il semblait qu'il y aurait eu presque de la cruauté à la forcer de se livrer à d'autres réflexions que celles qui l'avaient occupée si récemment, et qui paraissaient encore l'agiter. Son visage était pâle comme la mort, à l'exception de deux taches rouges qu'on aurait prises pour des gouttes de sang ; son voile et ses vêtemens déchirés et en désordre étaient couverts de sang, de boue et de poussière ; ses cheveux épars tombaient en longues mèches sur ses sourcils et sur ses épaules ; une plume brisée et souillée, tout ce qui restait de sa coiffure, s'était accrochée dans les tresses de ses cheveux, et semblait une dérision plutôt qu'un ornement. Ses yeux était constamment fixés sur la litière qui soutenait Damien, et elle marchait sans paraître donner une pensée à quoi que ce fût, si ce n'est au danger de celui qui y était étendu sans mouvement.

Rose vit clairement que sa maîtresse était dans un moment d'enthousiasme qui lui rendrait difficile de considérer avec sagesse et prudence la situation dans laquelle elle se trouvait elle-même, et elle résolut de tâcher d'en éveiller par degrés le souvenir dans son esprit.

— Ma chère maîtresse, lui dit-elle, voudriez-vous prendre ma mante ?

— Ne viens pas m'inquiéter, répondit Eveline avec un accent un peu aigre.

— En vérité, milady, Rose Flammock a raison, dit dame Gillian, s'approchant à la hâte en femme qui craignait qu'on n'empiétât sur ses fonctions de maîtresse de garde-robe ; ni votre robe ni votre jupe ne sont arrangées convenablement, et pour dire la vérité, elles semblent n'être portées que par décence. Si Rose veut se ranger et me faire place, je mettrai votre parure en meilleur ordre dans le temps qu'il faudrait pour attacher une épingle, ce qu'aucune Flamande ne saurait faire en vingt-quatre heures.

— Je ne songe guère à ma parure, répondit Eveline sur le même ton.

— Songez donc à votre honneur, à votre bonne renommée, dit Rose en s'approchant encore davantage de sa maîtresse, et en lui parlant à l'oreille; songez, et songez promptement, en quel endroit vous allez faire transporter ce jeune homme blessé.

— Au château, répondit Eveline à voix haute, comme si elle eût dédaigné toute affectation de mystère. Qu'on aille au château, et par le plus court chemin possible.

— Et pourquoi pas dans son camp ou à Malpas[1]? demanda Rose; et croyez-moi, ma chère maîtresse, cela serait beaucoup plus sage.

— Pourquoi pas? pourquoi pas? s'écria Eveline; pourquoi ne pas le laisser sur le bord du chemin, exposé aux couteaux des Gallois et aux dents des loups? Il m'a sauvée une fois, deux fois, trois fois. J'irai où il ira; et je ne serai pas en sûreté un moment avant d'être tranquille sur la sienne.

Rose vit qu'elle ne pouvait faire aucune impression sur sa maîtresse, et elle réfléchissait elle-même que si l'on transportait le blessé plus loin qu'il n'était absolument nécessaire, on pouvait mettre sa vie en péril. Il se présenta à son esprit un expédient qu'elle crut propre à obvier à tous les dangers; mais il fallait qu'elle consultât son père. Elle agita sa houssine, et en un instant la petite mais jolie Flamande, avec son genet d'Espagne, se trouva en quelque sorte à l'ombre du gigantesque Flamand et de son grand cheval noir.

— Mon père, lui dit-elle, ma maîtresse a dessein de faire

---

[1] Malpas, ville du comté de Chester. — Éd.

transporter ce jeune chevalier au château, où il est probable qu'il pourra séjourner long-temps. Qu'en pensez-vous ? croyez-vous que ce projet soit sage ?

— Très sage pour le blessé, bien sûrement, Roschen, parce qu'il risquera bien moins de gagner une fièvre.

— J'en conviens, mais est-il prudent pour ma maîtresse ?

— Assez prudent, si elle agit prudemment. Mais pourquoi en douterais-tu, Roschen ?

— Je n'en sais rien, répondit Rose, qui ne voulait pas faire connaître même à son père les craintes et les soupçons qui l'agitaient ; mais où il y a de mauvaises langues on peut toujours entendre de mauvais discours. Sire Damien et ma maîtresse sont tous deux bien jeunes. Il me semble, mon père, que ce que vous auriez de mieux à faire, ce serait de proposer d'emmener chez vous le chevalier blessé au lieu de le conduire au château.

— Chez moi, Roschen ! s'écria le Flamand avec vivacité ; je n'en ferai rien, je n'en ferai rien, si je puis l'éviter. Ni Normand ni Anglais ne passera le seuil de ma porte pour tourner en dérision mon commerce tranquille et me manger la laine sur le dos. Tu ne les connais pas, parce que tu es toujours avec ta maîtresse, et que tu as ses bonnes graces ; mais je les connais, moi ; et tout ce que je puis en attendre de mieux, c'est : — Paresseux flandrin [1] ! flandrin avare ! sot Flamand ! Je remercie les saints de ce qu'ils ne peuvent plus dire — Lâche flandrin ! depuis l'affaire du Gallois Gwenwyn.

— J'avais toujours pensé, mon père, que vous aviez l'esprit trop calme pour vous inquiéter de ces viles calomnies. Songez que nous sommes sous la bannière de la dame de Garde-Douloureuse, et qu'elle est depuis plusieurs années ma bonne maîtresse. Pensez aussi que vous devez au connétable l'augmentation de vos priviléges. L'argent peut payer les dettes ; mais ce n'est que par la reconnaissance qu'on

---

(1) Flanderkin. — Éd.

s'acquitte des bienfaits qu'on a reçus, et je vous prédis que vous n'aurez jamais une telle occasion de rendre service aux maisons de Bérenger et de De Lacy qu'en ouvrant au chevalier blessé les portes de votre maison.

— Les portes de ma maison! qui sait si je pourrai long-temps l'appeler ma maison, et si j'en aurai jamais une autre sur la terre? Hélas! ma fille, nous sommes venus ici pour fuir la rage des élémens, et qui sait si nous ne serons pas exterminés par la fureur des hommes?

— Vous parlez d'une manière bien étrange, mon père; j'ai peine à reconnaître votre sagesse ordinaire en vous entendant tirer un augure si funeste de l'entreprise téméraire d'un brigand gallois.

Je ne pense pas au Borgne, ma fille; quoique le nombre et l'audace des bandits tels que Dawfyd n'annoncent pas un pays bien tranquille. Mais toi qui vis enfermée entre les murs d'un château, tu n'entends guère parler de ce qui se passe au dehors, et tu en as moins d'inquiétude. Je n'avais dessein de t'en informer que dans le cas où j'aurais jugé nécessaire de partir pour un autre pays.

— Quoi, mon père! quitter le pays où vos talens et votre industrie ont formé un établissement honorable?

— Oui, et où la faim des méchans qui m'envient les fruits de cette industrie peut m'attirer une mort déshonorante. Il y a eu du tumulte parmi la canaille anglaise dans plus d'un comté, et la fureur de la populace se dirige contre notre nation, comme si nous étions des juifs ou des païens, comme si nous n'étions pas meilleurs chrétiens et plus honnêtes gens qu'eux-mêmes. A York, à Bristol, et en beaucoup d'autres endroits, on a saccagé les maisons des Flamands, pillé et détruit leurs marchandises, maltraité et assassiné leurs familles. Et pourquoi? parce que nous avons apporté parmi ce peuple les talens et l'industrie qu'il ne possédait pas, et que la richesse, que sans nous on n'aurait jamais vue en Angleterre, a récompensé nos soins et nos travaux. Roschen, ce mauvais esprit s'étend tous les jours davantage. Ici nous sommes moins en danger qu'ailleurs, parce que nous formons une colonie forte et nombreuse; mais je ne me fie pas à nos voisins, et si tu n'avais pas été en sûreté, il y a long-temps que j'aurais tout abandonné et que j'aurais quitté ce pays.

— Tout abandonné! quitté le pays! — Rose pouvait à peine en croire ses oreilles, car elle savait mieux que personne quels succès avaient obtenus les travaux de son père, et combien il était peu probable qu'un homme doué d'autant de fermeté que de sang-froid voulût renoncer à des avantages sûrs et actuels par crainte de quelques périls incertains et éloignés. Enfin elle lui répondit :

— Si le danger est tellement urgent, mon père, il me semble que votre maison et votre fortune ne peuvent avoir une meilleure sauvegarde que la présence de ce noble chevalier; où est l'homme qui oserait commettre quelque acte de violence contre le toit qui couvre Damien de Lacy ?

— Je ne sais trop que te dire, Roschen, dit Wilkin du même ton calme, ferme, mais mélancolique. Que le ciel me le pardonne, si c'est un péché! mais je ne vois guère que de la folie dans ces croisades que les prêtres ont prêchées avec tant de succès. Voilà le connétable de Chester qui est absent depuis près de trois ans, et nous ne savons s'il est vainqueur ou vaincu, mort ou vivant. Il est parti d'ici comme s'il avait eu dessein de ne pas débrider son cheval et de ne pas remettre son épée dans le fourreau avant d'avoir reconquis le saint sépulcre sur les Sarrasins, et cependant nous n'avons pas encore appris avec certitude qu'on leur ait pris un seul village. Pendant que les grands seigneurs avec la meilleure partie de leur suite sont en Palestine, sur la terre ou dans la terre, Dieu le sait, le peuple qui est resté ici devient mécontent; il est opprimé par des intendans et des régisseurs dont le joug est plus pesant que celui des maîtres et ne se supporte pas si facilement. La populace, qui naturellement hait la noblesse, pense que le moment est favorable pour la renverser, et il se trouve même quelques personnes de sang noble qui s'en déclareraient volontiers les chefs pour avoir leur part du butin; car leurs expéditions en pays étrangers et leurs habitudes de dépense les ont appauvris, et celui qui est pauvre assassinera son père pour de l'argent. Je déteste les pauvres, et je voudrais que le diable emportât quiconque ne peut vivre du travail de ses mains.

Le Flamand conclut par cette imprécation caractéristique un discours qui donna à Rose une idée plus effrayante de l'état de l'Angleterre que celle qu'elle avait pu s'en former, renfermée comme elle l'était dans le château de Garde-Douloureuse.

— Sûrement, dit-elle, les violences dont vous parlez ne sont pas à craindre pour ceux qui vivent sous la protection des bannières de Lacy et de Bérenger?

— La maison de Bérenger n'existe plus que de nom, répondit Wilkin Flammock; et quoique Damien soit un jeune homme plein de bravoure, il n'a pas encore l'ascendant et l'autorité du caractère de son oncle. Ses soldats se plaignent de ce qu'il les harasse de fatigues inutiles pour veiller à la sûreté d'un château imprenable et défendu par une garnison suffisante, et que par suite de cette vie inactive et sans gloire, ils perdent toute occasion de faire des entreprises honorables, c'est-à-dire de se battre et de se gorger de butin. Ils disent que Damien-sans-Barbe était un homme, mais que Damien-aux-Moustaches n'est plus qu'une femme, et que l'âge, en noircissant sa lèvre supérieure, a fait en même temps pâlir son courage. Ils en disent encore bien davantage, mais ce n'est pas la peine de t'en parler.

— Pour l'amour du ciel! s'écria Rose, informez-moi de tout ce qu'ils disent; il faut que je le sache, si comme je le soupçonne, leurs propos ont quelque rapport à ma chère maîtresse.

— C'est cela même, Roschen. Il y a parmi ces Normands

des hommes d'armes qui, tout en buvant ensemble, prétendent que Damien de Lacy est amoureux de la fiancée de son oncle, et même qu'ils correspondent ensemble par art magique.

— Il faut certainement que ce soit par art magique, dit Rose en souriant dédaigneusement, car ils n'ont aucuns moyens humains de correspondance secrète, comme je puis en rendre témoignage.

— Et c'est pourquoi ils imputent à l'art magique qu'aussitôt que milady a passé la porte de son château, Damien est en selle avec un détachement de cavalerie, quoiqu'ils soient positivement certains qu'il n'a reçu ni lettre, ni messager, ni aucune nouvelle pour lui annoncer qu'elle a dessein de sortir; et en pareille occasion, ils n'ont pas plus tôt reconnu un défilé ou deux qu'ils apprennent que lady Eveline est à se promener.

— Cela ne m'a pas échappé, mon père, et ma maîtresse elle-même a montré plus d'une fois du mécontentement de l'exactitude avec laquelle Damien est instruit du moindre mouvement qu'elle a dessein de faire et de la ponctualité plus qu'officieuse avec laquelle il veille sur elle quand elle sort. Cependant cette journée a prouvé que sa vigilance n'était pas inutile; et comme en ces occasions ils ne se sont jamais rencontrés, et que la distance à laquelle ils étaient l'un et l'autre rendait impossible toute communication entre eux, il me semble qu'ils auraient pu éviter la censure des esprits les plus soupçonneux.

— Sans doute, Roschen, mais il est possible de pousser la précaution au point d'éveiller le soupçon. Pourquoi, disent les hommes d'armes, règne-t-il des relations si fréquentes et conduites avec tant de réserve? Pourquoi s'approchent-ils de si près sans jamais se rencontrer? S'ils n'étaient l'un pour l'autre que le neveu et la fiancée du connétable, ils se verraient franchement et ouvertement; et s'ils s'aiment secrètement, il y a lieu de croire qu'ils trouvent le moyen d'avoir des entrevues particulières, mais qu'ils ont assez d'adresse pour les cacher.

— Chaque mot que vous prononcez, mon père, achève de me prouver qu'il est de nécessité absolue que vous receviez chez vous ce jeune homme blessé. Quelque grands que soient les dangers que vous craignez, vous devez être sûr que vous ne pouvez les augmenter en lui donnant l'hospitalité chez vous, ainsi qu'à quelques-uns de ses gens.

— Non! pas un de ses gens, s'écria vivement le Flamand, pas un de ces mangeurs de bœuf, à l'exception de son page pour le soigner et du docteur qui essaiera de le guérir.

— Mais je puis du moins offrir votre maison pour eux trois?

— Comme tu voudras, fais ce que tu voudras, Roschen. Sur ma foi, il est heureux que tu mettes de la bonne foi et de la modération dans tes demandes, puisque je suis assez fou pour te les accorder si facilement; c'est une de tes frasques d'honneur et de générosité; mais je fais plus de cas de l'honnêteté et de la prudence. Rose, ceux qui veulent faire ce qui est mieux que bien amènent quelquefois ce qui est pire que mal. Mais je crois que j'en serai quitte pour la peur, et que ta maîtresse, qui sauf respect a un peu le caractère d'une damoiselle errante, réclamera vivement le privilège chevaleresque de loger son chevalier blessé dans son propre appartement, et de lui donner des soins en personne.

Ce que prévoyait Flammock se vérifia. Rose n'eut pas plus tôt proposé à sa maîtresse de laisser Damien chez son père jusqu'à sa guérison, qu'Eveline rejeta cette proposition d'un ton bref et positif.

— C'est lui qui m'a sauvée, dit-elle, et s'il existe un seul être pour qui les portes de Garde-Douloureuse doivent s'ouvrir, c'est pour Damien de Lacy. Ne me regardez pas avec cet air de doute et de chagrin, Rose; on méprise le soupçon quand on est au-dessus du déguisement. C'est à Dieu et à

Notre-Dame que je dois répondre de ma conduite, et mon cœur leur est ouvert.

Ils se rendirent en silence jusqu'à la porte du château, et en y arrivant lady Eveline donna ordre que son libérateur, comme elle nomma Damien, fût placé dans l'appartement qu'avait occupé son père. Alors avec la prudence d'un âge plus avancé elle prit toutes les mesures nécessaires pour le logement de toute la suite du chevalier blessé, et les arrangemens qu'exigeait l'augmentation qu'allait recevoir la garnison de la forteresse. Elle donna tous ses ordres avec autant de calme que de présence d'esprit, et avant même de songer à réparer le désordre de sa toilette.

Il lui restait un autre devoir à accomplir. Elle entra dans la chapelle, et se prosternant devant l'image de la Vierge, sa divine protectrice, elle lui adressa ses remerciemens de sa seconde délivrance, et la supplia humblement de la guider et d'obtenir de Dieu par son intercession qu'il daignât diriger et régler sa conduite.

— Vous savez, reine du ciel, dit-elle, que ce n'est point par confiance en mes propres forces que je me suis exposée au danger. Fortifiez ce qu'il y a de plus faible en votre servante. Que ma reconnaissance et ma compassion ne deviennent pas un piége pour moi; et tandis que je tâche de m'acquitter d'un devoir qui m'est imposé par la gratitude, protégez-moi contre les mauvaises langues des hommes, et sauvez-moi, oh! sauvez-moi des embûches insidieuses de mon propre cœur.

Elle dit alors son rosaire avec toute la ferveur d'une sincère dévotion, et sortant de la chapelle, elle se retira dans sa chambre et appela ses femmes pour changer de vêtemens et faire disparaître toutes les marques extérieures des voies de fait auxquelles on venait de se porter contre elle peu d'instans auparavant.

CHAPITRE XXVII.

JULIE. « Vous êtes dans nos fers, mais nous vous traiterons
« Avec tant de bonté qu'ici nous vous verrons
« A votre liberté préférer l'esclavage.
RODRIGUE. « Non, il faut mettre fin à tout ce badinage ;
« Ici j'ai si long-temps vu vos roses fleurir
« Que je craindrais d'y voir mes lauriers se flétrir. »
Ancienne comédie.

COUVERTE de vêtemens de deuil d'une forme qui aurait mieux convenu à une femme d'un âge mûr qu'à la jeunesse, simple d'ailleurs dans sa parure jusqu'à l'excès, sans autre ornement qu'un rosaire, Eveline s'acquitta alors du devoir de rendre visite à son libérateur blessé, devoir que l'étiquette du temps non-seulement autorisait mais même enjoignait expressément. Elle se fit accompagner par Rose et par Gillian. Margery, qui se trouvait dans son élément dans la chambre d'un malade, avait déja été dépêchée dans celle du jeune chevalier pour veiller à ce qu'il ne lui manquât rien.

Eveline entra avec précaution et sans bruit, comme si elle eût craint de troubler le malade. Elle s'arrêta à la porte et jeta un coup d'œil autour de l'appartement. Cette chambre avait été celle de son père, et elle n'y était pas encore entrée depuis sa mort violente. Autour des murailles étaient suspendus son armure, ses armes, des gants pour la chasse au faucon, et d'autres instrumens de divertissemens champêtres qui semblèrent faire reparaître à ses yeux la forme majestueuse du vieux sir Raymond.

— Ne froncez pas le sourcil, mon père, dit-elle en prononçant ces paroles des lèvres, quoiqu'elles ne livrassent aucun passage à la voix; ne froncez pas le sourcil; Eveline ne sera jamais indigne de vous.

Le père Aldrovand et Amelot, page de Damien, étaient assis à côté du lit. Ils se levèrent quand lady Eveline entra; et le premier, qui se piquait de quelques connaissances dans l'art de guérir, lui dit que le chevalier avait sommeillé quelque temps, et qu'il paraissait sur le point de s'éveiller.

Amelot s'avança vers elle en même temps, et la pria précipitamment et à voix basse de donner ordre que le plus grand silence régnât dans la chambre et d'en faire sortir tout le monde. — Mon maître, ajouta-t-il, depuis la maladie qu'il a faite à Glocester, a l'habitude de parler d'une manière assez étrange quand il s'éveille, et il me saurait mauvais gré si je permettais à quelqu'un de rester près de lui en ce moment.

Eveline ordonna aussitôt à ses femmes et au père Aldrovand de se retirer dans une chambre voisine, et restant elle-même sur le seuil de la porte qui servait de communication entre les deux appartemens, elle entendit Damien prononcer son nom en faisant avec peine un léger mouvement sur son lit. — Est-elle en sûreté? ne lui est-il arrivé aucun accident? demanda-t-il d'une voix faible, mais d'un ton qui indiquait que cette considération l'emportait sur toutes les autres. Lorsque Amelot lui eut répondu affirmativement, il soupira comme si sa poitrine eût été soulagée d'un grand poids, et demanda ensuite à son page d'une voix moins animée où il était.

— Je ne reconnais, dit-il, ni cet appartement ni l'ameublement que j'y vois.

— Mon cher maître, dit Amelot, votre faiblesse ne permet en ce moment ni que vous fassiez des questions ni qu'on y réponde.

— En quelque lieu que je sois, dit Damien en recouvrant l'usage de sa mémoire, je ne suis pas où mon devoir m'appelle. Dites à mes trompettes de sonner le boute-selle, et que Ralph Genvil déploie ma bannière. A cheval! à cheval! nous n'avons pas un moment à perdre.

Le chevalier blessé fit un effort pour se lever; mais faible comme il était, il n'était pas difficile à Amelot de le retenir.

— Vous avez raison, lui dit-il, je suis bien faible; mais à quoi bon conserverait-on des forces quand on a perdu l'honneur?

Le malheureux jeune homme se couvrit le visage des deux mains et poussa un gémissement qui semblait arraché par les souffrances de l'ame plutôt que par celles du corps. Lady Eveline s'approcha alors de son lit d'un pas peu assuré, ne sachant trop ce qu'elle craignait, mais voulant montrer l'intérêt qu'elle prenait à l'état de détresse de Damien. Le blessé leva les yeux, l'aperçut et se cacha de nouveau la figure.

— Que signifie cette étrange affliction, sir chevalier? lui demanda-t-elle d'une voix d'abord faible et tremblante, mais qui devint peu à peu plus ferme et plus assurée. Après le vœu que vous avez fait de remplir les devoirs de la chevalerie, devez-vous regretter ainsi que le ciel se soit servi de vous deux fois comme d'un instrument pour sauver l'infortunée Eveline Bérenger?

— Oh! non, non, s'écria-t-il vivement; puisque vous êtes sauvée tout va bien. Mais le temps presse, il faut que je parte sur-le-champ; je ne dois m'arrêter nulle part en ce moment, encore moins dans ce château. Encore une fois, Amelot, qu'on monte à cheval!

— Cela est impossible, chevalier. Comme étant sous votre protection, je ne puis laisser partir si subitement mon protecteur: comme votre médecin, je ne puis permettre à mon malade de se donner la mort à lui-même ; vous êtes hors d'état de supporter la selle.

— Une litière, un brancard, une charrette [1] même, tout est assez bon pour porter le corps d'un chevalier déshonoré. Un cercueil serait ce qui me conviendrait le mieux ; mais ayez soin, Amelot, qu'il soit fait comme celui du dernier paysan ; point d'éperons sur le poêle funéraire, point d'écu portant l'ancienne devise des De Lacy ; que ni heaume ni cimier n'ornent la bière de celui dont le nom est déshonoré.

— A-t-il un accès de délire ? — demanda Eveline à voix basse en regardant alternativement avec terreur le blessé et le jeune page, — ou ces paroles entrecoupées couvrent-elles quelque terrible mystère ? Si cela est, expliquez-le-moi, et si je puis y remédier au prix de ma vie et de toute ma fortune, mon libérateur ne souffrira aucun tort.

Amelot la regarda d'un air abattu et mélancolique, secoua la tête et jeta un coup d'œil sur son maître avec une expression qui semblait dire que la prudence lui défendait de répondre en présence de son maître aux questions qu'elle lui faisait. Lady Eveline comprenant ce qu'il voulait lui faire entendre, passa dans l'autre appartement et lui fit signe de la suivre. Amelot obéit après avoir jeté un regard sur son maître qui restait dans la même attitude, les deux mains étendues sur son visage, comme si dans son affliction il eût

---

(1) On sait que c'était honte à un chevalier d'être vu dans une charrette.

>   On dit, Yvain, que quelque oubli fatal,
>   Loin de mon rang sans retour me rejette ;
>   Que l'on me voie abjurer le cheval
>   Et que quelqu'un m'aperçoive en charrette.
>   . . . .
>   Quoi ! mon ami, ne sais-tu pas encore
>   Que dans ce *char* utile aux paysans,
>   Eux exceptés, on ne voit que les gens
>   Déshonorés, ou que l'on déshonore ?
>   (*La Table ronde.*) — Ér,

voulu écarter de ses yeux la lumière et tout ce qu'elle rendait visible.

Lorsque le page fut près d'elle, Eveline ayant fait signe à ses femmes de se retirer à l'autre extrémité de la chambre, le questionna de nouveau sur la cause du chagrin de son maître, chagrin qui semblait aller jusqu'au remords.

— Vous savez, lui dit-elle, que c'est un devoir pour moi de secourir votre maître si je le puis, tant par reconnaissance des services qu'il m'a rendus au péril de sa vie qu'à cause de notre parenté; dites-moi donc dans quelle situation il se trouve, afin que je lui donne toute l'aide qui peut dépendre de moi, c'est-à-dire, ajouta-t-elle avec une rougeur soudaine qui dissipa un moment la pâleur de ses joues, si la cause de son affliction est telle qu'il me convienne de la connaître.

Le page lui répondit d'abord par un salut respectueux; mais il montra tant d'embarras en commençant à parler, qu'il augmenta encore la confusion de lady Eveline. Cependant elle le pressa de nouveau de s'expliquer sans scrupule et sans délai, pourvu que ce qu'il avait à lui dire ne pût l'offenser.

— Croyez-moi, noble dame, répondit Amelot, j'aurais obéi à vos ordres sans hésiter si je n'avais craint d'attirer sur moi le mécontentement de mon maître en parlant de ses affaires sans sa permission. Mais puisque vous l'exigez, et que je sais qu'il vous respecte plus que qui que ce soit sur la terre, je vous dirai que si les blessures qu'il a reçues ne lui coûtent pas la vie, son honneur court le plus grand danger, à moins qu'il ne plaise au ciel d'y apporter remède.

— Continuez, dit Eveline, et soyez assuré que vous ne nuirez en rien à sir Damien de Lacy par la confiance que vous aurez en moi.

— J'en suis convaincu, milady, répondit le page. Sachez donc, si vous l'ignorez encore, que la canaille et les paysans qui ont pris les armes contre les nobles dans l'ouest de l'Angleterre prétendent avoir pour fauteurs de leur insurrection non-seulement Randal de Lacy, mais mon maître sir Damien.

— Ils mentent, s'écria Eveline, ceux qui osent l'accuser d'une si indigne trahison contre son propre sang et contre son souverain !

— Oui sans doute, ils mentent ; mais cela n'empêche pas qu'ils sont crus par ceux qui le connaissent moins bien. Plus d'un déserteur de notre troupe est allé joindre les révoltés, et cette circonstance donne à la calomnie une couleur de vérité. Ils disent ensuite..... ils disent que..... en un mot, ils prétendent que mon maître désire posséder en son propre droit les biens dont son oncle lui a laissé l'administration ; et que si le vieux connétable, pardon, milady, revenait de la Palestine, il trouverait quelque difficulté à se remettre en possession de ce qui lui appartient.

— Les misérables mesurent l'ame des autres sur la bassesse de la leur, et regardent comme irrésistibles pour les hommes de bien les tentations auxquelles ils sentent qu'ils céderaient eux-mêmes facilement. J'ai entendu parler de leurs actes de violence ; mais je les regardais comme la suite d'un tumulte populaire momentané.

— Nous fûmes avertis la nuit dernière qu'ils s'étaient réunis en grand nombre, et qu'ils tenaient Wild Wenlock et ses gens d'armes assiégés et bloqués dans un village à dix milles d'ici. Il avait fait prier mon maître, comme son parent et son compagnon d'armes, de venir à son secours. Nous étions à cheval ce matin, et prêts à nous mettre en marche pour lui en porter, quand....

Il s'arrêta, et parut hésiter à continuer.

— Quand vous apprîtes le danger que je courais, dit Eveline. Plût au ciel que vous eussiez plutôt appris mon trépas !

— Ah ! noble dame, dit Amelot les yeux baissés, il fallait

certainement une cause aussi puissante pour que mon maître
fît faire halte à sa troupe et la divisât en détachemens pour
reconnaître les montagnes de ces frontières, quand le danger de son parent et les ordres du lieutenant du roi exigeaient
sa présence ailleurs.

— Je le savais, s'écria Eveline ; je savais que j'étais née
pour causer sa perte. Cependant il me semble que ce malheur excède tous ceux que je me figurais dans mes rêves. Je
craignais d'être la cause de sa mort, mais non de devenir
celle de la perte de sa réputation. Pour l'amour du ciel,
jeune Amelot, montez à cheval, et cela sans aucun délai.
Mettez-vous à la tête des hommes d'armes de votre maître ;
joignez-y tous ceux des miens que vous pourrez rassembler
promptement. Partez, brave jeune homme, partez; déployez l'étendard de votre maître ; prouvez que son cœur
est sur le champ de bataille, quoique son corps en soit absent. Mais hâtez-vous, hâtez-vous; le temps est précieux.

— Mais la sûreté de ce château, mais votre sûreté personnelle, milady ? Dieu sait que je suis prêt à tout faire pour
sauver l'honneur de mon maître; mais je le connais, et s'il
vous survenait quelque accident par suite de mon départ de
Garde-Douloureuse, quand même j'aurais sauvé par-là ses
biens, sa vie et son honneur, je suis sûr que la seule récompense, les seuls remerciemens que je recevrais de lui seraient à la pointe de son poignard.

— N'en partez pas moins, mon cher Amelot, réunissez
toutes les forces qui se trouvent disponibles, et partez à
l'instant.

— Vous excitez un coursier qui ne demande qu'à marcher,
milady. Dans la situation où se trouve mon maître, je ne
vois rien de mieux à faire que de déployer sa bannière contre les insurgés.

— Eh bien ! aux armes ! aux armes ! s'écria Eveline avec
vivacité ; efforcez-vous de gagner vos éperons. Apportez-moi l'assurance que l'honneur de votre maître est en sûreté,

et je les attacherai moi-même. Un instant, prenez ce saint rosaire; fixez-le sur votre cimier, et que la pensée de Notre-Dame de Garde-Douloureuse, qui n'abandonne jamais ceux qui ont confiance en elle, ne vous quitte jamais à l'heure du combat.

Elle finissait à peine de parler, qu'Amelot la quitta précipitamment, et faisant monter à cheval tous les hommes d'armes qu'il put réunir à la hâte, tant de la suite de son maître que de la garnison du château, il se vit bientôt à la tête d'une quarantaine de cavaliers dans la grande cour.

Mais quoiqu'on eût obéi sans réplique jusque là aux ordres du page, quand les soldats apprirent qu'il s'agissait de partir pour une expédition dangereuse, sans chef plus expérimenté qu'un jeune homme de quinze ans, ils montrèrent une répugnance décidée à sortir du château. Les vieux soldats du connétable prétendaient que Damien lui-même était trop jeune pour les commander, et qu'il n'avait pas le droit de déléguer son autorité à un enfant, tandis que les anciens hommes d'armes de Bérenger disaient que leur maîtresse devait se trouver assez heureuse d'avoir échappé au danger du matin, sans vouloir en courir un autre encore plus grand en diminuant ainsi la garnison de son château. Le temps était orageux, disaient-ils, et il était prudent de conserver sur sa tête un toit de pierres.

Plus les soldats se communiquaient l'un à l'autre leurs idées et leurs craintes, plus ils se confirmaient dans la résolution de ne pas quitter le château. Quand Amelot, qui en véritable page était allé lui-même voir seller son cheval, revint dans la cour avec sa monture, il les trouva mêlés confusément ensemble, les uns à pied, les autres à cheval, tous parlant très haut et dans un désordre complet. Ralph Genvil, vétéran dont le visage était sillonné de cicatrices et qui avait long-temps fait le métier de soldat de fortune, était séparé des autres, tenant d'une main la bride de son cheval, et de l'autre la grande pique autour de laquelle était encore roulée la bannière de De Lacy.

— Que veut dire cela, Genvil? demanda Amelot d'un ton mécontent; pourquoi n'êtes-vous pas à cheval? pourquoi la bannière n'est-elle pas déployée? Que signifie cette confusion?

— Ma foi, sire page, répondit Genvil d'un ton fort tranquille, si je ne suis pas à cheval, c'est parce que j'ai quelque respect pour ce haillon de soie que j'ai porté si longtemps avec honneur; et je ne voudrais pas le déployer devant des gens qui ne sont disposés ni à le suivre ni à le défendre.

— Point de marche! point de sortie! point de bannière déployée! s'écrièrent les soldats par forme de refrain au discours du porte-étendard.

— Comment, lâches, osez-vous vous mutiner? s'écria Amelot en tirant son épée.

— Point de menaces, sire sans barbe, dit Genvil, et ne brandissez pas votre rapière de mon côté. Je vous dirai, Amelot, que si mon épée se croisait avec la vôtre, vous verriez votre arme dorée et damasquinée se briser en plus de morceaux qu'un batteur en grange ne fait sauter de pailles d'avoine : il y a ici, voyez-vous, des barbes grises qui ne se soucient pas de se laisser conduire au gré de la fantaisie d'un enfant. Quant à moi, ce n'est pas cette raison qui m'arrête, car il ne m'importe guère d'être commandé par un enfant ou par un autre; mais je suis au service des De Lacy en ce moment, et en marchant au secours de Wild Wenlock, je ne sais trop si nous ferions une chose dont De Lacy nous remercierait. Pourquoi ne nous y a-t-il pas conduits ce matin, au lieu de nous faire courir dans les montagnes?

— Vous en connaissez la cause, dit le page.

— Sans doute nous la connaissons, ou si nous ne la connaissons pas, nous pouvons nous en douter, répondit le porte-étendard avec un éclat de rire qui fut répété par plusieurs de ses compagnons.

— Tu en as menti par la gorge! s'écria Amelot en se précipitant sur Genvil l'épée à la main, sans réfléchir à la grande disproportion de leurs forces.

Genvil, pour résister à cette attaque, se contenta de parer le coup avec le manche de son étendard, et d'un léger mouvement de son bras nerveux repoussa le page loin de lui.

Un éclat de rire général s'ensuivit, et Amelot, voyant tous ses efforts inutiles, jeta son épée par terre, et pleurant de colère et de dépit, retourna près de lady Eveline pour lui apprendre le peu de succès qu'il avait obtenu.

— Tout est perdu, lui dit-il; les misérables, les lâches, se sont mutinés, et refusent de marcher. Mon pauvre maître supportera le blâme de leur désobéissance et de leur couardise.

— Il n'en sera rien, s'écria Eveline, dussé-je mourir pour l'empêcher. Suivez-moi, Amelot.

Elle jeta à la hâte une écharpe écarlate sur ses vêtemens noirs, et se rendit sur-le-champ dans la cour, suivie de Gillian et de Rose; Gillian prenait, chemin faisant, diverses attitudes exprimant la surprise et la compassion, tandis que Rose supprimait avec soin toute apparence extérieure des sentimens qui l'agitaient en secret.

Eveline entra dans la cour avec le front hardi et l'œil étincelant qui distinguaient ses ancêtres dans les dangers quand leur ame s'armait pour résister à la tempête, et qu'ils montraient dans leur regard et dans tous leurs traits l'autorité du commandement et le mépris des périls; elle semblait en ce moment au-dessus de sa taille ordinaire, et elle adressa la parole aux mutins d'une voix claire et distincte, quoique conservant son ton de douceur enchanteresse.

— Que signifie une telle conduite, mes maîtres? leur dit-elle. Et tandis qu'elle parlait ainsi on vit les soldats se grouper et se serrer les uns contre les autres comme si chacun d'eux eût craint d'attirer personnellement sur lui les reproches : c'était comme une troupe de lourds oiseaux aquatiques qui se pressent ensemble pour éviter l'attaque du léger et superbe émérillon, et qui craignant sa vigueur supérieure, ne cherchent à y opposer qu'une force d'inertie. — Que signifie une telle conduite ? répéta-t-elle encore. Croyez-vous que ce soit le moment de vous mutiner quand votre chef est absent, et que son neveu, son lieutenant, est retenu sur son lit par ses blessures ? Est-ce ainsi que vous êtes fidèles à vos sermens? est-ce ainsi que vous méritez les bontés de votre chef ? Quelle honte ! Voulez-vous imiter le chien qui tremble et qui recule du moment qu'il a perdu de vue le piqueur ?

Il y eut une pause. Les soldats se regardaient les uns les autres et jetaient sur Eveline un coup d'œil à la dérobée, comme s'ils eussent eu également honte de persister dans leur mutinerie ou de rentrer dans leur devoir.

— Je vois ce que c'est, mes braves amis : c'est un chef qui vous manque : mais que cette raison ne vous arrête pas : c'est moi qui vous en servirai. Toute femme que je suis, il n'y a pas un homme parmi vous qui doive craindre le déshonneur quand c'est le sang des Bérenger qui vous commande. Qu'on mette à l'instant une selle d'acier sur mon palefroi.

A ces mots elle mit sur sa tête le léger casque du page, lui prit son épée, et ajouta : — Je vous promets ici de vous conduire au combat et de vous commander. Ce vieux soldat, dit-elle en montrant Genvil, suppléera à mon défaut de connaissances militaires; il a l'air d'avoir fait plus d'une campagne, et il doit être en état d'apprendre à un jeune chef les devoirs qu'il a à remplir.

— Oui certes, répondit le vétéran en souriant en dépit de lui-même et en secouant la tête, oui certes, j'ai fait plus d'une campagne, mais jamais sous un tel commandant.

— Et cependant, dit Eveline voyant que tous les autres avaient les yeux fixés sur lui, vous ne devez, ne pouvez ni ne voulez refuser de me suivre. Vous ne le devez pas comme soldat, car ce sont les ordres de votre capitaine que ma faible voix vous fait entendre; vous ne le pouvez pas comme homme, car c'est une dame, une dame dans l'infortune et la détresse qui vous le demande ; vous ne le voulez pas comme Anglais, car c'est votre pays qui a besoin de votre glaive, et ce sont vos compagnons qui sont en danger. Déployez donc cette bannière, et en avant !

— Sur ma foi, je le ferais de tout mon cœur, belle dame, dit Genvil en faisant un mouvement comme pour déployer la bannière; et Amelot, en recevant de moi quelques instructions, pourrait nous conduire comme un autre. Mais je ne sais trop si vous nous mettez sur la bonne voie.

— Bien certainement, s'écria Eveline avec vivacité, ce doit être la bonne voie que celle qui nous conduit au secours de Wenlock et de ses gens, assiégés par les paysans insurgés.

— Je n'en sais rien, répondit Genvil en hésitant encore. Notre chef sir Damien de Lacy protége les paysans; on dit qu'il est leur ami; je sais qu'il a eu une querelle avec Wild Wenlock, parce que celui-ci s'était permis quelques libertés avec la femme du meunier de Twinefort. Nous serions dans de beaux draps quand notre jeune chef se retrouvera sur ses pieds, s'il venait à apprendre que nous avons combattu contre le parti qu'il favorise.

— Soyez sûr, s'écria Eveline avec force, qu'autant il protégerait les paysans contre l'oppression, autant il voudrait les mettre à la raison quand ils oppriment les autres. A cheval! en avant! Sauvez Wenlock et sa troupe, ne perdez pas un instant; il y va de la vie et de la mort. Je vous garantis sur mon ame et mes domaines que Damien de Lacy regardera comme un service loyal tout ce que vous ferez en cette occasion. Suivez-moi donc, partons.

— A coup sûr, répondit Genvil, personne ne peut savoir mieux que vous, belle dame, quels sont les projets de sir Damien; et quant à cela, vous pouvez l'en faire changer comme bon vous semble. Ainsi donc nous allons partir, et nous aiderons Wenlock, s'il en est encore temps, comme je l'espère; car c'est un vrai sanglier, et s'il montre les dents, il découdra plus d'un limier avant qu'on sonne sa mort. Mais restez au château, belle dame, et fiez-vous à Amelot et à moi. Allons, sire page, prenez le commandement puisqu'il le faut, quoique ce soit dommage d'ôter le casque de cette jolie tête et l'épée de cette jolie main. Par saint George! c'est un honneur pour le métier de soldat que de les y voir.

Lady Eveline remit les armes à Amelot, et l'exhorta en peu de mots à oublier l'insulte qu'il avait reçue et à faire son devoir en brave chevalier. Cependant Genvil déploya lentement la bannière, et l'agita en l'air; puis sans mettre le pied sur l'étrier, et s'appuyant seulement sur sa lance, il sauta en selle, pesamment armé comme il l'était.

— Nous voilà prêts maintenant, s'il plaît à votre dignité de page, dit-il à Amelot. Et tandis que celui-ci mettait la troupe en ordre, il dit tout bas au soldat qui était le plus près de lui : Il me semble qu'au lieu de cette vieille queue d'hirondelle nous devrions avoir pour bannière aujourd'hui un jupon brodé. A mon avis, il n'y a rien d'égal à un jupon à falbala. Voyez-vous, Stephen Pontoys, à présent je puis pardonner à Damien d'oublier son oncle et son propre renom pour cette fille, car sur ma foi, j'en aurais fait autant. Au diable soient les femmes, Stephen, car elles font de nous tout ce qu'elles veulent, et à tout âge. Quand elles sont jeunes, elles nous gagnent par de belles paroles, des regards doucereux, des baisers et des gages d'amour; quand elles commencent à être sur le retour, elles nous subjuguent par des présens, des politesses, du bon vin et de l'or; et quand elles sont vieilles, nous sommes prêts à aller partout où elles veulent nous envoyer pour nous débarrasser de la vue de leur peau tannée et de leur visage ridé. Eh bien! le vieux De Lacy aurait mieux fait de rester chez lui et de veiller sur son faucon. Mais que nous importe, Stephen? Au surplus, la journée pourra être bonne, car ces paysans ont déjà pillé plus d'un château.

— Oui, oui, répondit Pontoys; le butin pour le paysan, et le paysan pour le soldat. C'est un proverbe qui a raison; mais savez-vous pourquoi ce beau page ne nous met pas encore en marche?

— C'est que sa tête n'est pas encore bien remise de l'ébranlement qu'elle a reçu quand je l'ai secoué; ou peut-être n'a-t-il pas encore avalé toutes ses larmes, car tout jeune qu'il est, c'est un gaillard qui ne reste pas en arrière quand il y a de l'honneur à gagner. Ah! voilà qu'on se met en mouvement. N'est-ce pas une chose singulière que le sang noble, Stephen? Voilà un morveux que je viens de mettre à la raison avec le bout du doigt, et c'est lui qui va nous conduire où il y aura probablement plus d'une tête cassée, parce que tel est le bon plaisir d'une jeune fille.

— Je réponds que sir Damien est page de la jolie dame, comme cet étourneau d'Amelot l'est de sir Damien. Et nous autres pauvres diables, il faut que nous obéissions et que nous ayons la bouche close.

— Et les yeux ouverts, Stephen; n'oubliez pas cela.

Ils étaient alors sortis du château, et sur la route conduisant au village dans lequel on avait appris que Wild Wenlock était assiégé ou bloqué par un nombre supérieur de paysans insurgés. Amelot marchait en tête de la troupe, encore un peu déconcerté de l'affront qu'il avait reçu en présence des soldats, et absorbé dans ses réflexions pour savoir comment il suppléerait à ce qui lui manquait d'expérience, car il aurait rougi de faire des avances pour se réconcilier avec le porte-étendard, qui dans d'autres occasions l'avait quelquefois aidé de ses conseils. Mais Genvil, quoique grondeur par habitude, n'était pas d'humeur rancuneuse. Il s'avança vers le page, et l'ayant salué, il lui demanda avec respect s'il ne trouverait pas à propos que deux cavaliers bien montés piquassent en avant pour voir dans quelle position se trouvait Wenlock, et s'il pourrait arriver à temps pour le secourir.

— Il me semble, porte-étendard, répondit Amelot, que vous devriez vous-même donner des ordres à la troupe, puisque vous savez si bien ce qu'il est à propos de faire. Vous devez être le plus propre à commander, puisque..... Mais je ne veux pas vous faire de reproches.

— Puisque je sais si mal obéir, répliqua Genvil ; c'est là ce que vous voulez dire ; et par ma foi, je crois que vous n'avez pas tout-à-fait tort. Mais n'est-ce pas un enfantillage que de risquer de mal conduire une bonne expédition à cause d'une parole prononcée à la hâte ou d'une action inconsidérée? Allons, faisons la paix.

— De tout mon cœur, répondit Amelot, et je vais envoyer un parti avancé, comme vous me le conseillez.

— Détachez Stephen Pontoys et deux lances de Chester, dit le porte-étendard ; il est rusé comme un vieux renard ; et ni la crainte du danger ni l'espoir du butin n'influeront de l'épaisseur d'un cheveu sur son jugement.

Amelot suivit cet avis sur-le-champ, et d'après son ordre Pontoys marcha en avant avec deux lanciers, tant pour reconnaître la route que pour prendre des renseignemens sur la situation de ceux au secours desquels ils s'avançaient.

— Et maintenant que nous voilà ensemble comme par le passé, sire page, dit le porte-étendard, apprenez-moi donc si vous le pouvez si cette jolie dame n'est pas un peu amoureuse de notre beau chevalier.

— C'est une infâme calomnie, s'écria Amelot avec indignation. Étant la fiancée de son oncle, je suis sûr qu'elle mourrait plutôt que d'avoir une telle pensée, et notre maître en ferait autant. C'est une croyance hérétique, Genvil ; je vous en ai déjà trouvé coupable et je vous ai engagé à l'abjurer. Vous savez que ce prétendu amour est impossible, puisqu'à peine se sont-ils jamais vus.

— Comment le saurais-je, et comment le sauriez-vous?

On a beau surveiller, il passe sous la roue du moulin plus d'eau que le meunier n'en voit. Mais s'ils ne se voient pas, ils correspondent ensemble du moins; vous ne pouvez le nier.

— Je le nie positivement, comme je nie tout ce qui peut compromettre leur honneur.

— Mais au nom du ciel, comment se fait-il donc qu'il soit si bien informé de tous ses mouvemens, comme il nous en a donné la preuve pas plus tard que ce matin?

— Comment pourrais-je vous le dire, Genvil? A coup sûr il y a des saints et des anges, et s'il y a sur la terre quelqu'un qui mérite leur protection, c'est lady Eveline Bérenger.

— Bien parlé, sire Amelot le discret, dit Genvil en riant; mais cela ne peut pas prendre avec un vieux soldat. Les saints et les anges; oui, oui, il y a là dedans quelque chose de très saint et de très angélique, j'en réponds.

Emporté par le désir de justifier son maître, le page commençait à se courroucer quand Stephen Pontoys revint au grand galop avec ses deux lanciers.

— Wenlock tient encore bon, s'écria-t-il, quoiqu'il soit serré de bien près par ces paysans. Les arbalètes ont fait leur devoir, et je ne doute pas qu'il ne maintienne son poste jusqu'à ce que nous arrivions, s'il vous plaît de marcher un peu plus vite. Les coquins ont attaqué les barrières; ils y touchaient il n'y a qu'un instant; mais ils ont été repoussés sans avoir obtenu beaucoup de succès.

La troupe s'avança alors aussi rapidement que le permettait la nécessité de maintenir l'ordre de la marche, et elle arriva bientôt sur une éminence au bas de laquelle était le village où Wenlock se défendait. L'air retentissait des cris et des acclamations des insurgés qui, nombreux comme des essaims d'abeilles et possédant cet esprit de courage obstiné qui caractérise les Anglais, s'amassaient comme des fourmis [1] près des barrières, et cherchaient à briser les palissades ou à les escalader, en dépit des pertes que leur faisaient essuyer une grêle de pierres et de traits, et surtout les épées et les haches des hommes d'armes quand on en venait aux mains.

— Nous arrivons à temps, nous arrivons à temps, s'écria Amelot en laissant tomber les rênes de son cheval et en battant des mains avec joie. Lève ta bannière et agite-la en l'air, Genvil, afin que Wenlock et ses compagnons puissent l'apercevoir. Halte, camarades! laissez respirer vos chevaux un moment. Écoutez-moi, Genvil; si nous descendions par ce large chemin dans la prairie où paissent ces bestiaux.....

— Bravo, mon jeune faucon! dit Genvil dont l'ardeur belliqueuse, semblable à celle du cheval de guerre de Job, s'enflammait à la vue des lances et au son des trompettes; nous serons alors sur un excellent terrain pour faire une charge contre ces coquins.

— Comme ces mécréans forment un nuage noir et épais! dit le page; mais nous y ferons pénétrer le jour à l'aide de nos lances. Regardez, Genvil; Wenlock nous fait un signal pour nous faire voir qu'il nous a vus.

— Un signal! s'écria le porte-étendard; de par le ciel, c'est un drapeau blanc! un signe de reddition.

— De reddition! répéta Amelot; ils ne peuvent y songer quand nous arrivons à leur secours!

Cependant le son mélancolique des trompettes des assiégés et les acclamations tumultueuses et bruyantes comme le tonnerre des assiégeans, prouvèrent que le fait était incontestable.

— Voilà la bannière de Wenlock abaissée, dit Genvil; et toute cette canaille entre de toutes parts dans les palissades. Il y a eu ici de la trahison ou de la lâcheté; qu'allons-nous faire?

(1) Ces doubles métaphores sont moins choquantes en anglais qu'en français. — Éd.

— Avancer contre eux, s'écria Amelot, reprendre le village et délivrer les prisonniers.

— Avancer! répéta le porte-étendard; nous n'avancerons pas de la longueur d'un cheval, si vous croyez mon avis. En face d'une telle multitude, avant d'arriver au bas de la colline, nous n'aurions pas une tête de clou sur nos cuirasses qui ne fût marquée par la pointe d'une flèche; et donner ensuite un assaut à un village fortifié avec quarante hommes! Ce serait un véritable trait de démence.

— Faites quelques pas avec moi, dit le page, peut-être trouverons-nous un chemin pour pouvoir descendre de cette colline sans qu'on nous aperçoive.

Ils s'avancèrent donc un peu pour reconnaître le terrain, et Amelot continua à insister sur la possibilité, au milieu de la confusion qui régnait, de descendre de la colline sans être aperçus.

— Sans être aperçus! s'écria Genvil avec un ton d'impatience; nous le sommes déjà. Voici un drôle qui vient à nous aussi vite que sa monture peut le porter.

A peine finissait-il de parler qu'un cavalier arriva près d'eux. C'était un paysan de petite taille, fort épais, portant une jaquette et des pantalons de toile de Frise commune; son bonnet bleu tenait à peine sur sa tête, dont une forêt épaisse de cheveux roux semblait le repousser. Il avait les mains ensanglantées, et l'on voyait suspendu à l'arçon de sa selle un sac de toile qui était aussi taché de sang.

— N'êtes-vous pas de la compagnie de Damien de Lacy? dit ce rustre de messager.

Le porte-étendard lui répondit affirmativement, et il ajouta avec un ton de politesse grossière: — Hob Miller, meunier de Twineford, fait ses complimens à Damien de Lacy, et sachant qu'il a dessein de mettre fin aux désordres qui se passent dans l'état, il lui envoie un échantillon de la farine qu'il vient de moudre.

Et en même temps, ouvrant son sac, il en tira une tête d'homme toute sanglante, qu'il présenta à Amelot.

— C'est la tête de Wenlock! dit Genvil; ses yeux sont encore ouverts.

— Ils ne s'ouvriront plus sur nos femmes, dit le paysan; je viens d'y mettre bon ordre.

—Toi! s'écria Amelot, reculant d'horreur et d'indignation.

— Oui, moi-même, répondit le rustre : je suis grand-justicier des communes, faute d'un meilleur.

— Grand-bourreau, veux-tu dire? répliqua Genvil.

— Tout ce que tu voudras, dit le paysan; il faut donner de bons exemples quand on est en place. Je n'ordonnerai à personne d'exécuter ce que je puis faire moi-même; il est aussi aisé de pendre un homme que de dire : Pendez-le. Nous n'aurons pas une si grande multiplicité de places dans le monde que nous arrangeons dans la vieille Angleterre.

— Misérable! s'écria Amelot, reporte ton présent à ceux qui t'ont envoyé. Si tu n'étais pas venu vers nous avec confiance, ma lance te clouerait contre la terre; mais comptez que votre cruauté recevra un châtiment exemplaire. Venez, Genvil, allons rejoindre nos gens; il est inutile que nous restions ici plus long-temps.

Le paysan qui s'était attendu à une réception toute différente, les regarda un instant avec surprise, et remettant dans son sac son trophée sanglant, il partit pour aller rejoindre ses compagnons.

—Voilà ce qu'on gagne à se mêler des amourettes des autres, dit Genvil. Quel besoin avait sir Damien de se quereller avec Wenlock, parce que celui-ci avait une intrigue avec la femme du meunier de Twineford? Vous voyez que c'est pour cela que ces coquins supposent qu'il est favorable à leurs desseins, et il sera fort heureux si les autres n'adoptent pas la même opinion. Je voudrais être quitte des embarras que de pareils soupçons peuvent nous occasionner, fût-ce au prix de mon meilleur cheval. Il est probable que le travail forcé de cette journée le tuera, et fasse le ciel qu'il ne nous arrive pas de plus grand malheur!

Le détachement, fatigué et mécontent, retourna au château de Garde-Douloureuse, non sans avoir perdu chemin faisant quelques soldats, des traîneurs que leurs chevaux épuisés avaient retenus en arrière, des déserteurs qui profitèrent de cette occasion pour aller joindre quelqu'une des bandes d'insurgés et de pillards qui commençaient à se former de différens côtés, et qui trouvaient des recrues dans une soldatesque effrénée.

En rentrant au château, Amelot apprit que son maître était encore dans une situation très précaire, et que lady Eveline, quoique accablée de fatigue, n'avait pas voulu se coucher, et attendait son retour avec impatience. Il se rendit près d'elle le cœur gonflé, et lui apprit le malheureux succès de l'expédition.

— Que les saints aient pitié de nous! dit lady Eveline; il semble qu'un fléau soit attaché à moi, et se communique à tous ceux qui me portent quelque intérêt. Du moment qu'ils s'occupent de moi, leurs vertus mêmes deviennent des piéges pour eux; et ce qui leur ferait honneur en tout autre cas est un instrument de destruction pour les amis d'Eveline Bérenger.

— Ne craignez rien, belle dame, répondit Amelot; il se trouve dans le camp de mon maître des forces suffisantes pour mettre à la raison ces perturbateurs de la tranquillité publique. Je ne resterai ici que le temps nécessaire pour prendre ses ordres, et demain matin nous travaillerons à rétablir la paix dans ces environs.

— Hélas! vous ne connaissez pas encore le plus grand de nos malheurs, dit Eveline. Depuis votre départ, nous avons appris que lorsque les soldats du camp de sir Damien eurent été informés de l'accident qui lui est arrivé ce matin, déjà mécontens de la vie inactive qu'ils menaient depuis long-temps, et découragés par le bruit qu'on faisait courir de la mort de leur chef, ils saisirent cette occasion pour se débander et se disperser. Mais prenez courage, Amelot, ce château est en état de supporter un orage plus redoutable que celui qui peut gronder sur nous; et si tous ses soldats abandonnent un chef blessé et affligé, c'est une raison de plus pour qu'Eveline Bérenger protége à son tour son libérateur.

CHAPITRE XXVIII.

« Amis, de nos clairons que les sons menaçans
« Ébranlent ce château jusqu'en ses fondemens. »
OTWAY.

On fut obligé d'apprendre ces mauvaises nouvelles à Damien de Lacy, car c'était lui qu'elles concernaient davantage; et lady Eveline se chargea elle-même de la tâche de les lui communiquer, interrompant ses discours par des larmes, et séchant ses larmes pour lui suggérer des motifs d'espérance et des sujets de consolation, quoique son propre cœur ne pût en admettre.

Le chevalier blessé, le visage tourné vers elle, entendit ces nouvelles désastreuses en homme qui n'en était affecté qu'en ce qu'elles pouvaient toucher celle qui les lui annonçait. Quand elle eut fini de parler, il resta comme absorbé dans une profonde rêverie, les yeux fixés sur elle avec tant d'attention qu'elle se leva pour se soustraire à des regards qui l'embarrassaient. Alors il se hâta de prendre la parole, afin de l'empêcher de se retirer.

— Ce que vous venez de m'apprendre, belle dame, lui dit-il, aurait suffi pour me briser le cœur, si tout autre que vous me l'eût annoncé; car j'y vois que l'honneur et le pouvoir de ma maison, si solennellement confiés à ma garde, ont été flétris par suite de mes infortunes. Mais quand je vois vos traits, quand j'entends votre voix, j'oublie tout, si ce n'est que vous êtes sauvée, que vous vous trouvez en sûreté ici. Permettez-moi donc de vous demander en grace de me faire transporter hors du château que vous habitez, et de me placer partout ailleurs. Je ne mérite plus que vous vous occupiez de moi sous aucun rapport, puisque je n'ai plus à ma disposition les bras des autres, et que le mien est hors d'état de vous servir en ce moment.

— Et si vous êtes assez généreux pour songer à moi au milieu de vos infortunes, noble chevalier, répondit Eveline, pouvez-vous supposer que j'oublie pour qui et en quelle occasion vous avez reçu ces blessures? Non, Damien, ne parlez pas de quitter ce château; tant qu'il restera une tourelle à Garde-Douloureuse, vous trouverez dans cette tourelle asile et protection. Je suis bien sûre que tel serait le bon plaisir de votre oncle, s'il était ici lui-même.

On aurait dit que les souffrances que causaient à Damien ses blessures devenaient plus aiguës en ce moment, car il tressaillit, répéta avec un mouvement convulsif les mots : — Mon oncle ! — et se détourna d'Eveline. Reprenant enfin plus de calme, il répondit : — Hélas ! si mon oncle savait combien j'ai mal exécuté ses ordres, au lieu de me recevoir dans ce château, il me ferait précipiter du haut des murs.

— Ne craignez pas son déplaisir, dit Eveline en se préparant de nouveau à se retirer; tâchez, en calmant votre esprit, d'accélérer la guérison de vos blessures, et alors je ne doute pas que vous ne soyez en état de rétablir le bon ordre dans toute la juridiction du connétable, long-temps avant son retour.

Elle rougit en prononçant ces derniers mots, et sortit de

l'appartement à la hâte. Lorsqu'elle fut rentrée dans sa chambre, elle renvoya toutes ses autres femmes, et ne garda près d'elle que Rose.

— Que pensez-vous de tout ce qui vient de se passer, ma prudente amie, ma fidèle conseillère? lui demanda-t-elle.

— Je voudrais que ce jeune chevalier ne fût jamais entré dans ce château, répondit-elle; ou puisqu'il s'y trouve, qu'il pût en sortir sans délai, ou enfin qu'il pût y rester honorablement pour toujours.

— Que voulez-vous dire par ces mots, qu'il pût y rester honorablement pour toujours? demanda Eveline avec vivacité.

— Permettez-moi de répondre à cette question par une autre. Combien y a-t-il de temps que le connétable de Chester a quitté l'Angleterre?

— Il y aura trois ans le jour de Saint-Clément. Pourquoi me faire cette question?

— Je... je ne sais trop, mais...

— Mais quoi? Je vous ordonne de vous expliquer.

— Dans quelques semaines votre main sera à votre disposition.

— Et croyez-vous, Rose, dit Eveline en se levant avec dignité, qu'il n'existe pas d'autres obligations que celles qui ont été tracées par la plume du scribe? Nous connaissons peu les aventures du connétable en Palestine, mais ce que nous en savons suffit pour prouver qu'il est déchu de ses hautes espérances, et que son glaive et son courage n'ont pu changer la fortune du sultan Saladin. Supposez qu'il arrive dans quelque temps, comme nous avons vu arriver tant de croisés, pauvres et en mauvaise santé, supposez qu'il trouve ses domaines ravagés et ses vassaux dispersés par suite des malheurs du temps, voudriez-vous qu'il trouvât aussi que sa fiancée a épousé et enrichi de toute sa fortune le neveu en qui il avait mis toute sa confiance? Croyez-vous que l'engagement qu'il a contracté avec moi soit comme celui qu'on prend avec un Lombard, dont il faut racheter à jour fixe le gage qu'on lui a donné, à peine de le perdre?

— Je n'ai rien à dire à cela, milady; mais ceux qui remplissent leurs engagemens à la lettre ne sont pas tenus à autre chose dans mon pays.

— C'est une coutume flamande, Rose; mais l'honneur d'un Normand ne peut se contenter de renfermer ses obligations dans des bornes si étroites. Quoi! voudriez-vous que mon honneur, mon affection, mon devoir, suivissent le calendrier comme l'usurier qui guette l'instant de s'approprier le gage qui n'a pas été racheté? Suis-je donc assez rabaissée pour que je doive appartenir à un homme s'il vient me réclamer avant la Saint-Clément, et à un autre si le premier laisse passer cette époque? Non, Rose, ce n'est pas ainsi que j'interprète un engagement qui a été sanctionné par la providence spéciale de Notre-Dame de Garde-Douloureuse.

— Cette manière de penser est digne de vous, ma chère maîtresse; mais vous êtes si jeune, entourée de tant de dangers, si exposée à la calomnie, que moi du moins je regarde l'instant qui vous donnera un compagnon et un protecteur légal comme devant vous tirer d'une situation glissante et périlleuse.

— N'y songez pas, Rose, ne comparez pas votre maîtresse à ces dames prévoyantes qui, pendant que leur mari vit encore, quoique vieux ou infirme, jettent déjà les yeux autour d'elles pour lui chercher un successeur.

— C'en est assez, ma chère maîtresse, répondit Rose. Cependant permettez-moi encore un mot : puisque vous êtes déterminée à ne pas vous prévaloir de votre liberté, même quand l'époque qui met fin à votre engagement sera arrivée, pourquoi souffrir que ce jeune homme reste dans notre solitude? Il n'est pas assez mal pour ne pas pouvoir être transporté dans quelque endroit aussi sûr. Reprenons notre genre de vie retiré jusqu'à ce que la Providence nous présente une perspective certaine et sans nuages.

Eveline soupira, baissa les yeux, les leva vers le ciel, et elle ouvrait déjà la bouche pour exprimer qu'elle adopterait bien volontiers un arrangement si raisonnable sans les blessures récentes de Damien et les désordres qui régnaient dans le pays, quand elle fut interrompue par un son bruyant de trompettes qui se fit entendre devant la porte du château; et Raoul, l'inquiétude peinte sur le front, vint en boitant informer sa maîtresse qu'un chevalier accompagné d'un poursuivant d'armes portant la livrée du roi et suivi d'un détachement nombreux de soldats était devant le château, et demandait à y entrer au nom du roi.

— La porte du château de mes ancêtres, répondit Eveline après un moment de réflexion, ne s'ouvrira pas même au nom du roi avant que je sache quel est l'individu qui me fait cette demande et quel en est le motif. Je vais me rendre moi-même à la porte, et je saurai pourquoi on me fait une telle sommation. Mon voile, Rose; et appelez mes femmes. Encore ces trompettes! hélas! elles semblent un signal de mort et de ruine!

Les craintes prophétiques d'Eveline n'étaient pas sans fondement. A peine était-elle à la porte de son appartement qu'elle vit paraître devant elle le page de Damien avec un air de désordre et d'alarme qu'un aspirant à la chevalerie pouvait à peine se permettre de montrer en quelque occasion que ce fût.

— Milady, noble dame, s'écria-t-il avec précipitation en fléchissant un genou devant elle, sauvez mon cher maître! Vous seule, oui, vous seule pouvez le sauver en cette extrémité.

— Moi! dit Eveline avec surprise; moi le sauver! et de quel danger? Dieu sait combien j'y suis disposée.

Tout à coup elle se tut comme si elle eût craint de confier à ses lèvres le soin d'exprimer tout ce qu'elle pensait.

23

— Guy Monthermer est à la porte, milady, répondit Amelot, avec un poursuivant d'armes et la bannière royale. L'ennemi héréditaire de la maison de Lacy ne vient pas ainsi accompagné dans de bonnes intentions. Je ne sais quelle est l'étendue des malheurs que nous avons à craindre; mais son arrivée en est un sûr présage. Mon maître a tué son neveu sur le champ de bataille de Malpas, et c'est pourquoi.....

Il fut interrompu par les trompettes, dont le son ressemblant à des accens d'impatience retentit sous toutes les voûtes de la vieille forteresse.

Lady Eveline courut à la porte du château. Lorsqu'elle y arriva, les gardes et les sentinelles qui se jetaient les uns aux autres des coups d'œil annonçant l'inquiétude et l'alarme, tournèrent leurs regards vers elle comme pour puiser dans ses traits la force et le courage qu'ils ne pouvaient se communiquer. Au dehors de la porte, à cheval et armé de toutes pièces, était un vieux et majestueux chevalier, dont la visière levée et la mentonnière baissée laissaient voir une barbe grise. Derrière lui était le poursuivant d'armes aussi à cheval, coiffé de sa barrette surmontée d'une triple plume avec les armoiries royales brodées sur son tabar. Il fronçait le sourcil de mécontentement de voir son importance si long-temps méconnue. Un peu plus loin était un détachement d'environ cinquante soldats rangés sous la bannière d'Angleterre.

Lorsque Eveline parut à la barrière, le chevalier après l'avoir saluée d'un air qui sentait le cérémonial plus que la bienveillance, lui demanda s'il voyait la fille de Raymond Bérenger.

Ayant reçu une réponse affirmative, — Et est-ce devant le château d'un serviteur favori de la maison d'Anjou, ajouta-t-il, que les trompettes du roi Henry ont sonné trois fois sans que la porte s'en ouvre pour y admettre ceux qui sont honorés des ordres de leur souverain?

— La situation dans laquelle je me trouve, répondit Eveline, doit faire excuser mes précautions. Je suis une fille isolée, demeurant dans une forteresse placée sur les frontières : je ne puis donc y admettre personne sans savoir quelles intentions l'y amènent, et sans être assurée que sa présence dans mon château peut se concilier avec la sûreté de la place et avec mon honneur.

— Puisque vous êtes si pointilleuse, jeune dame, répliqua Monthermer, apprenez que vu les désordres qui règnent dans ce pays, le bon plaisir du roi est de placer dans vos murs un corps d'hommes d'armes suffisant pour garder cet important château, tant contre les paysans insurgés qui mettent tout à feu et à sang dans les environs que contre les Gallois qui, suivant leur usage dans les temps de troubles, ne manqueront pas de faire des incursions sur les frontières. Ouvrez donc vos portes, fille de Bérenger, et permettez aux forces royales d'entrer dans votre château.

— Sire chevalier, dit Eveline, ce château appartient légalement au roi, comme toutes les autres forteresses d'Angleterre, mais je suis aussi chargée légalement de le garder et de le défendre, et c'est la condition de l'investiture que mes ancêtres ont reçue de ce domaine. J'ai une garnison suffisante pour défendre aujourd'hui ce château comme mon père et mon aïeul l'ont défendu avant moi de leur temps. Je remercie humblement le roi des secours qu'il m'envoie, mais je n'ai pas besoin de l'aide de troupes soudoyées, et je ne crois pas à propos d'admettre dans mon château des gens qui dans ce temps de désastres pourraient s'en rendre maîtres pour d'autres que pour la propriétaire légitime.

— Jeune dame, répliqua le vieux guerrier, le roi n'ignore pas quels sont les motifs qui vous portent à une semblable rébellion. Ce n'est pas la crainte des forces royales qui vous engage, vous vassale du roi, à lui désobéir. D'après votre refus je pourrais vous faire proclamer sur-le-champ coupable de trahison envers la couronne; mais le roi se souvient des services de votre père. Apprenez donc que nous savons que Damien de Lacy, accusé d'avoir excité cette insurrection et d'en être le chef, de ne pas avoir exécuté les ordres qu'il avait reçus, et d'avoir abandonné un noble camarade à la fureur et à la brutalité des paysans, a trouvé un asile sous ce toit, ce qui ne fait grand honneur ni à votre loyauté comme vassale ni à votre conduite comme demoiselle de haute naissance. Livrez-le-nous, et je prendrai sur moi de faire retirer ces hommes d'armes et de me dispenser d'occuper votre château, quoique j'ignore si le roi le trouvera bon.

— Guy de Monthermer, répondit Eveline, quiconque ose vouloir entacher mon nom parle faussement et d'une manière indigne d'un chevalier. Quant à Damien de Lacy, il sait comment défendre sa renommée. Je vous dirai seulement que tant qu'il résidera dans le château de la fiancée de son oncle, elle ne le livrera à personne, et surtout à celui qui est connu pour être son ennemi personnel. Gardes, qu'on baisse la herse et qu'on ne la lève pas sans mon ordre.

Tandis qu'elle parlait ainsi la herse tomba sur la terre avec grand bruit, et Monthermer se vit avec un dépit dont il ne fut pas maître exclu du château de Garde-Douloureuse.

— Indigne femme! s'écria-t-il avec colère; mais il se calma sur-le-champ, et dit au poursuivant : — Vous êtes témoin qu'elle convient que le traître se trouve dans le château; vous êtes témoin qu'Eveline Bérenger refuse de le livrer après en avoir été légalement sommée; faites donc votre devoir, sire poursuivant, suivant l'usage ordinaire en pareil cas.

Le poursuivant d'armes s'avança, et proclama, en employant le protocole d'usage, qu'Eveline Bérenger ayant été légalement sommée de recevoir les forces du roi dans son château et de livrer un traître nommé Damien de Lacy, et s'y étant refusée, avait encouru la peine de haute trahison, peine qu'encouraient également tous les fauteurs et adhérens qui l'aideraient à se maintenir dans la forteresse contre la fidélité qu'ils devaient à Henry d'Anjou. Dès que la voix du héraut eut cessé de se faire entendre, les trompettes confirmèrent cette sentence; leurs sons lugubres firent sortir de leurs nids les hiboux et les corbeaux, qui y répondirent par leurs cris de mauvais augure.

Les défenseurs du château se regardaient les uns les autres d'un air abattu et consterné, tandis que Monthermer, levant sa lance, s'écria en faisant tourner son cheval pour s'éloigner des murailles : — Quand je reparaîtrai devant Garde-Douloureuse, ce ne sera plus pour intimer les ordres de mon souverain; ce sera pour les exécuter.

Pendant qu'Eveline regardait d'un air pensif la retraite de Guy de Monthermer et de sa troupe, et qu'elle réfléchissait sur ce qu'elle devait faire en de pareilles circonstances, elle entendit un Flamand demander à voix basse à un Anglais qui était près de lui ce que signifiait le mot *traître*.

— Celui qui trahit la confiance qu'on a eue en lui, répondit l'interprète.

Cette réponse rappela Eveline à la vision terrible qu'elle avait eue, ou le rêve qu'elle avait fait au château de Baldringham.

— Hélas! pensa-t-elle, la vengeance de la cruelle Vanda est sur le point de m'atteindre. Veuve, épouse, fille avec un mari, je suis tout cela depuis long-temps. Fiancée, c'est la pierre fondamentale de ma destinée. Me voilà dénoncée comme coupable de trahison, quoique, Dieu merci, je n'aie pas ce crime à me reprocher. Il ne me reste plus qu'à être trahie, et la fatale prophétie sera accomplie à la lettre.

CHAPITRE XXIX.

> « Silence, vieux hiboux! — Rien que des chants de mort. »
> Shakspeare. *Richard III.*

Plus de trois mois s'étaient écoulés depuis l'événement rapporté dans le chapitre qui précède, et il n'avait été que le précurseur d'autres encore plus importans qui se développeront dans le cours de notre récit. Mais comme nous n'avons pas la prétention de présenter à nos lecteurs un détail précis de toutes les circonstances suivant leur ordre et leur date, et que nous préférons mettre sous leurs yeux ou devant leur imagination une suite de tableaux dans lesquels nous cherchons à leur offrir les incidens les plus frappans de notre histoire, nous allons ouvrir une nouvelle scène et amener d'autres acteurs sur le théâtre.

Dans un canton dévasté, à plus de douze milles de Garde-Douloureuse, au moment de la chaleur d'été du plein midi qui jetait un éclat brûlant sur une vallée silencieuse et sur les ruines noircies des chaumières autrefois l'ornement de ces lieux, marchaient à pas lents deux voyageurs couverts d'un grand manteau. Leur bourdon, la coquille qui décorait leurs chapeaux rabattus, et surtout la croix en drap rouge attachée sur leurs épaules, les faisaient reconnaître pour des pèlerins récemment de retour de cette fatale contrée d'où, sur tant de milliers d'hommes qui s'y rendaient les uns par ferveur de dévotion, les autres par amour pour les aventures, on en voyait un si petit nombre revenir.

Ces pèlerins avaient traversé le matin une scène de dévastation semblable à celles dont ils avaient si souvent été témoins dans les guerres de Palestine, et qui n'était guère moins déplorable. Les maisons des villages avaient été incendiées, et ils rencontraient à chaque pas ce qui restait de leurs misérables habitans, des cadavres ou plutôt des squelettes suspendus à des gibets temporaires ou à des arbres qu'on semblait n'avoir laissés sur pied que pour les faire servir à cet usage. Ils n'avaient aperçu aucune créature vivante, si ce n'est celles qui sont étrangères à l'espèce humaine, et qui reprenaient possession silencieusement du district dévasté dont la civilisation les avait autrefois chassées. Leurs oreilles n'étaient pas moins désagréablement occupées que leurs yeux. Les deux voyageurs pensifs entendaient à la vérité les cris des corbeaux. Ces oiseaux semblaient se plaindre de la discontinuation du carnage qui leur avait fourni une pâture si abondante, et de temps en temps se mêlaient à leurs cris les hurlemens de quelque chien qui n'avait plus ni maison ni maître; mais aucun son n'annonçait le travail ou la proximité des hommes.

Couverts de vêtemens noirs, et fatigués d'une longue marche, à ce qu'il paraissait, les deux pèlerins traversaient cette scène de désolation en hommes que tout leur extérieur semblait en rendre de dignes habitans. Ils ne se parlaient pas, ne se regardaient pas; mais l'un, le plus petit des deux, était toujours environ un demi-pas en avant de son compagnon. Ils marchaient lentement, comme des prêtres quittant le lit de mort d'un pécheur, ou plutôt comme des spectres se glissant sans bruit dans l'enceinte d'un cimetière.

Ils arrivèrent enfin sur une éminence couverte de gazon. C'était un de ces réceptacles funéraires destinés aux anciens chefs bretons d'un rang distingué, et qui étaient composés de fragmens de granit placés de manière à former une espèce de cercueil en pierre. Il y avait long-temps que ce sépulcre avait été violé par les Saxons victorieux, soit par un mépris barbare, soit par une vaine curiosité, soit enfin par cupidité, parce qu'on supposait que des trésors étaient quelquefois cachés dans de tels endroits. L'énorme dalle de pierre qui avait formé autrefois le couvercle du tombeau, si on peut le nommer ainsi, était à quelque distance brisée en deux morceaux couverts de mousse, d'herbe et de lichen. Un vieux chêne à demi desséché et dont le tronc était couvert de gui étendait encore ses branches sur ce mausolée grossier, comme si l'emblème des druides, fléchissant sous le poids du temps et des orages, se courbait encore pour offrir sa protection aux derniers restes de leur culte.

— Voilà donc *Kist-vaen*, dit le plus petit des deux pèlerins, et c'est ici que nous devons attendre le retour de celui que nous avons envoyé en avant. Mais comment nous exquera-t-il, Philippe Guarine, la dévastation dont nous venons d'être témoins?

— Quelque incursion des loups gallois, milord, répondit Guarine; et de par Notre-Dame! voici un pauvre mouton saxon qu'ils ont dévoré.

Le connétable de Chester, car c'était lui qui avait parlé le premier, se retourna et vit le cadavre d'un homme presque caché sous l'herbe, de sorte qu'il avait passé à côté sans le remarquer, quoique Guarine, moins distrait par ses réflexions, l'eût aperçu. Le justaucorps de cuir du défunt annonçait un paysan anglais. Le corps était étendu la face contre terre, et son dos portait encore la flèche qui lui avait donné la mort.

Philippe Guarine, avec la froide insouciance d'un homme accoutumé à de pareilles scènes, retira la flèche du cadavre aussi tranquillement qui si c'eût été le corps d'un daim. Le connétable, avec la même indifférence, lui fit signe de la lui

donner, la regarda avec une curiosité indolente et lui dit:
— Tu as oublié ton ancien métier, Guarine, puisque tu appelles ce trait une flèche galloise; je te réponds qu'elle a été décochée par l'arc d'un Normand. Mais pourquoi se trouve-t-elle dans le corps d'un paysan anglais? c'est ce que je ne puis même conjecturer.

— Quelque serf fugitif, dit l'écuyer, quelque chien de race bâtarde qui a été joindre la meute des lévriers gallois.

— Cela est possible, répondit le connétable; mais je croirais plutôt qu'il y a eu quelque guerre civile entre les seigneurs des frontières. Il est vrai que les Gallois ravagent les villages et ne laissent derrière eux que du sang et des cendres; mais nous avons vu même des châteaux qui avaient l'air d'avoir été pris d'assaut. Puisse le ciel nous envoyer de bonnes nouvelles de Garde-Douloureuse!

— *Amen*, milord. Mais si c'est Vidal qui les apporte, ce sera la première fois qu'il aura été un oiseau de bon augure.

— Je t'ai déjà dit, Philippe, que tu es un fou dont la jalousie trouble le cerveau. Combien de fois Vidal nous a-t-il prouvé sa fidélité quand on pouvait en douter, son adresse dans les difficultés, son courage dans les dangers, sa patience dans les souffrances?

— Tout cela peut être vrai, milord; et cependant... Mais à quoi bon parler ainsi? Je conviens qu'il vous a quelquefois rendu service; mais je ne voudrais pas que votre vie et votre honneur fussent à la merci de Renault Vidal.

— Mais au nom de tous les saints, fou opiniâtre et soupçonneux, sur quoi peux-tu fonder tes préventions?

— Sur rien, milord; ce n'est que soupçon et aversion d'instinct. L'enfant qui aperçoit un serpent n'en connaît pas les propriétés funestes, et cependant il ne cherche pas à le poursuivre et à l'attraper comme un papillon. J'éprouve le même sentiment à l'égard de Vidal; je ne saurais qu'y faire. Je puis lui pardonner son air sombre et ses regards de travers quand il croit que personne ne l'observe; mais son sourire ironique me rappelle l'animal féroce dont nous avons entendu parler en Judée, qui rit avant de déchirer et de dévorer.

— Philippe, je suis fâché pour toi, fâché du fond de l'ame, qu'une jalousie sans raison se soit emparée de l'esprit d'un vieux et brave soldat. Pour ne pas te rappeler des preuves plus anciennes de sa fidélité, n'a-t-il pas démontré dans la dernière infortune que nous venons d'éprouver qu'il était animé par une véritable affection pour nous ? Quand nous fûmes jetés par un naufrage sur la côte du pays de Galles, nous aurions été sur-le-champ dévoués à la mort, si les *Cymris* eussent reconnu en moi le connétable de Chester, et en toi le fidèle écuyer qui a été si souvent l'exécuteur de ses ordres contre les Gallois.

— J'avoue que la mort aurait été notre partage, si l'adresse de cet homme ne nous eût fait passer auprès d'eux pour de simples pèlerins, et si en nous donnant cette qualité il n'eût rempli les fonctions d'interprète ; mais en agissant ainsi il nous a empêchés d'obtenir de personne des renseignemens sur ce qui se passe ici, ce qu'il vous importait tant de savoir, et je dois dire que cette conduite paraît assez suspecte.

— Je te dis encore une fois que tu es un fou, Guarine. Si Vidal avait eu de mauvaises intentions contre nous, pourquoi ne nous aurait-il pas trahis en nous faisant connaître aux Gallois ? pourquoi ne nous aurait-il pas laissés nous trahir nous-mêmes en leur faisant voir que toi et moi nous connaissions un peu leur jargon ?

— Eh bien ! milord, vous pouvez me réduire au silence ; mais toutes ces raisons ne peuvent me satisfaire. Avec toutes les belles paroles qu'il peut dire, avec tous les beaux airs qu'il peut chanter, Vidal sera toujours à mes yeux un homme suspect, un homme dont les traits sont toujours prêts à attirer la confiance, dont la langue sait tantôt dire les choses les plus mielleuses et les plus flatteuses, tantôt parler le langage d'une honnêteté brusque et d'une franchise rusée ; dont les yeux, quand il ne se croit pas observé, démentent l'expression empruntée de ses traits, toutes ses protestations d'honneur, toutes les paroles de courtoisie et de cordialité que sa bouche prononce. Mais je ne dirai plus un mot sur ce sujet ; seulement je suis un vieux chien de bonne race ; j'aime mon maître, mais je ne puis endurer quelques-uns de ceux à qui il accorde ses bonnes graces. Ah ! voilà, je crois, Vidal qui arrive pour nous donner sur la situation des choses tels renseignemens que bon lui semblera.

On voyait effectivement un cavalier s'avancer au grand trot vers le *Kist-vaen*, et son costume qui avait quelque chose d'oriental, joint aux vêtemens fantastiques que portaient ordinairement les hommes de sa profession, fit connaître au connétable que le ménestrel qui venait de servir de sujet de conversation s'approchait rapidement de lui.

Hugues de Lacy ne rendait à ce serviteur que la justice qu'il croyait réellement due à ses services, quand il le justifiait des soupçons que Guarine voulait lui inspirer contre lui ; et cependant au fond du cœur il les avait quelquefois conçus lui-même. Mais en homme juste et intègre, il se reprochait de douter d'une fidélité d'ailleurs à l'épreuve, sur le simple indice d'une parole légère ou d'un regard singulier.

Lorsque Vidal fut arrivé et qu'il eut mis pied à terre et salué son maître, le connétable se hâta de lui adresser quelques paroles pleines de bonté, comme s'il eût senti qu'il s'était presque rendu coupable de partager le jugement injuste de Guarine contre le ménestrel en écoutant seulement son écuyer.

— Sois le bienvenu, mon fidèle Vidal, lui dit-il : tu as été le corbeau qui nous a nourris dans les montagnes du pays de Galles ; sois maintenant la colombe qui nous apporte de bonnes nouvelles des frontières. Tu gardes le silence ? Que veulent dire ces yeux baissés, cet air d'embarras, ce bonnet enfoncé sur tes yeux? Au nom du ciel, parle donc! Ne crains rien pour moi ; je puis supporter plus de malheurs que la bouche de l'homme ne peut en annoncer. Tu m'as vu dans les guerres de Palestine, quand mes braves soldats tombèrent l'un après l'autre autour de moi, et que je restai presque seul : m'as-tu vu pâlir alors? Tu m'as vu quand la quille du vaisseau fut enfoncée par les rochers, et que les vagues écumantes couvrirent le tillac : ai-je pâli en ce moment? Je ne pâlirai pas davantage aujourd'hui.

— Ne te vante pas, de peur de te lier plus que tu ne voudrais, dit le ménestrel les yeux fixés sur le connétable, tandis que celui-ci prenait l'air et le port d'un homme qui défie la fortune et en brave le courroux.

Il s'ensuivit une pause d'environ une minute, pendant laquelle ce groupe formait un singulier tableau. N'osant faire des questions, et cependant craignant de paraître redouter les mauvaises nouvelles qui le menaçaient, le connétable regardait son messager, la taille droite, les bras croisés et le front armé de résolution, tandis que le ménestrel, à qui l'intérêt du moment faisait oublier son apathie habituelle et systématique, attachait sur son maître un regard pénétrant, comme pour s'assurer si le courage qu'il montrait était réel ou emprunté.

D'une autre part, Philippe Guarine, d'un extérieur peu gracieux, mais à qui le ciel n'avait refusé ni le bon sens ni le jugement, tenait toujours les yeux fixés sur Vidal, comme s'il eût voulu pouvoir déterminer quel était le caractère de l'intérêt profond qu'annonçaient évidemment les regards du ménestrel; car on n'aurait pu dire si c'était celui d'un fidèle serviteur agité par un sentiment de sympathie, ou celui d'un bourreau qui tient le glaive suspendu sur sa victime pour mieux ajuster le coup fatal. Suivant Guarine, prévenu peut-être contre le ménestrel, c'était ce dernier sentiment qui dominait en lui, et il se sentait envie de lever son bourdon pour en assommer le drôle qui semblait jouir ainsi des souffrances prolongées de leur maître commun.

Enfin un mouvement convulsif se peignit sur le front du connétable, et Guarine, en voyant naître un sourire sardonique sur les lèvres de Vidal, ne put garder plus long-temps le silence.

— Vidal, s'écria-t-il, tu es un....

— Un porteur de mauvaises nouvelles, dit Vidal en l'interrompant, et par conséquent exposé à être mal apprécié par les fous qui ne savent pas distinguer l'auteur du mal de celui qui l'annonce malgré lui.

— A quoi bon ce délai? dit le connétable. Tenez, sire ménestrel, je vais vous tirer d'embarras. Eveline m'a oublié, m'a abandonné?

Vidal ne lui répondit que par un mouvement de tête affirmatif.

Hugues de Lacy fit quelques pas vers les fragmens de granit qui avaient autrefois formé un tombeau, et s'efforça de vaincre la vive émotion qui l'agitait.

— Je lui pardonne, dit-il enfin, je lui pardonne. Que dis-je? je n'ai rien à lui pardonner. Elle n'a fait qu'user du droit que je lui avais donné moi-même; oui, le terme de notre engagement était arrivé. Elle avait appris mes pertes, mes revers de fortune, la destruction de toutes mes espérances, et elle a profité de la première occasion que lui offrait la lettre de ses promesses pour rompre son engagement. Bien des femmes en auraient fait autant, la prudence l'exigeait peut-être; mais le nom d'une de ces femmes n'aurait pas dû être Eveline Bérenger.

Il s'appuya sur le bras de son écuyer, et reposa un instant la tête sur son épaule avec une émotion que Guarine n'avait jamais vue en lui, et tout ce qu'il put trouver de plus propre à le consoler fut de lui dire : — Prenez courage; après tout vous n'avez perdu qu'une femme.

— Mon émotion n'a rien d'égoïste, Guarine, dit le connétable reprenant son empire sur lui-même; ce que je regrette le plus, ce n'est pas d'apprendre qu'elle ait renoncé à moi, c'est de voir qu'elle n'a pas su me rendre justice; qu'elle m'ait traité comme l'usurier traite son débiteur dont il saisit le gage à l'instant qui suit celui où le malheureux aurait pu le racheter. Croyait-elle donc que j'aurais été un créancier si rigide? que moi qui, depuis que je l'ai connue, me suis à peine jugé digne d'elle quand j'étais riche en fortune et en renommée, j'insisterais à présent pour qu'elle partageât ma dégradation? Combien peu elle me connaissait, ou combien elle a dû supposer que mes infortunes m'avaient inspiré d'égoïsme! Mais soit, elle est perdue pour moi; puisse-t-elle être heureuse! Le moment de trouble qu'elle a fait naître dans mon esprit en disparaîtra, et je penserai qu'elle a fait ce qu'en honneur et comme son meilleur ami j'aurais dû moi-même lui conseiller de faire.

En finissant ces mots sa physionomie, à la grande surprise de ses deux compagnons, reprit son expression habituelle de calme et de fermeté.

— Je vous félicite, dit l'écuyer à demi-voix au ménestrel; vos mauvaises nouvelles l'ont affecté moins vivement que vous ne le supposiez sans doute.

— Hélas! répondit Vidal, j'en ai encore d'autres, et de plus fâcheuses à annoncer.

Cette réponse fut faite d'un ton de voix équivoque, d'accord avec la singularité de ses manières et annonçant la forte émotion d'un caractère inexplicable.

— Eveline Bérenger est donc mariée? dit le connétable; et voyons: que je devine, elle n'a pas abandonné la famille, quoiqu'elle en ait abandonné un des membres; elle est encore une De Lacy, n'est-il pas vrai? Eh bien! esprit bouché que tu es, ne comprends-tu pas? Elle a épousé Damien de Lacy mon neveu?

L'effort que le connétable eut évidemment besoin de faire sur lui-même pour exprimer cette supposition formait un étrange contraste avec le sourire forcé qu'on voyait sur ses lèvres pendant qu'il parlait ainsi. Tel serait le sourire avec lequel on pourrait boire à la santé d'un autre en portant à sa bouche une coupe pleine de poison.

— Non, milord, non, elle n'est pas *mariée*, dit le ménestrel en appuyant sur ce dernier mot avec un accent que le connétable ne sut comment interpréter.

— Pas mariée! répéta-t-il; mais sans doute engagée, fiancée. Pourquoi non? Ses premières fiançailles ne la liaient plus; elle était libre de contracter un nouvel engagement.

— Je n'ai pas entendu dire que lady Eveline et sir Damien de Lacy fussent fiancés, dit Vidal.

Cette réponse fit perdre toute patience au connétable.

— Chien! oses-tu badiner avec moi? s'écria-t-il; prétends-tu me mettre à la torture, misérable bourreau? explique-toi sur-le-champ, dis-moi tout, ou je t'enverrai remplir les fonctions de ménestrel chez Satan.

— Lady Eveline et sir Damien ne sont ni mariés ni fiancés, milord, répondit Vidal d'un ton calme et tranquille; ils vivent ensemble comme amans dans la meilleure intelligence possible.

— Chien! fils de chien! tu mens! s'écria le baron courroucé en saisissant le ménestrel par la poitrine, et en le secouant de toutes ses forces. Mais quelle que fût la vigueur du connétable, Vidal habitué à la lutte maintint son attitude ferme, et son corps résista aux efforts de son maître comme son ame conserva tout son sang-froid au milieu de cet orage de courroux. — Confesse que tu as menti, ajouta le connétable en le lâchant enfin, sans que sa violence eût fait plus d'effet sur lui que tous les efforts humains n'en peuvent produire sur les pierres tremblantes des druides qu'il est possible d'ébranler mais non de changer de place.

— Quand un mensonge devrait me racheter la vie et même sauver celle de toute ma tribu, dit le ménestrel, je ne le prononcerais pas; mais on donne le nom de mensonge à la vérité même quand elle contrarie les passions.

— Écoutez-le, Philippe Guarine. Écoutez-le! s'écria Hugues de Lacy en se tournant avec vivacité vers son écuyer; il me parle de ce qui fait ma honte, du déshonneur de ma maison, de la dépravation de ceux que j'ai le mieux aimés au monde; et il me parle de tout cela avec un air calme, un œil tranquille, un accent non ému. Cela est-il naturel? cela peut-il être? De Lacy est-il tombé si bas qu'un ménestrel ambulant puisse parler de son déshonneur avec le même sang-froid que si c'était un sujet ordinaire de ballade? Peut-être as-tu dessein d'en composer une? ajouta-t-il en lançant à Vidal un regard furieux.

— Cela serait possible, milord, répondit le ménestrel, si ce n'était que je serais obligé d'y constater le déshonneur de Renault Vidal, qui servait un maître n'ayant ni patience pour supporter les injures et les affronts, ni résolution pour se venger des auteurs de sa honte.

— Tu as raison, dit le connétable à la hâte, oui, tu as raison; la vengeance est tout ce qui me reste; et cependant sur qui faut-il que je l'exerce!

En parlant ainsi il marchait à grands pas. Il s'arrêta tout à coup, garda le silence, et se tordit les mains avec la plus vive agitation.

— Je te l'avais bien dit, mes nouvelles ont enfin trouvé une partie sensible, dit Vidal à Guarine. Te souviens-tu du combat de taureaux que nous avons vu en Espagne? Mille petits dards avaient harcelé et harassé le noble animal avant que la lance du cavalier maure lui portât le dernier coup.

— Homme, diable, ou qui que tu sois, s'écria Guarine, toi qui peux contempler de sang-froid et voir avec plaisir la détresse des autres, je t'avertis de te garder de moi. Réserve tes froids sarcasmes pour une autre oreille, car si ma langue est émoussée, je porte un fer bien affilé.

— Tu m'as vu au milieu des cimeterres, répondit le ménestrel; et quoi que tu puisses penser de moi, tu dois savoir qu'ils ne m'inspirent pas d'effroi.

Cependant il s'éloigna de l'écuyer. Dans le fait il ne lui avait parlé ainsi que par suite de cette plénitude de cœur qui se serait soulagée par un monologue s'il eût été seul, et qui se répandait sur l'homme le plus à portée de l'entendre, sans faire grande attention si ses sentimens étaient à l'unisson avec ceux qu'il exprimait.

Il se passa quelques minutes avant que le connétable de Chester eût repris le calme extérieur avec lequel il avait supporté tous les revers de la fortune jusqu'à ce dernier. Se tournant alors vers ses deux compagnons, il adressa de nouveau la parole au ménestrel, et ce fut avec ce ton de tranquillité qui lui était habituel.

— Tu as raison, lui dit-il; ce que tu me disais il n'y a qu'un instant est juste, et je te pardonne le sarcasme qui accompagnait ton bon conseil. Parle donc, au nom du ciel! tu parleras à un homme disposé à endurer tous les maux qu'il a plu à Dieu de lui envoyer. Certes on reconnaît un bon chevalier dans une bataille, et un vrai chrétien dans un temps de trouble et d'adversité.

Le ton dont le connétable prononça ces mots parut produire une impression nouvelle sur l'esprit de celui à qui il les adressait. Le ménestrel changea de ton sur-le-champ, et quittant l'audace cynique qui avait semblé jusque là se jouer des passions de son maître, ce fut avec simplicité et avec un respect qui approchait même de la compassion qu'il lui fit part des nouvelles qu'il avait recueillies pendant son absence; et elles étaient assez désastreuses.

Le refus qu'avait fait lady Eveline Bérenger d'admettre dans son château Monthermer et sa troupe avait naturellement donné plus de cours que jamais à toutes les calomnies qu'on avait répandues sur elle et sur Damien, et y avait fait ajouter plus de foi. Il y avait d'ailleurs bien des gens qui, pour différentes causes, étaient intéressés à propager et à accréditer ces faux bruits. Une force considérable avait été envoyée dans ce canton pour réduire les paysans insurgés, et les chevaliers et les nobles qui y étaient arrivés dans ce dessein n'avaient pas manqué de tirer des malheureux plébéiens une vengeance plus que complète du sang noble que ceux-ci avaient répandu pendant leur triomphe momentané.

Les vassaux et les soldats du malheureux Wenlock contribuaient aussi à augmenter les préventions auxquelles on se livrait contre Damien de Lacy. Comme on leur reprochait d'avoir lâchement rendu un poste dans lequel ils pouvaient encore se défendre, ils se justifiaient en disant que les démonstrations hostiles de sa cavalerie avaient été la seule cause de leur reddition prématurée.

Ces bruits calomnieux, appuyés sur des témoignages si intéressés, se répandirent au loin dans tout le pays; un fait était d'ailleurs incontestable. Damien avait trouvé un asile dans le château de Garde-Douloureuse, qui se défendait alors contre les armes royales : les nombreux ennemis de la maison De Lacy en étaient plus ardens, et les vassaux et les amis de cette famille se trouvaient dans la cruelle alternative de manquer de foi à leur seigneur, ou ce qui était encore plus criminel, à leur souverain.

En ce moment de crise, on apprit que le monarque aussi sage qu'actif qui tenait alors le sceptre de l'Angleterre était en marche à la tête d'un corps de troupes considérable, tant pour presser le siége de Garde-Douloureuse que pour anéantir l'insurrection des paysans que Guy Monthermer avait presque étouffée.

Dans cet instant où les amis et les vassaux de la maison De Lacy savaient à peine quel parti prendre, Randal, parent du connétable et son héritier présomptif après Damien, se montra tout à coup au milieu d'eux avec une commission signée par le roi, qui le chargeait de se mettre à la tête de tous les vassaux et adhérens de sa famille qui ne voudraient pas être impliqués dans la trahison supposée du représentant du connétable.

Dans les temps de troubles, on oublie les vices des hommes, pourvu qu'ils déploient de l'activité, du courage et de la prudence, qualités qui sont alors de première nécessité. L'arrivée de Randal, qui ne manquait d'aucune de ces qualités, fut regardée comme un bon augure par les partisans de sa maison. Ils se rassemblèrent à la hâte autour de lui, reçurent les troupes royales dans les forteresses qu'ils possédaient; et pour prouver qu'ils n'avaient participé en rien aux crimes dont Damien était accusé, ils se distinguèrent sous les ordres de Randal contre les corps de paysans qui tenaient encore la campagne, ou qui se cachaient dans les montagnes et dans les défilés; ils se conduisaient avec tant de sévérité quand ils avaient obtenu quelque avantage, que, par comparaison, les troupes de Monthermer paraissaient animées par un esprit de douceur et de clémence. Enfin, déployant la bannière de son ancienne maison, et à la tête de cinq cents hommes, Randal arriva devant le château de Garde-Douloureuse, sous les murs duquel Henry était déjà campé.

Ce château était serré de près, et ses défenseurs, criblés de blessures, fatigués par les veilles, et éprouvant toutes sortes de privations, étaient plus découragés que jamais en voyant déployée contre eux la bannière de la maison De Lacy, la seule sous laquelle ils avaient espéré qu'il pouvait leur arriver des secours.

Les prières ardentes d'Eveline, dont l'esprit courageux ne plia pas sous l'adversité, cessèrent peu à peu de faire impression sur les défenseurs de son château, et un projet de reddition fut proposé et discuté dans un conseil de guerre tumultueux, où s'étaient introduits non-seulement les officiers subalternes, mais même de simples soldats; car dans un moment de détresse générale, tous les liens de la discipline se relâchent, et chacun se croit en liberté de parler et d'agir pour soi-même.

Au milieu de cette discussion, et à la surprise universelle, Damien de Lacy, quittant pour la première fois le lit sur lequel il avait été si long-temps retenu, arriva au milieu d'eux, faible, défait, et les joues couvertes de cette pâleur presque cadavéreuse qu'y laisse une longue maladie. Il était appuyé sur son page Amelot.

— Messieurs... soldats..., dit-il, car je ne sais quel nom je dois vous donner, des hommes sont toujours prêts à mourir pour une dame, et des soldats méprisent la vie en comparaison de l'honneur...

— Qu'il se taise! qu'il se retire! s'écrièrent quelques soldats en l'interrompant.

— Il préférerait, dit un autre, nous voir périr de la mort des traîtres, nous qui sommes innocens, et nous voir pendus avec nos armes sur les murailles, plutôt que de se séparer de sa maîtresse.

— Paix! misérable insolent, s'écria Damien d'une voix semblable au tonnerre, ou le dernier coup que je porterai me déshonorera en tombant sur un être tel que toi. Et vous, continua-t-il en s'adressant aux autres, vous qui voulez vous dispenser des devoirs de votre profession, parce que la mort peut y mettre fin quelques années plus tôt que vous ne l'espériez; vous qui êtes effrayés comme le seraient des enfans à la vue d'une tête de mort, ne croyez pas que Damien de Lacy cherche à préserver ses jours aux dépens de ceux dont vous faites tant de cas : faites votre marché avec le roi Henry; livrez-moi à sa justice ou à sa sévérité, ou si vous l'aimez mieux, faites tomber ma tête, et jetez-la du haut des murs du château comme une offrande propitiatoire. Je laisse à Dieu le soin de justifier, quand il le trouvera convenable, mon honneur offensé; en un mot, livrez-moi mort ou vif, ou ouvrez-moi les portes pour que j'aille me livrer moi-même. Mais si vous êtes hommes, car je ne puis plus vous donner d'autre titre, prenez du moins des mesures et faites des conditions qui puissent garantir la sûreté de votre maîtresse, pour que vous n'emportiez pas au tombeau l'opprobre et le déshonneur avec la lâcheté.

— Il me semble que le jeune homme parle sensément et raisonnablement, dit Wilkin Flammock. Faisons-nous un mérite de le livrer au roi, et assurons par là des conditions aussi favorables que nous le pourrons pour nous et pour lady Eveline, avant que nous ayons consommé la dernière bouchée de nos provisions.

— Je me serais difficilement décidé à proposer cette mesure, dit le père Aldrovand qui avait récemment perdu quatre dents d'un coup de pierre lancé par une fronde ; mais puisque la proposition en est faite si généreusement par le principal intéressé, je dis comme le savant scoliaste : *Volenti non fit injuria.*

— Prêtre et Flamand, s'écria le vieux porte-étendard Ralph Genvil, je vois d'où vient le vent ; mais vous vous trompez si vous comptez faire de notre jeune maître sir Damien de Lacy un bouc émissaire pour sauver votre coquette de maîtresse. Ne froncez pas le sourcil, et ne vous emportez pas, sir Damien ; si vous ne savez pas ce qu'il convient de faire pour votre sûreté, nous le savons pour vous. Soldats de De Lacy, à cheval, et deux hommes sur un, s'il le faut. Nous prendrons ce jeune entêté au milieu de nous, et le gentil écuyer Amelot sera prisonnier aussi, s'il prétend nous opposer une sotte résistance. Faisons une belle sortie contre les assiégeans ; ceux qui se fraieront un chemin le sabre à la main seront hors d'affaire ; ceux qui tomberont en route n'auront plus besoin de rien.

Les acclamations unanimes des soldats de De Lacy annoncèrent qu'ils approuvaient cette proposition ; ceux de la maison de Bérenger se récrièrent à haute voix et avec colère. Eveline, attirée par ce tumulte, arriva à son tour dans l'assemblée, et fit d'inutiles efforts pour y rétablir le calme. Les menaces et les prières de Damien ne firent pas plus d'impression sur ses gens. Eveline et lui reçurent la même réponse.

— N'y songez-vous donc pas ? disait Genvil à Damien.

Parce que vous êtes amoureux, est-il raisonnable que vous sacrifiiez votre vie et la nôtre? Les vieux soldats de Raymond Béreñger parlaient à sa fille en termes plus mesurés, mais ils n'en refusaient pas moins d'écouter ses prières et d'obéir à ses ordres.

Wilkin Flammock s'était retiré de cette scène de tumulte quand il avait vu la tournure que prenaient les choses. Sortant du château par une poterne dont la clé lui avait été confiée, il se rendit sans qu'on lui fît aucune observation, et sans qu'on cherchât à l'en empêcher, au camp des Anglais. Il y arriva facilement, et se trouva bientôt en présence du roi Henry. Ce monarque était sous son pavillon royal, avec deux de ses fils Richard et Jean, qui portèrent ensuite tous deux la couronne d'Angleterre sous des auspices bien différens[1].

— Comment! qui es-tu? lui demanda le roi.

— Un honnête homme, répondit le Flamand, venant du château de Garde-Douloureuse.

— Il est possible que tu sois honnête, répliqua le souverain; mais tu sors d'un nid de traîtres.

— Quels qu'ils soient, sire, dit Wilkin, mon dessein est de les mettre à la disposition de Votre Majesté; car ils n'ont plus ni sagesse pour se conduire, ni courage pour se défendre, ni prudence pour se soumettre. Mais je voudrais savoir d'abord quelles conditions vous accorderez à la garnison.

— Celles que les rois accordent aux traîtres, répondit le roi d'un ton sévère : le glaive et la corde.

— Si c'est moi qui dois vous mettre en possession du château, sire, répliqua Flammock, il faut que vos conditions soient un peu moins dures; sans quoi vos glaives et vos cordes n'auront à travailler que sur ma pauvre carcasse, et vous se-

---

(1) Et qui furent surnommés, le premier Cœur-de-Lion, et le second Sans-Terre. Voyez *Ivanhoé* et *Richard en Palestine*. — Éd.

rez aussi loin que jamais d'entrer dans le château de Garde-Douloureuse.

Le roi le regarda fixement : — Tu connais la loi des armes, lui dit-il. Grand prévôt, voici un traître, et voilà un arbre.

— Et voici un cou, dit l'intrépide Flamand en déboutonnant le collet de son justaucorps.

— Sur mon honneur, s'écria le prince Richard, voilà un brave et digne homme ! Si tous ses compagnons lui ressemblent, il vaudrait mieux leur envoyer un bon dîner au château et y donner un assaut ensuite pour voir qui le mangerait, au lieu de chercher à les affamer, comme ces mendians de Français affament leurs chiens.

— Silence, Richard, lui dit son père ; votre esprit n'est pas assez mûr, et votre sang est encore trop chaud pour que je vous prenne pour mon conseiller. Eh bien ! drôle, propose-moi quelques conditions raisonnables, et je n'agirai pas à la rigueur avec toi.

— En premier lieu donc, répondit le Flamand, je demande plein et entier pardon, et assurance de la vie, des membres, du corps et des biens, pour moi Wilkin Flammock et ma fille Rose.

— C'est un vrai Flamand, dit le prince Jean ; il pense à lui avant tout.

— Sa demande est raisonnable, dit le roi. Et ensuite ?

— Sûreté pour la vie, l'honneur et les possessions de damoiselle Eveline Bérenger, répondit Wilkin.

— Comment, drôle, s'écria le roi d'un ton courroucé, est-ce à toi qu'il appartient de faire la loi à ma justice ou à ma clémence, quand il s'agit d'une noble dame normande ? Borne-toi à parler pour toi et pour tes semblables, ou plutôt livre-nous ce château sans plus de délai, et sois sûr qu'en agissant ainsi, tu rendras plus service à ceux qui y sont assiégés que ne pourraient le faire quelques semaines de plus d'une résistance inutile.

Le Flamand garda le silence, ne se souciant pas de rendre la place sans quelques assurances positives, et cependant à demi convaincu, d'après les dispositions dans lesquelles il avait laissé la garnison de Garde-Douloureuse, que le plus grand service qu'il pût rendre à lady Eveline était peut-être d'y introduire les troupes du roi.

— J'aime ta fidélité, drôle, lui dit le roi, dont l'œil pénétrant vit la lutte qui avait lieu dans le cœur de Flammock; mais ne porte pas trop loin l'opiniâtreté. Ne t'avons-nous pas déjà dit que nous montrerons aux coupables qui sont dans le château autant de clémence que nous le permettront les devoirs que nous avons à remplir comme roi?

— Et je vous prie, mon père, dit le prince Jean en s'approchant du roi, de permettre que ce soit moi qui prenne possession du château, et de m'accorder la tutelle ou la confiscation des biens de la dame châtelaine.

— Et je vous prie, mon père, d'accorder la demande de Jean, dit le prince Richard d'un ton de dérision. Que Votre Majesté prenne en considération que c'est la première fois qu'il montre la moindre envie d'approcher des barrières, quoique nous les ayons déjà attaquées plus de quarante fois. Mais alors les arbalètes et les mangonneaux faisaient du tapage, et il est probable qu'il n'en sera pas de même aujourd'hui.

— Paix, Richard! dit le roi; vos paroles me percent le cœur. Jean, je vous accorde votre demande en ce qui concerne le château; quant à cette malheureuse jeune dame, je la prends moi-même sous ma tutelle. Flamand, combien d'hommes te charges-tu de faire entrer dans le château?

Avant que Flammock eût pu lui répondre, un écuyer s'approcha du prince Richard, et lui dit à l'oreille, mais assez haut pour être entendu de tout le monde:

— Nous avons découvert que quelque dissension intestine ou quelque autre cause inconnue a fait abandonner les murailles du château par la plupart de leurs défenseurs ; et si l'on y donnait un assaut en ce moment, on pourrait...

— Entends-tu cela, Jean? s'écria Richard. Des échelles, mon frère, des échelles, et monte aux murailles. Quel plaisir j'aurais de te voir en plein air sur le dernier échelon, les genoux tremblans et les mains serrées comme si tu avais un accès de fièvre, les pieds sur un bâton et le fossé en dessous, une demi-douzaine de piques dirigées contre ta gorge...

— Silence, Richard, par honte si ce n'est par charité, lui dit son père d'un ton de colère mêlé d'affliction. Et vous, Jean, allez vous préparer pour l'assaut.

— Aussitôt que j'aurai eu le temps de mettre mon armure, mon père, répondit Jean en se retirant à pas lents, le visage couvert d'une pâleur qui ne promettait pas beaucoup de célérité dans ses préparatifs pour le combat.

Son frère partit en riant, et dit à son écuyer : — Ne serait-ce pas une excellente plaisanterie, Albéric, si nous emportions la place avant que Jean eût quitté son pourpoint de soie pour prendre une cuirasse d'acier ?

Il sortit en courant, tandis que son père s'écriait avec une angoisse paternelle : — Hélas ! il y a autant d'excès dans l'ardeur de celui-ci que dans la tiédeur de l'autre ; mais cette ardeur est une faute plus pardonnable à un homme. Glocester, dit-il au célèbre comte qui portait ce nom, suivez le prince Richard, et prenez une force suffisante pour le soutenir. Si quelqu'un peut avoir quelque influence sur lui, c'est un chevalier dont le renom est si bien établi. Hélas ! par quel péché ai-je mérité l'affliction de ces fatales querelles de famille ?

— Sire, dit le chancelier qui était aussi près du roi, consolez-vous en songeant que...

— Ne parlez pas de consolation à un père dont les fils sont toujours en discorde entre eux, et qui ne peuvent s'accorder que pour lui désobéir.

Ainsi parla Henry II, le monarque le plus sage et généralement parlant le plus fortuné qui ait jamais occupé le trône d'Angleterre, et dont pourtant la vie prouve d'une manière frappante combien les querelles de famille peuvent ternir le sort le plus brillant auquel il soit permis à l'humanité d'aspirer, et combien peu l'ambition satisfaite, le pouvoir agrandi, et la plus haute renommée dans la paix comme dans la guerre, peuvent fermer les blessures qu'ont ouvertes les afflictions domestiques.

L'attaque vigoureuse et soudaine de Richard qui monta à l'assaut sans perdre un instant, à la tête d'une vingtaine de soldats qu'il prit avec lui au hasard, produisit tout l'effet d'une surprise. Ayant escaladé les murailles à l'aide d'échelles, ils ouvrirent les portes aux assaillans, et firent entrer dans le château Glocester qui arrivait à la tête d'un fort détachement d'hommes d'armes. La garnison divisée, surprise et confuse, n'opposa presque aucune résistance; elle aurait été passée au fil de l'épée, et le château aurait été livré au pillage si Henry n'y fût entré lui-même, et si par son autorité et ses efforts personnels, il n'eût arrêté les excès d'une soldatesque effrénée.

Le roi se conduisit, vu le temps où il vivait et les provocations qu'il avait reçues, avec beaucoup de modération. Il se contenta de désarmer et de licencier les soldats ; il leur donna même quelque argent pour retourner chez eux, afin que le besoin ne les portât point à se former en troupes de brigands. Les officiers furent traités plus sévèrement, car la plupart furent mis en prison en attendant que les lois eussent prononcé sur leur sort. Tel fut particulièrement le destin de Damien de Lacy. Le roi regardant comme fondées les diverses accusations qui avaient été portées contre lui, était si courroucé qu'il avait résolu de le faire servir d'exemple pour tous les chevaliers déloyaux. Il donna à lady Eveline Bérenger son appartement pour prison, lui laissant Rose et Alice pour la servir, mais la tenant sous bonne et sûre garde. Le bruit général était que ses domaines seraient confisqués au profit de la couronne, et qu'une bonne partie en serait donnée à Randal de Lacy pour le récompenser des services qu'il avait rendus pendant le siége. Quant à elle-même, on croyait qu'elle serait envoyée dans quelque cloître de France, où elle aurait tout le loisir de se repentir de ses folies et de sa témérité.

Le père Aldrovand fut renvoyé dans son couvent, une longue expérience ayant appris à Henry combien il était imprudent de vouloir empiéter sur les priviléges de l'Église[1]. Et cependant la première fois qu'il le vit avec une cuirasse rouillée par-dessus son froc, ce ne fut pas sans peine qu'il résista au désir qu'il avait de le faire pendre sur les murailles, afin qu'il pût prêcher aux corbeaux.

Le roi eut plus d'une conférence avec Wilkin Flammock, particulièrement sur le commerce et les manufactures, et le Flamand plein de franchise était l'homme qu'il fallait pour instruire sur ce sujet un monarque doué d'intelligence.

— Je n'ai pas oublié tes bonnes intentions, brave homme, lui dit Henry, quoiqu'elles aient été prévenues par la valeur inconsidérée de mon fils Richard, qui a coûté la vie à quelques pauvres diables. Richard ne sait pas mettre son glaive dans le fourreau avant qu'il soit ensanglanté. Retourne à tes moulins avec tes compagnons; vos trahisons vous sont pardonnées, pourvu que vous ne commettiez plus de semblables offenses.

— Et nos priviléges et nos devoirs, sire? dit Flammock; Votre Majesté sait que nous sommes vassaux du seigneur de ce château, et que nous sommes obligés de le suivre à la guerre.

— Vous ne le serez plus, répondit le roi : je vous affranchis. J'établirai ici une communauté de Flamands, et tu en seras le maire, afin que tu n'aies plus à alléguer tes devoirs féodaux comme une excuse de trahison.

— De trahison, sire! dit Wilkin qui désirait mais qui

(1) Allusion à l'affaire de Thomas Becket. — Éd.

osait à peine placer un mot en faveur de lady Eveline, à qui, en dépit d'un caractère naturellement froid, il ne pouvait s'empêcher de prendre un vif intérêt; — je voudrais que Votre Majesté pût savoir au juste de combien de fils se composa le tissu de toute cette affaire.

— Silence, drôle! dit Henry; mêle-toi de ton métier; et si nous daignons entrer en conversation avec toi sur les arts mécaniques que tu exerces, ne t'avise pas de t'en prévaloir pour me parler d'autres objets.

Le Flamand se retira en silence après avoir reçu cette mercuriale; et le destin des malheureux prisonniers resta un secret dans le cœur du roi. Henry fixa son quartier-général au château de Garde-Douloureuse, ce poste lui paraissant convenable pour en faire partir des détachemens chargés d'éteindre les restes de la rébellion. Randal de Lacy déploya tant d'activité en cette circonstance, qu'il semblait avancer tous les jours davantage dans les bonnes graces du roi. Henry lui avait déjà fait la concession d'une partie considérable des domaines de Bérenger et de De Lacy, qu'il semblait regarder comme confisqués. Chacun considérait cette faveur croissante de Randal comme de mauvais augure pour la vie de Damien de Lacy et pour le destin de la malheureuse Eveline.

CHAPITRE XXX.

« Un vœu... J'ai fait un vœu ; le ciel en est témoin.
« Faut-il me parjurer en face de l'Église ?
« Non ; quand il s'agirait du salut de Venise. »
SHAKSPEARE. *Le Marchand de Venise.*

La fin du chapitre précédent contient les nouvelles que le ménestrel apprit à son malheureux maître Hugues de Lacy. Il est vrai qu'il ne les lui raconta pas avec autant de détails que nous avons été à portée d'en mettre dans notre récit ; mais il lui en dit assez pour en faire ressortir les faits généraux. Le connétable apprit donc avec douleur que son neveu chéri et sa fiancée s'étaient ligués pour le déshonorer; qu'ils avaient levé l'étendard de la rébellion contre leur souverain légitime ; enfin qu'ayant échoué dans cette entreprise criminelle, ils avaient mis dans le danger le plus imminent la vie de l'un d'eux tout au moins, et la fortune de la maison de Lacy, à moins qu'on ne trouvât quelque prompt moyen pour écarter cette ruine prochaine.

Vidal suivait le jeu de la physionomie de son maître avec le même sang-froid que le chirurgien suit les progrès de son scalpel. L'affliction était peinte sur tous les traits du connétable, une affliction profonde, mais sans cette expression de découragement et d'abattement qui l'accompagne ordinairement. On y voyait la colère et la honte ; mais ces passions prenaient un caractère de noblesse, et semblaient excitées par le regret que sa fiancée et son neveu eussent manqué aux lois de la fidélité, de l'honneur et de la vertu, plutôt que par la pensée du tort et du déshonneur que leur crime pouvait lui faire à lui-même.

Le ménestrel fut si étonné de voir un tel changement dans la physionomie et dans tout l'extérieur du connétable, après l'angoisse qu'il avait paru souffrir en apprenant les premières nouvelles qu'il lui avait annoncées, qu'il recula de deux pas avec un air de surprise mêlée d'admiration, en s'écriant :

— Nous avons entendu parler de martyrs dans la Palestine ; mais voici qui l'emporte sur eux !

— Pas tant de surprise, mon bon ami, lui dit le connétable avec un ton de résignation ; c'est le premier coup de lance ou de massue qui perce ou qui étourdit : ceux qui le suivent se font à peine sentir.

— Songez bien, milord, dit Vidal, que tout est perdu : amour, puissance, dignités, renommée. Un chef, le plus puissant des nobles, n'est plus qu'un pauvre pèlerin.

— Voudrais-tu te faire un jeu de mes malheurs ? dit Hugues de Lacy d'un ton sévère. Mais c'est ce qu'on dit de moi en arrière, et pourquoi ne souffrirais-je pas qu'on me le dise en face ? Apprends donc, ménestrel, et fais-en une ballade si bon te semble, qu'Hugues de Lacy, après avoir perdu tout ce qu'il avait porté en Palestine et tout ce qu'il avait laissé dans sa patrie, n'en est pas moins maître de lui-même, et que l'adversité ne peut pas plus l'ébranler que le vent qui fait tomber les feuilles sèches du chêne n'est capable de le déraciner.

— Par la tombe de mon père, s'écria Vidal avec un transport spontané, la noblesse de cet homme l'emporte sur toutes mes résolutions ! Et se rapprochant à la hâte du connétable, il fléchit un genou devant lui et lui saisit la main avec plus de liberté que ne le permettait ordinairement l'étiquette que maintenaient les hommes du rang d'Hugues de Lacy.

— C'est sur cette main, dit le ménestrel, sur cette noble main, que j'abjure...

Mais avant qu'il eût pu prononcer un autre mot, le connétable, qui trouvait peut-être que cette familiarité était une insulte à sa détresse, retira sa main, dit au ménestrel de se relever, et ajouta avec un air de fierté, qu'il eût à se souvenir que l'infortune n'avait pas fait d'Hugues de Lacy un personnage qui pût figurer dans une parade.

Renault Vidal se releva d'un air mécontent : — J'avais oublié, dit-il, la distance qui existe entre un ménestrel de l'Armorique et un noble baron normand. J'avais pensé qu'une même douleur ou le même élan de joie pouvait, du moins pour un moment, renverser ces barrières artificielles qui séparent les hommes. Soit ; qu'elles continuent de subsister. Vivez dans les limites de votre rang, comme vous viviez autrefois dans un donjon flanqué de tours et entouré de fossés ; et ne soyez plus troublé par la compassion d'un homme d'aussi basse naissance que moi. Moi aussi, milord, j'ai des devoirs à remplir.

— Maintenant rendons-nous à Garde-Douloureuse, dit le connétable en se tournant vers Philippe Guarine ; Dieu sait que ce château mérite bien le nom qu'il porte. Là, nos yeux et nos oreilles nous apprendront jusqu'à quel point sont vraies ces nouvelles désastreuses. Descends de cheval, ménestrel, et donne-moi ton palefroi ; je voudrais en avoir un pour toi, Guarine. Quant à Vidal, il est moins nécessaire qu'il me suive. C'est en homme que je ferai face à mes infortunes ou à mes ennemis ; sois-en bien assuré, ménestrel, et ne prends pas un air si sombre ; je n'oublierai pas mes anciens amis.

— Du moins il en existe un qui ne vous oubliera pas, milord, répondit Vidal d'un ton et avec un regard qui suivant l'usage pouvaient s'interpréter de plus d'une manière.

Mais à l'instant où le connétable allait se remettre en marche, il vit paraître devant lui sur le sentier qu'il suivait deux personnes montées sur le même cheval, et qui cachées par des buissons étaient arrivées près de lui sans qu'il les aperçût : c'étaient un homme et une femme. On aurait pu prendre l'homme qui était en avant pour la famine personnifiée, telle que les yeux de nos trois pèlerins avaient pu la voir dans tous les pays dévastés qu'ils avaient parcourus. Son visage naturellement maigre disparaissait entre sa barbe grise et les mèches de cheveux qui lui tombaient sur le front ; on n'apercevait guère que ses yeux, brillant encore de quelque éclat, et son long nez affilé. Sa jambe ressemblait à un mince fuseau dans la large et vieille botte qui la renfermait ; ses bras avaient à peu près l'épaisseur d'une houssine, et les parties de son corps qui se montraient à travers les lambeaux d'une casaque de piqueur semblaient appartenir à une momie plutôt qu'à un être vivant.

La femme qui était en croupe derrière ce spectre avait aussi un air d'exténuation ; car comme elle avait naturellement de l'embonpoint, la famine n'en avait pas encore fait un objet aussi déplorable que le squelette qui était devant elle. Il est vrai que les joues de dame Gillian, car c'était elle, l'ancienne connaissance de nos lecteurs, avaient perdu la couleur rubiconde et le teint fleuri que l'art et la bonne chère avaient substitués aux roses et à la fraîcheur de la jeunesse ; ses yeux n'avaient plus leur lustre agaçant ; mais jusqu'à un certain point elle était encore elle-même ; et les restes de son ancienne parure, avec un bas écarlate bien tiré, quoique bien usé, prouvaient que la coquetterie n'était pas encore tout-à-fait morte en elle.

Dès qu'elle aperçut les pèlerins, elle toucha Raoul du bout de sa houssine. — Commence ton nouveau métier, lui dit-elle, puisque tu n'es pas bon à en faire un autre ; approche de ces braves gens ; approches-en donc, et demande-leur la charité.

— Demander la charité à des mendians! dit Raoul, ce serait lancer un faucon sur un moineau.

— Ce sera pour nous former la main, répondit Gillian; et prenant un ton lamentable, elle commença sa requête.

— Que Dieu vous protége, saints hommes à qui il a fait la grace d'aller à Terre-Sainte, et la grace encore plus grande d'en revenir. Faites, je vous prie, quelque aumône à mon pauvre vieux mari qui est dans un état misérable, comme vous pouvez le voir, et à l'infortunée créature qui a le malheur d'être sa femme. Dieu me soit en aide!

— Silence, femme, et écoutez ce que j'ai à vous dire, répondit le connétable en mettant la main sur la bride de son cheval; j'ai besoin en ce moment de ce cheval, et je...

— Par le cor de saint Hubert, tu ne l'auras pourtant pas sans quelques horions! s'écria Raoul. Dans quel monde vivons-nous, si les pèlerins détroussent les passans sur la grande route?

— Paix, drôle, s'écria le connétable avec hauteur. Je te dis que j'ai besoin de ton cheval en ce moment. Voici deux besans d'or, et je te le loue pour la journée; quand je devrais ne jamais te le rendre, je crois qu'il serait bien payé.

— Mais le palefroi est une vieille connaissance, mes maîtres, dit Raoul; et si par hasard....

— Point de *si*, ni de *par hasard*, s'écria la dame en poussant si rudement son mari qu'il pensa en perdre la selle. Descends de cheval bien vite, et remercie le ciel et ce digne homme du secours qui nous arrive dans l'extrémité où nous sommes réduits. Que signifie ta vieille connaissance quand nous n'avons le moyen d'acheter de provende ni pour la bête ni pour ses maîtres? Ce n'est pourtant pas que nous voudrions manger de l'herbe et de l'avoine, comme le roi je ne sais qui, dont le bon père nous lisait quelquefois l'histoire pour nous endormir.

— Trêve de bavardage, dit Raoul qui venait de mettre pied à terre et qui s'avança pour l'aider à descendre de cheval à son tour ; mais elle préféra accepter l'aide de Guarine qui, quoique d'un âge avancé, montrait encore des restes d'une vigueur martiale.

— Grand merci de votre politesse, dit-elle à l'écuyer lorsqu'il l'eut mise à terre après l'avoir embrassée. Et je vous prie, monsieur, arrivez-vous de la Palestine? Y avez-vous appris quelques nouvelles du connétable de Chester?

Hugues de Lacy, qui s'occupait à détacher le coussinet placé derrière la selle, discontinua sa tâche; et se tournant vers elle : — Ah! dit-il, est-ce que vous auriez quelque chose à lui dire?

— Bien des choses, bon pèlerin, si je pouvais le rencontrer; car toutes ses terres et toutes ses dignités vont probablement être données à un brigand de parent.

— Quoi! à son neveu Damien! s'écria vivement le connétable d'un ton brusque.

— Juste ciel! vous me faites peur, monsieur, dit Gillian : et se tournant vers Guarine, elle ajouta : —Votre camarade est un peu vif, à ce qu'il paraît!

— C'est la faute du soleil sous lequel il a vécu si longtemps, répondit l'écuyer; mais répondez à toutes ses questions avec vérité, et vous verrez que vous vous en trouverez bien.

Dame Gillian comprit sur-le-champ ce que cela voulait dire. — N'était-ce pas de Damien de Lacy que vous parliez? dit-elle au connétable. Hélas! le pauvre jeune homme! il n'y a pour lui ni terres ni dignités : il est plus probable qu'on lui fera prendre l'air sur un gibet; et tout cela pour rien, aussi vrai que je suis honnête femme. — Damien! non, non; ce n'est ni Damien ni Dameret, c'est Randal de Lacy qui triomphe; c'est lui qui aura toutes les terres, tous les châteaux et toutes les seigneuries du vieux bonhomme.

— Quoi! dit le connétable, avant qu'on sache si ce vieux bonhomme est mort ou vivant? Il me semble que cela est contraire aux lois et à la raison.

— Sans doute, répondit Gillian ; mais Randal de Lacy est venu à bout de choses plus difficiles. Il a juré au roi, voyez-vous, qu'il a reçu des nouvelles certaines de la mort du vieux connétable. Oui, et fiez-vous à lui ; il saurait rendre la nouvelle sûre si le connétable se trouvait à sa portée.

— En vérité ! mais vous forgez des contes sur ce noble seigneur. Allons, convenez-en, vous parlez ainsi parce que vous n'aimez pas ce Randal de Lacy.

— Je ne l'aime pas ! Et quelle raison ai-je de l'aimer, s'il vous plaît ? Est-ce parce qu'il a abusé de ma simplicité pour s'introduire dans le château de Garde-Douloureuse, ce qui lui est arrivé plus d'une fois quand il y venait déguisé en colporteur, et que je lui contais toutes les histoires de la famille, et comme quoi Damien et Eveline se mouraient d'amour l'un pour l'autre sans avoir le courage de s'en dire un mot, à cause du vieux connétable, quoiqu'il fût à plus de mille lieues? Vous semblez mal à l'aise, mon digne homme ; vous offrirai-je une goutte de ma bouteille ? ce qu'elle contient est un baume souverain contre les palpitations de cœur.

— Non, non ! ce n'est qu'un élancement causé par une ancienne blessure. Mais ce Damien et cette Eveline, comme vous les appelez, ont sans doute fini par se mieux entendre?

— Eux ! non en vérité. Pauvres innocens ! ils auraient eu besoin de l'entremise de quelque personne sage qui leur aurait donné des avis ; car voyez-vous, monsieur, si le vieux Hugues est mort, comme cela est possible, il serait plus naturel que sa fiancée et son neveu héritassent de ses biens que ce Randal, qui n'est qu'un parent éloigné et un mauvais garnement. Pouvez-vous bien croire, révérend pèlerin, qu'après m'avoir promis des montagnes d'or il me traita de vieille sorcière, et me menaça du *Cucking-Stool*[1] quand le château fut pris, et qu'il vit que je ne pouvais plus lui être

---

(1) Le *Cucking-Stool* est un *plongeon* dans un baquet plein qu'on recouvre comme un siége : mais celui ou celle qui veut s'y reposer fait la culbute dans l'eau. — Éᴅ.

utile. Oui, digne pèlerin, *sorcière* et *Cucking-Stool*, voilà ce que j'obtins de lui de mieux quand il sut que je n'avais personne pour prendre mon parti, à l'exception du vieux Raoul, qui n'est plus bon à rien. Mais si le vieux Hugues rapporte son vieux corps de la Palestine, et qu'il soit encore la moitié aussi diable qu'il l'était quand il est parti, sainte Marie! je rendrai service à son parent près de lui.

Elle se tut enfin, et il y eut un moment de silence.

— Vous dites, s'écria enfin le connétable, que Damien de Lacy et Eveline Bérenger s'aiment, et que cependant ils n'ont à se reprocher ni faute, ni trahison, ni ingratitude envers moi..., je veux dire envers leur parent qui est en Palestine?

— Qu'ils s'aiment, monsieur! Oui, sur ma foi, ils s'aiment; mais ils s'aiment comme des fous, si vous le voulez; car ils ne se seraient probablement jamais dit un seul mot, sans un tour de ce même Randal de Lacy.

— Comment! un tour de Randal! quel motif pouvait-il avoir pour désirer de les aboucher ensemble?

— Oh! il n'avait pas dessein qu'ils s'abouchassent; mais il avait formé un plan pour enlever lady Eveline pour lui-même, car c'est un diable incarné que ce Randal. De manière qu'il vint déguisé en marchand de faucons, et il eut l'adresse de faire sortir du château mon vieux imbécile Raoul que voilà, lady Eveline, moi, nous toutes, comme pour voir une chasse au héron. Mais il avait à l'affût une bande d'éperviers gallois qui fondirent sur nous; et si Damien ne fût arrivé soudainement à notre secours, on ne saurait dire ce qui en serait résulté. Or Damien ayant été grièvement blessé dans l'attaque, il fallut bien le transporter à Garde-Douloureuse; mais si ce n'eût été pour lui sauver la vie, c'est ma ferme croyance que ma maîtresse ne l'aurait jamais invité à franchir le pont-levis, quand même il l'aurait désiré.

— Femme! s'écria le connétable, songe bien à ce que tu dis. Si tu as mal agi dans cette affaire, comme je le soupçonne d'après l'histoire que tu viens de raconter toi-même, ne compte pas te disculper par de nouveaux mensonges que te fait inventer le dépit de n'avoir pas reçu la récompense promise.

— Pèlerin, dit le vieux Raoul d'une voix tremblotante, j'ai coutume de laisser ma femme se mêler toute seule de tout ce qui est bavardage, attendu qu'il n'y a pas dans toute la chrétienté une diablesse qui ait la langue mieux pendue. Mais tu parles en homme qui semble avoir quelque intérêt dans cette affaire ; c'est pourquoi je te dirai clairement que cette femme a avoué sa propre honte en racontant ses intrigues avec ce Randal de Lacy. Cependant tout ce qu'elle a dit est vrai comme l'Évangile ; et quand ce serait ma dernière parole, je dirais que Damien de Lacy et Eveline n'ont pas à se reprocher une pensée contraire à l'honneur et à la droiture ; non, pas plus que l'enfant encore à naître. Mais qu'importe ce que peuvent dire des gens comme nous, chassés, et obligés de mendier leur pain après avoir si long-temps vécu dans une maison et servi un si bon maître ? Dieu veuille avoir son âme !

— Mais n'y a-t-il pas d'autres anciens serviteurs de la maison qui peuvent rendre le même témoignage que vous ?

— Oh ! oh ! ceux sur la tête desquels Randal de Lacy fait claquer son fouet n'ont pas grande envie de jaser. Vous parlez des anciens serviteurs : les uns ont été tués pendant le siége, les autres sont morts de faim ; ceux-ci ont été congédiés, ceux-là ont disparu sans qu'on sache comment. Mais il y a encore le fabricant Flammock et sa fille Rose qui connaissent l'affaire tout aussi bien que nous.

— Quoi ! s'écria le connétable, Wilkin Flammock, le brave Flamand ! lui et sa fille Rose, un peu brusque, mais fidèle ! Je garantirais leur véracité sur ma vie. Où demeurent-ils ? que sont-ils devenus au milieu de tous ces changemens ?

— Mais, au nom du ciel, dit Gillian, qui êtes-vous,

vous qui nous faites toutes ces questions? Raoul, mon mari, nous avons parlé trop librement. Ce regard, cette voix, ont quelque chose qui les rappelle à mon souvenir.

— Eh bien! regardez-moi avec plus d'attention, dit Hugues de Lacy en repoussant en arrière le grand chapeau de pèlerin qui cachait une partie de ses traits.

— A genoux, Raoul, à genoux! s'écria dame Gillian en se jetant elle-même aux pieds du connétable. C'est lui! c'est le connétable! et j'ai eu le malheur de l'appeler vieux bonhomme!

— C'est du moins tout ce qui reste de celui qui était autrefois le connétable, dit Hugues de Lacy, et le vieux bonhomme vous pardonne volontiers la liberté que vous avez prise, en considération des bonnes nouvelles que vous lui apprenez. — Où est Flammock? où est sa fille Rose?

— Rose, répondit dame Gillian, est avec lady Eveline, qui l'a prise pour dame d'atours à ma place, quoique Rose n'ait jamais été en état d'habiller seulement une poupée de Hollande.

— Fille fidèle! dit le connétable. Et où est Flammock?

— Oh! quant à lui, il a reçu son pardon, et il est en faveur, dit Raoul; il est dans sa maison près du pont du Combat, comme on appelle l'endroit près duquel Votre Seigneurie a mis les Gallois en déroute.

— J'irai donc l'y trouver, dit le connétable, et nous verrons ensuite quel accueil le roi Henry fera à un vieux serviteur. Il faut que vous m'accompagniez tous deux.

— Milord, dit Gillian en hésitant, vous n'ignorez pas qu'on ne sait pas beaucoup de gré aux pauvres gens de se mêler des affaires des grands. J'espère que Votre Seigneurie sera en état de nous protéger si nous disons la vérité, et que vous ne me reprocherez rien du passé, vu que j'ai fait pour le mieux.

— Paix, ma femme, ou va-t'en au diable! s'écria Raoul Est-ce le moment de penser à ta vieille carcasse, quand il s'agit de sauver ta bonne et jeune maîtresse de l'opprobre et de l'oppression? Quant à ta mauvaise langue et à tes mauvaises actions, qui ont été encore pires, Sa Seigneurie sait que c'est chez toi vieux péchés d'habitude.

— Silence, brave homme, dit le connétable; j'oublierai les fautes de ta femme, et je récompenserai ta fidélité. Quant à vous, mes fidèles amis, ajouta-t-il en se tournant vers Guarine et Vidal, lorsque De Lacy sera rentré dans ses droits, comme il n'en doute pas, son premier vœu sera de récompenser votre fidélité.

— La mienne, telle qu'elle est, a été et sera ma récompense, répondit Vidal. Je n'accepterai pas de faveur dans la prospérité de celui qui dans l'adversité m'a refusé sa main. Notre compte est encore ouvert.

— Tais-toi! tu es un fou, mais ta profession te donne des priviléges, dit Hugues de Lacy, dont les traits flétris et remarquables prenaient un caractère de beauté quand ils étaient animés par sa reconnaissance pour le ciel et par sa bienveillance pour les hommes. Nous nous retrouverons au pont du Combat, une heure avant les vêpres.

— L'intervalle est court, dit son écuyer.

— J'ai gagné une bataille en moins de temps, répondit le connétable.

— Une bataille, dit le ménestrel, dans laquelle périrent bien des gens qui se croyaient sûrs de la vie et de la victoire.

— Et c'est ainsi que mon dangereux cousin Randal verra tous ses projets ambitieux renversés, dit le connétable.

Il partit à ces mots, accompagné de Raoul et de sa femme, qui étaient remontés sur leur palefroi, tandis que le ménestrel et l'écuyer suivaient à pied, et par conséquent plus lentement.

CHAPITRE XXXI.

> « Ne craignez pas, mon bon seigneur,
> « Qu'à votre égard je sois traître et parjure,
> « Ou que j'exige à la rigueur
> « Plus que ne peut accorder la nature.
> « Flambeaux qui brillez dans les cieux,
> « Soyez témoins qu'avant que le jour vienne
> « Je prouverai quels sont les nœuds
> « Par où ma foi se rattache à la sienne. »
> *Ancienne ballade écossaise.*

Restés derrière leur maître, les deux serviteurs d'Hugues de Lacy marchaient sombres et silencieux, en hommes qui n'avaient ni affection ni confiance l'un pour l'autre, quoique servant le même seigneur et devant avoir les mêmes craintes et les mêmes espérances. Il est vrai que l'aversion existait principalement du côté de Guarine; car pour Renault Vidal, rien ne pouvait lui être plus indifférent que son compagnon; mais en cette circonstance Philippe Guarine, qui ne l'aimait pas, probablement pouvait le contrarier dans l'exécution de certains plans qu'il avait fort à cœur. En apparence Vidal faisait peu d'attention à lui, et chantait à demi-voix, comme pour exercer sa mémoire, des ballades et des romances composées pour la plupart en langues inconnues à Guarine, qui n'avait d'oreilles que pour la sienne, le normand.

Ils avaient marché environ deux heures dans cette humeur peu sociale, quand ils furent joints par un homme à cheval conduisant un palefroi en laisse.

— Pèlerins, leur dit-il après les avoir examinés avec quelque attention, lequel de vous se nomme Philippe Guarine?

— C'est moi qui réponds à ce nom, faute d'un meilleur, répliqua l'écuyer.

— En ce cas, votre maître vous fait ses complimens, et il m'a dit de vous montrer ceci pour preuve que je viens réellement de sa part.

A ces mots il lui montra un rosaire que Philippe Guarine reconnut sur-le-champ pour celui dont se servait le connétable.

— Je vois que vous parlez vrai, dit l'écuyer. Quels sont les ordres de mon maître?

— Il m'a chargé de vous dire que sa visite a eu le meilleur résultat possible, et que ce soir même au coucher du soleil il sera en possession de ce qui lui appartient. Il vous ordonne de monter sur ce palefroi, et de m'accompagner au château de Garde-Douloureuse, où votre présence sera nécessaire.

— Fort bien, je lui obéirai, répondit l'écuyer charmé de cette bonne nouvelle, et nullement fâché de quitter son compagnon de voyage.

— Et quels ordres avez-vous pour moi? demanda le ménestrel en s'adressant au messager.

— Si, comme je le présume, vous êtes le ménestrel Renault Vidal, vous irez attendre votre maître au pont du Combat, comme il vous l'a ordonné.

— Je m'y trouverai, comme c'est mon devoir, répondit Vidal; et à peine avait-il prononcé ces mots que les deux cavaliers lui tournant le dos partirent au grand galop, et furent bientôt hors de vue.

Il était alors quatre heures du soir, et le soleil commençait à descendre. Cependant il y avait encore plus de trois heures à s'écouler jusqu'au moment fixé pour le rendez-vous, et le pont n'était pas à plus de quatre milles de distance. Vidal donc, soit pour se reposer, soit pour se livrer à ses réflexions, se détourna du chemin, et entra dans un petit bois situé sur sa gauche, que traversait un ruisseau dont les eaux sortaient d'une petite source qu'on entendait bouillonner à travers les arbres. Là le voyageur s'assit, et avec un air distrait qui semblait annoncer qu'il ne songeait pas à ce qu'il faisait, il resta plus d'une demi-heure les yeux fixés sur le cristal de la fontaine, dans une attitude qui du temps du paganisme aurait pu le faire passer pour le dieu d'une rivière penché sur son urne.

Enfin il parut sortir de cet état de profonde rêverie, se redressa, et tira de sa valise de pèlerin quelque nourriture grossière, comme s'il se fût souvenu tout à coup que la vie ne peut se soutenir sans alimens ; mais il avait probablement au fond du cœur quelque chose qui lui ôtait l'appétit ou qui lui fermait le gosier ; car après un vain effort pour avaler un morceau de pain, il le jeta loin de lui avec un air de dégoût, et porta à ses lèvres un petit flacon de cuir dans lequel il avait du vin ou quelque autre liqueur ; mais ce breuvage ne parut pas lui plaire davantage ; il jeta le flacon comme il avait jeté le pain, et se penchant sur la source, il y but à longs traits, s'y rafraîchit les mains et le visage, et se relevant plus dispos en apparence, il se remit lentement en marche, chantant chemin faisant, d'une voix basse et mélancolique, quelques fragmens d'anciennes ballades dans une langue également ancienne.

Voyageant ainsi d'un air sombre, il arriva enfin près du pont du Combat, à peu de distance duquel s'élevait avec tout l'orgueil de ses vieux créneaux le château de Garde-Douloureuse.

— C'est ici, dit-il, c'est donc ici que je dois attendre le fier De Lacy. Soit ! Au nom de Dieu, il me connaîtra mieux avant que nous nous séparions !

A ces mots il traversa le pont en allongeant le pas avec

un air de résolution, et montant sur une hauteur située sur l'autre rive à quelque distance, il regarda quelque temps la scène que lui présentaient les environs : la noble rivière, riche des teintes pourpres du couchant qu'elle réfléchissait; les arbres dont le feuillage d'automne inspirait la mélancolie; les tours et les murailles sombres du vieux château d'où partait de temps en temps un éclair de lumière lorsque les armes de quelque sentinelle étaient frappées par un rayon passager de l'astre qu'elles répercutaient.

Les traits du ménestrel qui avaient été jusqu'alors sombres et troublés, prirent un air plus calme tandis qu'il contemplait cette scène paisible et tranquille. Il entr'ouvrit son manteau de pèlerin, et en laissa retomber les longs plis sous lesquels paraissait son tabar de ménestrel; il prit sa rote, espèce de petit violon dont on jouait par le moyen d'une roue, et tantôt il en tirait un air gallois, tantôt il chantait un lai dont nous ne pouvons offrir que quelques fragmens littéralement traduits de l'ancien langage dans lequel ils avaient été composés; mais nous préviendrons d'abord nos lecteurs qu'ils sont dans ce genre de poésie symbolique que Taliessin, Llewarch Hen et d'autres bardes avaient peut-être emprunté au temps des druides.

Qui donc brisa cette corde fidèle?
Dis-je à ma harpe. Hélas! répondit-elle,
Les ennemis perfides et méchans
Qui se sont crus insultés par mes chants.
Lame d'argent facilement se plie,
Lame d'acier résiste à la main ennemie.
La bonté passe en peu d'instans :
Mais la vengeance est au-dessus du temps.

De l'hydromel le goût si délectable
Porte au palais un parfum peu durable;
L'amère absinthe, avec son suc cruel,
Laisse long-temps sur nos lèvres son fiel.
Le doux agneau marche à la boucherie,
Le loup dévaste au loin le bois et la prairie.

La bonté passe en peu d'instans ;
Mais la vengeance est au-dessus du temps.

Le fer rougi, battu sur une enclume,
L'humble tison qu'un feu plus lent consume,
Brillent tous deux, mais non du même éclat.
Pourquoi cela ? dis-je au fer que l'on bat.
— C'est que ma mère est une mine obscure,
Et le tison, dit-il, naquit sur la verdure.
La bonté passe en peu d'instans ;
Mais la vengeance est au-dessus du temps.

Sais-tu pourquoi ce chêne à beau branchage,
Comme le cerf, n'a qu'un bois sans feuillage ?
Un ver, rongeant sa racine en secret,
De l'arbre auguste a prononcé l'arrêt.
Pour se venger d'un châtiment frivole,
L'enfant ouvre au voleur la porte de l'école.
La bonté passe en peu d'instans ;
Mais la vengeance est au-dessus du temps.

Quoique opposant leurs voiles à sa rage,
Sous l'ouragan les vaisseaux font naufrage ;
Quoique leurs tours s'élèvent jusqu'aux cieux,
La foudre abat les temples orgueilleux ;
Et le vainqueur, au sein de la victoire,
Sous un faible ennemi succombe avec sa gloire.
La bonté passe en peu d'instans ;
Mais la vengeance est au-dessus du temps.

Il chanta encore d'autres chants bizarres, mais qui avaient toujours quelque rapport direct ou éloigné au refrain de chaque stance, de sorte que la poésie de ce lai ressemblait à ces morceaux de musique où après chaque variation on retombe dans la simple mélodie à laquelle on a voulu ajouter des ornemens.

Tandis qu'il chantait ainsi, le ménestrel tenait ses regards fixés sur le pont et sur les objets avoisinans ; mais lorsque ayant fini son chant il leva les yeux sur les tours de Garde-Douloureuse, il vit que les portes en étaient ouvertes et que la garnison du château se déployait hors des barrières, comme partant pour quelque expédition ou se rendant à la rencontre de quelque noble personnage. En même temps, jetant un coup d'œil autour de lui, il remarqua que les environs, si solitaires quand il s'était assis sur la pierre grise où il était encore, commençaient à se remplir d'une foule considérable.

Pendant qu'il était enfoncé dans sa rêverie, un grand nombre de personnes des deux sexes et de tout âge s'étaient assemblées sur les deux rives de la rivière, les unes solitaires, les autres formant des groupes; et chacun y restait comme s'il eût attendu quelque spectacle. Il remarquait aussi un mouvement extraordinaire près des moulins des Flamands qui, quoique à une plus grande distance, étaient cependant à portée de sa vue. Il semblait qu'on s'y formait en ordre de marche; et effectivement une troupe nombreuse se mit bientôt en mouvement et s'avança en bon ordre au son des flûtes, des tambours et des autres instrumens vers l'endroit où Vidal était assis.

Il paraissait pourtant que l'affaire dont il s'agissait était de nature pacifique; car après les musiciens on voyait marcher trois de front les vieillards de ce petit établissement appuyés sur leurs bâtons, et réglant par leur pas lent et tranquille la marche de tout le cortége. Après ces pères de la colonie venait Wilkin Flammock, monté sur son grand cheval de guerre et armé de toutes pièces, mais la tête nue comme un vassal prêt à rendre hommage militaire à son seigneur. Il était suivi de trente hommes, l'élite de l'établissement, rangés en ordre de bataille, bien armés, bien équipés, dont les membres vigoureux aussi bien que leurs armes étincelantes annonçaient la force et la discipline, quoiqu'ils n'eussent ni le regard de feu du soldat français, ni l'air de résolution obstinée qui caractérisait les Anglais, ni l'œil brillant de cette impétuosité sauvage qui distinguait alors les Gallois. Les mères et les filles nubiles marchaient ensuite suivies des enfans des deux sexes, au teint vermeil, et imitant le pas grave de leurs parens. Enfin le cortége se terminait par une sorte d'arrière-garde composée des jeunes gens de quatorze à vingt ans, armés de lances légères, d'arcs et d'autres armes semblables convenant à leur âge.

Les hommes de ce cortége tournèrent la base de la hauteur sur laquelle le ménestrel était assis, traversèrent le pont du même pas lent et régulier, et se formèrent ensuite en double ligne, ayant le visage tourné les uns vers les autres, comme pour recevoir quelque homme d'importance ou assister à quelque cérémonie. Flammock resta à l'extrémité de l'avenue que formaient ainsi ses concitoyens, et avec une activité qui ne lui faisait rien perdre de son air de tranquillité ordinaire, il s'occupait à faire les arrangemens et les préparatifs convenables.

Cependant des habitans de tous les environs paraissant uniquement attirés par la curiosité commençaient à arriver, et formaient un rassemblement près de la tête du pont qui faisait face au château. Deux paysans anglais passèrent près de la pierre sur laquelle Vidal était assis, et l'un d'eux lui dit en jetant une pièce d'argent dans son chapeau :

— Nous chanteras-tu une chanson, ménestrel ? Voici un teston pour toi.

— J'ai fait un vœu, répondit Vidal, et je ne puis pratiquer la gaie science quant à présent.

— Ou tu es trop fier pour chanter pour les paysans anglais, dit le plus âgé, car tu as l'accent normand.

— N'importe, ajouta le plus jeune, garde l'argent. Je donne au pèlerin ce que le ménestrel ne veut pas gagner.

— Réservez votre générosité pour d'autres, mon bon ami, répondit Vidal ; je n'en ai pas besoin ; si vous voulez me faire plaisir, dites-moi plutôt quel motif rassemble ici tant de monde.

— Quoi ! ne savez-vous pas que nous avons retrouvé notre connétable De Lacy, et qu'il va accorder à ces tisserands flamands une investiture solennelle de tout ce que leur a donné Henry d'Anjou ? Si Edouard-le-Confesseur vivait encore pour donner à ces coquins des Pays-Bas ce qu'ils méritent, nous les verrions danser aux branches de ces arbres. Mais allons, voisin, marchons, ou nous arriverons trop tard.

Et à ces mots ils descendirent de la montagne.

Vidal porta alors ses regards sur la porte du château, et quoiqu'il en fût assez éloigné et qu'il ne pût rien voir qu'imparfaitement à cette distance, la vue des bannières déployées et des hommes d'armes à cheval lui apprit que quelque personnage important allait en sortir à la tête d'un nombreux cortége militaire. Le son des trompettes qui arrivait faible encore mais distinct à ses oreilles, semblait confirmer cette supposition. Bientôt il s'aperçut, au nuage de poussière qui commençait à s'élever entre le château et le pont et au son plus rapproché des clairons, que la cavalcade s'avançait de ce côté.

Vidal semblait indécis s'il resterait dans la position qu'il occupait et d'où il avait une vue complète mais éloignée de toute la scène, ou si pour la voir de plus près, quoique moins en détail, il se jeterait dans la foule nombreuse qui se pressait alors autour de l'avenue formée par les Flamands armés et rangés en bon ordre.

Un moine passa en ce moment près de Vidal, et celui-ci lui demandant comme au paysan quelle était la cause de cette réunion, il lui répondit d'une voix presque inarticulée sortant de dessous son capuchon que c'était le connétable De Lacy qui, pour premier acte de son autorité, allait remettre aux Flamands la charte royale de leurs immunités.

— Il paraît bien pressé d'exercer cette autorité, dit le ménestrel.

— Celui qui vient de ceindre un glaive est impatient de le tirer, répondit le moine; et il ajouta quelques mots que le ménestrel ne put entendre que très imparfaitement, car le père Aldrovand n'avait pas encore recouvré la santé depuis le dernier siége de Garde-Douloureuse.

Vidal comprit pourtant que le moine comptait y trouver le connétable, et le prier d'employer son intercession en sa faveur.

— Je l'y trouverai aussi, s'écria Vidal en se levant tout à coup de la pierre sur laquelle il était assis.

— Suivez-moi donc, murmura le père Aldrovand; les Flamands me connaissent, ils me laisseront passer.

Mais le père Aldrovand était en disgrace, et son influence ne fut pas aussi puissante qu'il s'en était flatté; le ménestrel et lui étant poussés à droite et à gauche par la foule, ils furent bientôt séparés.

Vidal fut pourtant reconnu par les paysans anglais auxquels il avait déjà parlé, et l'un d'eux lui dit : — Eh bien! ménestrel, ne pourrais-tu faire quelques tours de jongleur? tu y gagnerais une bonne largesse, car nos maîtres les Normands aiment la jonglerie.

— Je n'en connais qu'un seul, répondit Vidal, et je vous le montrerai si vous voulez me faire un peu de place.

Ils repoussèrent la foule à quelque distance, et par ce moyen Vidal eut le temps de jeter son chapeau et de se débarrasser des guêtres de cuir qui lui couvraient les jambes et les genoux, ne conservant que ses sandales. Couvrant ensuite ses cheveux noirs et son front bruni par le soleil d'un mouchoir de couleur qu'il noua autour de sa tête, il se dépouilla de son habit de dessus, et montra ses bras nerveux nus jusqu'à l'épaule.

Mais tandis qu'il amusait par ces préparatifs ceux qui l'entouraient, il se fit un mouvement subit et violent dans la foule, qui se précipita du même côté; le son des trompettes se fit entendre de très près; les instrumens de musique des Flamands y répondirent, et l'on entendit crier de toutes parts en normand et en anglais : — Longue vie au vaillant connétable! que Notre-Dame protége le brave De Lacy!

Vidal fit des efforts incroyables pour approcher de celui

qui marchait en tête du cortége parti du château, dont il ne pouvait voir que le beau panache flottant, et la main droite qui tenait le bâton de commandement. La foule d'officiers et d'hommes d'armes qui étaient autour de lui dérobait à sa vue le reste de sa personne. Enfin il réussit à se placer à quatre pas du connétable, qui était alors dans un petit cercle dont on éloignait non sans peine les curieux pour qu'il pût s'acquitter du cérémonial qu'il avait à remplir. Il avait le dos tourné du côté du ménestrel, et il se baissait sur son cheval pour remettre la charte royale à Wilkin Flammock, qui avait fléchi un genou pour la recevoir avec plus de respect. La posture que le Flamand avait prise obligea le connétable à se baisser tellement, que les plumes de son panache touchaient à la crinière de son noble coursier.

En ce moment Vidal sauta avec une agilité merveilleuse par-dessus la tête des Flamands qui empêchaient les curieux de pénétrer dans l'enceinte du cercle, et en un clin-d'œil il avait appuyé son genou sur la croupe du cheval du connétable, sa main gauche l'avait saisi par le collet de son habit, et s'attachant à sa victime comme un tigre à la proie sur laquelle il vient de s'élancer, le ménestrel tira en même temps un poignard à lame courte et bien affilée, et le lui enfonça derrière le cou, précisément à l'endroit où commence la moelle épinière. Ni la justesse du coup d'œil, ni la force du bras ne lui manquèrent.

La blessure était mortelle; le malheureux cavalier tomba de cheval sans pousser un seul gémissement, comme un taureau dans l'amphithéâtre sous le fer du *taureador;* et son meurtrier, en selle à sa place et brandissant son poignard ensanglanté, pressa le cheval des talons pour le faire partir à travers la foule.

Il était possible qu'il s'échappât, car la promptitude et l'audace de l'assassin avaient comme frappé de paralysie tous ceux qui l'entouraient; mais la présence d'esprit de

Flammock ne l'abandonna pas. Il saisit le cheval par la bride, et aidé par ceux qui n'avaient besoin que d'un exemple, il arrêta Vidal, lui lia les mains, et s'écria qu'il fallait le conduire devant le roi Henry. Cette proposition faite par Wilkin d'un ton ferme et décidé, imposa silence à mille voix qui criaient au meurtre et à la trahison ; car les races différentes, ennemies les unes des autres, dont la foule était composée, s'accusaient réciproquement de ce forfait.

Le flux et reflux des flots du peuple ne forma plus alors qu'un seul courant qui se dirigea vers le château de Garde-Douloureuse, et il ne resta sur le lieu où venait de se passer cette scène tragique que quelques domestiques du défunt, qui demeurèrent pour transporter le corps de leur maître, avec toute la solennité de la douleur, de l'endroit où il s'était rendu avec une pompe triomphale.

Quand Flammock arriva au château, il y fut reçu à l'instant avec son prisonnier et quelques individus qu'il avait choisis pour faire leur déclaration comme témoins de son crime. Ayant demandé une audience du roi, on lui répondit que ce prince avait défendu que personne entrât dans son cabinet jusqu'à nouvel ordre. Mais la nouvelle du meurtre du connétable était si étrange, que le capitaine des gardes prit sur lui de se présenter devant le roi pour lui apprendre cet événement, et Henry ordonna que Flammock et le prisonnier fussent admis sur-le-champ en sa présence. Ils y trouvèrent Henry assis sur son fauteuil, derrière lequel plusieurs personnes étaient debout à quelque distance, dans la partie la plus obscure de l'appartement.

Lorsque Flammock arriva, sa taille grande et replète et ses membres robustes faisaient un étrange contraste avec la pâleur de son visage, causée par l'horreur à laquelle se mêlait peut-être aussi la crainte respectueuse que lui inspirait la présence de son souverain. A côté de lui était son prisonnier, que la situation dans laquelle il se trouvait ne paraissait pas intimider. Le sang qui avait jailli de la blessure de sa victime souillait ses bras, le peu de vêtemens qu'il avait conservés, et surtout son front et le mouchoir qui l'entourait.

Henry jeta sur lui un regard sévère, que Vidal soutint non-seulement sans effroi, mais d'un air qui semblait le braver.

— Quelqu'un connaît-il ce scélérat? demanda le roi en regardant autour de lui.

Personne ne répondit sur-le-champ; mais enfin Philippe Guarine, se détachant du groupe qui était dans le fond de l'appartement, dit en hésitant :

— Si ce n'était l'étrange costume qu'il porte, sire, je dirais que c'est un ménestrel de la maison de mon maître, nommé Renault Vidal.

— Tu te trompes, Normand, répliqua le ménestrel. Le nom que j'avais pris et les viles fonctions que je remplissais n'étaient qu'une voie pour me conduire à mon but. Je suis Breton; mon nom est Cadwallon, Cadwallon aux neuf lais, premier barde de Gwenwyn de Powis Land, et son vengeur.

Comme il prononçait ces derniers mots, ses yeux rencontrèrent ceux d'un pèlerin qui était aussi dans le fond de l'appartement, et qui, s'avançant peu à peu, était alors en face de lui.

Les yeux du Gallois semblèrent près de sortir de leur orbite, et il s'écria d'un ton de surprise mêlé d'horreur :

— Les morts reparaissent-ils devant les monarques! Si tu es vivant, qui donc ai-je tué? Le saut que j'ai fait, le coup sûr que j'ai porté, ne sont pas un rêve; et cependant ma victime est sous mes yeux! N'ai-je donc pas tué le connétable de Chester?

— Oui, tu as tué le connétable, répondit le roi; mais apprends que c'est Randal de Lacy à qui nous avions donné cette place ce matin, dans la ferme croyance que notre fidèle et loyal Hugues de Lacy avait péri dans un naufrage en revenant de la Terre-Sainte. Ton crime n'a abrégé que de quelques heures la courte élévation de Randal ; car le soleil, demain à son lever, l'aurait vu dépouillé de ses honneurs et de ses biens.

Le prisonnier baissa la tête sur sa poitrine avec un désespoir évident. — Je pensais, dit-il, qu'il avait quitté ses haillons, et qu'il s'était empressé de se montrer dans toute sa gloire. Puisse tomber de ma tête les yeux qui se sont laissé tromper par ces brillans hochets, un panache et un bâton de commandement !

— J'aurai soin, Gallois, que tes yeux ne te trompent plus, dit le roi d'un ton sévère ; car avant qu'une heure soit écoulée, ils seront fermés sur toutes les choses de ce monde.

— Votre Majesté daignera-t-elle me permettre, dit le connétable, de faire à ce malheureux quelques questions ?

— Oui, répondit le roi, quand je lui aurai demandé moi-même pourquoi il a trempé ses mains dans le sang d'un noble Normand ?

— Parce que celui que j'ai voulu frapper, répondit Cadwallon dont les yeux se portaient alternativement avec une expression féroce sur le roi et sur le connétable, avait répandu le sang du descendant de mille rois, auprès duquel le sien et le tien, orgueilleux comte d'Anjou, ne sont que l'eau infecte d'un marécage comparée à celle d'une fontaine limpide.

L'œil de Henry menaça le barde audacieux, mais il retint sa colère en voyant le regard suppliant du connétable.

— Qu'as-tu à lui demander ? dit le roi à son fidèle serviteur. Sois bref, car les minutes de sa vie sont comptées.

— Avec votre permission, sire, répondit Hugues de Lacy, je voudrais lui demander pourquoi il a épargné si long-temps une vie qu'il voulait sacrifier quand elle était en son pouvoir, pourquoi il l'a même défendue plusieurs fois avec une apparence de fidélité ?

— Normand, dit Cadwallon, je répondrai à ta question avec vérité. J'avais dessein de t'ôter la vie la nuit même où j'entrai à ton service ; voilà l'homme, ajouta-t-il en montrant Philippe Guarine, à la vigilance duquel tu fus redevable de ta sûreté.

— Il est vrai, dit De Lacy, que je me rappelle quelques circonstances qui semblaient indiquer un tel projet; mais pourquoi ne l'as-tu pas exécuté quand tu en as trouvé l'occasion?

— Quand celui qui avait tué mon souverain, répondit le Gallois, devint soldat de Dieu et en servit la cause dans la Palestine, il n'avait rien à craindre de ma vengeance.

— Ce scrupule est admirable dans un assassin gallois, dit le roi d'un ton méprisant.

— Oui, répliqua Cadwallon, et l'on ne pourrait en dire autant de certains princes chrétiens, qui n'ont jamais manqué de profiter de toutes les occasions de pillage et de conquête que leur offrait l'absence d'un rival parti pour la croisade.

— Par la sainte croix! s'écria Henry, sur le point de céder à sa colère en entendant une insulte spécialement dirigée contre lui; mais s'interrompant tout à coup, il dit avec le sang-froid du mépris : Qu'on traîne ce misérable à l'échafaud.

— Permettez-moi une question, sire, dit le connétable. Renault Vidal, ou quel que soit ton nom, depuis mon retour en ce pays, tu m'as rendu des services qui ne sont pas d'accord avec la résolution que tu avais formée de m'arracher la vie. Tu m'as aidé à me sauver du naufrage; tu m'as guidé en sûreté à travers tout le pays de Galles, où il n'aurait fallu que prononcer mon nom pour me vouer à la mort. Je n'étais plus alors un soldat de Dieu combattant pour la croix.

— Je pourrais éclaircir tes doutes, répondit le barde, si je ne craignais d'avoir l'air de plaider pour ma vie.

— Que cette crainte ne t'arrête pas, dit Henry; car notre saint père lui-même intercéderait en ta faveur, que ses prières seraient inutiles.

— Eh bien donc, dit Cadwallon en s'adressant à De Lacy, apprends la vérité : j'étais trop fier pour permettre aux vagues et aux Gallois de partager ma vengeance. Apprends aussi ce qui a peut-être été une faiblesse en Cadwallon : l'habitude de vivre avec toi avait partagé mes sentimens entre la haine et l'admiration. Je songeais encore à ma vengeance, mais comme à une chose qui semblait être hors de ma portée, comme à une image que j'apercevais dans les cieux plutôt que comme à un objet que je dusse un jour atteindre. Et quand je te vis aujourd'hui si déterminé, si courageusement résolu à supporter en homme tous les malheurs qui te menaçaient, tu me parus comme la dernière tour d'un palais ruiné, élevant encore sa tête vers le ciel au milieu des débris de son antique splendeur. Puissé-je périr, me dis-je alors en secret, avant d'en compléter la ruine ! En ce moment, oui, en ce moment, il n'y a que quelques heures, si tu avais accepté la main que je t'offrais, je t'aurais servi comme jamais serviteur n'a servi un maître. Tu l'as repoussée avec mépris, et cependant il a encore fallu que je te visse, comme je le croyais, traversant avec tout l'orgueil normand le champ de bataille sur lequel tu as tué mon maître, pour que je reprisse assez de résolution pour frapper le coup qui t'était destiné, mais qui du moins a immolé un homme de ta race usurpatrice. Je ne répondrai plus à aucune question. Qu'on me conduise à la hache ou à la corde, peu m'importe ! L'ame de Cadwallon rejoindra bientôt celles de ses ancêtres, qui furent aussi nobles que libres.

— Mon roi, mon souverain, dit De Lacy en fléchissant un genou devant Henry, pouvez-vous entendre ce langage, et refuser une grace à votre ancien serviteur ? Épargnez la vie de cet homme, n'éteignez pas une telle lumière, quoique le feu en soit trompeur et sinistre !

— Relève-toi, De Lacy, répondit le roi ; relève-toi, et rougis de ta demande. Le sang de ton parent, le sang d'un noble Normand teint encore les mains et le front de ce

Gallois. Aussi sûr que j'ai été couronné roi, il mourra avant que ces marques de son crime soient essuyées. Ici ! qu'on le conduise au supplice à l'instant même.

Des gardes s'emparèrent de Cadwallon, et l'emmenèrent hors de l'appartement.

— Tu es fou, De Lacy, continua Henry en forçant le connétable de se relever ; tu es fou de me presser ainsi, mon vieil et fidèle ami. Ne vois-tu pas que le soin de ton intérêt exige de nous cet acte de rigueur ? Ce Randal, par ses largesses et ses promesses, s'est fait bien des partisans qui, en te voyant revenir moins riche et moins puissant, ne seront peut-être pas très disposés à reconnaître ta suzeraineté. S'il avait vécu, nous aurions eu nous-même quelque difficulté à le dépouiller entièrement du pouvoir qu'il avait acquis. Rendons graces au Gallois qui nous en a délivrés ; mais tous ses amis jeteraient les hauts cris si nous pardonnions au meurtrier. Quand le sang aura payé le prix du sang, ils oublieront tout ; et leur loyauté reprenant son cours naturel, te reconnaîtra pour leur maître légitime.

Hugues de Lacy se releva, et combattit respectueusement les raisons politiques de son adroit souverain ; car il voyait clairement que Henry les alléguait moins par égard pour l'intérêt personnel d'un de ses sujets que pour effectuer ce changement d'autorité féodale avec le moins d'embarras possible pour le pays et pour le monarque.

Henry écouta ses argumens avec patience, et y répondit avec calme. Tout à coup on entendit un roulement lugubre de tambours, et le son funèbre de la cloche du château frappa leurs oreilles. Le roi conduisit alors De Lacy vers la fenêtre, qui était éclairée par une lueur rougeâtre venant du dehors. Un corps d'hommes d'armes, dont chacun tenait en main une torche allumée, passait sur la terrasse, revenant d'assister à l'exécution du farouche mais courageux Breton, et l'air retentissait de leurs cris : — Longue vie au roi Henry ! ainsi périssent tous les ennemis du noble sang normand !

CONCLUSION.

    « Le Dieu de la lumière a quitté l'horizon,
    « Un nouvel astro a fait briller sa flamme,
    « Depuis qu'à cette aimable dame
    « Tes bras, ô Géraldine ! ont servi de prison. »
                Coleridge. *Christabelle*.

La renommée s'était trompée en répandant le bruit qu'Eveline Bérenger, après la prise de son château, avait été conduite dans une prison plus sévère que le couvent de sa tante l'abbesse des bénédictines de Glocester. C'en était une assez désagréable; car les vieilles tantes non mariées, abbesses ou non, ne sont pas très indulgentes pour les fautes de la nature de celles dont on accusait Eveline; et la pauvre fille, malgré son innocence, fut livrée à toute l'amertume de ses regrets. Sa détention devenait chaque jour moins supportable par des reproches qui prenaient les formes variées de la pitié, de la consolation et des exhortations, mais qui n'étaient qu'insultes et sarcasmes. La compagnie de Rose était tout ce qui lui restait pour la soutenir dans ses chagrins, et elle en fut enfin privée le matin même du jour où il se passa tant d'événemens importans au château de Garde-Douloureuse.

La malheureuse Eveline demanda en vain à une religieuse qui parut en place de Rose pour l'aider à s'habiller pourquoi on défendait à sa compagne, à son amie, de se rendre près d'elle. La religieuse garda à cet égard un silence obstiné;

mais elle prononça quelques mots sur l'importance que la vanité d'un être formé d'argile attachait à de futiles ornemens, et ajouta qu'il était bien dur qu'une épouse du ciel fût obligée de détourner ses pensées de devoirs d'un ordre bien plus relevé pour attacher des agrafes et arranger des voiles.

Cependant l'abbesse après les matines dit à sa nièce que ce n'était pas seulement pour un certain temps que sa suivante lui avait été retirée, mais qu'il était probable qu'elle allait être enfermée dans le couvent de l'ordre le plus sévère pour avoir aidé sa maîtresse à recevoir Damien de Lacy dans la chambre à coucher qu'elle occupait dans le château de Baldringham.

Un soldat de la troupe du connétable De Lacy qui jusqu'alors avait gardé le secret sur ce qu'il avait vu pendant cette nuit, étant hors de son poste, avait pensé que Damien étant disgracié, il pourrait trouver son profit à raconter cette histoire. Ce nouveau coup si inattendu, si affligeant, cette nouvelle accusation qu'il était si difficile d'expliquer et si impossible de nier entièrement, semblaient mettre le sceau au destin d'Eveline et à celui de son amant; et la pensée que sa fidèle compagne dont l'ame était si élevée se trouvait enveloppée dans sa ruine, était tout ce qui manquait à la jeune fille de Bérenger pour la jeter dans l'indifférence du désespoir.

— Pensez de moi ce qu'il vous plaira, dit-elle à sa tante; je ne me défendrai plus; dites ce qu'il vous plaira, je n'y répliquerai plus; conduisez-moi où il vous plaira, je n'y résisterai plus. Dieu me justifiera quand il le jugera convenable: puisse-t-il pardonner à ceux qui me persécutent!

Après cela, et pendant plusieurs heures de cette malheureuse journée, lady Eveline, pâle et silencieuse, alla de la chapelle au réfectoire et du réfectoire à la chapelle, au moindre signe de l'abbesse et des sœurs dignitaires, et supporta les privations, les pénitences, les admonitions et les reproches dont elle eut ce jour-là à essuyer une double part, comme une statue de marbre supporte la rigueur des saisons et les gouttes de pluie qui doivent avec le temps la détruire.

L'abbesse, qui aimait sa nièce, quoique son affection se montrât souvent par des bouderies, prit enfin l'alarme, révoqua l'ordre qu'elle avait donné de la placer dans une mauvaise cellule, alla elle-même l'aider à se mettre au lit, attention qu'Eveline reçut également d'un air entièrement passif; puis avec une sorte de renouvellement de tendresse l'embrassa et lui donna sa bénédiction en sortant de l'appartement. Quelque légères que fussent ces marques d'affection, elles étaient inattendues, et comme la verge de Moïse, elles ouvrirent la source cachée dans le rocher. Eveline pleura, et enfin après avoir sangloté comme un enfant, l'émotion naturelle à laquelle elle s'était abandonnée rendit un peu de calme à son esprit et elle s'endormit.

Elle s'éveilla plus d'une fois pendant la nuit au milieu de sombres rêves qui lui offraient des images confuses de cellules et de châteaux, de noces et de funérailles, de fêtes et d'instrumens de torture, de couronnes et de gibets. Mais vers le matin elle tomba dans un sommeil plus profond que celui dont elle avait joui jusqu'alors, et les visions qu'il lui offrit prirent un caractère plus consolant. Notre-Dame de Garde-Douloureuse parut lui sourire dans ses songes et l'assurer de sa protection. L'ombre de son père s'offrit aussi à son imagination; et avec la hardiesse que donnent les rêves, elle le reconnut avec respect mais sans crainte. Elle voyait remuer ses lèvres, elle l'entendait parler; mais tout ce qu'elle pouvait comprendre à ses paroles, c'était qu'il lui annonçait l'espoir, la consolation et un bonheur prochain.

Elle vit aussi se glisser vers elle une autre apparition offrant une espèce de beauté délicate qui est le partage des femmes blondes. Elle fixait ses grands yeux bleus sur Eveline, qui crut reconnaître en elle la Bretonne Vanda. Elle portait une tunique de soie couleur de safran, et une mante de soie bleu de ciel, dont la forme était antique. Ses longs cheveux blonds ne tombaient plus en désordre sur ses épaules ; ils étaient mystérieusement ornés de gui et de feuilles de chêne. Ses traits n'exprimaient plus le ressentiment. Sa main droite était placée avec grace sous sa mante, et ce fut d'une main blanche, charmante, et n'offrant aucune trace de mutilation qu'elle pressa celle d'Eveline. Cependant malgré ces apparences de faveur un frisson de crainte agita la fille de Raymond Bérenger, tandis que l'ombre de Vanda sembla lui dire :

> Tu seras veuve, épouse, fiancée,
> Fille avec un mari, trahie et trahissant.
> Tel était du destin l'oracle menaçant,
> Toujours présent à ta pensée ;
> Mais aujourd'hui l'oracle est accompli,
> Et Vanda t'offre ici le pardon et l'oubli.

En prononçant ces mots elle se baissa comme pour embrasser Eveline, qui tressaillit et s'éveilla. Sa main était véritablement pressée par une main aussi pure et aussi blanche que la sienne. Les yeux bleus, les cheveux blonds, le sein à demi voilé d'une jeune et charmante femme, dont les lèvres touchaient ses joues s'offrirent à elle à son réveil ; mais c'était Rose, dans les bras de laquelle sa maîtresse se trouva serrée, et qui tout en l'embrassant avec affection lui couvrait le visage de ses larmes.

— Que veut dire ceci, Rose? s'écria Eveline. Dieu soit béni ! vous m'êtes donc rendue? mais pourquoi ces pleurs?

— Laissez-moi pleurer ! laissez-moi pleurer ! répondit Rose ; il y a long-temps que je n'ai pleuré de joie, et j'espère qu'il se passera bien du temps avant que je pleure encore de chagrin. Il vient d'arriver des nouvelles de Garde-Douloureuse, c'est Amelot qui les a apportées ; il est libre, son maître l'est aussi, et il est en grande faveur auprès du roi Henry. Écoutez encore, mais je ne dois pas vous le dire si précipitamment... comme vous pâlissez !

— Non, non, dit Eveline, continuez, continuez ; je crois que je vous comprends, je le crois.

— Le misérable Randal de Lacy, la cause première de tous nos chagrins, ajouta Rose, ne nous tourmentera plus ; il a été tué par un honnête Gallois. Je suis fâchée qu'on ait fait pendre ce brave homme pour une si bonne action. Et ensuite le bon vieux connétable lui-même est de retour de la Palestine, et il revient aussi respectable qu'il était parti, mais un peu plus sage, car on dit qu'il ne songe plus à vous épouser.

— Jeune folle, dit Eveline, qui pâle tout à l'heure rougit en prononçant ces mots ; — jeune folle, ne plaisante pas sur un pareil sujet. Est-il possible que tout cela soit vrai, que Randal n'existe plus, que le connétable soit de retour ?

Les questions et les réponses se succédèrent avec une promptitude qui y jetait quelque désordre, et elles étaient interrompues par des exclamations de surprise et d'actions de graces au ciel et à Notre-Dame. Enfin les transports de joie se calmèrent et firent place à une sorte d'étonnement tranquille.

De son côté Damien de Lacy avait aussi des explications à recevoir, et la manière dont elles lui furent données eut quelque chose de remarquable. Il habitait depuis quelque temps ce que notre siècle appellerait un cachot, mais ce qu'on appelait alors une prison. Nous sommes peut-être blâmables d'accorder au criminel reconnu et convaincu une demeure et une nourriture plus agréables qu'il n'aurait pu se les procurer par un travail honnête s'il eût été en liberté et qu'il eût tâché de gagner honnêtement sa vie ; mais c'est une faute vénielle, comparée à celle de nos ancêtres qui, regardant l'accusation et la conviction comme synonymes, traitaient l'accusé avant qu'il fût jugé d'une manière qui aurait été un châtiment assez sévère après qu'il aurait été déclaré coupable.

Malgré sa haute naissance et son rang distingué, Damien fut donc traité dans sa prison comme l'eût été le dernier criminel. Il était chargé de chaînes pesantes, nourri des alimens les plus grossiers ; et le seul adoucissement qu'il éprouvât à sa situation, c'était qu'il lui fût permis de se livrer à ses chagrins dans un cachot solitaire dont tout l'ameublement consistait en un mauvais grabat, une table cassée et une chaise ; un cercueil portant ses armoiries et les lettres initiales de ses noms était dans un coin pour le prévenir du destin qui l'attendait bientôt. Dans un autre un crucifix semblait l'avertir qu'il y avait un autre monde au-delà de celui qui allait disparaître à ses yeux. Nul bruit ne pouvait interrompre le silence de son cachot ; nulle nouvelle ne pouvait y pénétrer pour l'éclairer sur son destin et sur celui de ses amis. Accusé d'avoir été pris les armes à la main en révolte ouverte contre le roi, il devait être jugé par les lois militaires et conduit à la mort sans même avoir été entendu. Il ne prévoyait pas d'autre fin à sa détention.

Il y avait près d'un mois que Damien habitait cette triste demeure, et quelque étrange que cela puisse paraître, sa santé qui avait beaucoup souffert de ses blessures commençait peu à peu à s'améliorer, soit par suite du régime sévère qu'on lui faisait observer, soit parce que la certitude, quelque fâcheuse qu'elle soit, est un mal que la plupart des hommes supportent plus facilement que des combats perpétuels entre la passion et le devoir. Mais le terme de son emprisonnement semblait très près de sa fin, car son geôlier, Saxon grossier de la plus basse classe, lui adressant un soir un plus long discours qu'il ne lui en avait encore tenu, l'avertit de se préparer à changer bientôt d'habitation. Le ton bourru avec lequel il donnait cet avis convainquit le prisonnier que cet instant était très prochain. Il demanda un confesseur ; et le geôlier, quoique se retirant sans répondre, sembla indiquer par un geste que cette demande lui serait accordée.

Le lendemain matin, de meilleure heure que de coutume, le bruit de la serrure et des verrous tira tout à coup Damien d'un sommeil interrompu dont il ne jouissait que depuis une couple d'heures. Il fixa les yeux sur la porte qui s'ouvrait lentement, comme s'il devait s'attendre à voir arriver l'exécuteur des hautes œuvres et ses aides; mais ce fut le geôlier qui entra, accompagné d'un homme robuste en apparence et portant un habit de pèlerin.

— Est-ce un prêtre que vous m'amenez? demanda l'infortuné prisonnier.

— Il peut vous le dire mieux que moi, répondit le Saxon en se retirant.

Le pèlerin resta debout, le dos tourné vers la petite fenêtre ou pour mieux dire le soupirail qui permettait à peine à une faible lumière de pénétrer dans le cachot, et regarda avec attention Damien sur le bord de son lit; ses joues pâles et ses cheveux en désordre formaient un accord parfait avec les fers dont il était chargé. Le prisonnier de son côté examina le pèlerin; mais à la clarté imparfaite qui régnait dans sa prison il vit seulement que celui qui venait le visiter était un vieillard encore verd. Une coquille de pétoncle attachée à son chapeau attestait qu'il avait passé les mers, et sa branche de palmier était le gage de son pèlerinage en Judée.

— Révérend père, dit le malheureux jeune homme, êtes-vous prêtre? Venez-vous pour décharger ma conscience du fardeau de mes péchés?

— Je ne suis pas prêtre, répondit le pèlerin, je suis un homme qui vous apporte de malheureuses nouvelles.

— Vous les apportez à un homme à qui le bonheur a été étranger depuis long-temps et dans un lieu qui ne l'a jamais connu.

— J'en aurai moins de scrupule à vous annoncer mes nouvelles. Ceux qui sont dans le chagrin en supportent plus aisément de mauvaises que ceux qu'elles surprennent au milieu du contentement et du bonheur.

— La situation du malheureux devient encore plus pénible par l'attente : je vous prie donc de ne pas me tenir plus long-temps dans l'incertitude; si vous venez m'annoncer que l'instant est arrivé où ce corps mortel doit retourner en poussière, que Dieu fasse grace à l'ame qui doit en être violemment séparée.

— Je n'ai pas une telle mission; j'arrive de la Terre-Sainte, et je suis d'autant plus fâché de vous trouver dans une telle situation, que le message dont je suis chargé pour vous s'adressait à un homme libre et riche.

— Ces fers et cet appartement, pèlerin, vous donnent la mesure de ma liberté et de ma richesse. Mais apprenez-moi vos nouvelles. Si mon oncle, car je crains qu'il ne soit question de lui, avait besoin de moi ou de mon bras ou de ma fortune, ce cachot et la dégradation que j'éprouve me réservaient encore plus de tourmens que je ne l'avais cru possible.

— Jeune homme, dit le pèlerin, votre oncle est captif, ou pour mieux dire esclave du grand soudan, entre les mains duquel il est tombé par suite d'une bataille dans laquelle il s'est couvert de gloire, quoiqu'il n'ait pu empêcher la défaite des chrétiens. Il fut fait prisonnier tandis qu'il protégeait la retraite, après avoir tué (pour son malheur, comme le résultat le prouva) Hassan Ali, favori du sultan. Le cruel païen fit charger le digne chevalier de fers encore plus lourds que ceux que vous portez, et votre cachot semblerait un palais auprès de celui dans lequel il est enfermé. Le premier dessein de l'infidèle était de faire périr le vaillant connétable dans les tourmens les plus affreux que ses bourreaux pourraient inventer; mais la renommée lui apprit que son prisonnier jouissait d'un haut rang et d'une richesse considérable, et il lui demanda une rançon de dix mille besans d'or. Votre oncle lui représenta que le paiement d'une telle somme le ruinerait complètement et l'obligerait à vendre tous ses biens; il ajouta même qu'il lui fallait du temps pour en faire la vente. Le soudan lui répliqua qu'il lui importait fort peu qu'un chien comme le connétable fût gras ou maigre, et il ne voulut rien rabattre de ses prétentions. Cependant il consentit que le paiement de cette somme se fît en trois termes, à condition que lors du premier le plus proche parent et héritier présomptif d'Hugues de Lacy serait remis entre ses mains comme otage jusqu'au paiement des deux autres. A ces conditions il promit de rendre la liberté à votre oncle dès que vous arriveriez en Palestine avec le premier tiers de la rançon.

— C'est à présent que mon malheur est au comble, s'écria Damien, puisque je ne puis donner une preuve de mon attachement et de ma reconnaissance à un oncle qui m'a toujours servi de père pendant ma longue minorité.

— Ce sera sans doute pour le connétable un bien grand désappointement, dit le pèlerin, car il lui tardait de revenir dans cet heureux pays pour remplir un engagement de mariage qu'il a contracté avec une jeune dame qu'on dit aussi riche que belle.

Damien tressaillit si vivement que le bruit de ses chaînes trahit son agitation ; mais il garda le silence.

— S'il n'était pas votre oncle, continua le pèlerin, s'il n'était pas connu pour un homme sage, je dirais que ce projet n'annonce guère de prudence. Quoiqu'il pût y penser avant de quitter l'Angleterre, grace à deux ans employés à faire la guerre en Palestine et à une troisième année passée dans les tourmens et les privations d'un emprisonnement chez les païens, il figurerait assez mal comme nouveau marié.

— Silence, pèlerin ! dit Damien d'un ton imposant. Il ne t'appartient pas de censurer un noble chevalier comme mon oncle, et il ne me convient pas d'écouter de pareils propos.

— Pardon, jeune homme ; mais en vous parlant ainsi je prenais en considération votre intérêt, qui à ce qu'il me semble n'est pas que votre oncle laisse des héritiers en ligne directe.

— Tais-toi, homme vil ! de par le ciel, je suis plus courroucé que jamais contre ma prison, puisque la porte s'en ouvre pour un être tel que toi, et contre mes fers, puisqu'ils m'empêchent de te châtier. Retire-toi, je t'en prie

— Pas avant d'avoir ta réponse pour ton oncle : mon âge méprise la colère de ta jeunesse, comme le rocher dédaigne l'écume du faible ruisseau qui vient attaquer sa base inébranlable.

— Dis donc à mon oncle que je serais allé le trouver si je n'étais prisonnier; que je lui aurais envoyé tout ce que je possédais si la confiscation n'avait fait de moi un mendiant.

— Il est facile d'annoncer hardiment des intentions vertueuses quand celui qui les affiche sait qu'on ne peut lui demander d'exécuter ses belles promesses. Mais si je pouvais te dire que ta liberté et tes richesses te sont rendues, je crois que tu réfléchirais deux fois avant de consommer le sacrifice auquel tu te détermines si aisément dans la situation où tu te trouves.

— Je te le répète, vieillard, retire-toi; ton ame ne saurait comprendre la mienne. Pars, et n'ajoute pas à ma détresse par des insultes que je ne puis punir.

— Mais s'il était en mon pouvoir de te rendre libre et riche, serais-tu charmé qu'on te rappelât tes projets si généreux ? S'il n'en est rien, tu peux compter que je serai assez discret pour ne jamais parler de la différence de sentimens de Damien dans les fers et de Damien en liberté.

— Que veux-tu dire? s'écria Damien. Tes paroles couvrent-elles autre chose que le désir de me tourmenter ?

— Oui, sans doute, répondit le pèlerin en tirant de son sein un parchemin auquel était attaché un large sceau. Apprends que Randal a perdu la vie d'une manière étrange, et que sa trahison envers le connétable et envers toi a été découverte par des voies qui ne le sont pas moins. Pour te dédommager de tes souffrances, le roi t'accorde ton plein pardon et le tiers des domaines que la mort de ton cousin réunit à ceux de la couronne.

— Et le roi me rend la liberté ! s'écria Damien.

— Oui, à compter de cet instant, répondit le pèlerin; jette un coup d'œil sur ce parchemin, examine la signature et le sceau du roi.

— J'en veux une meilleure preuve, dit Damien en secouant ses chaînes avec grand bruit. Holà! Dogget! geôlier! fils d'un chien-loup saxon!

Le pèlerin, en frappant à la porte, seconda les efforts de Damien pour appeler le geôlier qui arriva presque au même instant.

— Geôlier, dit Damien d'un ton ferme, suis-je encore ton prisonnier, ou ne le suis-je plus?

Le geôlier jeta un regard oblique sur le pèlerin, comme pour le consulter, et dit ensuite à Damien qu'il était libre.

— En ce cas, misérable esclave, s'écria Damien avec impatience, pourquoi ces fers chargent-ils encore les membres libres d'un noble Normand? chaque instant qu'il les porte vaut toute la vie de servitude d'un esclave tel que toi.

— Vous en serez bientôt débarrassé, sir Damien, répondit Dogget, et je vous prie de prendre patience en songeant qu'il y a dix minutes que vous n'aviez guère lieu d'espérer que vous en seriez délivré autrement que pour monter à l'échafaud.

— Silence, chien! s'écria Damien, et dépêche-toi. — Tu pensais sans doute, dit-il en s'adressant au pèlerin, qu'il était prudent de m'extorquer pendant ma détention des promesses que l'honneur ne me permettait pas de rétracter quand je serais libre; cette conduite annonce des soupçons offensans; mais ton motif était d'assurer la liberté de mon oncle.

— Et vous avez réellement dessein d'employer la liberté que vous venez de recouvrer à faire le voyage de Syrie, et de changer votre prison d'Angleterre pour le cachot du soudan?

— Si tu veux me servir de guide, tu n'auras pas à dire que je m'amuse en chemin.

— Et la rançon, comment y pourvoirez-vous?

— Comment? les biens qui viennent de m'être restitués appartenaient à mon oncle en justice et par le fait, et doivent être avant tout employés à ses besoins. Ou je me trompe fort, ou il n'y a pas un Juif ni un Lombard qui ne m'avance la somme nécessaire sur un tel gage. — Allons donc, chien, ajouta Damien en s'adressant au geôlier, dépêche-toi davantage; je ne suis pas délicat, ne crains rien; tout ce que je te demande, c'est de ne pas me casser de membre.

Le pèlerin eut l'air quelques instans d'être surpris de la détermination de Damien, et s'écria ensuite : — Je ne puis plus garder le secret du vieillard, je ne puis laisser sacrifier tant de grandeur d'ame et de générosité! Ecoute-moi, sir Damien, j'ai encore un secret important à t'apprendre, et comme ce serf saxon ne comprend pas le français, ce moment est favorable pour t'en faire part. Apprends que ton oncle est aussi changé au moral qu'au physique. Son cœur, jadis noble et généreux, s'est ouvert au soupçon et à la jalousie, comme son corps s'est affaibli et cassé. La coupe de sa vie est maintenant épuisée, et je suis fâché de le dire, la lie en est trouble et amère.

— Est-ce là ton secret important? Je sais que les hommes vieillissent avec le temps; et si les infirmités du corps influent sur le caractère et l'esprit de quelques-uns, c'est une raison de plus pour que ceux qui leur sont attachés par les liens du sang et de l'affection aient pour eux plus d'égards et de soins.

— Oui, mais on a empoisonné l'esprit du connétable en le prévenant contre toi. Un bruit parti d'Angleterre est arrivé jusqu'à ses oreilles : on lui a dit qu'il existe un sentiment secret d'affection entre toi et sa fiancée Eveline Bérenger. Ah! ai-je touché l'endroit sensible?

— Pas du tout, répondit Damien en s'armant de toute la résolution que pouvait lui fournir la vertu. Eh bien! mon oncle a donc appris ce bruit? et l'a-t-il cru?

— Il l'a cru; je puis te le garantir puisqu'il ne m'a pas dérobé une seule de ses pensées; mais il m'a bien recommandé de te cacher soigneusement ses soupçons, sans quoi, me dit-il, le jeune louveteau ne se jetera jamais dans la trappe pour en tirer le vieux loup. S'il était une fois dans mon cachot, ajouta votre oncle en parlant de vous, je l'y laisserais crever et pourrir avant d'envoyer un sou de rançon pour rendre la liberté à l'amant de ma fiancée!

— Est-il possible que mon oncle ait tenu sérieusement un pareil langage? s'écria Damien tout surpris. Est-il possible qu'il ait conçu le plan perfide de me laisser dans l'esclavage où je me serais jeté pour l'en tirer? Non, il n'en est rien.

— Ne vous flattez pas de cette idée, dit le pèlerin; si vous allez en Syrie, vous marchez vers une captivité qui durera autant que votre vie, pendant que votre oncle reviendra ici prendre possession d'une fortune qui ne sera que peu diminuée, et s'emparera de la main d'Eveline Bérenger.

—Ah! s'écria Damien. Et baissant les yeux un instant, il demanda au pèlerin d'une voix mal assurée ce qu'il lui conseillait de faire.

— Suivant mon pauvre jugement, répondit le pèlerin, le cas n'est pas douteux. Nous ne devons pas fidélité à ceux qui projettent de nous trahir. Prévenez la perfidie de votre oncle, et laissez-le traîner sa courte et frêle existence dans le cachot infect auquel il voudrait vous dévouer dans la vigueur de votre jeunesse. La générosité du roi vient de vous accorder des domaines pour vous faire vivre honorablement, et pourquoi n'y réuniriez-vous pas ceux de Garde-Douloureuse? Ou je me trompe fort, ou Eveline Bérenger ne dira pas non. J'irai plus loin, et je vous garantis sur mon ame qu'elle dira oui; car je connais ses sentimens d'une manière positive. Et quant à l'acte de fiançailles, un seul mot de Henry au saint père, maintenant qu'ils sont dans la chaleur de leur réconciliation, suffira pour effacer du parchemin le nom d'Hugues, et y sustituer celui de Damien.

— Sur ma foi, dit Damien en se levant et en appuyant un pied sur une escabelle pour que le geôlier pût détacher plus aisément le dernier anneau qui retenait encore ses chaînes, ceci ne m'est pas nouveau. J'ai entendu parler d'êtres qui avec des manières et des paroles graves en apparence, et armés de mauvais conseils adroitement adaptés à la fragilité de la nature humaine, allaient trouver des prisonniers réduits au désespoir, et leur faisaient de belles promesses pour les déterminer à quitter le droit chemin du salut pour entrer dans les sentiers détournés qu'ils leur indiquaient; ces êtres sont les plus chers agens du démon, et l'on sait que le démon lui-même s'est montré sous ce déguisement. Retire-toi donc, au nom de Dieu, vieillard; je n'aime ni tes paroles ni ta présence; j'abhorre tes conseils, et prends garde, ajouta-t-il avec un geste menaçant; — Je vais être libre dans un instant.

— Jeune homme, répondit le pèlerin d'un air méprisant, en mettant ses bras sous son manteau, je dédaigne tes menaces; je ne te quitterai pas sans que nous nous connaissions mieux.

— Et moi aussi je voudrais savoir si tu es homme ou démon, et voici le moment d'en faire l'épreuve, dit Damien. Comme il parlait ainsi, le dernier anneau se détacha de sa jambe, et ses chaînes tombèrent avec bruit sur le plancher. Se précipitant aussitôt sur le pèlerin, il le saisit par le milieu du corps, et fit successivement trois tentatives pour l'enlever de terre et le renverser en s'écriant : — Voici pour t'apprendre à vouloir nuire à un noble et respectable vieillard, à douter de l'honneur d'un chevalier, à calomnier une dame!

Ces derniers mots furent accompagnés d'un effort encore plus vigoureux que les deux autres, et qui aurait suffi pour déraciner un arbre. Le pèlerin en fut ébranlé; mais il y résista, et saisissant Damien à son tour tandis qu'il reprenait haleine, il s'écria : — Et voici pour t'apprendre à traiter si rudement le frère de ton père!

Tandis qu'il prononçait ces mots, Damien, le meilleur lutteur du comté de Chester, fut jeté rudement sur le plancher de la prison. Il se releva lentement, un peu étourdi de sa chute; mais le pèlerin avait jeté bas son grand chapeau et son manteau de pèlerin, et le jeune homme reconnut son oncle le connétable, quoique changé par l'âge et le climat.

— Je crois, Damien, dit Hugues de Lacy d'un ton calme, que tu as gagné des forces ou que j'en ai perdu depuis la dernière fois que nous nous sommes essayés l'un contre l'autre à l'exercice favori de notre pays. Tu m'aurais, je crois, renversé dans ta dernière attaque si je n'avais connu le croc-en-jambe aussi bien que toi. Pourquoi te mettre à genoux ? Il le releva, l'embrassa avec tendresse, et continua : — Ne crois pas, mon cher neveu, que j'aie eu recours à ce déguisement pour mettre ton affection à l'épreuve ; je n'en ai jamais douté ; mais il y avait de mauvaises langues auxquelles il fallait imposer silence, et c'est ce qui m'a déterminé à employer une ruse dont le résultat a été pour toi aussi honorable que je m'y attendais. Apprends donc, car ces murs ont quelquefois des oreilles même en parlant à la lettre, qu'il y a à peu de distance des yeux et des oreilles qui ont vu et entendu tout ce qui vient de se passer. Malepeste ! je voudrais pourtant que tu m'eusses serré moins tendrement dans ton dernier embrassement ; mes côtes sentent encore l'empreinte de tes doigts.

— Mon cher et digne oncle ! s'écria Damien, daignez pardonner...

— Il n'y a rien à pardonner, dit le connétable : est-ce la première fois que nous avons lutté ensemble ? Mais il te reste encore une épreuve à subir. Hâte-toi de sortir de ce trou, et habille-toi de manière à pouvoir m'accompagner à l'église à midi ; car il faut que tu sois présent au mariage de lady Eveline Bérenger.

Cet ordre frappa de consternation le malheureux jeune homme. — Mon cher oncle, s'écria-t-il, par compassion, daignez m'en dispenser ; j'ai été dangereusement blessé il n'y a pas long-temps, et je suis encore bien faible.

— Comme mes côtes peuvent en rendre témoignage, dit son oncle ; quoi donc ! tu as la force d'un ours de Norwège !

— La colère peut prêter des forces pour un instant, répondit Damien ; mais, mon cher oncle, demandez-moi plutôt toute autre chose : il me semble que si j'ai commis une faute, quelque autre châtiment pourrait être suffisant.

— Je te dis que ta présence est nécessaire, dit le connétable, et indispensable. D'étranges bruits se sont répandus, et ton absence en cette occasion paraîtrait les confirmer. La réputation d'Eveline y est intéressée.

— Si cela est, répondit Damien, si cela est, rien ne me paraîtra trop pénible. Mais j'espère qu'après la cérémonie vous me permettrez de prendre la croix, à moins que vous ne préfériez que je me joigne aux troupes qu'on dit être destinées contre l'Irlande.

— Oui, oui, dit le connétable ; si Eveline vous en donne la permission, je ne vous refuserai pas la mienne.

— Mon oncle, dit Damien d'un ton grave et sérieux, vous ne connaissez pas les sentimens dont vous faites un jeu.

— Je ne vous force à rien, répondit Hugues de Lacy. Si vous venez avec moi à l'église, et que le mariage ne vous plaise pas, vous pouvez l'empêcher si bon vous semble ; car comme la cérémonie ne peut avoir lieu sans le consentement du futur époux...

— Je ne vous comprends pas, mon oncle ; vous avez déjà consenti à...

— Oui, Damien, j'ai déjà consenti à renoncer à mes droits, et à les abandonner en ta faveur. Si Eveline Bérenger se marie aujourd'hui, c'est toi qui seras son époux. L'Église y a donné sa sanction ; le roi y accorde son assentiment ; la jeune dame ne dit pas non ; la seule question qui reste est de savoir si le futur époux dira oui.

Il est aisé de concevoir quelle fut la réponse de Damien ; et il est inutile d'appuyer sur la splendeur d'une cérémonie que Henry honora de sa présence, en réparation de son injuste sévérité. Amelot et Rose furent unis peu de temps après, le vieux Flammock ayant été anobli et ayant reçu des armoiries, afin que le sang normand pût se mêler sans déroger avec celui de la jolie Flamande. Dans la conduite du connétable à l'égard de son neveu et de lady Eveline on ne remarqua rien qui pût indiquer un seul regret du généreux sacrifice qu'il avait fait à leur attachement mutuel : mais bientôt il accepta le commandement d'une division des troupes destinées à envahir l'Irlande, et son nom se trouve le premier sur la liste des chevaliers normands qui réunirent pour la première fois cette belle île à l'Angleterre.

Eveline, rétablie dans son château et dans ses domaines, ne manqua pas d'assurer le sort de son confesseur ainsi que de ses anciens soldats et serviteurs, oubliant les erreurs des uns, et se rappelant la fidélité des autres. Le père Aldrovand fut de nouveau admis à la chère d'Égypte, plus convenable à ses habitudes que la maigre pitance qu'offre le réfectoire d'un couvent. Gillian même reçut de son indulgente maîtresse d'amples moyens de subsistance, car la punir, c'eût été punir en même temps le fidèle Raoul. Ils passèrent le reste de leur vie à se quereller dans l'abondance comme ils s'étaient querellés dans la pauvreté, car des chiens hargneux se battent pour un bon morceau comme pour un os.

Le seul désagrément un peu sérieux, à ce que j'ai pu apprendre, que lady Eveline éprouva par la suite, fut occasionné par une visite que lui fit sa parente saxonne avec beaucoup de cérémonial, car elle arriva malheureusement à la même époque que l'abbesse de Glocester avait choisie pour venir voir sa nièce. La discorde qui éclata entre ces deux honorables dames avait une double cause : l'une était Normande et l'autre Saxonne, et en outre elles différaient d'opinion sur le temps où l'on devait célébrer la fête de Pâques. Mais cet incident ne fut qu'un léger nuage qui troubla un instant la sérénité générale de la vie d'Eveline, car son union inespérée avec Damien termina les épreuves et les chagrins des Fiancés.

FIN DU CONNÉTABLE DE CHESTER.

www.ingramcontent.com/pod-product-compliance
Lightning Source LLC
Chambersburg PA
CBHW050918230426
43666CB00010B/2226